道教起源與傳承

THE ORIGIN AND INHERITANCE OF

TAOISM

道門宗師、神仙體系、思想典籍、生活常識，
就算對道教一知半解，
這本書也能讓你完全理解！

王毅——著

如今，「道教」已不僅僅是一種宗教，

而是一部研究古代中國社會的百科全書，一扇打開古代科學的大門

至尊天神、仙境洞府、科儀方術、歷代道藏、節日禁忌，
從文化至生活，一本書讓你用最短時間徹底了解道教！

目錄

目錄

前言

道教是中國固有的一種宗教，由東漢末年的張道陵創建，距今已有一千八百多年的歷史。它與中華本土文化緊密相連，深深扎根於中華沃土之中，具有鮮明的中國特色，並對中華文化的各個層面產生了深遠影響。

道教以「道」為至高信仰，以追尋大道為修煉目標，尊奉老子為道教始祖，以老子《道德經》為道教最高經典，在長期的發展過程中，它不斷地與時代融合，不斷地改革自身的弊病，從佛教、儒教等其他宗教中吸取有益養分，最終形成了一套完整的宗教體系。

它不僅追求神仙信仰，而且走進世俗，包含醫學、養生、藥物、化學、天文學、地理學、哲學、經濟、文學、音樂、政治和藝術等各方面內容，在中國歷史上產生過重要影響，而且其中的醫學與養生等知識迄今為止仍是我們學習與研究的對象。

道教已經不僅僅是一種宗教，它還是一門哲學，一門科學，一門醫學，一門藝術，一部研究古代中國社會的百科全書，一扇打開古代中國科學的大門。

道教與我們的生活息息相關，逢年過節，我們要貼門神；人們普遍信仰財神、灶神、城隍；八仙過海的傳說故事更是耳熟能詳。

從文化至生活，道教與我們緊密相連，作為一種本土化的宗教，作為繁衍於我們周邊的文化，我們有必要去認識它、了解它、熟悉它、從而更好的保護它、傳承它、發展它。

前言

透過認識道教，可以讓我們加深對中國傳統文化的了解，從而更加熱愛自己的文化，熱愛我們的生活。

中國歷史上曾有過數次編撰道教圖書的文化工程，產生過《正統道藏》、《萬曆續道藏》等優秀的大型道教類書，這是道教歷史上一朵美麗的奇葩，它是道教文化的百科全書，是能夠與《永樂大典》、《四庫全書》相提並論的道教大型類書。

生活在新時代，我們的語言和文字與古代有著天壤之別，為了讓大家能夠更簡單、更直白地了解道教，我們特意從浩如煙海的道教史料與圖書資料中抽取出精華，用通俗易懂的語言文字來為大家打造一部新時代的道教百科全書，免去大家重複閱讀和查詢古書的煩惱，適合不同階層、不同教育程度的讀者閱讀。

全書分教義規誡、宗派傳承、道門宗師、道教經典、神仙體系、名山宮觀、科儀方術和生活常識等方面內容，相對完整地從各個角度幫助讀者認識和了解道教，相信透過本書，能夠讓大家在最短的時間內對道教有一個認識，對自己的本土文化有一個更深刻地理解。

當然，編者水準有限，其中難免有所遺漏，歡迎指正。

第一章　教義規誡

每一個宗教都有著自己的信仰與教義。道教作為一個發展成熟的宗教自然也不例外。道教以道為最高信仰，在傳承之中又不斷豐富教義，最終形成了一套完整的教義思想。

規誡則是一種硬性的約束，是道教為約束門徒的行為而制定出來到典章制度，經過後來不斷地發展而成為定制，是道教徒所必須遵守的行為守則。

教義，使得道教信仰得以傳承；規誡，使得道教綱常得以確立。正因為如此，才使道教形成了自己獨特的道教文化，也為道教增加了許多迷人的色彩。

一、道教概述

道教，作為中國固有的一種宗教，一直生活在我們的身邊，但是很多人對道教的概念卻還不是十分了解。那麼，到底什麼是道教呢？為什麼說道教是中國固有的一種宗教呢？

道教的概念

道教是中國主要宗教之一。因以「道」為最高信仰，認為道是化生宇宙萬物的本原，故名。道教主要思想《易經》為伏羲、周公、孔子三聖創立，伏羲創造了八卦，周文王創造了六十四卦，孔子則為《易經》撰作《易傳》，由此形成了道教思想源頭。

道教在東漢時形成宗教，南北朝時盛行起來。道教徒尊稱創立者之一張道陵為天師，因而又叫「天師道」。後又分化為許多派別。道教奉老子為教祖，尊稱他為「太上老君」。以《道德經》為主要經典。奉三清為最高的神。主張人脫離現實，煉丹成仙。

道教的起源

道教起源於古代先民對神靈的崇拜。中國古代先民認為萬物有靈，進而產生了對自然的崇拜，靈魂的崇拜，祖先的崇拜，慢慢發展至強調天人合一、天神合一，成為至上神的雛形。

那時的先民們，除認為萬物有靈而產生自然的崇拜外，還認為人死後靈魂不滅，因而又產生了對鬼神的崇拜。各種喪葬禮儀和祭鬼、驅鬼儀式，隨之逐漸形成。

到了殷商時代，史前時期的自然崇拜已發展到信仰天帝和天命，初步形成了以天帝為中心的天神系統，遇事便由巫祝透過卜筮，以向天帝請求答案。

而且，這時的原始鬼神崇拜已發展至以血緣為基礎，與宗法關係相結合的祖先崇拜，其祭祖活動定期舉行。在這一時期，已出現專門從事溝通鬼神和人類的宗教職業者，即巫祝。其中，「巫」以歌舞降神，並有一套符咒驅鬼的巫術。

「祝」以言辭悅神，是宗教祭祀活動中負責迎神祈禱的司儀者。他們替人治病、卜筮吉凶、畫符唸咒等。當時，朝廷和社會均受巫祝支配。

到了周代，鬼神崇拜進一步發展，所崇拜的鬼神已形成天神、人鬼、地祇三個系統。並把崇拜祖宗神靈與祭祀天地並列，稱為敬天準祖。所稱萬物本乎天，人本乎祖。

人們崇拜神靈，就要舉行祭祀活動，而祭祀活動離不開禮樂文明。隨著春秋時期的「禮崩樂壞」，禮樂文明逐漸由上層走向民間，被後來的民間方士和巫覡所繼承。道教成立後，演變為道教的齋醮禮儀。

道教實際上是禮樂文明的繼承者。夏商周三代的禮樂文明，有相當的一部分被道教保存了下來。後世道教做齋醮法事，也與古人鬼神祭祀禮儀和禮制有密切的關係。

神仙信仰也可上溯到中國原始社會時期，其證據之一便是《山海經》。《山海經》記載了中國原始社會的神話及宗教信仰，內容相當豐富，而且比較系統化，它為道教仙學的淵源提供了依據。

在《山海經》中，提出了長生信仰、神仙與羽士的存在，描述了神仙天都，記載了祭祀的祀禮及奇異的方術。在原始社會時代，已有人開始學仙。在道教，教內以黃帝赴崆峒山問道於廣成子，學修長生久視神仙方術為初始。

道教的創立

東漢順帝時，張道陵於蜀郡鶴鳴山，即四川大邑縣境內創立了正一盟威道。張道陵，字輔漢，沛國豐邑，即江蘇豐縣人。據道書記載：本為太學學生，博采五經，好神鬼事。

早年曾舉為「賢良方正直言極諫科」，在巴蜀任過江州令。後來悟通仕途沉浮，無益於年命，便辭官隱居於邙山，即河南洛陽北，學長生之道。朝廷多次徵召做官，皆不從命。

東漢順帝時，張道陵聞蜀地多名山，民風淳厚，易於教化，於是攜弟子入蜀，居住在鶴鳴山修道。精思煉志數年，著作道書二十四篇。

張道陵授以《三天正法》、《正一科術要道法》、《正一盟威妙經》、《三業六通之訣》，命為天師。於是，張道陵以鶴鳴山為中心設二十四治，是正一盟威道的基層組織與活動中心。

初設二十四治，主要集中在蜀漢地區，後為與二十八宿相配，增至二十八治，其中陽平治是正一盟威道的總部。

張道陵傳太上正一盟威之道，奉老子為教祖，尊稱太上老君，以《老子五千文》為主要經典，創立了道教。張道陵初創的正一盟威道，其主要經典有《老子五千文》、《太平洞極經》等。

其主要宗教活動是：誦習五千文；有罪首過；符水治病；用章表與鬼神為誓約。其組織制度主要是：各治置祭酒，以領道民。並規定按時「付天倉」及「三會」。付天倉，即奉道者於十月初一向天師、祭酒交納信米五斗；三會，即奉道者一年三次，即正月初七、七月初七、十月初五，朝會天師治。

道教的本土性

道教始源於黃帝、集成於老子、發揚於張道陵天師。戰國及秦漢諸儒，皆崇黃帝老子之學，稱為道家。唐宋以降各代悉宗道學，並信仰崇奉，普及於中華民族，是中國民族文化的重要組成部分，對華夏民族精神及民族性格的形成產生了深遠影響。所以道教是中國固有的宗教，具有極其強烈的本土性質。

道教的宇宙觀

我們說的「劫數」出自道教。道教認為，宇宙有生成也有毀壞，成壞一次，稱作一劫。一劫結束，宇宙重歸於虛無，現今的宇宙已經不知過了多少劫。這是典型的東方循環宇宙觀。為什麼又叫劫數呢？因為宇宙的原因是由大道之氣結成的一部神書，神書是符字——數構成的。能超脫劫數的元始天尊，即道教的上帝用神書確定某些根本，宇宙就自然生成了。

元始天尊也不是萬能的，因為劫數是道氣自然演化的結果，他只能在暗中等待著演化時機的到來和依照道書的數，這很合乎現代宇宙學對上帝也不能隨意創造宇宙的看法。

道教經典還說道氣在宇宙形成之初急遽地旋轉，速度極快，這種旋轉記載於太極圖中，而「旋轉」是宇宙中的最常見的現象。

道教的宇宙結構

道教認為，宇宙之間，上有三十六天，下有三十六地。三十六天之最上一層為大羅天；其次三天為三清境，分別是清微天、禹余天、大赤天。其次四天為四種民天，又稱四梵天，分別為賈奕天、梵度天、玉隆天和常融天。再次為三界二十八天，包括無色界四天、色界十八天和欲界六天。大羅天為三清尊神所居，三清境為九聖、九真、九仙所居。

四種民天以上為聖境，「三災，刀兵、疾疫、饑饉為小三災，水災、火災、風災為大三災所不及，劫會，即宇宙週期性的毀滅所不干」。無色界以下，壽命依次減少，本領依次減弱，苦難依次增多。三十六地則為人死之後鬼魂所入之處，俗稱陰間。

道教認為，人死之後在陰間要受到十殿閻王的審判，有善行者則能轉生，作惡多端者則打入地獄受懲罰。修道證果者直接依修行層次進入到相應的天界，而不用接受十殿閻王的審判。

道教的宇宙演變

道教認為，宇宙的形成過程經歷了洪元、太初、太始三個不同的大的世紀，其理論依據是「道生一，一生二，二生三，三生萬物。」

道教認為，在未有天地時，「無天無地，無陰無陽，無形無象，自然空玄，唯吾老君，猶處空玄寂寥之處，玄虛之中。視之不見，聽之不聞。若言有，不見其形；若言無，萬物從之生。而後，漸漸始分。下成微妙以為世界，而有洪元」。

洪元是道教創世紀的第一大世紀。洪元即是「道」，也是「一」，洪元經過萬劫而有混元，又經過萬劫而成百成，百成後而有太初。

太初是道教創世紀的第二大世紀。太上老君從虛空而下，為太初之師，「口吐開天經一部」，四十八萬卷，一卷有四十八萬字，一字辟方一百里，以教太初。這時才分別天地，創造了日、月、人。道家用太極圖或用「二」，象徵混沌初判、陰陽分明的第二大世紀。

太初後，便進入了道教創世紀的第三大世紀，即太始。這時，太上老君下凡為師，「口吐《太始經》一部，教其太始置立天下」、「太始者，萬物之始也」。太始既沒，以後便有太素世紀。老君下降為師。「太素巳來，天生甘露，地生醴泉，人民食之，乃得長生。死不知葬埋，棄屍於遠野」。此前歷史為「上古」。

中古始於混沌之時，經歷九宮、元皇、太上皇、地皇、人皇、尊盧、句婁、赫胥而至太連。太連之時，「天生五氣，地生五昧，人民食之，乃得延年」。在太連之後，進入下古。首有「伏羲」，老君下凡為師，名無化子，又名郁華子，教示伏羲，推舊法、演陰陽、正八方、定八卦。

這時的人民有名無姓，世上沒有五穀雜糧，「皆衣毛茹血，腥躁臭穢，男女無別，不相嫉妒，冬有穴處，夏有巢居」。伏羲後而有女媧，女媧後而有神農。

神農之時，老君下凡為師，說大成子。「作《太微經》教神農嚐百草，得五穀，與人民播植，遂食之以代禽獸之命也。」神農沒後而有燧人。燧人時，老君下凡為師，「教示燧人鑽木取火，續日之光，變生為熟，以除腥躁」。

道教的名稱來源

道教的名稱來源，一則起於古代之《易經》，一部既古老又新奇，既陌生又熟悉，既高深莫測，又簡單容易，一部解開宇宙人生密碼的寶典；二則起於《老子》的道論，首見於《老子想爾注》。

道教奉老子為教主，因為道家哲學思想的最早起源可追溯至老莊。值得注意的是：道教與道家是決然不同的兩碼事。道家所講的道學不是宗教，也不主張立教。

《老子》是道家思想的源流之一，被後世的張道陵等人奉為「經書」，並不是「太上老君」為布道而寫的經書。一般學術界認為，道教的第一部正式經典是《太平經》，完成於東漢，因此將東漢時期視作道教的初創時期。

道經記載的道教歷史

據道經記載：道教起於渺渺浩劫之先，天地未分之時。宇宙混沌，日月未光，太上老君生於其間，化名為盤古。經過五太，即太一、太初、太素、太始、太極，輕清上浮、重濁下凝而開天闢地；又由玄元始三炁，化生三天。老君以雙眼化為日月、毫毛化為星辰、肌肉化為豐沃的土壤，骨骼化為堅硬的岩石、呼吸之氣化為風稱、聲音及眼中的神光化為雷電，身中的血脈化為江河湖泊、頭髮化為草木。

由此，陰氣上升、陽氣下降，萬物生成、人倫興遠。至此，老君返於天宮，以太虛為體，太微為宅。而後老君數次化身，歷經八十一化。軒轅黃帝時，化身為廣成子，授予黃帝養生之道；春秋時化身為老子，傳下《道德真經》，教關尹子以修真之法，由此道脈興矣。

春秋時期，老君復授道於東華帝君王玄甫；漢代，東華帝君授道於正陽祖師鍾離權；至唐代，正陽祖師授道於純陽祖師呂洞賓。時至北宋末年，鍾呂二仙降於甘河橋上，授予重陽祖師以至道。重陽祖師匯四海宗風於一壇，在活死人墓中苦行修煉，傳道於山東。全真七子再續宗風，傳於後世，教法大興。

道教的世界觀與生命觀

道教認為，人天的世界是相應的。天有什麼，人也有什麼。天中有日月，人身有陰陽。天中有五行，人中有五臟。

簡單說，人是天的副本。也以此萌生出中醫醫學的理論。所以古時才有十道九醫的說法。歷史上有名的醫生有很大部分都是道士或者道教相關人物。

道教的物質世界與精神世界

道教認為，人是由魂和魄這兩部分所組成的。魂則是精神層面的，魄是肉體層面的。此魂此魄則暗合陰陽，孤陰不長，獨陽不生。兩者不能單獨存在。

二、教義概述

教義，指一種宗教所信奉和宣揚的神學道理思想。既然是中心思想，肯定不是一觸而就的，它必然有著自己的一個完善過程。

那麼，道教的教義是如何完善的呢？所稱的道教三寶又是指的什麼呢？

道教三寶

道教原以元始天王所化玉清天寶君、上清靈寶君、太清神寶君，為道教三寶，尊為最高之神。然因道教以學道、修道、行道為本，故又有以學道、修道、行道的三要旨，尊為三寶者：

一為學道者，以玉清元始天尊為道寶尊，上清靈寶天尊為經寶尊，太清道德天尊為師寶尊，作為皈依奉道之「道、經、師」三寶。

二為修道者，以人身之「精、氣、神」為修養性命，是為出世的人之三寶。

三為行道者，以「慈、儉、讓」為立身行道。基於老子《三寶章》記載：「我有三寶，一說慈，二說儉，三說不敢為天下先。」

道教的宗旨

道教的宗旨是「仙道貴生，無量度人」、「煉形存神」「形神俱妙」、「與道合真」、「樂生貴生」。道教是對生命積極追求的宗教，而且對肉體和精神的統一性非常注重。救人、拔幽多是表現在對道教醫藥的鑽研追求和在度幽法事上對幽魂的濟拔上。

道教以忠孝為根本，以敬天法祖、利物濟人為要務，以自由、平等為原則，在學道、修道與行道之中毫不拘束，追求自然而然。

道教的基本教義

道教以「道」為最高信仰和修行的終極目標。圍繞著這一核心，在其發展演變過程中逐漸形成了教理教義。任何一種宗教都有信仰，對信仰的闡述即為教理。

為方便宗教徒對教理的掌握，在教理基礎上，總結出簡明扼要的幾個字或幾句話，便於教徒記誦，作為指導教徒的日常修持稱為教義。

道教以《道德經》的思想為主要教義，倡導尊道貴德、重生貴和、見素抱樸、抱元守一、清靜無為和慈儉不爭。道教認為「道」是宇宙的本體，萬物的本源，萬物運行的規律以及人間倫理道德綱常。「德」是道的外化及功能。

神仙是循德而上，在精神和肉體及倫理道德超越於世俗的精神實體。神仙既是道的化身，又是人類道德的楷模。故道教徒尊道貴德，期於與道合真，形神俱妙，成為神仙。

「我命在我不在天」是道教的又一重要教義。原意是說人的生命長壽與否取決於自身，並非決定於天命。泛指命運並非掌握在別人手中，更不是掌握在某些無形的神祕力量裡，而是掌握在自己的手裡，即我命在我，富貴不在天。

就健康生命而言，人透過服食藥物，行氣導引，達到延長壽命的目的，在沒病之前進行調養，使之得到健康。古人說：救濟受災的人民，幫助他們解決困難，不如防患於未然，將災禍消滅於萌芽狀態之中。這種「我命在我不在天」的積極思想，是道教修行、改變命運的根本指導思想。

道教的基本信仰

道教的基本信仰是尊奉老子一書《道德經》作為主要經典。道教認為道是「虛無之是，造化之根，神明之本，天地之元」、「萬象以之生，五行以之成」。也就是說，宇宙、陰陽、萬物都是由它化生的。

道教認為在萬物中，除了人居住的世界外，還有神仙居住的所稱十大洞天，三十六小洞天和七十二福地。道化為三種氣，再化成三位至高無上的神，即元始天尊、靈寶天尊和道德天尊。

道教信奉的神還有許許多多，擁有龐大的神團系統。如三宮、四御、四值功曹、六丁六甲、三十六天罡、七十二地煞、玉皇大帝、王母娘娘、真武大帝、東嶽大帝、碧霞元君、斗姥元君、驪山老母、關聖帝君、城隍、土地、灶君、門神等。

信仰「道」的另一個重要內容是相信人可以長生不死，可以成仙。道教認為，道具有永恆的生命，獲得它、保持它便可長生，這也叫做「德」。德即得，即得道。因此人可以修道而長生不死，得道而成神仙。

道教重生，追求長生，相信人透過神或修煉可以得到，不僅可以享受人間的幸福，而且可以返本還元，與道同體，肉體永生，白日飛天，長存仙界。

道教教義形成過程

任何一種思想體系都有一個發端、形成和演進的過程，道教的教義思想體系同樣如此。

東漢末年，道教在初創時主要是繼承兩漢道家中帶有神祕主義色彩的方仙道和黃老道的思想成果，在自己的教義中形成了對於宇宙生成及其運行的認識，即天道、道地、人道和鬼道等四要素的部分基本內容。

魏晉南北朝時期，東晉葛洪《抱朴子內篇》和齊梁陶弘景《真誥》等著作，對道教教義的發展重點仍在於全面闡述其宇宙觀和神仙觀，充實了四個要素的內容。

隋唐五代和北宋時期，道教教義體系逐漸構建完成，以道和德為核心的四要素結構關係漸趨完整。南宋以後，隨著道教內丹術的發展，教義思想則主要以探究人的稟賦為重點，並且採用了儒家的關於性命和心學的某些觀點充實人道要素的內容。

清末，由於社會的演變和發展，道教失去了朝廷的扶持，教義思想又未能適應社會生活的急遽變化，道教教義體系逐漸缺乏活力，其影響也逐漸減退。

三、主要教義

道教教義以「道」或「道德」為核心，認為天地萬物都有「道」而派生，即所稱「一生二，二生三，三生萬物」，社會人生都應法道而行，最後回歸自然。具體而言，是從天、地、人、鬼四個方面展開教義系統的。

道教崇尚仙道貴生、無量度人，又講自然無為、清靜寡慾、柔弱不爭，返璞歸真與萬法歸宗徹底展現了道教追求無上大道的心境。

道

道是道教教義思想的核心，也是道教徒信仰的主要思想內容。從東漢末年起，道教出現過許多宗派，如早期的五斗米道、太平道，後來的上清派、靈寶派以及全真道、正一道等。各派經文略有異同，科儀方術也各有側重，但是，信仰道，以道為教義的核心這一點卻均無差別。

「道」這個詞，原是道路的意思。在先秦哲學中道作為哲學概念被提出來的是在道家的著作中。《老子》五千言，「道」字出現七十四次。方仙道，就是方士鼓吹的成仙之道。仙靈之道，指的就是造神理論。天地之道，指宇宙觀，特別是宇宙生成論。鬼神之道，就是鬼魂觀，指的是道教對於人死以後歸宿的一種認識。

道教之所以尊道，因為道是道教徒信仰的主體，道教的全部信仰和修行都是以道為核心的，概括起來，主要有四個方面：

其一，道是生化宇宙萬物的原動力，造化之根；其二，道是神明之本，由三元之氣化為三清，聚形為太上老君；其三，道有最偉大的德行，它以虛無為體、清靜為宗、柔弱為用，無為不爭；其四，道真常永恆、無生無滅，無時不在，無處不有，長存於天地間。

道的偉大和神聖之處，可說是無處不能體現。由於道的偉大和神聖，所以道教尊道為最高信仰，並教導人們學道、修道、行道、弘道。

德

德和道相對應，組成道教教義的核心。

《道教義樞．道德義》稱「道德一體，而其二義，一而不一，二而不二」。也就是說，道和德本來就是一個整體，因為道是由德來體現的，在理義中又有差異，是可分又不能分，但又不能合而稱為道。因為德不是造化之根，神明之本。但人們信道修道，必需以德為根基，來證道成道。

有道者必具有高尚的德性，有了高尚的德性才可得道。

《道德經》中有「德」字四十一處，提出了上德、玄德、孔德、積德等觀念，但是對於德的含義卻沒有具體的解釋。

第五十一章稱：「道生之，德畜之，物形之，勢成之。是以萬物莫不尊道而貴德。道之尊，德之貴，夫莫之命而常自然。」因此，一般認為「德者，道之功也」、「德者，道之用也」、「德者，道之見也」。

道的尊高和偉大，其最高體現就是德，道造化萬物由德來蓄養，神明可敬也是因為有最高尚的德行。

所以，修道應以德為基。對於廣大信道務道之士來說，修道的先決條件就是立德，立德就要在日常中不斷累積功德。其關鍵在提高自我修養，具有良好的品德。

在內在的修持上和外在行為中努力按照道的法則去做。清靜寡慾、柔弱不爭、胸懷寬容。不尚名、不尚利、不自貴、不自譽、不妒嫉、不妄語，不溺於音色美食。

樂人之吉，急人之苦，周人之急，救人之窮。施恩不求報，不殺生以自娛，濟世利人，慈心於物，正信誠實。與大道同心。如此修行，則德累而基立，基立則可修道而成真，得道而成仙。

一

道教教義中的「一」，一般認為其義與「道」相當。以稱作道解的，最早見於《道德經》。《道德經》有十四處，其中除作為數詞和「指示代詞」外，大部分均作道解。

《道德經》第三十九章稱「昔之得一者，天得一以清，地得一以寧，神得一以靈，穀得一以盈，萬

物得一以生，侯王得一以為天下正。」故宋代林希逸注稱：「一者，道也。」

後來隨著道家思想的發展和道教的出現，對「一」與「道」的理解和解釋，又有新的變化。如《莊子．天地》中稱「泰初有無，無有無名。一之所起，有一而未形。」郭象注稱：「一者，有之初，至妙而未有物理之形。」這裡的一，是從數的角度來闡述道的。從無到有要一個過渡，「有」的第一個狀態就是一。

漢代高誘在註解《淮南子．精神訓》中的「一生二，二生三，三生萬物」時稱：「一稱道也，二說神明也，三說和氣也。或說，一者元氣也，生二者乾坤也，二生三，三生萬物，天地設位，陰陽通流，萬物乃生。」這裡的一又是從生成論和元氣論的角度來闡述的。

早期道教的《太平經》在《五事解承負法》中，曾經這樣概括：「一者，數之始也；一者，生之道也；一者，元氣所起也；一者，天之綱紀也。」從元氣的角度理解一，使「道生一」的宇宙生成過程得到了具體化。

《莊子．大宗師》稱：「彼方且與造物者為人，而遊乎天地之一氣。」隨著道教神仙觀念的發展，魏晉時期「一」又幻化為神形，並同傳統的臟腑神觀念結合了起來。葛洪《抱朴子內篇》稱「思神守一」，可以「祛惡衛身，常如人君之治國，戎將之待敵，乃可為得長生之功也。」一有所居之處，護衛之列。

玄

道教教義中的「玄」，相當於道。道教的玄沿襲了道家著作中玄的概念。

《道德經》中有「玄」字共十一處。其中最重要的是第一章的「此兩者，同出而異名，同稱之玄。

玄之又玄，眾妙之門。」兩者指的是有無之道，概括而稱之為玄。

《說文》釋玄為「幽遠也。黑而有赤色者為玄，像幽而入覆之也。」《道德經》中，還有一些玄鑑、玄德、玄通和玄牝之類的連用詞組，其中的玄，大多作為形容詞使用，意思是幽深不測、深邃通達。

西漢哲學家揚雄作《太玄》，提出「玄也者，天道也，道地也，人道也」，以玄作為宇宙萬物的本原。魏晉時期玄學興起，葛洪另樹一幟，在《抱朴子內篇》中首列《暢玄》篇，開宗明義地提出：「玄者，自然之始祖，而萬殊之大宗也。」

葛洪將玄說成是天地萬物的總根源、總動力，又是超乎物質的精神實體，明確地以玄代道，玄和道同義。

其中，「胞胎元一，範疇兩儀，吐納大始，鼓冶億類，」就是《老子》所稱「道生一，一生二，二生三，三生萬物」的意思。

因此，玄是生成宇宙和萬物的本體，與道相同。道教以道名教，後世也有稱之為玄教的。明代道教儀式書和御製儀式音樂體集，就稱為《大明玄教立成齋醮儀》和《大明御製玄教樂章》。

盜

盜，在道教教義中指天地萬物的相互連繫、相互竊取精氣。學道者只要自覺運用「盜」之道，不斷汲取天地萬物之精華就能長生。明確提出「盜天地」的是《沖虛真經．天瑞》書中稱「若一身庸非盜乎？盜陰陽之和，以成若，生載若，形沉外物，而非盜哉！」

唐以後，盜的思想一直是道教內丹修煉時的重要理論依據。宋夏元鼎在《黃帝陰符經講義》中，註

釋「盜機」時稱「盜機之喻，妙矣哉！盜者何？不可測知也。機者何？不可御遏也。」闡述內丹理論與功法的《入藥鏡》，稱內修方法就是「盜天地，奪造化，攢五行，會八卦。水真水，火真火，水火交，永不老。」蕭廷芝注稱：「修煉莫不盜天地之機，奪造化之妙。運用則符乾坤否泰，抽添則像日月虧盈。」

宋代張紫陽《悟真篇》有詩寫道：「三才相盜食其時，此是神仙道德機。萬化既安諸慮息，百骸俱理證無為。」意思是修道之人掌握「三盜」的時機，是長生成仙的關鍵。天地萬物的各種變化都能按規律運行，人的各種世俗之慮都得到平息，百骸都能得到調暢，那就證明了無為自然之道。

清代全真道士劉一明在《悟道錄》中，從月借日光的例子出發，淺近地闡述了「盜」的道理。劉一明還認為「盜」之祕密，要不失其時，不錯其機，「此時即天時，此機即天機」，只有深明造化，洞曉陰陽者才能理解和掌握它。

機

機，是弓上發箭的裝置，《說文》稱「主發稱之機。」但也含關鍵、時機、徵兆、素質等義。道教將「機」認作天地和萬物存在的根據和變化的原因，以及人對於天地萬物的存變關鍵的認識。《南華真經．至樂》稱「列子行食於道，見百歲髑髏，攓蓬而指之說：唯予與汝知而未嘗死，未嘗生也。」最後歸結為「萬物皆出於機，皆入於機。」

南北朝時期的《陰符經》稱「天性，人也。人心，機也。立天之道，以定人也」、「天發殺機，龍蛇起陸；人發殺機，天地反覆。天人合發，萬變定機。」在這裡提出了機、盜機、殺機等一是列重要教義概念。對於機的理解，元代俞琰《黃帝陰符經注》認為歷來有兩種解釋，仁者見仁，智者見智，一種是「權謀知術之士」的解釋；一種是「修煉之士」的解釋。雖各言其志，理則暗合。

宋夏元鼎《黃帝陰符經講義》稱「人道即天道，天道即天機，天機即天性，所稱存其心，養其性，所以事天也。」元代全真道七子之一劉處玄的《無為清靜長生真人至真語錄》中稱：「機者，智也。無道之人用智，則損於人，安其自己，稱之賊也。有道之人用智，則損其自己，安於人，稱之福也。」劉處玄認為「自然之智」即「自然之機」，「明道，則無慮。」

明清道士大多以「機」來說明內丹修煉術。清代全真道士劉一明在《道書十二種·悟道錄》中，從瓜果的子實說起，認為天機運於陰陽，人如果能夠掌握陰陽天機，就能結瓜果，成大道。

命

命，指人的壽命。道教認為，人命的壽夭是自然的賦性，但又受到人的善惡行為和慾望多寡的直接影響。透過多建善功和清靜寡慾的德行，以及內外丹的修煉功夫，人可以享盡天壽甚至得道成仙，永生不死。

魏晉時期的道教經典《太上靈寶五符序》稱：「夫人是有生最靈者也，但人不能自知，不能守神，以御眾惡耳。知之者，則不求佑於天神，止於其身則足矣。」

《道德經》言及命者有兩處。第五十一章稱「道之尊，德之貴，夫莫之命而常自然。」它將命當作命令、干預來解釋。第十六章稱「歸根說靜，靜說覆命。」對於覆命的解釋，河上公稱「復還性命」，王弼稱「覆命則得性命之常也」。

道教將老子神化為太上老君，並將太上老君視作道的化身，因此，命有了神的主宰。但是，由於道家的天命觀念的影響，故道教教義中對於命的闡述，既有聽天由命的消極一面，又有我命在我的積極一面。《老子想爾注》稱：「人為仁義，自當至誠，天自賞之，不至誠者，天自罰之；天察必審於人，皆知尊道畏天，仁義便至誠矣。」意思是天有賞善罰惡的意志和功能。

魏晉南北朝時期，道教根據教義撰作了《列神祇》，又吸收了大量民間崇拜的英雄神、山川神和功能神。這些天神地祇有的同自然現象有關，有不少又同人的壽命、功名、利祿等有關，因此，命也受到一些天神地祇乃至鬼魔的控制和管轄。

同時，隨著道教外丹術和內丹術的發展，與丹術有關的各種經書、典籍又反覆強調人對於自己的命的能動作用。

《西升經》稱「老君說：我命在我，不屬天地」，後為許多道教經籍所引用，體現了道教徒對於壽夭不受天命擺布的強烈願望和要求，也為外丹和內丹術的發展奠定了教義基礎。

隨著外內丹術相繼衰落，「我命在我不由天」的「天命觀」，逐漸被儒佛兩家的「天命觀」和報應輪迴觀念所替代。清代廣泛流傳的《太上感應篇》、功過格和《陰騭文》都將人的壽夭、福禍、富貧、安危等視為由天神、地祇、人鬼所控制，冥冥之中，一切自有命運安排。

天道

天在上古三代具有至高無上的意義，它有意志，有感覺，知人事，能賞罰。統治者不僅自命代天，也壟斷著祭天的權利。道家把天說成是萬物之一，不具人格，並且提出了最根本的存在是道，這無疑是對傳統「天道觀」的巨大衝擊。但是，秦漢之間，祭天的傳統宗教並未消失。

道教繼承了道家學說，提出了自己的神靈系統和神學思想與祭天的傳統宗教相對抗。道教的天道思想，指的是以道來解釋與天有關的內容，即天的形成、天的構成和居於天中的神等。

道地

地在上古已受到人們的奉祀。《禮記．郊特牲》稱：「地載萬物，天垂象，取財於地，取法於天，是以尊天而親地也，故教民美報焉。」上古先哲認為人要依賴地才能生存，所以要親地、美報。而其祭法也只是「瘞埋於地」，就是將犧牲鋪灑在地或者埋注於地。

大約到了周代，土地之神同方位相連繫，並且區分了等級。戰國時又出現了后土。道教繼承了土地崇拜的習俗，並以道貫穿於地和與地有關的山川中，形成了其教義的道地部分，包括地的形成、地的方向和有關地貌的神靈等。

人道

先秦思想家都重視人，《尚書》稱「唯人萬物之靈」。但是，道家則將人的地位和作用，提到了與道、天、地平列的高度，稱「道大、天大、地大，人也大，域中有四大，而人居其一焉。」當然，道家思想家也看到了人的軟弱和脆弱的一面，對於人類社會的不公平也持批評的態度，提出了「人法地，地法天，天法道，道法自然」，以解決人和人類社會不公平的基本思想。

道教繼承道家的思想，提出了自己的「人道觀」，即關於人的形成、人和自然的關係、人神關係等一是列具有中國宗教特色的教義。

鬼道

對於鬼的崇拜，早在三代時就已有之。《禮記．祭法》稱：「大凡生於天地之間者皆說命。其萬物死皆說折，人死說鬼。」《左傳》曾記載子產的話說，「人生始化說魄，既生魄，陽說魂」、「匹夫匹婦強死，其魂魄猶能憑依於人，以為淫厲。」故鬼也有惡鬼和善鬼之分，並且已有驅鬼禳災的祭儀。

道教繼承了古代關於鬼的觀念和崇拜儀式，以道貫串其中，形成了「鬼道」，包括人死後歸宿的設想、鬼的形成和分類，鬼和人的關係等內容。

自然

自然，在道教教義中是指道的存在、運動、變化的一種特性或狀態。道教以道名教，將道作為教義思想的核心。由道出發，從不同角度派生出了樸、一、柔弱、無為、不爭等觀念，「自然」也是其中之一。自然所描述的就是道的不加任何強制、不依靠任何外在原因、自己發生、自己存在、自己演化、自己消滅的一種性質和狀態。

《通玄真經》卷《自然》篇，唐代默希子題注稱：「自然，蓋道之絕稱，不知而然，也非不然，萬物皆然，不得不然，然而自然，非有能然，無所因寄，故說自然也。」即自然是道的最重要的特性，道生萬物都是不用外力自然而然的。

自然這一概念，首見《道德經》。《道德經》第二十五章稱「域中有四大，而人居其一焉。人法地，地法天，天法道，道法自然。」四大，指道、天、地、人。

道法自然，就是說道是自然而然的。早期道教繼承了道家關於自然的思想。《老子想爾注》稱「自然，道也」、「自然者，與道同號異體，令更相法，皆共法道也。」

葛洪《抱朴子內篇》明確指出自然是天道的特性，稱「天道無為，任物自然，無親無疏，無彼無此也」，而萬物的變化又是自然的特性，「變化者，乃天地之自然」。

道教一些類書引用一些道教的經典，將自然同修道成真相連繫。《妙真經》稱「自然者，道之真也」、「人為道能自然者，故道可得而通」，意思是得道的人是懂得道的自然而然的特性的，如果要勉強為之，就不能得道。

無為

無為是《道德經》中的重要概念。道教以道為基本信仰，認為道是無為的。因此，無為便成為道教徒對自然界的運行和人類社會發展的基本認識，以及人的安身立命的基本態度。

《道德經》中有十二處提到無為。第三章稱「為無為，則無不治。」無為是順應自然，不妄為的意思。道家的無為，並非不求有所作為，只是指凡事要「順天之時，隨地之性，因人之心」，而不要違反「天時、地性、人心」，憑主觀願望和想像行事。

《莊子》則將無為推衍至帝王聖人的治世中，認為「虛靜恬淡、寂寞無為者，天地之平而道德之至也。故帝王聖人休矣」，不過帝王應該「以無為為常」，而臣下卻是要「有為」的。

五斗米道在《老子想爾注》中，繼承了《道德經》的無為思想，認為無為是道性，不為惡事，「有天下必無為，守樸素，合道意矣。」

魏晉以後，無為的思想成為道教社會觀和道士全身修仙的基礎。東晉葛洪在《抱朴子內篇》中認為

「天道無為，任物自然，無親無疏，無彼無此也。」同時，葛洪還認為求仙之法，也要「靜寂無為，忘其形骸。」

《西升經》有「道以無為上，德以仁為主」之句。韋處玄注稱：「道無體，無為而無不為，故最為天地人物之上首。」他將無為置於天地、人物之最高處。

後世的內丹家稱內修之術是以有為作為根基的無為。內丹家們將丹成以後，煉神返虛的狀態稱作無為，將煉養過程稱為有為。

道家主張消滅貪慾，淡泊以明志，不有為強求，基本企求不要脫離社會實際，以全身修道為目標，卻危離咎，最終達到忘其形骸，無所執著，自然無為的境界。

對此，《雲笈七籤》中還從兩個方面作了闡釋：

◇ 先當避害。遠嫌疑，遠小人，遠敬得，遠行止。慎口食，慎舌利，慎處鬧，慎力鬥。常思過失，改而從善。

◇ 要能通天文，通地理，通人事；通鬼神，通時機。在積極通曉自然、社會和人際關係的基礎上，更好地學道修道。

清淨

道教認為道包含著清和濁，靜和動等對立的兩個方面，其中清靜是本，濁動是流。因為清是濁的根源，靜是動的基礎。所以，不論是治國治身都要清靜。學道者如能清靜，則與天地同壽。

《道德經》第十六章稱「守靜篤」、「歸根說靜，靜說覆命」，意思是要將致虛和守靜都做得非常精湛，返回本根叫做靜，靜了才是覆命。第四十五章稱「靜勝躁，寒勝熱。清靜為天下正」，闡明了靜的作用，能夠克服擾動，制服暑熱。清靜可以成為天下人的模範。

第三十七章還稱「不欲以靜，天下將自正」。說明要做到靜的關鍵是「不欲」，即不起貪慾，清靜無為，那麼天下自然得到規範。

早期道教繼承了先秦和兩漢道家清靜是道之本源的觀點。《老子想爾注》認為「道常無慾，樂清靜，故令天地常正」，要求天子王公，儘管榮華顯達，被人尊奉，但是「務當重清靜，奉行道誡」，不可妄為。

從魏晉至唐代，清靜一直是道士學道和修道的重要內容。葛洪《抱朴子內篇》稱：「仙法欲靜寂無為，忘其形骸」。將「靜寂」作為學仙之法的基本要求。

《清靜經》充分發揮了《道德經》的清靜思想，認為「清者，濁之源；靜者，動之基。人能常清靜，天地悉皆歸。」《清靜經》著重闡述了清靜修煉的要求是澄心遣欲，萬類皆空，「人神好清而心擾之，人心好靜而欲牽之，常能遣其欲而心自靜，澄其心而神自清。」

這樣一種「清靜」得道，實際上就是追求一種身心精神的完全超脫，絕對自由的境界。既不為物累，也不為心累，不為累而累，也不為不累而累。

宋元以後，清靜之道與道教內丹修煉之術逐漸融合。《雲笈七籤》卷《諸家氣法》引《元氣論》稱「無勞爾形，無搖爾精，歸心靜默，可以長生。生命之根本，決在此道。」意思是長生修煉之訣竅在於使形神清靜，保持根本。

全真道創立後，清靜之法，就完全同精、氣、神的內修連繫在一起了。清代全真道士黃元吉在《樂

育堂語錄》中，較為辯證地看待內丹修煉中的「動靜」問題。黃元吉認為內修的過程是動靜結合的過程。在煉命階段強調「靜」，在煉性階段強調「動」，只有在一動一靜之中，修道之人才能煉就大丹。

寡慾

道教認為人的慾望是罪惡和災難的根源，無論是治國理政、個人修養都要對慾望加以抑制。《道德經》多處說到欲，而且都是指私慾和貪慾。

第四十六章有「禍莫大於不知足，咎莫大於欲得」的名句，並且以「少私寡慾」作為主要的道德規範之一。對治理天下的君王來說，則「我無慾而民自樸」。《南華真經．天地》中所稱「古之畜天下者，無慾而天下足」，也就是這個意思。

早期道教承襲並且衍化了道家的寡慾觀，《老子想爾注》中稱，「道常無慾，樂清靜」、「王者也當法之」，這就能「令天地常正。」同時，對於世俗的人來說，也應是「道之所說無私，少欲於世俗耳。」

《清靜經》將清靜視為進入「真道」的得道境界，而有欲就是清靜的對立物。《清靜經》稱：「常能遣其欲而心自靜，澄其心而神自清。」將除欲和心清連繫在一起。這裡所說的欲指六慾。六慾即六根，六根是佛教概念，指「眼、耳、鼻、舌、身、意。」

侯善淵描寫「六慾不生」的狀態是：「眼觀無色，神不邪視。耳聽無音，聲色不聞。鼻息沖和，不容香臭。舌餐無味，不甘酸甜。身守無相，不著有漏。意抱天真，不迷外境。」要達到這種境界，「有道之士，常以道制欲，不以欲制道。以道制欲，所以清心，所以靜至。」

柔弱

道教以道為基本信仰，認為柔弱是道的重要特徵之一。主張治理國家、社會行為以及內丹修煉等都應該剛柔相濟，以柔克剛。

《道德經》中，關於「柔弱」的論述有七處，指出「反者道之動，弱者道之用」，認為道的運動是循環的，其作用又是柔弱的，以弱形容它的運動特點是持久而不帶有壓力感的。

另外，《道德經》又以「柔弱」和「剛強」相對，認為「柔弱勝剛強」、「天下之至柔，馳騁天下之至堅」，意思是天下最柔軟的東西，卻能駕御天下最剛強的東西。《道德經》明顯地傾向於讚揚柔弱的一面，多次強調柔弱勝於剛強。

早期五斗米道在《老子想爾注》中繼承了《道德經》的思想，讚揚「水善能柔弱，像道」，能夠「去高就下，避實歸虛，常潤利萬物」，認為「水法道柔弱，故能消穿崖石，道人當法之。」明確要求學道之人學習水的柔弱。金元以後，道教全真派興起。全真道士追求「全性保真」，出家住庵，因而常以柔弱思想指導自己的內煉。

清代著名道士劉一明在他的《周易闡真》一書中，反覆地闡明剛柔相依的道理。劉一明認為金丹凝合於「剛柔歸中」，而不是如同初期道家和道教的著作中，偏於柔弱，強調以柔克剛，這無疑是道教教義思想的一個進步。

不爭

道教認為天地萬物以及人的處世都要按道行事，無論是天道和人道都是柔弱謙下，彼此相容而不害的，因此，學道者應該返本還元，避而不爭。

《道德經》述及「不爭」思想的地方很多。最後一章的最後一句曾經高度概括稱「天之道，利而不害；人之道，為而不爭。」

不爭思想，是與道的柔弱的特性相連繫的。由於道是柔弱的，因而道也是謙虛而不爭的。當然，道的不爭，並非是一種消極逃避，百事退讓。因為，《道德經》還稱「以其不爭，故天下莫能與之爭」、「天之道，不爭而善勝，不言而善應，不召而自來，繟然而善謀。」

由此可見，《道德經》中所說的不爭，是一種善勝的爭，是「天下莫能與之爭」的符合天道之爭。《道德經》則要求「不尚賢，使民不爭」，意思是不尊崇賢才高能，就可以讓民眾不爭奪功名。

不爭的教義精神，《道德經》透過對「水」的論說，就不爭的思想作了深刻的闡明。《道德經》中說：「上善若水，水善利萬物而不爭。」水以它特有的柔弱不爭的性格，哪裡低就流到哪裡，隨方就方，隨圓就圓，無私地澆灌萬物，供人們利用，福育人和萬物生長。

從無有自恃、自是、自我、自矜的行為。可稱至善完美。為此，祖天師張道陵在立教之初就特別倡導太上不爭的教義，把不爭作為修道之士的重要修行準則。

《老子想爾注》中說：「聖人不與俗人爭，有爭，避之高逝」。而修道求長生者，也應做到「不勞精思求財以養身，不以無功劫君取祿以榮身，不食五味以恣，衣弊履穿，不與俗爭。」後來歷代道教高真，避世利榮名，甘隱深山儉樸修行，並發善心濟世利人，就是「不爭」教義的體現。

因此，對於一個真正學道修道者來說，就應體行柔弱不爭的教義，以柔弱不爭修養自我，不與人爭名利榮華，知足，知止，寡慾，不自恃，不自見，不自是，不自伐，不自矜。為善自賞，常懷濟世利人之心。從而戰勝自我，完善自我，以利社會的和平和發展。

不爭在道教規戒中也成為道士的一項行為規範。《老君二十七戒》，分道戒為上中下三行，要求行無為，行柔弱，行守雌勿先動，行知足等。每行各有九戒，明確規定：「戒勿與人爭，曲直得失，避之。」並且稱「九行備者神仙，六行備者壽，三行備者增年。」

九守

九守，指道教徒的修持內容。據《雲笈七籤》卷《七部名數要記》稱，九守即守和、守神、守氣、守仁、守簡、守易、守清、守盈、守弱。道教認為，修持九守，就能達到合乎道的真人境界。

《道德經》中有守字七處。如「多言數窮，不如守中」、「致虛極，守靜篤」、「道常無名，樸。雖小，天下莫能臣。侯王若能守之，萬物將自賓」、「道常無為而無不為。侯王若能守之，萬物將自化」等。《道德經》所稱守中、守靜、守道、守無為而無不為等，都是指持守虛靜、持守無為、持守道的意思。《通玄真經》有《九守》篇，名為九守，實有十項，九是概數。

十項標題也與《雲笈七籤》所載不盡相同，即守虛、守無、守平、守易、守清、守真、守靜、守法、守弱、守樸。儘管文字大同小異，但分段內容及題目則有較大區別，反映了從早期道教至宋元時期的道教教義思想已有不少發展和變化。

三元

三元，在道教教義中原指宇宙生成的本原和道教經典產生的源流，隋唐以後又衍化為道教神仙和道教主要節日的名稱，延續至今。

道家著作原無三元之說，但是古曆法家以農曆正月初一為年、月、日之始，稱三元日，因為此日為「歲之元，時之元，月之元」，此元當是開始之意。

古術數家以六十年為一甲子，第一甲子為上元，第二甲子為中元，第三甲子為下元。一百八十年為「天地一變」之周始，合稱「三元」，此元又是單元之意。

早期道教太平道有「三統」神學思想，稱「元氣有三名，太陽、太陰、中和。形體有三名，天、地、人。天有三名，日、月、星，北極為中也。地有三名，為山、川、平土。人有三名，父、母、子。治有三名，君、臣、民。欲太平也，此三者常當腹心，不失銖分，合成一家，立致太平，延年不疑矣。」

大約在北週末年成書的道教類書《無上祕要》中，三元一詞才見著錄。該書卷《上清神符品》引《上清三元玉檢三元布經》稱，受佩「三元玄台玉檢紫文」之人，佩身九年，就有可能「乘三元之軿，上升三元之官。」

南北朝時期已開始將三官和三元連繫在一起。將人體的三丹田稱為三元是道教內丹術的說法。《周易參同契》稱「含精養神，通德三元。」宋末元初道教學者俞琰注稱三元為「上中下之三田也。」

宋曾慥編撰的《道樞》卷有《三元篇》，其三元所指「上元者，首以上屬焉；中元者，首之下臍之上屬焉；下元者，臍之下腰之上屬焉。」

張伯端《悟真篇》卷上有「四象五行全籍土，三元八卦豈離壬」句，董德寧注稱「三元者，三才也，其在天為日月星之三光，在地為水火土之三要，在人為精氣神之三物也。」這就將內丹修煉同道教教義中的宇宙生成理論連繫在一起了。

現代道教著名學者陳攖寧還在《黃庭經講義》中稱三元為元精、元氣、元神。

坐忘

坐忘，是指人有意識地忘記外界一切事物，甚至忘記自身形體的存在，達到與大道相合為一的得道境界，也指人在修煉中控制意志、排除雜念的內修方法。

《玄宗直指萬法同歸》稱：「坐者，止動也。忘者，息念也。非坐則不能止其役，非忘則不能息其思。役不止，則神不靜。思不息，則心不寧。非止形息役、靜慮忘思，不可得而有此道也。」

唐代道士王懸河編修的類書《三洞珠囊》卷有《坐忘精思品》，將坐忘和精思並列在一起。唐代著名道士司馬承禎著有《坐忘論》，讚揚坐忘是信道之要，自稱「恭尋經旨而與心法相應者，略成七條，以為修道階次」。

意思是坐忘之法要按敬信、斷緣、收心、簡事、真觀、泰定、得道互有連繫的順序進行操作。宋代曾慥在《道樞．坐忘篇》中稱：「坐忘者，長生之基也。故招真以煉形，形清則合於氣；含道以煉氣，氣清則合於神。體與道冥，斯稱之得道矣。」

坐忘的修道方法，在唐宋兩代影響很大。宋元以後，道教的內丹修煉術逐漸發展，並完全代替了外

丹術。內丹家們多以精、氣、神的理論解釋坐忘，使其與坐忘相聯接。另一方面，坐忘的修道方法仍然保持著獨立而持久的影響。直至元代，坐忘之法，仍為學道之人視為得道成真的要法。

抱樸

抱樸作為道教教義，源於《道德經》第十九章「見素抱樸，少私寡慾。」樸，原是未經加工成器的原材料，又作本真、本性、質樸解。抱，是持守。抱樸就是要求學道者持守質樸無華的本真。這樣才能與道合一。

《道德經》還有樸字多處，如「敦兮其若樸」、「常德乃足，復歸於樸」、「樸散則為器」，特別是對第三十二章「道常無名、樸。」這一句，歷代注家都十分重視，認為它說明道總是具有無名和樸質這兩個重要的特性。

《道德經》還提出人治之道也是要樸。第三十七章中稱「吾將鎮之以無名之樸」。第五十七章中又稱「我無慾，而民自樸」，統治階級將樸作為治政原則之一，則民眾也因此可以保持自然和樸實了。

早期道教太平道信奉的《太平經》，批評世人品行邪惡，頌揚古人的質樸，稱「下古人心邪蔽，不若太上古之三皇，人心質樸，心意專一，各樂稱天心，而忠信不欺其上，故可無文也。」指出，如果能夠還返到胞胎之中，與世俗之事毫無牽纏，就是「與道居也」，如果拋棄了人的真正的純樸之質，那就是「反成土灰」了。

葛洪自稱抱朴子，並且以《抱朴子》名其書。有《抱朴子》內外篇傳世。南朝道士陶弘景在《真誥》中也認為「處無用於囂途，乃得真之挺樸；任凡庸以內觀，乃靈仙之根始也。」認為在喧囂煩雜的世事中，無為無用，這就得到真正的樸。

《西升經》更進一步認為「損思慮，歸童蒙，塞邪智，聖人之樸也。」要求從道的人有意識地減少思想活動，回歸到孩提時代無憂無思的境界，閉塞自己的智慧和邪惡，這才是聖人的樸。

太平

太平，是道教所追求的社會理想。在這種太平社會裡，君主愛護臣民，臣民忠於君主，沒有階級衝突，利益分配平均，人人感到快樂，沒有天災人禍。「天道無親，唯善是與。善者修行太平，成太平也。」太平道以「太平」命名，以《太平經》）為主要經典，其太平的社會理想集中表現在《太平經》中。「太者，大也。乃言其積大行如天。凡事大也，無復大於天者也。平者，乃言其治太平均，凡事悉理，無復奸私也。平者，比若地居下，主執平也，地之執平也。」、「天氣悅下，地氣悅上，兩氣相通，而為中和之氣，相受共養萬物，無復有害，故說太平。」

太平道認為天、地與中和之氣相通，併力同心，就能共生萬物；男女相通同心，就能生養子女，父母和子三者同心，就能治好家庭；君臣民三者相通同心，就能共成一國。三氣相通，就能「立平，立樂，災異除，不失銖分。」

意思就是社會達到財富均平，君民同樂，災難消除的太平理想。

承負

承負，在道教教義中指善惡報應，因果相關。道教認為任何人的善惡行為都會對後代子孫產生影響，而人的今世禍福也都是先人行為的結果。

道教的承負之說，源自《太平經》，意思是祖先積德行善，則可蔭及子孫；若先人屢屢犯過作惡，後人將無辜蒙受災禍。即人們常說的「前人種樹，後人乘涼；前人惹禍，後人遭殃」。其特點是前輩後輩相承負。

但對於承負的論述，《太平經》中有兩種解釋。其一，「承者為前，負者為後。承者，乃稱先人本承天心而行，小小過失，不自知，用日積久，相聚為多，今後生人，反無辜蒙其過謫，連傳被其災。負者，乃先人負於後生者也」。其二，「三統共生，長養凡物名為財，財共生欲，欲共生邪，邪共生奸，奸共生猾，猾共生害，而不止則亂敗，敗而不止，不可復理，因究還反其本，故名承負」。意即天地人三統共生，長養財物，欲多則生奸邪，以至不可復理，直到財物窮盡才知還返回虛無之源本。其一說的是善惡承負；其二則是說天道循環。

由此可見，天道的循環承負報應，是因人作惡和嗜欲造成的，並給後人和自然界帶來極大危害。為免人們遭受危害和災禍，人們應當學道、信道、修道，以解除承負之厄。信道修道就是要求人們遵循道的行為準則，按道意來處世行事，積功累德，好善利人。

在承負之說中，道教還特別重視並相信現世的善惡報應。《太平經》也為說「善者自興，惡者自病，吉凶之事，皆出於身。」《老子想爾注》中則說「道設生以賞善，設死以威惡。行善，道隨之；行惡，害隨之也。」

認為吉凶禍福和生死都是隨人行善惡行為來報應的。所以，信道修道之人，應行善積德，使精神與天通，乃可至長生成仙。

道教善惡承負和現世報應的教義，對後世有非常重要影響。《感應篇》中說「禍福無門，唯人自召。善惡之報，如影隨形。在天地間有司過之神，行善積德則可延年加壽，乃至成仙。犯過作惡，則依所犯輕重，給以減少生命年限的懲罰。」

鼓勵人們追求積極向上的人生觀，同時，還融會了回報應學說，修道行善則可升入仙國，犯過作惡則將會在地獄受到刑罰。

八卦

八卦，是儒家經典《周易》中的重要概念，又稱經卦，指的是《周易》中的基本圖形。

八卦的起源，有種種揣測，一說起源於結繩改書契時，陽爻代表大結，陰爻代表小結；一說起源於生殖崇拜；一說模仿占卜的龜兆；一說代表一種原始文字；一說起源於蓍草排列的方式。

坎離，原是兩個卦名，其卦形是「離中虛，坎中滿。」在內丹煉養著作中，坎離指的是藥物，也就是人的精、氣、神。乾坤，也是兩個卦名，其卦形是「乾三連，坤六段。」

在內丹煉養著作中，乾坤指的是鼎器，也就是人體內部煉養精氣的部位，大致相當於上下丹田。

早期道教太平道，在《太平經》中也以易理八卦來「窮道通意」。《齋戒思神救死訣》稱：「八卦乾坤，天地之體也，尚有休囚廢絕少氣之時，何況人乎？」

意思即八卦的卦象變化，體現了天地的生死、壯老的氣的興衰變化。東晉時，葛洪在《抱朴子內篇》中稱「道者涵乾括坤，其本無名」，意思是乾坤兩卦被包含在道之中，是道的體現。

東晉時已有《八卦符》，並稱其為「大符也」，可以推測，其時道教中已有人將八卦之卦象神化為

遺神克鬼的符圖了。

道教內丹煉養的論著中，八卦的象數學說得到了廣泛的使用。成書於東漢的道教丹經之王《周易參同契》就是一本將周易、黃老和煉養術結合起來，以象數之學闡述內養外煉的著作。

唐宋以後，內丹煉養逐漸替代外丹術，無論南宗、北宗，或者中派、東派、西派，在其內丹著述中大多採用八卦的卦象變化來闡發一些難以言傳的問題。

太極

太極，是儒家經典《周易》中的重要概念。《周易》包括《易經》和《易傳》兩部分。太極一詞見於《易傳．是辭上》：「易有太極，是生兩儀，兩儀生四象，四象生八卦。」對於此段文辭，歷來有兩種解釋。一種解為筮法，筮占者執著草於將分未分之時，即稱太極；一種解為易理，視太極為天地未分的混沌狀態。兩儀指的是天地，四象和八卦指的是四季和八種自然現象。易理的解釋後來有很多發展。

太平道的《太平經》受到五行、八卦學說的明顯影響，但將天地起源歸結於「一」。在《太平經》中，有近二十處使用無極一詞，如無極之天、無極之地、無極之國、無極之境、無極之世、無極之術、無極之殿、無極之道等。

無極之義指極深、極廣、極遠、極長、極為有效等意思，並未同《易傳》的太極概念相連繫。五斗米道的《老子想爾注》，在解釋「復歸於無極」時，稱「唯有自守，絕心閉念者，大無極也。」無極相當於道，大無極即大道的意思。

南北朝的道教文獻中，有大量太極字樣出現。齊梁道士陶弘景在《真誥．甄命授》中稱：「道者混然是生元氣，元氣成然後有太極，太極則天地之父母，道之奧也。」意為道生元氣，元氣成然後有太極。即由太極生天地。因此，這一太極觀直接源於漢儒。

在《真誥》中，太極又有天上仙界的意思；在《協昌期》中，太極又是神靈的名稱。唐末五代時，杜光庭在《道德真經廣聖義》中，以太極解釋道，將易理和《道德經》明確地連繫在一起。

北宋張伯端在《玉清金笥青華祕文金寶內煉丹訣》中，將人身和天地相比類，認為太極是天地創造的發端，也是人身的初始。天地有太極，人身之中也有太極。

金元以後，理學家們的太極觀，對於道教教義思想的發展有極大的影響。元明清高道的論著中，多以太極與道互為詮釋。

道教吸收易理不僅適應了官方哲學的要求，也將易理同道教教義和內修理論相結合，並且在法衣、法器中廣泛採用了太極陰陽的圖案。

太極陰陽圖，在民間就成了道和道教的標誌。並且由於道教多有祈禳鎮邪的儀式，因此，在民間多以太極陰陽圖掛於門框和廳堂之中，作為驅邪之用。

仙道貴生

仙道貴生的教義思想是道教信仰的核心宗旨，體現了道教的鮮明特色。所稱仙道，即道教追求的成仙得道。道教相信神仙的可學和實有，神仙生活是逍遙無礙，長存不亡的，他們都是得道的真人，是學道務道之人學習和信仰的人格形象。

而成仙得道的重要內容，就是透過自我的修行，達到長生久視。所以道教教導人們要貴生、重生、

樂生，生存的品質提高到神仙一樣的境界，達到生道合一的目的，就是得道。《度人經》曾把這一要旨歸納為：「仙道貴生，無量度人」。

道教的仙道貴生教義思想，主要來自兩個方面：

◇ **秦漢時期的方仙信仰**：《南華經》中說「藐姑射之山，有神人居焉。神人可以不食五穀，只吸風飲露。可以乘稱御龍，行遊四海之外。還說有一種人，千歲厭世，去而上仙。」《漢書．藝文志》則將神仙者概論為，保性命之真，同生死之域。

◇ **太上《道德經》修真常長生久視之道的理義**：祖天師張道陵立教時，將神仙信仰和常道宗理融合為一體，完整了道教信仰的體系。

張道陵在《老子想爾注》中說：「生，道之別體也。」又說「道意賤死貴仙」。修道的目的就是唯願長生、生生不息。從而構成了仙道貴生的重要教義。

道教相信人透過修煉，物質生命可以得到延續，精神生命也可以得到昇華，最終成仙得道。為此，歷代高真在仙道信仰的追求中，積極探索生命修煉的途徑，總結了豐富的修養學說和修煉方法。以「我命在我不屬天地」的精神為動力，立志要度己度人，反映了道教貴生樂生和胸懷世人的人生態度。

修道以至長生成仙，就是要求人們以積極和超脫的人生態度來生活。人之生命乃由道之天地之靈秀之氣而化生，得之不易，應當特別珍惜。

其修行的要求主要是心性品德的修養和身形生命的修煉兩個方面。道教稱之「性命雙修」，以致神形兼備。心性品德的修養和提高，是修煉物質生命的基礎。

修養心性品德的標準，是學修道一樣的德行，清靜寡慾、柔弱不爭。消除一切私心和嗜欲，淡泊名利，精神不要為外物所累，使生命得到保養。

同時，還要廣行善舉，利物濟人，積功累德。生命的修煉則是以品德修養為根基，透過修煉來促進生命的健康和長久，最終達到神形合約，成仙得道。

三洞宗元

道教宗元於三洞，以三洞為三元，道教的基本信仰和經教體系無不宗元於此，是道教的根本宗元。三洞宗元，是以「三元」為宇宙混沌之始。稱「一分為三元，三元變化三氣，三氣變生三才，三才既滋，萬物斯備。」然「三洞之元，本同道氣，道氣唯一，應用分三。」這是《雲笈七籤》對三洞宗元的基本論述。

概括來說，道氣衍化為三元，三元分別是，第一混洞太無元；第二赤混太無元；第三冥寂玄通元。由三元變化為三氣，三氣分別是始、元、玄三氣，再由三氣化生萬物。其造化開闢的過程是，混沌之前，元氣之始也。元氣運行，而後天地始立。再由始、元、玄三氣化生萬物。

三洞宗元作為「道」化萬物的信仰宗元，還有其更重要的一面，就是三元，即三寶君。第一天寶君，從混洞太無元化生；第二靈寶君，從赤混太無元化生；第三神寶君，從冥寂玄通元化生。三寶君分別治於三清境，故三寶又稱三清。

天寶君治在玉清境，即清微天，其氣始青；靈寶君治在上清境，即禹余天，其氣元黃；神寶君治在太清境，即大赤天，其氣玄白。而三元皆本同道氣，所以，三寶君的名號雖殊，卻本同於一。三寶君、三清，道教全稱玉清元始天尊、上清靈寶天尊、太清道德天尊。為道教最高尊神，乃神明之宗，造化之祖。

同時還是經教之教主，為道教傳下了三洞三十六部真經。《道教三洞宗元》說「天寶君說十二部經，為洞真教主；靈寶君說十二部經，為洞玄教主；神寶君說十二部經，為洞神教主。三洞合成三十六部尊經。」

三洞經又各有垂教的對象，以合乎學道修道的品級。開始人道修學之人，始入仙階，登無累境，故初教以洞神寶經。其次智漸精勝，既進中境，故中教以洞玄靈寶經。最後即登上境，智用無滯，故上教以洞真天寶經。

其目的都是透過經教文化，誘俗修仙，從凡證道。故後世《道藏》的編撰，就是以「三洞四輔」來分例的，並構建起了以三洞宗元為信仰的經教體系。

返樸歸真

道教學道修道，其目的就是要透過自身的修行和修煉，使生命返復到始初的狀態，道教稱之為返樸歸真。

道教認為，人原初的本性是純樸和純真的，是近於道的本性的。所以人們常說兒童天真無邪。但由於隨著年齡的增長，思慮欲念不斷萌生，再加上社會環境的不同影響和情色財貨的誘惑，不斷地消耗掉人原有的生命元真，也蒙迷了原有的純樸天性。

若進一步嗜欲無止，將嚴重損害自己心性和生命健康，從此背道而馳。而學道修道，就是要使心性和生命返到純樸純真的狀態。這裡的樸就是指本真，引申為道的質樸狀態，是指真常之道的本來體性。

然而，要返樸必需要抱樸，《道德經》說：「見素抱樸，少私寡慾」。即要抱道守真，怡養生命的真元，使之不為物慾所誘惑，不為私心雜念所困擾。這裡最重要的就是要儘量少一些私心和欲念。做人要淳厚，行事遵守公德，生活要儉樸，使本性漫漫返復到淳樸的狀態，與道相合。

而在生命修煉過程中，要在良好的心性根基上，把已耗散的生命元氣透過修煉進行修復，使身體健康。進而透過煉精化氣、煉氣化神、煉神還虛等內煉功夫，使生命回歸到真道的狀態，成仙得道。

萬法歸宗

萬法歸宗，指的是道教的全部教義和經教、科教、法派、教戒、煉養方法等都要歸宗於信道修道，真思志道。凡為學道務道之士，無任是屬哪個道派或擅長哪種教化，如言教、身教、科教等，其信仰追求和基本教義都應是一致的。

從道派來說，道教有正一、全真兩大派，但兩派的信仰體系和經教體系卻都是一致的，皆以太上真常之道為最高信仰、宗奉三清道尊，並以三洞四輔真經寶典為經教之本。

正一以真一不二，伐誅邪偽為內涵，全真倡積真功、踐真行為本真，所要體現和倡導的都是太上之真道。而修煉雖有丹鼎符籙之分。但核心內容都是為度己度人。

對一個道士來說，無任是正一還是全真，都應是心身與道法同修，不能偏廢。第三十代天師張繼先

曾說「此身身外本無法。」也就是說，修煉道法，首先要修煉心身，累積道功，凝煉神氣以合道，達到度己度人的目的。

濟世利物，齊同慈愛

濟世利物是道教修煉生活中必不可少的環節，濟世即普濟世間，利物即利益萬物。道教認為濟世利物不僅幫助了他人，而且還有利於自己仙道的修成。老子說過：「賑窮補急則名生，起利除害即功成」。葛洪曾對弟子解釋道：你們之所以不能夠成為天仙，而做了個地仙，是因為「前世學道受經，少作善功，唯欲度身，不念度人；唯自求道，不念他人得道」。所以道教修道時強調「濟世利物，齊同慈愛」。

四、規戒闡述

道教有自己完整的一套規誡制度，任何違背了道教規誡的弟子都將受到不同程度的懲處，根據不同的門派和不同的制度而定。

道教規誡中比較重要的戒律有初真五戒、初真十戒、女真九戒、全真清規和老君想爾戒等，正是這些嚴格的戒律，保證了道士能夠安心靜修，以通大道。

道教教規

道教的教規主要有：

◇傳授。傳授是道家成仙證聖的必經之路，故道教把授道傳密之事看得極為重要，以不能亂傳亂泄為戒。傳授時必須有虔誠求道的思想和行動，洗滌身心，燒香齋戒，並起宏誓、請師證盟，師方予以傳授。

◇賞善懲惡。俗話說：「舉頭三尺有神明」，神仙宮府統轄三界十方，故人類的善惡也屬神明的監察範圍。行惡的人定受懲罰，甚至喪命；行善的人就可消災免難而增延福壽。

◇齋戒。道教修齋設供，以達到累積功德和防止出現過失、惡疾的目的。齋分為節食齋和心齋，節食齋以和神保壽，心齋以澡雪精神。戒，指對道教徒分別有不同的戒律，並提倡所有人行五戒十善，提出凡人若常行五戒十善，則天人善神護衛，永滅災殃，長致福佑。

◇誦持。道教規定，凡師傳的經籙，必當唸誦佩持。意思是凡道教徒必須常唸誦師傳的經法和佩持符籙。

清規戒律

道教宮觀內對違犯戒規道士的懲處條例稱作清規。道教創立時規定：凡道士犯法者，先原諒三次，如仍不改過，才給以懲罰。其目的是「聞人有過助其自誨」，使在淨室中向神叩頭思過，以乞求「諸大神原其不及」。

現存較著名的清規有《教主重陽帝君責罰榜》、《長春真人規榜》等。道教約束道士思想言行的條規稱作戒律。道教初期戒律簡約，主旨為戒貪慾、守清靜。

兩晉南北朝時，由上清派、靈寶派、新天師道等制定出五戒、九戒、十戒和其他戒律，這些戒律均為防止噁心邪慾、乖言戾行之用。

違戒處罰

違戒稱受戒道士違背所應受持的規戒條律。破戒稱道士受持規戒後重又違犯規戒。對違戒、破戒者，原本都有統一規定，後來各宮觀以清規作為處罰的標準，現在基本是以批評教育為主，直至開除。

齋日

齋日也就是指齋月中某一天或祖師聖誕或有齋醒科儀等活動時，道教徒必須嚴格按照道教儀範所規定內容行事。道教在制定戒律的同時，還特別設立了齋田，齋田是一月之中應持齋戒的日子。這一天必須嚴格遵守道教戒律，這樣舉行儀式時才能有天神護佑，才能有求必應，心神感應。

道教的齋日有十直齋日、八節齋日、三元齋日、四始齋日，三會齋日。十直齋日：每月初一，初八，十四，十五，十八，二十三，二十四，二十八，二十九，三十。

◇**八節齋日**：立春，春分，立夏，夏至，立秋，秋分，立冬，冬至。

◇**三元齋日**：正月十五，七月十五，十月十五。

◇**四始齋日**：正月初一，四月初一，七月初一，十月初一。

◇**三會齋日**：正月初七，七月初七，十月初五。

這些齋日是持戒做齋的特定時間，齋日裡必須嚴格持戒、護成，這樣才能真正以身正教化世人，以淨心感化世人。現在各全真廟宇中的齋日與傳統定制有些變化，十方叢林主要以農曆初一、十五及祖師聖誕日等作為齋日，子孫廟裡還以傳統定制齋日為主。

功過格

功過格是道士自記善惡功過的一種簿冊。善言善行為功，記功格；惡言惡行為過，記過格。《太微仙君功過格．序》稱：「修真之士，明書日月，自記功過，一月一小比，一年一大比，自知功過多寡。」功多者得福，過多者得咎。道教以此作為道士自我約束言行、積功行善的修養方法。人的行為善惡自有報應的思想，早在先秦時期就已形成。

道教繼承漢代讖緯學說，也將神靈報應人之善惡作為約束道士的方法之一。道士自記功過當是仿效宋儒而來。

元代淨明道有學道人自錄功過的規定，《太上靈寶淨明飛仙度人經法》說「十戒」的第三戒要求學道者無忘日錄。

自錄者，所以修檢善惡之處，因此，它是「不教之師也，不說之友也，不詔之君父，不約之法度。」淨明道的自錄是後世道教功過格的雛型。

託名古仙或祖師撰述的有關功過格的小冊子甚多。著者有成書於金大定十一年的淨明派《太微仙君功過格》以及《警世功過格》和託名呂洞賓的《十誡功過格》等。

《太微仙君功過格》中功格三十六條、過律三十九條。各分四門。其中，功格有救濟門十二條、教典門七條、焚修門五條、用事門十二條。過律有不仁門十五條、不善門八條、不義門十條、不軌門六條。

《十誡功過格》吸收宋明理學家的修養內容，稱「學道乃身心性命之事」、「以十戒定功過」。十戒指的是戒「殺、盜、淫、口惡、口舌、綺語、妄語、貪、嗔、痴。」《警世功過格》認為儒正心，

道存心，佛明心，會通三教，修心為本。因此稱「變化氣質，歸於純粹」為一千功，而心懷陰險為五百過。

功過格的各種功和過的規定，其特徵就是仁民愛物、忠君孝親、崇信三寶。它是道教倫理思想的體現，也是宋明以後中國封建道德價值標準的反映。

守庚申

道教認為人身中有三屍神，每到庚申之日，即上天報告人的過失。三屍為，上屍名彭倨，中屍名彭質，下屍名彭蹻，所以也叫三彭。也有稱為玄靈的。也有稱為青姑、白姑、血姑的。

上屍使人好色、中屍使人多思、下屍使人淫慾，故三屍使人逐漸衰老，趨於死亡，更不利於道人修行，因此必須除之。

道教為了除去三屍神，採取了許多辦法。一種是去欲。所稱「欲生則三屍生，欲滅則三屍滅」；一種是服符誦咒；一種是厭勝；一種是服藥；一種是服氣。流行最廣的是守庚申，即在每月的庚申日，徹夜不眠，阻止三屍上天報告，或者斬卻三屍神。

三界十方

三界者有三，一以時間而言，分為無極界、太極界、與現世界。一以空間而言，分為天界、地界、與水界；一以道境而言，分為欲界、色界、與無色界。皆稱為「三界」。

十方者，乃為東方、南方、西方、北方、東北方、東南方、西北方、西南方、上方、下方，為十方也。

四恩三有

道教以報恩為重，故有四恩應報。

四恩者，一天地恩；二國土恩；三父母恩；四師長恩。凡此四者，皆宜回向以報之。三有者，一有情者；二有識者；三有緣者。

凡此三者，道皆親之。所以「四恩三有」為信道者必須念念不忘。

三皈五戒

三皈者，皈依道、皈依經、皈依師，為皈依三寶。五戒，又稱為積功歸根五戒者，一戒殺生；二戒偷盜；三戒邪淫；四戒妄語；五戒葷酒。

身不染殺盜邪淫，將升入欲界十八天，心無貪、嗔、痴將升入色界六天，口無綺言華語、惡口妄言，將升入無色界四天。

在此基礎上供養三寶，廣行方便，積功累德，將升入四民天。至此跳出三界外，不在五行中，三災不到，八難不侵，永脫輪迴，常處清靜逍遙之境。

常人名籍，錄於陰曹地府，隨自身功過淪於六道。欲脫輪迴之苦，必須皈依大道。憑藉道經師三寶之力而擺脫輪迴。因此，必須皈依三寶，皈依之後，名籍將從陰曹地府消除，記名於三官大帝青編之籍。

從此之後，三寶弟子的一切功過皆歸三官大帝考校，陰曹地府無權干涉。欲求皈依，必先拜師，拜師必須心意虔誠。皈依之後，必須遵守三皈五戒。此三皈五戒為學道者入道之初，需首要遵守之規律也。

三障十惡

三障者，魔障、業障、災障也。因貪嗔痴等之惑，而生魔障；因五逆十惡之業，而成業障；因三災八難之遭，而見災障。十惡者，口有四惡，即綺語，妄言，惡口，兩舌；心有三惡，即貪，嗔，痴；身有三惡，即殺，盜，淫。合為十惡。

三塗五苦

三塗者，一為火塗，為地獄道猛火所燒之處；二為血塗，為畜生道互相噉食之處；三為刀塗，為餓鬼道被刀劍逼迫之處。又以：一者拷對前非之塗；二者畜生償酬往業之塗；三者餓鬼苦對最深，渴飲火精，饑則食炭之塗，號稱三塗。

五苦者，一為刀山地獄之苦；二為劍樹地獄之苦；三為銅柱地獄之苦；四為鑊湯地獄之苦；五為溟泠地獄之苦，是為五苦。

三災八難

三災者，遭受三大天災也。一為風災；二為火災；三為水災。八難者，一者得生人道難；二者去女為男難；三者形體完全難；四者得生中土難；五者有道君難，六者稟性慈仁難；七者國太平難；八者與三寶相遇難，稱之八難。

《雲笈七籤》卷「雜修攝」的八難為不廢道心一難，不就明師二難，不托閒居三難，不捨世務四難，不割恩愛五難，不弄利慾六難，不除喜怒七難，不斷色慾八難。

三元五臘

三元節是道教的重要節日，分別是正月十五上元天官節，七月十五中元地官節，十月十五下元水官節。

五臘節是，正月初一天臘，五月初五地臘，七月初七道德臘，十月初一民歲臘，十二月初八王侯臘。

初真戒律

初真戒是人道者必須遵守的金科玉律，是人道的門戶，是修道的起點。初真戒有五戒、八戒、十戒和女真九戒等。《初真戒說》裡就制定初真戒的意義說得很詳細，目的就是樹立道心，弘道立德。

初真戒要求十惡不生，無思無為，一念修道，去掉凡心，以戒為師。清代王常月著的《初真戒律》中，讓人道者先受三皈依戒：第一皈身，太上無極大道。永脫輪迴，故稱道寶；第二皈神，三十六部尊經。得聞正法，故稱經寶；第三皈命，玄中大法律，不落邪見，故稱師寶。

初真五戒

初真五戒是初真戒的根基，是人道之初門，清心之良方，是出俗與人俗的樞紐，每人道者，」必須牢牢領會其意。五戒指不得殺生、不得葷酒、不得口是心非、不得偷盜和不得邪淫。

這五戒是持身之本，護法之根，如果能以此五戒為對照，就能益壽延齡，天神護佑，永脫五刑之苦，世世不失人身。五戒後來發展成八戒。陸修靜在《受持八戒》中在五戒之外加了三戒，即不得雜臥

大床、不得普習香油、不得以作娼妓。

初真十戒

持五戒者，校正身心，去除雜念，接受皇天尊所命初真十成。十戒為：

第一戒者，不得不忠不孝，不仁不信，應當盡節君親；

第二戒者，不得陰賊潛謀，害物利己，應當廣濟群生；

第三戒者，不得殺生，以充滋味，應當行慈。

第四戒者，不得扶邪敗真，穢慢靈氣，應當守貞操。

第五戒者，不得敗人成功，離人骨肉，應當以道助物，令九族雍和；

第六戒者，不得讒毀賢良，露才揚己，應當稱人之美善，不自優其功能；

第七戒者，不得飲酒食肉，犯律違禁，應當調和氣性，專務清虛；

第八戒者，不得貪求無厭，積財不散，當行節儉，惠恤貧窮；

第九戒者，不得交遊非賢，居處穢雜，應當慕勝己，棲集清虛；

第十戒者，不得輕忽言笑，舉動非真，應當持重寡辭，以道德為務。

這十戒，能做到者，天神護佑，永脫一切苦腦。

十戒注重道教徒的品德修養，要做到忠、孝、濟世、守身、節儉、利人、清修，作為修道養性的前提，潔身戒行的道德規範，能使道教徒品行端正，世人竟向慕之、歸之。

道教特別講究廣濟群生，要迴光返照，與人為善，則廣施陰德，普濟群生，乃為人道之本。對貞操方面來講要獨拔常倫，頓息塵緣，精修道行，當證仙階，福及九祖，慶流一門。

對於財物方面來講：夫人之貧富，命稟生初悉已前定，若生財有分，用盡還來，若胎骨受貧，廣求不富，能明此理，一切取覓付之自然，非己之財不妄取，非義之財不苟得。合得之財，隨分取可，不陷於貪求無厭之欲，能做到十戒的人，則心領神會，精神分明，修道積德的第一步。

女真九戒

在初真戒後面，還加上了女真九戒，作為道教信女修持之戒，九戒為：一、孝敬柔和，慎言不妒；二、貞潔持身，離造穢行；三、借諸物命，慈愍不殺；四、禮誦勤慎，斷絕葷酒；五、衣具質素，不事華飾；六、調適性情，不生煩惱；七、不得數赴齋會；八、不得虐使奴僕；九、不得竊取財物。

三堂大戒

三堂大戒是全真道授受傳承之根本戒律，也稱三壇大戒，由初真戒、中極戒與天仙大戒三部分組成。由於受戒道士必須經一百天戒期，故又稱「百日圓滿三壇大戒」。《道藏輯要》收錄戒律全文。

全真道創立之初，並無繁複戒條。傳授戒法，始於丘處機。他訂立傳戒儀範，迄今已有七百多年歷史。

據全真龍門第七代律師王常月《缽鑑》記載，丘處機採用道教傳統戒律，乃彷佛教沙彌、比丘、菩薩三戒之制，定初真、中極、天仙「三壇大戒」，唯單傳祕授，不得廣行。

至明末清初，王常月創全真叢林，一改舊制，公開傳授。順治十三年，「奉旨主講白雲觀，賜紫衣凡三次，登壇說戒，度弟子千餘人。」康熙二年，又率徒南下，立壇授戒。當時在全真道中，龍門派的社會影響遠超其他各派。

初真戒本王常月所撰之《初真戒律》，立持戒、出入、事師、視聽、言語、飲食、聽法、出行、起立、坐臥、作務、沐浴等威儀十三種、兩百條，從各方面對受戒者加以約束，得受初真戒者稱妙行師。只有得稱妙行師者，才可進而受中極戒。中極戒本托稱太上老君降授之《中極上清洞真智慧觀身大戒經》，戒文三百條，故通稱「太上老君中極三百大戒」。

中極三百大戒中有將近百條與「老君說一百八十戒」相同，其餘兩百戒也與上述威儀等多有雷同之處。從正念修持以至接人待物，都有種種規定。

天仙大戒本清柳守元所撰《三壇圓滿大戒略說》，認為三界諸法，皆從道生，若欲求道，當修觀慧諸法。

受持此法，即「得生無量智慧，增無量善因，滅無量業障，消無量煩惱，延無量壽歲，長無量福田，」位證天仙，是為「不戒乃戒」之「天仙」大戒。

得受天仙戒者稱妙道師、傳教本師乃太上繼宗演教接化大德之師。不受天仙戒者不得傳戒。

九真妙戒

九真妙戒簡稱九真戒，為亡者所持之戒。是九天帝君親口宣說，佩奉者升入九天，輕侵者墮入九地。《道法會元》稱「九真戒者，宣告亡靈，奉戒專心，克臻妙道。」

據《北帝伏魔神咒妙經》稱，此戒內容為：一者敬讓，孝養父母；二者克勤，忠於君王；三者不殺，慈救眾生；四者不淫，正身處物；五者不盜，損人損己；六者不咳，凶怒凌人；七者不詐，諂賊害善；八者不驕，傲忽至真；九者不二，奉成專一。

《無上玄元三天玉堂大法》說道：「世人若能受九真妙戒，佩受救苦長生寶籙，生在之日，受之福報，壽齡綿遠，運盡數終，不趨輪迴，直上丹天。」

全真清規

全真清規是金元時期全真道對違犯戒律的道士執行處罰的條例，旨在約束道士、維持道觀的正常活動和生活秩序。清規與戒律是相輔而行的。戒律警戒於事前，清規處罰於事後。

全真道初創時期，力倡苦修，離俗出家，教風淳樸，有規戒思想而無制度。《真仙直指語錄》有馬丹陽「十勸」語錄，稱一不得犯國法；二見教門人必須當先作禮；三斷酒色財氣；四除憂愁思慮；五遇寵若驚；六戒無明業火；七慎言語、節飲食，薄滋味、棄榮華、絕憎愛；八不得學奇異怪事；九居庵不過三間、道伴不過三人；十不得起勝心。

故元人徐琰概括全真教旨為「其修持大略以識心見性，除情去欲，忍恥含垢，苦己利人為之宗。」元初全真道結交權貴，貴盛至極，教風日變，漸離自放草澤、儉樸刻苦之旨，因此，逐仿效佛教清規訂立全真清規。

明正統年間編成的《道藏》收有《全真清規》一卷，內容包括：指蒙規式、簪披次序、遊方禮師、堂門戒臘、坐缽規式、祖師則例、三不起身、全真體用等。

其中指蒙規式是指導初入道的童蒙的規戒；簪披次序定棄俗簪披的先後次序；遊方禮師是對遊方道士的禮儀規定；堂門戒臘是對道士在宮觀中行止的禮儀規定；坐缽規式是對於全真道士坐缽修持的規定；祖師則例和三不起身是對於全真道士在宮觀內起居安排和禮儀的規定；全真體用則是闡述全真清規體現的教義思想。

《教主重陽帝君責罰榜》明確規定了對於違反清規的道士的處罰標準：「一犯國法罰出；二偷盜財物、遺送尊長者，燒燬衣缽罰出；三說是談非、擾堂鬧眾者，竹篦罰出；四酒色財氣食葷，但犯一者罰出；五奸猾慵狡、嫉妒欺瞞者罰出；六猖狂驕傲，動不隨眾者罰齋；七高言大語、作事躁暴者罰香；八說怪事戲言、無故出庵門者罰油；九做事不專、奸猾慵懶者罰茶；十犯事輕者罰拜。」

老君想爾戒

老君想爾戒是早期道教的戒律。其戒文分上中下三行，每行三條共九條，即「行無為，行柔弱，行守雌，勿先動，此上最三行。行無名，行清靜，行諸善，此中最三行。行無慾，行知止足，行推讓，此下最三行。」

《雲笈七籤》卷稱，想爾戒是「道舍尊卑同科」的，「九行備者，神仙；六行備者，壽；三行備者，增年。」

老君想爾戒是五斗米道《老子想爾注》戒律思想的集中體現。《老君存思圖十八篇．坐朝存思第十》稱，行存思者要「存《老子想爾注》」，其所標出的卻是老君想爾戒的三行九條。由於想爾戒的條文過簡，不便操作踐行，因此，又在想爾戒的基礎上，衍生出老君二十七戒。戒文也分三品。

上品戒文是：戒勿喜，邪喜與怒同；戒勿費用精氣；戒勿傷王氣；戒勿食含血之物，樂其美味；戒勿慕功名；戒勿為偽彼，指形名道；戒勿忘道法；戒勿為試動；戒勿殺言殺。

中品戒文是：戒勿學邪文；戒勿貪高榮強求；戒勿求名譽；戒勿為耳目口所誤，戒常當處謙之；戒勿輕躁，戒舉事當詳心；戒勿好衣美食；戒勿盈溢。

下品戒文是：戒勿以貧賤強求富貴；戒勿為諸惡；戒勿多忌諱；戒勿禱祀鬼神；戒勿強梁；戒勿自是；戒勿與人爭曲直；戒勿稱聖名大；戒勿樂兵。

二十七戒是想爾戒的具體化和世俗化。《太上老君經律》稱，行二十七戒「備者，神仙。持十八戒，倍壽。九戒者，增年不橫夭。」魏晉南北朝時期，上清派、靈寶派以及北天師道等道派都制訂了一些戒條，將修道與持戒緊密地融為一體，稱持戒是修道的首要條件。

唐代道士張萬福《傳授三洞經戒法籙略說》列舉的戒目有十六種，稱「凡人初入法門，先受諸戒，以防患止罪」，其中想爾戒二十七戒是「太上高玄法師所受」之戒。

明清時期，道教戒律思想臻於完備。永樂初，天師張宇初撰《道門十規》，列述道教源流、道門經籙、坐圜守靜、齋法行持、道法傳緒、住持領袖、稱水參訪、立觀度人、金穀田糧、宮觀修葺十條，一般認為是明代道教的整頓綱領。

三業、六根、六塵

三業，身業、口業、意業，稱身、口、意三者所起作用之業。

六根，眼根、耳根、鼻根、舌根、心根、意根，稱此六官能生六識之根，故稱六根。

六塵，色、聲、香、味、觸、法，稱此六境，能由六根而染塵汙，故稱六塵。

老君說一百八十戒

老君說一百八十戒，又名長存要律百八十戒，簡稱老君百八十戒、百八十戒，是早期道教的五斗米道的主要戒律，後成為道教授受傳承的大戒之一。《太上老君經律》、《要修科儀戒律鈔》、《雲笈七籤》均收有戒律全文。

道教稱一百八十戒是周幽王時代的老君授予干吉的，老君對干吉稱：「吾遙從千萬億里觀之，諸男女祭酒托老君尊位，貪財好色，擅色自用，更相是非。各稱我心正，言彼非真。利於供養，欲人奉己。憎惡同道，妒賢嫉才，驕恣自大。禁止百姓，當來從我，我道最正，彼非真也，皆不當爾。」於是，老君授戒，命干吉「當善聽，記錄心中，當為後世作法則。」老君授戒之說固屬虛妄，但是它反映了早期道教出現的種種混亂情況，急需整頓。

於是道門中人憑藉老君的神權和祖師的威名，製作道經，宣設戒條，以期清整綱紀，滌除弊端，保存道門勢力，鞏固道教的社會地位。老君說一百八十戒就是在這樣的社會環境中產生的。

一般認為，最早的道教戒律是老君想爾戒。老君一百八十戒是想爾戒的鋪陳和展開，具體化和世俗化。學道之人當先詣師門，「奉受七十二戒、百八十戒」。

就「百八十戒」的戒條內容來看，有不少屬於一般社會公德，如有關人際關係的，不得多蓄僕妾、不得淫他婦人、不得販賣奴婢。有關處世原則的，不得盜竊人物、不得破人婚姻事、不得言人陰私。有關愛護自然環境的，不得燒野田山林、不得妄伐樹木、不得妄摘草花等。

第二章　宗派傳承

道教的產生，是中國歷史發展的必然結果，是東漢以來土地兼併日益嚴重和社會矛盾空前激烈地情況下萌發產生的，經過南北朝的改革，道教脫胎換骨，以維護王朝統治為基礎，從此開始它長達一千八百多年的傳承。

道教產生之後，因為政局的動盪開始了分裂，從南北朝時期開始，形成南北天師道場，此後不斷有宗師另開蹊徑，道門宗派日益增多，最終在金元時期形成了正一道與全真教兩大道教門派。

那麼，道教到底經過了一段怎麼樣的發展歷史？又是如何形成正一道與全真教兩大門派的呢？

一、道教傳承

道教，從東漢中後期開始形成，由張道陵創建五斗米道，尊老子為道祖，奉老子《道德經》為典籍開始，表明道教正式創建。

道教創建之後，經過曹魏時期的發展，南北朝的改革，隋唐時期已經發展成熟，終於迎來了北宋的隆盛，金元時期道門四起，蒸蒸日上，明朝中期達到巔峰，此清朝以後陷入衰微，直至現代道教開始復興。整個道教的發展歷史，可以說就是中華民族偉大文明史的縮影。

道教產生歷史背景

道教形成於東漢的中後期。它之所以產生，不是偶然的，而有其所以產生的歷史條件和社會思想淵源，並經長期的醞釀和累積的必然結果。

一、道教傳承

中國封建社會由戰國進入秦漢時代，建立了統一的中央集權的封建國家，政治、經濟和文化的發展，都達到了前所未有的水準，在當時的世界上居於發達的領先地位。

但是，秦漢的社會發展，又受到封建生產方式的制約，呈現時起時伏的波浪式延展的趨勢。即使在秦漢鼎盛時期，社會矛盾也很尖銳。

土地兼併日益加劇，使得「富者田連阡陌，貧者無立錐之地」，農民階級與地主階級的矛盾日益突出，農民對地主階級的反抗也日益增多。

西漢王朝在農民起義的打擊下，便由盛而衰，最後終於滅亡。光武雖號中興，但東漢王朝卻是建立在農民起義的火山上的，只有光武、明帝和章帝三代，社會稍為安定。

從和帝開始，世家大族和地方豪強勢力迅速膨脹，並在政治上逐步形成外戚與宦官兩大集團，彼此爭奪政治權力，把持朝政；地方官吏則不奉法令，侵冤小民。

東漢王朝的統治日益腐朽和黑暗，整個社會一直動盪不安，給廣大勞動人民帶來莫大的痛苦。再加上當時自然災害頻仍，疫病流行，廣大人民陷於水深火熱之中。

造成人民深重苦難的現實世界，是宗教賴以滋生的氣候和土壤。人民渴望擺脫苦難，而又找不到出路。因此往往幻想有一種超人間的力量來伸張正義，並幫助他們改善處境，於是就把希望寄託在神靈的保護上。

另一方面，統治階級在面臨嚴重的社會危機的時候，也極力企圖利用宗教來麻痺人民反抗的意志，宣揚君權神授。藉以消除隨時都可能發生的人民抗爭的風暴，同時也希望宗教成為他們統治的後盾，祈求長治久安和個人的福壽康寧。

這種氣氛，顯然是孕育道教極為重要的氣候和土壤。再加上佛教在漢代的傳入，也給某些神仙方士創立道教提供了啟示，成為道教產生的助產劑。所以說道教的產生，是當時客觀的社會歷史條件所決定的。

初建：東漢道教

道教在東漢中後期產生，這個時期的早期道教有兩大派別，五斗米道和太平道。

五斗米道又稱天師道或正一盟威之道。其創立者為張天師、祖天師、正一真人等。五斗米道創教的時間大約在東漢順帝時期，創教的地點在西蜀鶴鳴山。

它奉老子為教主，以老子《道德經》為主要經典，因從其受道者必須納五斗米而得名。其宗教特徵不少與太平道相似。其召神劾鬼、符籙禁咒等道術，均直接繼承了漢代方士的方術。

太平道是奉事黃老道的鉅鹿人張角於東漢靈帝時所創，因奉《太平經》為主要經典而得名，以「中黃太一」為其奉祀之至尊天神。張角自稱「大賢良師」，以「跪拜首過，符水咒說」為人療病的方式傳教。由於當時疾疫流行，廣大群眾紛紛求治，且「病者頗愈」，因而信奉其道。

張角在災情特別嚴重的冀州布道成功之後，便派遣弟子八人到四方傳教。十餘年間，其教徒便達到數十萬，遍及青、徐、幽、冀、荊、揚、兗、豫等州。中平元年，張角發動了黃巾起義，其口號是「蒼天已死，黃天當立，歲在甲子，天下大吉」，預定在甲子年三月初五各地同時起義，張角還自稱「黃天泰平」。

不料在預定的起義日期之前，張角的一個弟子濟南唐周向靈帝上書告了密，打亂了張角原來的部署，只好提前發難，於是「八郡同時俱發」、「天下響應」、「京師震動」。

張角稱天公將軍，其弟張寶稱地公將軍，張梁稱人公將軍。東漢王朝隨即採取了一是列軍事、政治措施，全力以赴地進行了殘酷的鎮壓，使太平道組織受到嚴重的破壞，從此傳授不明。

在太平道發動起義期間，巴郡五斗米道張修，也與之東西呼應。隨後，張道陵之孫張魯還在漢中建立了政教合一的地方政權，「不置長吏，皆以祭酒為治」，統治了三十年。

低谷：曹魏道教

曹魏時，太平道已隨黃巾起義被鎮壓而衰微，正一盟威道張魯隨曹操與移民北遷，到達曹魏本土，即今河南、河北一帶。

曹操、曹丕鑑於黃巾起義，害怕農民起義者利用宗教組織起來進行革命，便對早期道教採取了兩手政策，一方面進行限制或鎮壓，另一方面又進行利用和改造。

曹操將在社會上有影響的一些神仙方士，如左慈、甘始、郤儉等召集到身邊，既可以謀求養生方術以延年，又可以防止他們鼓動老百姓造反。因此，這時有很多高門士族加入道教，促使道教發生了分化。

從曹魏時期開始，道教逐漸分化為上層神仙道教和下層民間道教兩個較大的層次。隨著正一盟威道在高門士族中的逐漸傳播，其地位日益提高，人們逐漸改稱正一盟威道為天師道。

魏晉時期天師道仍保留了早期正一盟威道的一些宗教內容，但也發生了某些變化，出現了某種混亂局面。如因原有的組織系統隨北遷而解散，祭酒們便各自為政，人人稱教，各奉異法，祭酒職務的拜署也各自設置，造成道官制度的混亂，許多祭酒和道民不守教規。

崛起：東晉道教

至東晉，道教逐漸從低谷中崛起。其表現之一是，道教的神仙理論獲得了重大發展，並初成體系。這以倡導神仙道教的理論家和實踐家葛洪所著的《抱朴子．內篇》為代表。

葛洪一生著述不綴，養生修道，以丹鼎生涯終老。葛洪最有代表的著作是《抱朴子》一書。全書分為《內篇》和《外篇》。《內篇》講神仙方藥、鬼怪變化、養生延年、禳邪辟禍，屬道家。《外篇》言人間得失、世事臧否，屬儒家。

《內篇》總結了戰國以來神仙家的理論；又繼承魏伯陽的煉丹理論，集魏晉煉丹術之大成，所舉仙經神符，多達兩百八十二種。《內篇》充實和發展了神仙道教的學說，促使道教轉向以追求長生成仙為最高目標，在道教思想教義的發展史上具有重要的地位。

《內篇》的問世，代表著金丹道教神仙理論體系的確立，同時，也代表著上層神仙道教勃興的開始。繼葛洪之後，又出現了傳授經是而形成的上清、靈寶、三皇等道教經籙派。

《上清經》是是由巍華存創始，由楊羲、許謐共同完成的，其主要經書為《上清大洞真經》及《黃庭經》等。《靈寶經》是是由葛巢甫所撰作而成，其主要經書為《元始無量度人經》。

《三皇經》是是由西晉鮑靚傳《三皇文》至東晉而顯於世的，道教所說的《三皇經》，包括《三皇文》和《五嶽真形圖》。《上清經》是的問世是楊羲和許謐、許翽繼葛洪之後對神仙道教的又一次改革和發展，它為道教茅山宗的形成奠定了基礎。

上清派其修行理論認為人身中各部位均有真神鎮守，修道者思神服氣、叩齒咽液、固精安神，輔以誦經唸咒，便可以內保臟腑，外袪災邪，飛生成仙。上清派著重個人修煉，開創人物又均是高門士族出身，有較高的文化修養，因而易被上層社會所接受和讚賞，這是此派能夠不斷發展壯大的原因之一。

靈寶派以重視符籙科教和齋戒儀軌，注重勸善度人，宣稱「普度一切人」。靈寶派在修持方法等方面，吸收了天師道和上清派的長處，使它的宗教活動能吸引群眾，成為晉末宋初很有社會影響的大道派。後衍變為閣皂宗。

魏晉時期，除上述葛洪金丹派神仙道教、上清派、靈寶派外，還有李家道、帛家道、於君道等較有影響的道派。另外，有顯於後世的樓觀道、龍虎宗、淨明派，都可以追溯至魏晉時期。

改造：南北朝道教

南北朝時期，出現了眾多的道教改革家、理論家，經過他們的努力，使道教面貌煥然一新。這一時期為道教日趨成熟的時代。

在北朝，對北方天師道進行改革的代表人物是北巍的著名道士寇謙之。據《巍書·釋老志》載，寇謙之「少修張籙之術」，為正一盟威道教徒，後又師成公興，隨其入嵩山修煉，隱居石室，服食採藥。至神瑞二年，即四一五年，感太上降臨山頂，授天師之位，並賜《雲中音誦新科之誡》二十卷，命他「宣吾新科，清整道教」。

寇謙之對道教進行改革的的總原則是「以禮度為首」。主要措施是「除去三張偽法，租米錢稅及男女合氣之術」，使道教「專以禮度為首，而加以服食閉煉」。屆時，誦習道經，也改直誦為樂誦，即誦經時用音樂伴奏。經過寇謙之改革後的北方天師道被稱為新天師道或北天師道。

由於寇謙之的道教改革，不僅在宗旨、組織、道經、齋儀等各方面創立了新道教的基本規模，而且將帝王和各級貴族吸收入道。從理論上和實踐上協調、密切了道教與統治階層的關係，變農民為主的宗教為全社會各階的宗教，在道教發展史上起了一個鮮明的里程碑的作用。

因此，經寇謙之改革後的天師道便能夠廣泛傳播開來，並一度成為北朝的國教。繼寇謙之之後，南朝劉宋時，又有廬山道士陸修靜，對南方的天師道進行了改革。

陸修靜自少修習儒學，愛好詞章，年長時棄家隱居修道。陸修靜對南朝道教的改革主要體現在他的《陸先生道門科略》中。在這部著作中，他提出了一套整頓、改革的措施。

經陸修靜改革後的南方天師道被稱為南天師道，在南朝曾得到一定的發展。不過它的發展很快被上清派和靈寶派的興盛所遮掩，而逐漸不顯於世了。

稍後於陸修靜，南朝又出了個博學多才的道教學者陶弘景，他對以前流行於南方的葛洪金丹道教、楊羲的上清經籙道教及陸修靜的南天師道，又進一步總結、充實和改革，開創了茅山宗。

發展：隋朝道教

隋朝實行佛道兼容政策，雖以崇佛為主，但對道教也甚為重視。隋文帝把他的開國年號定為「開皇」，這個稱號便取自道經。

隋文帝還建道觀、度道士，以扶持道教發展。隋煬帝崇道更甚，在位時於長安為道教修建了十座道觀。大業七年，即六一一年，隋煬帝還親自召見茅山宗宗師王遠知，並以帝王之尊，「親執弟子之禮」，敕命於都城長安建玉清壇以處之。

道教在隋朝期間，其宮觀廟宇和道士的數量都有所發展。這一時期，茅山宗傳往北方的上清經法已經納入靈寶、三皇等經是，並與北方的樓觀道相融合。

在修煉方術方法方面，最突出的發展是「內丹」的興起。據《羅浮山志》記載，道士蘇玄朗曾經隱居在句曲山，今江蘇茅山學道，得司命真祕。開皇年間，蘇玄朗到羅浮山青霞谷，修煉大丹，自號青霞子。作《太清石壁記》等。後著《旨道篇》，闡明內丹修煉之法，自此道教始知內丹。

蘇玄朗又鑑於《古文龍虎經》、《周易參同契》、《金碧潛通祕訣》三書文繁義隱，於是撰寫《龍虎金夜還丹通元論》，歸神丹於心煉。蘇玄朗用外丹名詞解說內丹，提倡「性命雙修」，以此為內丹修煉的核心。

蘇玄朗九年道成，從他的言行看，可以說他是一位內丹理論家、實踐家和宣傳家。隋代蘇玄朗倡導的內丹道，至唐代發展迅速，蔚然成風，影響深遠。

成熟：唐朝道教

唐朝時期，道教取得了輝煌的發展。因為道教尊奉的老子姓李，唐皇室也姓李，所以唐皇室便尊老子為始祖，自稱為老子後裔，特別崇奉道教。

武德三年，唐高祖詔改羊角山為龍角山，並建老子廟；武德七年，又親至終南山謁拜老子廟；武德八年，下詔敘三教先後，以道教為首，儒教次之，佛教最後。

貞觀十一年，唐太宗頒《道士女冠在僧尼之上》詔令，稱「朕之本是起自柱下」，道士女冠自今後以齋供行立，至於稱稱可在僧尼之前，定道佛次序。

乾封元年，唐高宗尊封老子為「太上玄元皇帝」。後來的唐玄宗對道教更加崇奉和扶植。他於開元九年，迎司馬承禎入京，親受法籙，成為取得道士資格的皇帝。

開元十九年，唐玄宗令五嶽各置老君廟；開元二十一年，唐玄宗親注《道德真經》，又令士庶家藏《老子》一本，並把《老子》列入科舉考試範圍。開元二十五年，唐玄宗令道士、女冠隸屬宗正寺，將道士當作皇族看待；開元二十九年，詔兩京及諸州各置崇玄學，規定生徒學習《老子》、《莊子》、《列子》、《文子》。

天寶元年，唐玄宗贈封莊子為南華真人，文子為通玄真人，列子為沖虛真人，更桑子為洞虛真人，其四子所著之書改名為真經。天寶八年，唐玄宗追贈玄元皇帝為「聖祖大道玄元皇帝」，後又升為「大聖祖高上大道金闕玄元天皇大帝」。

唐玄宗以後，唐肅宗、唐代宗、唐憲宗、唐穆宗、唐武宗、唐宣宗等不少皇帝都繼續崇奉和扶植道教，其中較為典型的是唐武宗。唐武宗於開成五年親受法籙，會昌元年，詔授衡山道士劉玄靖為銀青光祿大夫，任崇玄館學士，封號廣成先生。會昌四年，授道士趙歸真為左右街門教授先生。

唐代不少官吏都出身道士，比較有影響的如王遠知、岐暉、司馬承禎、潘師正、葉法善等都受到優厚，傅奕、魏徵得到重用，廣建道觀成為主要事項。

在唐朝近三百年的時間裡，唐帝王以道教為「本朝家教」，始終扶植和崇奉道教，因此，促使道教在教理教義及齋醮儀式等方面均有較大的發展。

低潮：五代道教

五代共五十三年，易五姓十三君，社會動盪不安，給道教的滋生繁衍提供了適宜的土壤。其中仍有不少地方王朝崇奉道教。

他們尊寵道徒，興建宮觀，收集散失的道書，命道士宣講道經等，這對道教的維護和發展發揮了一定的推動作用。如前蜀王建、王衍父子崇信道教，尊禮杜光庭，徑稱天師。

後蜀孟昶好金丹急房中之術；南唐李昪為茅山第十九代宗師王棲霞建玄真觀，賜印、綬，號玄博大師。道教在各個地方割據政權的範圍內部都有傳播。道士則或遁跡山林，或則隱於市廛，皆由出世轉入世，由追求成仙轉而濟世度人，以拯救現實的苦難，從而把儒家和佛教的某些修持方法和救世理想吸收到道教中來。

在唐末五代，外丹術開始走向衰落，內丹術逐漸興起並日益發達，這對以後全真教的興起和發展產生了深刻的影響。這一時期著名的道士有李浩、譚峭、彭曉、譚紫霞等，他們致力於道教的理論、方術方面的研究和建設，使低潮中的五代道教仍向前邁進。

隆盛：兩宋道教

北宋建立之後，重新統一了五代十國以來國家分裂的局面，北宋歷代帝王承襲唐朝道儒釋兼容和對道教崇奉扶植政策，其中尤其以宋真宗、宋徽宗崇道。

宋真宗趙桓崇奉道教，除了倣法太祖、太宗召見道士、營建宮觀外，還加封老子為「太上老君混元上德皇帝」，並行幸亳州太清宮，謁拜老子神像。宋真宗制定了一些節日，在位期間，大量興建道觀，

召見著名道士，命王欽若、張君房等編輯《道藏》。《寶文統錄》和《大宋天宮寶藏》的編撰奠定了後世編修《道藏》的基本格式，對道教教理的發展起了重要作用。

宋徽宗對道教的崇信更甚，政和七年二月，稱天神青華帝君下降宣和殿，又夜夢老君諭說：「汝以宿命，當興吾教。」四月，宋徽宗授意道錄院冊封他為「教主道君皇帝」，從而把道教變成了國教。為了發展道教，宋徽宗不顧國家財力的匱乏，大興宮觀；為神仙人物加封賜號；仿照朝廷官吏的品秩，設立道官道職；提倡學習道經，並設立道學制度和道學博士。

據《宋史·徽宗本紀》記載：重和元年九月，「用蔡京言，集古今道教事為紀、志，賜名《道史》。」這當是中國官修的第一部全面敘述道教歷史的巨著，今已失傳。

宋徽宗編修《萬壽道藏》，總計五千四百八十一卷，鏤板完畢，即進板於東京。將全藏刊板刷印，這在中國歷史上還是第一次。

北宋時期，茅山派仍然活躍，第二十五代宗師劉混康自神宗時即出入宮中，後徽宗又為其造天寧萬壽觀，並賜號葆真觀妙先生。天師道經過近百年的沉寂，漸次興起，如龍虎山第三十代天師張繼先，崇寧三年應召赴闕，頗受宋徽宗禮遇。

宋室南渡以後，形成了南宋與金、元南北對峙的局面。當時道教內部宗派紛起，在金元之際，北方先後出現了太一道、真大道、全真道等道派。與北方三大道派興起的同時，在南方除舊有的龍虎天師、茅山上清、閤皂靈寶等三山符籙諸派之外，這時自稱獨得異傳而別立宗派者甚多。

主要有從天師道衍化而來的神霄派，由上清派衍化而來的清微派，由靈寶派分化而來的東華派和淨明道。此外，還有白玉蟾所創的所稱金丹南宗者。入元以後，分別與金真道和正一派相合併。

紛起：金元道教

金代，由於社會政治制度和經濟制度的差異，必然發生尖銳的社會矛盾，廣大人民，特別是廣大漢族百姓反奴隸制統治的抗爭風起稱湧。一些漢族士人既不願在金朝做官，在政治上與金統治者合作，又不去參加抗金戰爭，而是走上了消極隱遁的道路。

在這種背景下，先後於山東、河北一帶由漢族士人所創立的新道派，如蕭抱珍創立的太一道，劉德仁創立的真大道，王重陽創立的全真道等，相繼產生，並受到了在野漢族士人的擁護和嚮往而紛紛參加。入元以後，元統治者同樣面臨如何爭取漢族士人支持的問題，故對道教也同樣表示崇奉。一二一九年，當成吉思汗還在率軍西征時，就迫不及待地遣使臣前去登州宣召當時全真道首領丘處機。丘處機接到成吉思汗的召命之後，便冒雪沖霜，萬里跋涉，率領弟子赴召。在見到成吉思汗之後，即積極為其統一天下獻策，從而受到殊寵，為全真道在元代的大發展奠定了基礎。

由於從成吉思汗以來，全真道一直受到蒙古統治者的重視。仁宗愛育黎拔力八達崇尚儒學，對道教也繼續尊崇。元代統治盛極而衰，急轉直下，到了難以收拾的地步，遂對道教仍實行利用與限制相結合的政策，這種利用與限制相結合的政策一直維持至元代滅亡。

高潮：明朝道教

明代統治者和唐宋以來的歷代統治者一樣，在他們奪取政權和鞏固政權的過程中，都曾利用道教為他們服務，在明朝中葉以前，道教仍繼續處於興盛時期，至嘉靖年間達到高潮。

明太祖朱元璋在奪取政權時，便利用道教製造輿論。先是宣揚道士之說，稱他的祖墳風水好，當出天子。朱元璋在起兵征戰過程中，道士周顛仙和鐵冠道人張中等常為他出謀劃策。

明朝建立以後，道教承宋元舊制，分為正一、全真兩大派系，官方發給不同的度牒。明朝皇室因鑑於世居龍虎山張道陵後裔在道教中的影響，一方面肯定了元代授正一道教主的地位，但又革除天師稱號，改授為正一嗣教真人。

明成祖朱棣，是透過「靖難之變」奪得皇權的。他在奪權過程中，也利用道徒方士如顫士、袁珙、袁忠徹、金忠等人為他製造輿論，出謀劃策。

在奪得皇位之後，朱棣仍利用道徒方士如故。正一道首領張宇初繼續受到尊重，常被召見，命他舉行各種齋醮祈禱。明朝的歷代統治者均一直奉行三教並用和對道教的優寵政策。關於道書的修撰，成祖雖十分積極，但終於功未就即崩殂。

英宗繼承成祖遺志，正統十年完成道書修撰，共五千三百〇五卷，稱《正統道藏》，頒賜天下。這對於道書的保存和傳播起了巨大的作用。至憲宗朱見深統治期間，僧道常因統治者的優寵而躐等超擢，道士李孜省等權傾一時。

在明代諸帝中崇道最篤者是世宗朱厚熜。在他入承大統之後，毀佛寺，逐僧人，專以扶植道教為事，使明代道教的發展達到了高潮。其崇道行為日甚一日，老而彌篤。世宗寵信道徒方士，授以高官厚祿；廣建齋醮，崇信乩仙；建宮築室，不惜勞民傷財；愛好青祠。舉行齋醮需用青詞，以求「益求長生」，且迷信丹藥。

此外，世宗還為其父母和自己加封道號。嘉靖三十五年，自號為「靈霄上清統雷元陽妙一飛玄真君」，後又加號為「九天弘教普濟生靈掌陰陽功過大道思仁紫極仙翁一陽真人元虛玄應開化伏魔忠孝帝君」，再加號為「太上大羅天仙紫極長生聖智昭靈統元證應玉虛總掌五雷大真人玄都境萬壽帝君」，比宋徽宗趙佶有過而無不及。

世宗逝世之後，其子穆宗繼位，在徐階的輔助下，崇道暫時有所節制。但到神宗朱翊鈞統治期間，又全面恢復了崇道政策。神宗在位期間，對道書的整理和傳播曾發揮了有力的推動作用。

萬曆三十五年，神宗敕張國祥編印《續道藏》一百八十卷，稱為《萬曆續道藏》。這是繼《正統道藏》之後又一道書的彙輯，對道教文化的保存和傳播，具有積極的歷史意義。此後，熹宗朱由校，思宗朱由檢，雖處於明王朝大勢已去的情況下，但對道教仍甚推崇。

衰微：清朝道教

自明朝中葉後，道教衰微的勢頭已較為明顯。到了清代，朝野重佛抑道，道教更顯衰微。清朝滿州貴族興起於關外，入關之前已信奉藏傳佛教，入關後重視利用儒學治國，對道教雖仍予以保護，但遠不及明朝那樣尊崇。

清初順治、康熙、雍正三朝為籠絡漢人，對道教還略有重視和利用，依明朝舊例封贈正一真人，令其掌管天下道教。順治八年，第五十二代天師張應京入朝覲見，敕授正一嗣教大真人，掌天下道教事，給一品印。順治十二年，第五十三代天師張洪任入覲，襲封大真人，並敕免本戶及龍虎山上清宮各色傜役。

康熙皇帝曾命第五十四代天師張繼宗進香五嶽，祈雨治河，襲封大真人，授給光祿大夫品級。雍正五年，第五十五代天師張錫麟入覲，依前朝舊例襲封大真人，授光祿大夫。雍正皇帝晚年多病，於雍正

九年召龍虎山正一道士婁近垣入宮，設壇禮斗，以符水治病有驗。婁近垣因此被封為妙應真人，賜四品龍虎山提點，又撥官銀修葺龍虎山宮觀，置買香火田數千畝。

自乾隆時代起，因統治者極力推崇儒家理學，釋道二教的地位大為貶降。乾隆年間宣布黃教為國教，道教為漢人的宗教，限制天師職權，取消其道教之首的地位，由二品降至五品，並禁止其差遣法員傳度。到了道光朝間，又取消了傳統的張天師朝覲禮儀。道教丟失了與朝廷的連繫，其地位逐漸下降。

復興：近現代道教

鴉片戰爭使中國進入了半封建半殖民地的社會。道教不僅受清統治者的抑制，也受到帝國主義侵華勢力的影響，呈現出較複雜的局面。

軍閥混戰，地方割據，使本來派是眾多的道教進一步民間化宗派更加增多。在反帝反封建和抗日戰爭期間，道教中有不少道徒同全國人民一道投入了反帝、反封建的抗爭。

二、宗派概況

如同武俠小說中有各種江湖門派一樣，道教也有著自己的門派，而且道教門派很多，根據不同的方法可以劃分為不同的宗派。

道教派別分為兩大類，即符籙派和金丹派。而從廣義上來說，道教宗派可以有各種各樣的劃分，可以按照地域來，也可以按照道門來，甚至可以按照創始人來。

此外，道教中還有早期道教、宮觀道教、士族道教、民間道教、神仙道教等各種說法，五花八門，精彩紛呈。

主要派別

道教派別嚴格來說，只能分為兩大類，即符籙派道教和金丹派道教。道教中的許多道派從本質上說，都逃不出這兩個派別的範疇或是它們的融合。

符籙派也叫符水道教，來源於古代的巫祝方術，宣揚鬼神崇拜，畫符唸咒，驅鬼降妖，祈福禳災，與中國民間生活習俗連繫較密切。東漢時的太平道、五斗米道及以後的靈寶派、上清派、正一道等屬之。漢魏以來，一直是道教主流，宋元時出現神霄、清微、淨明等內丹和符籙相結合的新符籙派，使符籙方術有了新的發展。元以後，各派統歸於正一道。

金丹派也叫丹鼎派或煉養派，從古代神仙家、方仙道演化而來，是借助服食外丹或修煉內丹等途徑，達到成仙得道的目的。該派流傳至今的早期理論著作是《周易參同契》，被煉丹者奉為「萬古丹經王」，對後世影響極大。

魏晉時，葛洪進一步發展了金丹派神仙道教，對其作了理論上的總結。南北朝和隋唐時期，金丹派主要是以煉外丹為主要特徵。宋元後，金丹派由外丹轉向內丹，形成鐘呂金丹道，其中的全真道南北宗就是修煉內丹，與正一道為首的符籙派並立。明清時，陸西星開創丹法東派，李涵虛開創丹法西派，伍守陽、柳華陽開創伍柳派，使金丹派得到進一步發展。

符籙派和金丹派是道教的兩大派別。符籙派利用符、圖等請神驅鬼、趨吉避凶；金丹派借助服食外丹或修煉內丹等途徑，達到成仙得道的目的。

門派分類

道教內部門派眾多，因分派示準不同而名稱各異。據學理分有積善派、經典派、符籙派、丹鼎派（金丹派）、占驗派。

按地區分有龍門派、嶗山派、隨山派、遇山派、華山派、崳山派、老華山派、鶴山派、霍山派、武當派等。

按人劃分則有少陽派王玄甫、正陽派鍾離漢、純陽派呂洞賓、海蟾派劉操、三豐派張三豐、薩祖派薩守堅、紫陽派張伯端、伍柳派伍沖虛、柳華陽、重陽派王中孚、尹喜派關尹、金山派孫玄清、閻祖派閻希言等。

按道門分有混元派太上老君、南無派譚處瑞、清靜派孫不二、金輝派齊本守、正乙派張虛靜、清微派馬丹陽、天仙派呂純陽、玄武派真武大帝、淨明派許旌陽、稱陽派張果老、虛無派李鐵拐、稱鶴派何仙姑、金丹派曹國舅、玉線派樵陽真人、靈寶派周祖、太一教蕭抱珍、全真教王重陽、正一教張宗演、真空派鼓祖、鐵冠派周祖、日新派、自然派張三豐等。

歷史上還有正一宗張道陵、南宗呂純陽、北宗王重陽、真大宗張清志、太一宗黃洞一、五大宗之分法和天師道、全真道、靈寶道、清微道四大派的分法。此外，還有道德、先天、靈寶、正一、清微、淨明、玉堂、天心八派的說法。

而今許多教派式微，尚存的著名教派有北方的全真教、南方的正一教、茅山教、嶗山教、武當教、閭山教及香港、臺灣的民間道教派別。

早期道教

早期道教指漢末始創時期的道教。在道教史上張道陵、張衡的天師道，張修、張魯的五斗米道，張角的太平道等，都定名為早期道教。

早期道教創教的道首多為東漢社會上層流行的黃老道信徒。他們承傳黃老道的一些長生仙方，以《太平經》的教義向社會下層布道，在災疫流行的年代以符水在民間治病禳災卻禍，發展成大規模的民眾道教結社。

這些民眾道教結社以勞苦民眾為主體，以治病、消災、卻禍、勸善、救濟為教旨，吸收和改造民間巫鬼道，仿照漢代的行政制度建立起較為完整的宗教組織。早期道教有統一的教主、教義、戒律和古樸的宗教科儀，道民有宗教信仰並參加統一的宗教活動，服從教規。

教團在組織上有較濃的封建宗法政治色彩，道首的承傳採取世襲制，以家族形式管理道團。五斗米道、太平道等早期道教創立之後，在漢末與封建王朝的國家機器發生對抗，被迫改革宗教形式以適應宗法政治。魏晉時期，早期道教解體，宗教素質逐步提高，至南北朝時期發展為成熟的教會式宮觀道教。

宮觀道教

南北朝時期，道教的宗教素質有了根本提高，發展為成熟的宮觀道教。宮觀道教具備西方教會的某些形式，道士成了按道階組織起來的宗教職業者，他們服從成文的教規和戒律，隸屬於相應的宗教機

構，穿著特殊的服裝，在固定的宮觀中修行，因此稱為宮觀道教。

宮觀道教形成了較完善的教理、教義，有自己的經書和可以獲得宗教體驗的修習方式，具有相應的法術、禁忌和宗教禮儀，道教發展為教會式的宮觀道教，是道教成熟的表現。

士族道教

士族道教是魏晉時期士族階層崇奉的道教。魏晉時期士族居於社會主導地位，為了永遠保持人間榮華富貴的生活，他們紛紛追求長生久視的神仙境界，神仙道教應運而生。

神仙道教本質上就是士族道教。此後，凡是為上層士族社會服務，帶有士族階級屬性的道教皆稱士族道教。士族道教往往極力排斥民間道教，將民間道教斥為邪教、妖道予以禁絕和屠殺。

民間道教

由民間流俗道士組成的道派和異端道首在民間布道組成的獨立道團，統稱為民間道教。民間道教在封建專制政權的高壓下往往以祕密會社的形式出現，甚至發動反抗朝廷的農民戰爭，被政府斥為妖道予以鎮壓。

實際上，早期道教的五斗米道、太平道都是以民間道教的形式創立的，不過後來天師道獲得朝廷承認，成為正統道教，其他民間道教均被誣為邪教。因之，後來人們把官方道教之外的各種道派，統稱為民間道教。

民間道教和受到官方支持的士族道教是對立的。民間道教一般為符水道教，和追求長生久視的神仙道教也不相同。

神仙道教

魏晉時期，在漢末早期道教的基礎上，形成師徒自由組織的小型道教團體，為長生成仙而進行自我修煉，稱之為神仙道教。神仙道教源於戰國時期的方仙道，以長生成仙為教旨，以研習某種追求長生成仙的方術為特徵，對仙方和道書採取師徒祕傳的布道方式，其教團一般由道首的信徒、親屬組成，由道首獨立經營，保持著神仙方士的傳統。

神仙道教不像佛教那樣有嚴格的管理形式和僧官制度，也無出家道士和在家道士的區分界限，僅重師承，不重道階，道團和道派之間也不相統屬。

漢末黃巾起義失敗後，天師道發生分化並擴展至上層士族社會，神仙道教形成。當時的山林隱逸和神仙方士修仙成風，聚徒布道，在全國名山洞府組成大大小小的道團。例如鄭隱經營的五十餘人的道團，葛玄的道團，葛洪的羅浮山道團等，統稱為魏晉神仙道教。

魏晉神仙道教授徒傳經要經過立壇盟誓等嚴格的宗教儀式，有嚴密的道教戒律及齋醮科儀程序，在宗教素質上比民間巫鬼道高一個層次。神仙道教的形成代表著道教由鬼道上升為仙道，士族知識分子成為道團的首腦。神仙道教成為漢末早期道教至南北朝成熟的教會式宮觀道教之間的過渡橋梁。

三、早期宗派

早期宗派，從廣義上來說指的是南北朝道教改革以前相繼出現的一些宗派。

包括先秦時期的方仙道、服餌派、行氣派和房中派，兩漢時期的黃老道、巫鬼道、五斗米道、太平

道，以及魏晉以來相繼出現的上清派、靈寶派、帛家道和南北天師道等。

方仙道

方仙道興起於戰國末，是指從事方術、方技等道術的人，時稱方士。包括天文、醫學、神仙、占卜、相術、堪輿等技藝並宣傳服食、祭祀可以長生成仙的人。

據《史記．封禪書》記載：最早的方士是周靈王時候的萇弘，據稱他會陰陽之學，明鬼神之事。至戰國時最有影響的方士是齊人鄒衍，他倡導「五行相勝」、「始終五德」的天意徵兆，成為顯赫一時的陰陽家。

秦時最有名的方士是徐福，他是最早以求仙藥名義東渡日本，將先秦文化，特別是先進的農業種植技術及百工技藝帶到了日本，成為最早開創中日友好的歷史，促進了日本、亞洲及世界文明的發展。

先秦方仙道代表還有宋毋忌、正伯僑、充尚、羨門以及盧生、韓終、侯公、石生等；兩漢有李少君、李少翁、西門君惠、欒大、公孫卿、甘忠可、干吉、宮崇等均是當時有名方士。

這些方士們均是為帝王求長生不死，或為之找尋神仙、或為之採藥、煉丹，宣傳神仙可學、可求，這些活動一直延續至漢末仍很活躍。

服餌派

服餌派是先秦方仙道流派之一。最早流行於北方燕齊一帶。春秋時期，中國已有「不死之藥」的傳說。戰國時期方仙道開始尋找不死之藥獻給帝王，並發現了一些健身益壽的藥物。

秦漢以來，燕趙方士尊崇安期生，羨門高，認為硃砂、棗、白朮、人蔘、靈芝、天門冬、稱母、首烏、玉石等具有神奇的益壽作用，形成方仙道服餌派。服餌派以尋找仙藥開始，和墨家學派精於冶金工藝的工匠結合，發展為煉製金丹黃白的方術。

另外，服餌派又受行氣派的影響，從服食茯苓、松脂、菊等清香之物，至服食更為輕靈的露水、霧、氣、霞光等，發展為服氣派與存思派。因之，服餌派是先秦方仙道的重要道派。

行氣派

行氣派是先秦方仙道的重要流派之一。流行於吳越、荊楚、巴蜀一帶。行氣派傳自原始社會的巫教，至春秋、戰國時期已發展到較高水準。

方仙道的行氣派祖述王子喬、赤松子，其功法有導引、存思、服氣、服日月星的光華、采氣、氣禁以及依人體經絡行氣的功夫。

行氣派後來和服餌派、房中派相融合，出現服氣、閉息、龜息、胎息之法及男女合氣之術。中國的內丹仙學及各類氣功療法，都與該派有較深的淵源關係。

房中派

房中派是先秦方仙道的重要流派之一。源於原始社會母姓氏族公社女性崇拜的巫教。先秦方仙道房中派流行秦晉一帶，推崇彭祖、容成公、玄女、素女等。

長沙馬王堆出土竹簡書《天下至道談》等，說明秦漢方仙道的房中派，不僅是追求性生活的和諧，而且以房中術療病去疾，健身駐顏，並配合一些行氣動作達到較高水準。

秦漢方仙道推崇黃帝，將服餌、行氣、房中三派合流，稱黃帝在鼎湖煉丹，服餌仙藥，又和廣成子學行氣之術，還依玄女、素女習房中御女之術。房中派在道教中一直流傳不衰，宋明理學興起，道學家斥責房中。房中派除了流為宮廷祕術外，被男女雙修的陰陽派丹法吸收。

黃老道

黃老道興起於漢代，文帝、景帝為了鞏固漢室江山，均採用黃老清靜之術治天下，尤為竇太后好讀黃帝、老子之書。這樣影響皇宮貴族包括太子、諸竇均讀黃帝、老子之書，就是曹參、陳平等國相也不另外，使黃老學說蔚然成風。

據《史記》記載，最早研究黃老之學的人是河上丈人，「河上丈人教安期生，安期生教毛翕公，毛翕公教樂瑕公，樂瑕公教樂臣公，樂臣公教蓋公，蓋公教於齊高密膠西，為曹相國師。」

這樣，上上下下形成一股黃老學之風，使黃老之學大興於漢。漢武帝雖獨尊儒術，但儒家也崇拜黃帝、老子。加之黃老之學又與當時的神仙家、陰陽家、五行家、方技家、術數家等相融，特別是楚王英齋戒祭祀，學為浮屠，崇拜黃老。

漢桓帝親自去陳國苦縣和濯龍親祀老子，由於帝王親祀，百姓更加崇拜，使黃老學說正式發展成為有宗教色彩的黃老道。

巫鬼道

巫鬼道源於古老的原始巫教。春秋戰國之際，人文思想和理性主義上升為社會文化的主流，巫覡的社會地位急驟下降，被排擠至民間和四夷。

在民間及落後的邊遠地區和少數民族地區，巫覡以裝神弄鬼的巫術布道，被稱為巫鬼道或鬼道。漢末巴蜀地區的張修原是巫鬼道的道首。

巫鬼道本是原始宗教的遺存，它和民間的俗神信仰、家族祭祀、驅鬼去邪、送葬求福等習俗結合，根深蒂固。從漢墓出土文物考察，巫鬼道信奉黃神，以之為上帝使者，可交通神鬼，祛災辟禍。史書中有漢代皇帝信巫的記載，巫術之風在歷史上經久不息。世傳張天師以太上老君的劍印驅鬼殺鬼的神話，反映了早期道教改造巫鬼道的過程。爾後，巫鬼道漸與民間道派融匯，以療病卻災的方式布道。

五斗米道

五斗米道是早期道教重要派別之一。東漢順帝時沛國人張道陵於西蜀鶴鳴山創立。張道陵他託言太上老君降受道法撰作《正一經》、《天宮章本》等道經符書二十四篇，自號「太清玄元」。

張道陵所創此派本名正一道或正一盟威之道，由於道教徒尊張道陵為天師，一說他自稱天師，又稱天師道。又因入道者必須交納信米五斗，故世俗稱之為五斗米道，另說因崇拜五方星斗和斗姆而得名，簡稱「米道」。

五斗米道信奉「太清玄元無上三天無極大道太上老君」為主神的眾多天君、神官，以《老子五千文》，即《道德經》為主經，以濟世救人、長生成仙為宗旨，教人奉道守誠，誠信為善。

五斗米道道術主要是召神劾鬼，符咒驅邪，兼及導引、行氣，房中，煉丹服藥等。透過給山村農民治病，獲得民眾信仰。張道陵仙逝後，巴郡人張修於巴郡、漢中傳播五斗米道，其法基本承襲張道陵而又有所發展。

張道陵之孫張魯，承襲祖傳道法，利用劉焉的權勢，據有巴郡、漢中，不置長吏，以祭酒為治，建立教政合一的政權近三十年。

建安二十年，張魯投降曹操，拜鎮南將軍，封閬中侯，大量道徒隨之北遷，五斗米道發展至中原地區，隨後更向東南傳播，兩晉時期世家豪族也紛紛加入，王羲之家族即「世事張氏五斗道」。

南北朝時期，在北方，嵩山道士寇謙之，自稱奉太上老君之命，「清整道教，除去三張偽法」，建立「專以禮度為首，而加之以服食閉煉」的新天師道，稱北天師道。在南方，廬山道士陸修靜，整理道教經書，編著較系統的道教齋戒儀範，稱南天師道。

唐宋以後，南北天師與上清、靈寶、淨明等道派逐漸合流。元成宗大德八年，張道陵三十八代後裔張與材，受封為「正一教主」，統領三山，即茅山、閣皂山、龍虎山符籙，始正式公開稱為正一道，並為此後各符籙道派的總稱。

元代以後，正一道與全真派同為中國道教的兩大派。故所稱五斗米道，乃漢魏兩晉間世俗對張道陵所創正一道的稱呼，此稱呼只見於官修史書而不見於道教典籍，自南北朝以後不再有此稱稱。

太平道

太平道是早期道教派別之一。醞釀時間較早，如以干吉上《太平青領書》算起，則肇始於東漢順帝時期，但當時尚未形成教團。直至東漢建寧、熹平年間，鉅鹿人張角為發起黃巾起義，始創太平道。

太平道以陰陽五行、符籙咒語為根本教法，與《太平經》所稱奉天地、順陰陽五行而雜以巫術的思想基本吻合。太平道的傳教方式是：「師持九節杖為符祝，教病人叩頭思過，因以符水飲之，得病或日淺而愈者，則稱此人信道，其或不癒，則為不信道。」

太平道據《太平經》創教，也據《太平經》組織黃巾起義。史稱張角自號「大賢良師」，倡言「蒼天已死，黃天當立，歲在甲子，天下太平」，其所言「大賢」、「黃天」等詞，以及選甲子為起義之年，皆可在《太平經》中找到根據。

張角在創教過程中同時準備武裝起義，十餘年間，徒眾發展至數十萬，遍布青、徐、幽、冀、荊、揚、兗、豫州之境。張角以方為單位組織教徒，大方萬餘人，小方六七千人，共建立三十六方，每方設渠帥統領。

張角自稱天公將軍、弟張寶稱地公將軍、張梁稱人公將軍，八州太平道徒同時俱發，「燔燒官府，劫略聚邑，州郡失據，長吏多逃亡；旬日之間，天下響應，京師震動。」

經過十個月的激烈戰鬥，在東漢王朝重兵圍剿下，黃巾主力雖然被殲，但至中平五年，中原地區黃巾餘部再次發動起義，其中青、徐兩州黃巾竟發展至百萬之眾。在黃巾起義中，大批太平道幹部多在戰鬥中犧牲，太平道組織無形解體，殘餘的信徒大都融入五斗米道中。

太平道雖在黃巾起義後瓦解，但對後世仍有相當的影響。如太平道三十六方的術數觀念，為後世道教所繼承。後世道士持九節杖、著黃衣、戴黃冠，用符水、咒語等道術為人治病消災等，也都承襲太平道的規制。

唐宋時期的明教更尊張角為其教主，清代中期川陝白蓮教起義宣揚「黃天將死，蒼天當生，大劫在邇，人民有難」的讖語，也明顯受太平道的影響。

帛家道

帛家道是早期道教派別之一，以尊奉仙人帛和為祖師而得名。葛洪《神仙傳》記載：「帛和，字仲理，遼東人，入地肺山事董奉，教以行氣、服術法。再去西城山事王君，命其於石室中熟視石壁，視壁三年，見古人所刻《太清中經神丹方》、《三皇天文大字》及《五嶽真形圖》。義有所不解，方平乃授之訣。後入林慮山為地仙。」

在西晉時，即有一批尊信帛和的道士組成一個道教小集團，活動於中國北方。至東晉南北朝時，該派再傳至南方江浙一帶，江南許多士族信徒，如丹陽許氏、周氏，晉陵華氏等豪族，都曾信奉帛家道。帛家道信奉的經書，主要是帛和所傳的《太清中經神丹書》、《三皇文》、《五嶽真形圖》等，也傳習《太平經》。帛家道所習方術為行氣、煉丹等，該派又禱祀俗神，有較濃厚的的民間信仰特色。

帛家道在創立和傳播過程中，受到太平道、五斗米道影響較大。如太平道所奉的《太平經》，史載為東漢干吉、宮崇、襄楷等人所傳，而後出世之道書則將帛和列入傳人之一。一說該書由老君於週末傳干吉，干吉傳帛和君；一說由金闕後聖帝君傳上相青童君，青童君傳西城王君，王君傳弟子帛和，帛的傳干吉。

這些傳說雖不可信，但也反映出帛家道與太平道有某種淵源。另一方面，帛家道又與天師道有廣泛連繫。如江東帛家道信徒中，常有兼信天師道者。東晉哀帝興寧二年，楊羲、許謐創立上清派。南北朝時，傳播漸廣，此後帛家道逐漸融入上清派而絕傳。

上清派

上清派為早期道教派別之一。是東晉中期楊羲撰作的《上清經》逐漸傳播後形成的。關於《上清經》的來源，據載東晉興寧二年，有魏華存等眾仙真下降，魏華存將清虛真人王褒所授《上清經》三十一卷、《諸仙真傳記》、《修行雜事》等授弟子琅琊王司徒公府舍人楊羲，楊羲得魏華存所傳，用隸書寫出，傳護軍長史丹陽句容許穆，許穆再傳子許翽。

實際上《上清經》、《諸仙真傳記》、《修行雜事》等即揚羲的扶乩降筆。

東晉末，有道徒王靈期等向許黃民求經。王靈期等遂在所得幾卷經書基礎上，竊加損益，盛其藻麗，再次撰作五十餘篇。這是繼楊羲、許穆扶乩降筆之後，又一次「託言真授」的造經活動。從此《上清經》流傳甚廣，舉世崇奉。於是，一個以皈依上清經籙的新道派——上清派漸次形成。

至梁代，上清派傳至陶弘景，由於陶弘景為陸修靜二傳弟子，對上清派又作出較大貢獻，成為上清派的著名代表人物。此後茅山成為上清派的中心，世人改稱上清派為茅山宗，從而上清派進入發展的新階段。

上清派最早崇奉的主要經典是《上清大洞真經》，說讀之萬遍即可成仙，被譽為「仙道之至經」。上清派尊元始虛皇天尊、太上玉晨大道君、太微天帝大道君、後聖玄元上道君、上相青童道君、上宰總真道君、小有清虛道君為「上清經籙聖師七傳真是之體」。

上清派奉魏華存為開派祖師，楊羲為第二代玄師，許穆為第三代真師，許翽為第四代宗師，馬朗、馬罕為第五、第六代宗師，陸修靜為第七代宗師，孫游岳為第八代宗師，陶弘景為第九代宗師。

上清派的開創人物均為士族出身，有較高的文化修養，和統治階級上層也有連繫，但東晉王朝對江南士族懷有戒心，因而仕途多不得志，而崇道入教。

上清派多重於個人精、氣、神的修持法，不重符籙、齋醮和外丹、貶斥房中術，易為士大夫和統治階級所理解和接受，也正是該派能較快發展、壯大的重要原因。

上清派的出現，反映了民間道教轉向士族道教發展的變化。後經陶弘景的闡揚，形成茅山宗之後，由於人才輩出，成為隋唐時期影響最大的道教派別。

靈寶派

靈寶派為早期道教派別之一，由東晉末年葛巢甫在古《靈寶經》傳授基礎上進一步撰作靈寶類經典之後所肇建。葛巢甫是東晉著名道士葛洪的重孫，生東晉晚期。

在此之前很久，即有靈寶經書的撰作與傳授。葛洪《遐覽》篇所錄之書出自其師鄭隱所藏，證明在鄭隱、葛洪之前，確有《靈寶經》問世。東晉中葉，葛巢甫以《靈寶經》為基礎，加以附會引伸，撰作出大批靈寶類經書，使其卷帙有所增加，流傳漸廣。

葛巢甫及其後繼者在撰作《靈寶經》時，勾劃出一個上自元始天尊，下至葛玄及其後嗣的傳經體系。靈寶派所奉經典，以較早出世的《靈寶五符序》、《靈寶赤書五篇真文》，和稍後出世的《靈寶無量度人上品妙經》為最重要。

但因《靈寶無量度人上品妙經》強調勸善度人，標出了該派立教的主旨，故被後世靈寶派道士所特別重視，並被《正統道藏》收作第一部經書。因此後來《靈寶無量度人上品妙經》就成了靈寶派的祖經，許多道士皆為之作注。

靈寶派的基本信仰，仍是長生成仙。但因南朝時期的《靈寶經》大量汲取佛教教義，起因果報應，三世輪迴，涅滅度等，故而使它的成仙思想被染上濃重的佛學色彩。

靈寶派的修煉方法，主要是符籙咒術，用它來召神役鬼，消災除病，也用它上通天神，使修道者名登仙籍。又特別重視齋醮科儀。

陸修靜稱「齋直是求道之本」。因此他為道教撰寫了大批齋醮科儀書，特別是靈寶齋儀。此外，受上清派的影響，靈寶派也講存神，服氣，叩齒，咽津。從其重符籙科儀方面說，它與天師道相接近，而與上清派有區別；從其強調勸善度人方面說，又與天師道和上清派都不完全相同。

靈寶派雖為葛巢甫所創建，但它的真正弘揚者則是陸修靜。或者說，經過陸修靜的弘揚之後，靈寶派才大行於世。從齊至梁，作為茅山宗祖山的茅山，上清派反而不被人們所重視，群眾感興趣的倒是靈寶派的齋醮法事，靈寶信徒超過了上清信徒。這是陸修靜弘揚靈寶經法的結果。

陸修靜雖對靈寶派的發展有很大貢獻，但未見有弟子傳承其靈寶經法者。因此靈寶派在陸修靜之後的情況已不甚明了，直至隋唐，也無靈寶道士顯名於世者。

大約至北宋初，方見靈寶派在江西清江縣閣皂山形成傳授靈寶經籙的中心，被稱為閣皂宗，使靈寶派再次顯名於世。

三皇派

三皇派是上清經系、靈寶經系三大經是中行世最早的道派，奉持的主要經典是《三皇文》，即《天皇文》、《地皇文》、《人皇文》的合稱，又稱《三皇經》。

據道書記載，三皇派開創人是南海太守鮑靚，於晉惠帝永康年中，入嵩山石室得《三皇文》，他又師事左元放，受《三皇》、《五嶽》劾召之要。鮑靚後又傳給葛洪，其主要內容是「劾召鬼神」的符圖之類，以及存思神仙真形之術。

另一說法是《三皇文》為帛家道的帛和所傳，相傳得之於西城山石壁，其經後由鄭隱授之葛洪，該經固有兩種經本，一種稱《小有三皇文》，又名《小有經》。而另一種為鮑靚祕藏於「大有宮」中的《大有三皇文》，又稱《大有經》，都是一種劾召鬼神的符書。

至南朝由陸修靜所得並匯歸一流，先傳孫游岳，再傳齊梁時陶弘景，由陶弘景加以發揮，形成道教經籙派。至唐代便成為丹鼎派、符籙派之外的以經法相授為主的一大宗派。

干君派

干君派又名於君道，早期道教派別之一，魏晉時道士託名漢代高道干吉而組成的道團。干吉為《太平經》的傳人，後世道書或訛為干吉。《後漢書．襄楷傳》：「初，順帝時，琅邪宮崇詣闕，上其師干吉於曲陽泉水上所得神書百七十卷。」

《仙苑編珠》卷中引《神仙傳》：「吉受之乃《太平經》也。行之疾愈。乃於上虞釣台鄉高峰之上，演此經成一百七十卷。今太平山干口在焉。」干吉傳早期道書《太平經》，招致不少信徒，其傳人則令信徒讀道書，燒香，以符水治病，形成道團，稱作干君道。

至三國時，尚有以干吉的名義布道者。據《三國志．孫策傳》注引《江表傳》：「時有道士琅邪干吉，先寓居東方，往來吳會，立精舍，燒香，讀道書，製作符水治病，吳會人多事之。」干吉被殺後，「世中猶有事於君道者」，可見干君道在東吳信徒甚多，它大概是太平道在黃巾起義失敗後演化而出的民間道派。

清水道

清水道是早期道教組織之一，為天師道支派。傳說為張天師家奴所創，實即一種符水道教。魏晉時期開始流行。《三天內解經》：「今有奉五斗米道者，又有奉無為口花之道及佛道者，又有奉清水道者。」「老君使中國人奉無為大道，胡人奉佛道，楚越陰陽之薄，奉清約大道。」

清水道專以清水行法治病祛災，又據《三天內解經》：「其清明求願之日，無有道屋廚覆章符口儀，唯向一甕清水而燒香禮拜，稱道在水中。」《道學傳》中還有清水道法師王濮陽以清水濯足治足疾，澆樹使棗樹復生之事，據說晉文帝即曾師事王濮陽。

李家道

李家道是道教早期派別之一，是魏晉時活動於江南地區的一個道派。李家道的創始人是蜀人李寬。葛洪《抱朴子．道德》記載，吳孫權時，蜀中李阿，穴居不食，善以顏色占吉凶險，號稱八百歲公，後不知所在。後有道士李寬，到吳國而操蜀語，能治水治病，信奉者頗眾，以為李寬即蜀中神仙李阿，就共同稱他為李八百。

李寬創立的李家道，創建修道齋戒之室，稱之為盧，其道法有治水及三部符導，服食神藥，吞氣斷穀。信奉李家道的公卿官吏，稱集其門，避役民為李寬弟子者近千人。

李寬死於瘟病，弟子稱其化形屍解成仙。後李寬弟子「轉相傳授，布滿江表，動以千計」。晉代李家道傳人李脫，也自言八百歲，自中州至建鄴，以道術為人治病，發展道眾，署人道職，信奉者頗眾。其妹李真多，也隨兄修道。

李家道是蜀中道人在在江南創立的一介道派，影響社會上層，教徒布滿江南地區。它是巴蜀五斗米道在江南的發展，是魏晉時期有一定影響的道派。東晉以後，李家道即不見活動，徒眾大約融入天師道。

樓觀道

樓觀道為早期道教派別之一。形成於北朝北魏時期，流傳至隋唐間。樓觀道尊尹喜為祖師。尹喜的原型是春秋時代與老聃齊名的道家關尹。《莊子．天下》將其與老聃並列，嘆為「古之博大真人哉！」《樓觀本起傳》：「樓觀者，昔周康王大夫關令尹之故宅也。以結草為樓，觀星望氣，因以名樓觀。此宮觀所自始也。問道授經，此大教所由興也。」

樓觀派尊奉的經典主要是《道德經》，因為傳說此書是老子應尹喜之請而作，故為該派道士必修的經典。其次，因該派堅主老子化胡說，故敷衍老子化胡最鮮明的某些經書，如《老子化胡經》、《老子西升經》、《老子開天經》和《妙真經》等，皆為該派所重視。

樓觀道傳習的修煉方術，表現了雜採兼收的特點，即符籙與丹鼎皆習。北魏時期，樓觀道在封建統治者的支持下，開始正式形成為一個擁有相當數量的徒眾、並對朝野上下有一定影響力的道派。

樓觀道發展至北周及隋，進入其鼎盛時期。進入唐代，因唐宗室認道教始祖老子為聖祖，相應大力尊崇道教。特別是因樓觀道士岐暉曾贊助李淵起義，故李淵作大唐皇帝后，對樓觀道特予青睞。唐朝前期，在唐王朝的支持下，樓觀道一直處於向上發展階段。

天寶年間爆發安史之亂，此後樓觀道趨於衰落。經過兩宋，終於默默無聞。北宋太宗端拱元年，曾改樓觀為順天興國。至金哀宗天興間，因遭兵燹，樓觀焚燬殆盡。至元代，全真道加以修復，變為全真觀宇，原樓觀道士也轉為全真道士。

北天師道

北天師道是天師道派是之一。南北朝時，北方天師道組織渙散，科儀廢弛，民間道教起義不繼。北魏明元帝神瑞二年，嵩山道士寇謙之自稱太上老君授以天師之位，賜予《稱中音誦新科之誡》二十卷，令其宣布新科。

清整道教，除去三張，即張道陵、張衡、張魯和租米錢稅及男女合氣之術，專以禮度為首而加以服食閉煉。明元帝泰常八年，寇謙之又稱李普文降臨嵩岳，授他《錄圖真經》六十餘卷，以輔佐北方太平真君，劾召鬼神，傳授弟子。

寇謙之改革傳統道教。

◇其一，以「禮」為標準，按照忠孝原則，反對利用天師道犯上作亂，並對道民以李弘、劉舉稱號進行的叛逆行為大加指責。

◇其二，按照儒家唯賢的原則署立道官祭酒，廢除祭酒道官私署治職的作法的世襲舊制，改革三張祖孫世襲天師之位的傳統。

◇其三，取消蜀土宅治之號，不再沿用。

◇其四，廢除三張時期的租米錢稅制度和男女合氣之術，道民只年交紙三十張，筆一支，墨一錠，以供治表救度之用。又用儒家倫理道德標準增訂道教戒律和齋儀。

寇謙之改革天師道的舉措，獲得北魏太武帝的支持，「於是崇奉天師，顯揚新法，宣布天下，道業大行」。經寇謙之改革後的北方天師道，學術界稱之為北天師道或新天師道。

南天師道

南天師道是天師道派之一。在北魏嵩山道士寇謙之改革北方天師道後，劉宋道士陸修靜也對南天師道進行了改革和整頓。針對南方天師道組織渙散，科律廢弛的情況，他提出一是列整頓天師道的辦法，即整頓過去的二十四治，健全「三會日」制度和「宅籙」制度，以及嚴格執行道官論功升遷制度等，從而加強和完善道教組織。

與此同時，陸靜修還充實和完善道教的科儀規戒。他依據靈寶齋法及上清齋法等，制定道教齋儀，形成了一套較為完善的的齋醮規儀，如九等齋十二法的齋醮系統。

陸靜修把上清齋法視為上品，次為靈寶、三皇齋，將天師道的傳統齋法列為下品，並對金籙、黃籙、明真、三元、八節、自然等齋法的具體儀式予以詳細說明，使道教齋醮儀式初具完整體系，成為道教齋醮儀範的奠基人。所撰《三洞經書目錄》，為中國道教史上第一部目錄學著作，具有開創意義。

以後道經之編目與《道藏》之分類，皆以其「三洞」分類法為基本原則。陸修靜對道教的整頓和改革，擴大了道教的影響，使道教在南方得到進一步發展，統治者也日益寵信道教。經陸修靜改革後的南方道教，學術界稱之為南天師道。唐宋以後，南北天師道遂漸合流，元代均稱正一道。

四、後期宗派

道教後期宗派，也是道教發展成熟以後形成的各種門派，從附錄三宗的茅山宗、閣皂宗、龍虎宗開始，經過不斷演變，分衍出東華派、神霄派和清微派等門派。

金元時期，王重陽創立全真教，此後經過全真七子發展，全真教一舉成為中國最大道教宗派之一，與元朝時期合併諸家符籙道派形成的正一道並稱道教兩大門派。

此後全真教不斷衍化出支派，最出名的莫過於尊奉全真七子為祖師的龍門派、南無派、華山派、崳山派、遇仙派、隨山派和清靜派等。

茅山宗

茅山宗為符籙三宗之一，是以茅山為祖庭而形成的道教派別。它宗承上清派，是上清派以茅山為發展中心的別稱。它的實際開創者是陶弘景。

經陶弘景及眾弟子數十年的苦心經營，上清派的教理和組織逐漸完備。實際上，當時茅山已成為道教上清派的中心，後來上清派即被稱為「茅山宗」。

自陶弘景以後，茅山宗人才輩出，其影響日漸擴大，從南朝梁至北宋，鼎盛數百年，一直為道教主流。唐宋時期茅山宗益盛，唐代茅山道士王遠知、潘師正、司馬承禎、李含光等，極得唐宗室的尊崇。唐代社會上最顯要的道士多來自茅山。當時有「茅山為天下道學所宗」之譽。

宋代茅山宗歷代宗師多得宋朝廷所賜「先生」稱號，至劉混康任嗣法宗師時臻於極盛。南宋以後，逐漸衰微，但仍傳承不絕，且時有高道名於世。據《茅山志》記載，茅山宗共有嗣法宗師四十五代。第一代稱太師，第二代稱玄師，第三代稱真師，其後各代皆稱宗師。

嗣法宗師的傳授，宋徽宗以前，一般以楊羲、許穆、許翽所傳上清經籙為憑。自劉混康獲得朝廷賞賜的九老仙都君玉印和玉劍後，嗣法宗師的傳法信物增添了印劍。

茅山宗崇奉元始天尊為最高神。主要傳承、修習楊羲、許謐、許翽所造的《上清大洞真經》，同時也兼習靈寶經、三皇經及天師道經戒法籙。

修持方法以思神，誦經為主，修煉理論在陶弘景時已基本形成，後經王遠知、潘師正、司馬承禎、李含光等人的弘揚而漸定型。

茅山宗也提倡煉丹，該宗歷代修習的《真誥》載有不少煉丹服食成仙的故事。茅山宗在諸符籙派合併為正一道之前，與龍虎宗、閣皂宗鼎立為符籙三宗之一，合併以後，又以小宗單獨承傳直至近代。

閣皂宗

閣皂宗為符籙三宗之一，形成於北宋，流傳至元明。閣皂宗是靈寶派發展到以閣皂山崇真萬壽宮為傳播中心時代的別稱。閣皂宗本是靈寶派，但又是靈寶派發展過程中的一個特定歷史階段。

閣皂宗既從靈寶派傳衍而來，其基本信仰及所奉經書和方術，都與靈寶派相同。《靈寶度人經》仍是遵奉的主要經典，齋醮科儀仍備受重視。因為資料缺乏，其承傳體系目前所知甚少。南宋時期，閣皂宗的傳播情況，所知也少。

入元以後，在元統治者的支持下，閣皂宗仍在傳播。進入明代，閣皂宗傳承未絕。至宣德年間，閣皂宗仍有傳播，但在此後即趨衰落，以致一蹶不振。至清代，光緒《江西通志》卷說道：」今所存者為八景壇基。」祖宮凋零如此，其教之不振，可想而知。

龍虎宗

龍虎宗為符籙三宗之一，是由張道陵後裔以龍虎山為傳播中心的符籙派。關於龍虎宗的創建時間，大約在唐中晚期。至北宋，龍虎宗開始顯露聲勢，其間有六位天師，受封為「先生」。

元代更以朝廷名義承認了張道陵子孫的「天師」稱號，並授予管領江南道教的職權。皇朝的寵幸為龍虎宗的發展提供了有利條件，使它在元代獲得較大的發展，特別是它的支派玄教發展更盛。

至大德八年，元成宗封第三十八代天師張與材為正一教主，主領三山符籙後，龍虎宗合併其他符籙派而為正一道，即進入它發展的另一階段。

龍虎宗以符籙見長，龍虎宗也以齋醮儀式著稱，宋元時期所出的齋儀之書，也多出於龍虎宗道士之手。元代中後期，龍虎宗雖與其他符籙派合併為正一大派，但至明中葉以後即衰落不振。

東華派

東華派為符籙三宗分衍的支派之一，形成於南宋初，流傳至元代。東華派自稱其教始於元始上帝和靈寶天尊，祖述靈寶道士徐來勒、葛玄、鄭思遠、葛洪，尤以南朝宋道士陸修靜為其宗祖。

據此，可知該派是從靈寶、閣皂宗分衍出來的一個支派。靈寶派盛於南朝，唐以後衍變為閣皂宗，在兩宋時雖與茅山、龍虎二宗並稱「三山符籙」，但一直不如其他二宗之興盛。故常有靈寶道士另闢蹊徑，企圖獨樹一幟以振宗風，東華派即是從中分衍的支派之一。

據《靈寶領教濟度金書》所載之《寧全真傳》看，東華派的肇始者為王古和田靈虛，創建人為寧全真。寧全真所傳弟子甚眾，所創建的東華派已初具規模了。

東華派以元始上帝、靈寶天尊為最高神，以《靈寶度人經》為主要經典，崇尚齋醮科儀。編撰有道法與齋醮方面的經書。元代以後，東華派融入正一道不再單傳。

神霄派

神霄派為符籙三宗分衍的支派之一。產生於北宋末，流傳於南宋至元明。神霄之名，來源於《靈寶無量度人上品妙經》。該經根據古代天有九霄、九重之說，指認其中最高一重為神霄。

神霄派的創始人，為北宋末道士王文卿。在神霄派創建過程中，林靈素對該派也有建樹。張道陵第三十代孫張繼先也對創建神霄派有貢獻。神霄派以傳習五雷法為事，稱行此法可役鬼神，致雷雨，除害免災。這是神霄派區別於其他道派的主要特點。

神霄派理論基礎是天人感應與內外合一說。稱天與我同體，人之精神與天時、陰陽五行一脈相通，此感必彼應；而其基礎又在於行法者平時的內修，行法者內修功行深厚，風稱雷雨可隨召而至。

至南宋，神霄派在江南地區十分流行。有稱傳自王文卿者，有稱傳自林靈素者，有稱傳自張繼先者。南宋時期傳習神霄雷法的支派甚多，神霄派在當時傳法頗盛。

不僅如此，當時各個支派中又隨時分衍出若干小支派，使該派的傳衍既盛且雜。入元以後，傳林靈素、張繼先者轉衰，傳王文卿者較盛。元代神霄派除莫月鼎一是十分昌盛外，還有其他一些支派同時活動。

進入明代以後，仍有神霄道士的活動。除前述莫月鼎一是傳至周玄真，享譽於元明之際外，又有周思得顯名於永樂間。此後傳奉薩守堅道法的道士，繼續傳行，稱西河派或天山派。

清微派

清微派為符籙三宗分衍的支派之一。形成於南宋，流傳於元至明初，清初間有傳承。清微派自稱出於清微天玉清元始天尊，故以清微為名。

又稱其教在元始天尊傳法後衍而為真元、太華、關令、正一四派，由祖舒元君會四派而為一，始立清微宗派。

清微派主要修持清微雷法，與神霄派一樣，主張將雷法與丹法相結合，而以內煉為主，符籙為輔。清微派著《清微內訣》，專言內丹修煉之道。

清微派元代有弟子五人分為兩支向南、北傳播。一支以福建建寧為中心，傳行於南；另一支以湖北武當山為中心，傳行於北，傳至張守清時弟子甚眾，後形成與全真、正一相結合的清微支派，又稱新武當派，傳衍不絕。

明清時期，除張守清所創的新武當派繼續傳衍於武當地區外，北京東嶽廟又有另一清微支派在傳衍。清微派自元初傳達室入武當時起，即與全真相融合的傳統，至清代仍相沿未變。

天心派

天心派為符籙三宗分衍的支派之一，創始於北宋，流傳至元代。天心派肇始於北宋道士饒洞天，被稱作天心初祖。天心派在最初只傳天罡大聖、黑煞、三光等三符，北極驅邪院、都天大法主等二印，用以行法，可見其初建時法術很簡略。

至北宋末南宋初，有道士路時中以傳天心正法名於世。由於受神霄等派的影響，路時中在所著《無上玄元三天玉堂大法》中汲取了新義，強調做法者應以內煉為基礎，以道為本，法為末。

在元代，又有雷時中傳天心道法。但是雷時中所傳的天心法，既非饒洞天一是所傳，又非路時中一是所傳，而是雷時中獨創的「混元法」，是宋代天心派所分衍的又一個支派。

玄教

玄教是符籙三宗分衍的支派之一，創始於元初，流傳至元末。該派直接從龍虎宗分衍而來，其創始人為元初龍虎山道士張留孫。

玄教的組織規模是比較大的。單就其領導骨幹而言，即有幾十人至百餘人。據玄教宮觀的分布情況看，其傳播範圍也很大，遍布今江蘇、浙江、江西、湖南、廣東等省及北方。

玄教是從龍虎宗分裂出來的，張留孫和他的許多弟子，都出身龍虎山，其基本信仰和主要方術，也與龍虎宗無異。但是，玄教有自己的傳承系統，有獨立的組織體制。因而它是一個獨立的道派，與原龍虎宗有別。

玄教在修習方術上雜採兼收。除承襲龍虎宗的符籙齋醮外，雜採眾家。玄教隨元世祖統一江南而興，隨元亡而亡，歷世既不長，對道教的建樹也不多，但在促成江南諸道派在元後期合併為正一道中，卻發揮了巨大的作用。

一方面，他們擔當起連繫皇室和聯絡各派的責任，幫助江南各派解決了需要解決的問題，為江南諸派最後聯合成正一道大派作了必要的準備；另一方面，玄教組織的發展，又壯大了龍虎宗的力量，為正一道的形成提供了必要的組織基礎。元代後期正一道的出現，不能忽視玄教所發揮的作用。它在道教發展史上的地位，也應予以應有的肯定。

淨明道

淨明道是宋元間在南昌西山興起的一個道教派別，由靈寶派分衍而成，全稱淨明忠孝道。淨指不染物，明指不觸物，該派以淨明忠孝為宗旨，並作為教派名稱。

淨明派尊奉許遜為祖師，據稱許遜於西晉太康年間曾任旌陽縣令，故人稱許旌陽。後棄官返歸鄉里，以南昌西山為中心傳道。世稱許遜及其十一弟子為十二真君。

許遜死後，其後代在西山許宅立遊帷祠，後改為觀，繼續傳道。北宋歷代皇帝皆尊崇西山道教，將西山遊帷觀升格為玉隆宮。至宋末元初，西山道士劉玉又重新進行創教活，自稱先後得許遜降授《玉真靈寶壇記》、《中黃大道》、《八極真詮》，另行開創淨明道。

淨明道的宗教倫理據稱以許遜所稱忠、孝、廉、謹、寬、裕、容、忍的「垂世八寶」為依據，尤以忠孝為首。淨明道的基本宗旨是「以忠孝為本，敬天崇道、濟生度死為事。」忠孝是儒家的傳統思想，可見淨明道和儒學之間的密切思想淵源。

淨明道與正一等符籙派一樣，道士不一定出家。元明時期淨明道在社會上頗有影響，元代官僚士大夫對其教義極為讚賞。

淨明道所存經典頗多，主要的有《太上靈寶淨明洞神上品經》、《淨明樞真經》、《淨明正印經》等。

真大道

真大道是金初中國北方興起的三道派之一。流傳至元代，後併入全真道。真大道，初名大道教，創始人為劉德仁，號無憂子，滄州樂陵人。自稱二十一歲時遇一鬚眉皓白之老翁，授以「玄妙道訣」，創教於金皇統二年。

在傳教時以召神劾鬼之術為人治病，一時信者甚眾，自稱大道教，後傳至五代宗師時分為兩派，因元憲宗支持酈派，故改名為真大道教。

真大道以《道德經》為宗旨，兼汲儒、釋部分思想，所列戒條史稱其為「以苦節危行為要，而不妄取於人，不苟侈於己。」

真大道教在修煉上不講究飛昇化煉之術，而注重靜默祈禱，也不奉祀諸多鬼神，為人治病不借助符籙，只是「默禱虛空」，不化緣乞食，主張道士出家苦行。

真大道宮觀初稱為「庵」，墓稱為「塔」，類似於佛教，流傳於河北一帶。全盛之際，其傳播地域曾西出關隴至於蜀，東望齊魯至於海濱，南極江淮之表。真大道經傳而衰，後不見記載，可能併入全真道。

太一道

太一道是金初北方出現的三大新道派之一。金天眷中蕭抱珍創立於衛州。該派所用「太一」之名，說法有二。一說該派因傳太一三元法籙，因名其教說「太一」；一說因取「元氣渾淪，太極剖判，至理純一之義」而得此稱。

據傳，蕭抱珍曾得仙聖授以「祕籙」，善「祈禱訶禁」之術，也以符籙為人治病，故其門徒甚眾，朝廷聞名。蕭抱珍死後，元世祖追賜為「太一一悟真人」，改「太一萬壽觀」為「太一廣福萬壽宮」。

太一教重符籙齋醮，與正一道相類似，其規定道士必須出家，則又與正一道有別。該派始祖規定，凡非蕭姓嗣教者，皆改蕭姓。元代深受理學影響，以忠信孝慈為行身之要。太一教盛傳元末仍在活動。

武當派

興起於湖北武當山，崇祀「真武大帝」的道派。武當山稱太和山。武當道教源遠流長，魏晉時期即為道士修真之地，有「仙室」之稱。

宋代武當道教影響日甚，武當道士道術已顯名於世。元代武當山已有九宮八觀。明代是武當道的鼎盛時期。明成祖、明世宗先後大營武當宮觀，歷時數十年。

新建成八座宮、兩座觀、三十六座庵堂、七十二座岩廟、三十九座橋梁、十二個亭台的龐大建築群。明成祖從全國欽選四百名高道主持武當道務，至嘉靖，武當山各大宮觀都有道士數百人，全山計有

道官、道士、軍丁、工匠等一萬多人。

武當是道教名山，歷來有各派道士居同修煉，元末明初武當山道派有武當清微派、全真派、正一派、茅山派等。明洪武初，張三豐入武當山修煉，後離山遠遊，明成祖多次派人尋訪真仙張三豐而不得，更擴大了武當道教的影響。

張三豐居武當山修道，嫡傳弟子丘玄清住五龍宮，盧秋稱住南岩宮，劉古泉、楊善澄住紫霄宮，形成了以張三豐為師的道派，世稱武當道派。張三豐另一嫡傳弟子劉碧稱，後又被尊為武當榔梅派祖師。榔梅派以奉祀玄帝為主，也稱武當本山派是正一支派。

張三豐武當派與全真道教義及宗風都有所不同。該派崇祀「真武大帝」，在思想上強調三教合一，以道為三教共同之源，以道德仁義忠孝為本，且重視修煉內丹，特別強調性功。

張三豐武功高強，兼擅拳劍，武當道派內家拳技，相傳即創始於張三豐。從明代開始，入武當修煉的各派道士都自稱武當道，都以張三豐為祖師。明代武當道場成為「皇室家廟」，天下高道匯聚武當，武當道地位日高，取代閣皂山，與龍虎山、茅山合稱「三山新符籙」。

正一道

正一道是中國道教後期兩大派之一，前身為五斗米道，是在天師道、龍虎宗長期發展的基礎上，以龍虎宗為中心，集合各符籙派派組成的一個符籙大派。於元代中後期形成後，一直流傳至今。

正一道的形成，以元成宗大德八年敕封張道陵第三十八代孫張與材為正一教主為標誌。授其為「正一教主，主領三山符籙」。

正一道的特點是，以張道陵後嗣為首領；在組織上，由原有的新舊各符籙派組合而成，包括龍虎宗、茅山宗、閣皂宗、太一道、淨明道，以及神霄、清微、東華、天心諸小派。

明代前中期，由於諸帝都不同程度地尊崇道教，特別是崇奉其中的正一道，故正一道在那時期仍能獲得一定程度的發展。值得特別指出的是，在明統治者的支持下，正一派道士還編撰成一部《道藏》。明朝中葉以後，道教衰微，正一道也日漸衰落，一蹶不振。

全真教

全真教是為金代北方興起的三個新道派之一，也是中國道教後期兩大派之一，創始人王王重陽。王重陽前往山東傳教，先後收徒馬鈺、譚處端、劉處玄、丘處機、王處一、郝大通、孫不二等七人。又先後建立三教七寶會、三教金蓮會、三教三光會、三教玉華會、三教平等會。至此，全真道正式建成。

因王重陽在寧海自題所居庵為全真堂，故世以全真名其教。在成仙信仰和修煉理論上，全真教一返舊道肉身不死、即身成仙的追求，認為人之肉體是要死的，只有人的精神才能不死。

在修煉方法上，全真教主內丹修煉，不尚符籙，形成獨具特色的內丹理論。在教制教規上，規定道士必須出家住道觀，不許蓄妻室。為了約束道士言行，制定各項清規戒律，督促道眾嚴格遵守。這些皆與正一道有很大區別。

全真道在金代的發展有限，至蒙元前期，以成吉思汗之召見、寵遇丘處機為契機，在丘處機及其弟子們的推動下，全真道發展至鼎盛。

當時全真道宮觀遍布北方各省區，「雖十室之邑，必有一席之奉」。此鼎盛局面，自丘處機起，歷經尹志平、李志常兩任掌教，大約三十年。

元代中後期，南宗最後併入全真道，合併後的全真道遂成為更大的道派，而與正一道分統天下道教。明代皇室對佛、道採取抑制、約束政策，對道教正一派有所崇奉，對全真道支持較少，全真道自此進入衰落時期。金元時期形成的統一領導核心頓然解體。

在此情勢下，統一的全真道漸次分解成諸多小支派。主要的有七真派，另外，又有一些全真道士分別組成五祖派。在明清道教衰落時期，只有龍門派因王常月的闡揚，曾經在清初一度「中興」，其餘各派大都衰落不振。

龍門派

全真道分衍的支派之一，尊北七真之一的丘處機為開派祖師。自清初王常月先後在北京白雲觀，以及南京、杭州、湖州、武當山等地傳戒收徒以後，龍門派確有很大的發展，發展中心在江、浙，遍及中國許多省區。

尤以順治、康熙、雍正、乾隆、嘉慶幾朝為最盛。其間支派繁衍，不少支是更流傳至近現代。因此它是中國封建社會後期最昌盛的道教派別，幾乎成為全真道的代表。其盛況與佛教禪宗五家中的臨濟宗相類似，故世有「臨濟、龍門半天下」之說。

龍門派承其祖派全真道之餘緒，以精於內丹學著稱於世。其門下擁有許多著名內丹理論家，如伍守陽、謝凝素、柳華陽、劉一明、閔一得，為其中的佼佼者。他們所著的內丹書，較其前輩有承襲也有發展，特點是功法更細緻，更淺明。

南無派

全真道分衍的支派之一，尊北七真之一的譚處端為開派祖師。據《南無道派宗體》，以譚處端為第一代宗師，傳至第五代宗師楊理信，時至明初，又經胡宗玄、馬微善、劉至洞、周妙超、陳仙后、朱立剛，傳至第十二代宗師許去乾。

再由清初第十三代宗師孔稱峰，經羅霄遠、鄭上乘、邢功廣、高成岳、曾必先、甄有虛，傳至第二十代宗師劉名瑞。

劉名瑞隱居於京華桃源觀，撰有《道源精微歌》、《清靜經圖注》等書，闡述內丹學，集為《盼蟾子道書三種》刊行，是該派宗師中唯一有著作傳世者。南無派徒眾活動於華北、東北，勢力、影響遠不及龍門派。

華山派

全真道分衍的支派之一，尊北七真之一的郝大通為開派祖師。十五代宗師貝本恆和弟子李仁凝在清康、雍、乾間活動於浙江德清、餘杭一帶，於此可見華山派活動之一斑。

《諸真宗派總簿》記有華山派之傳代派字，前四句為：「至一元上道，崇教演全真，沖和德正本，仁義禮智信。」

崳山派

全真道分衍的支派之一，尊北七真之一的王處一為開派祖師。《諸真宗派總簿》記有該派傳代派字，證明改派至民國時尚有傳承。

遇仙派

全真道分衍的支派之一，尊北七真之一的馬鈺為開派祖師。《諸真宗派總簿》記有該派傳代派字，證明改派至民國時尚有傳承。

隨山派

全真道分衍的支派之一，尊北七真之一的劉處玄為開派祖師。《諸真宗派總簿》記有該派傳代派字，證明改派至民國時尚有傳承。

清靜派

全真道分衍的支派之一，尊北七真之一的孫不二為開派祖師。《諸真宗派總簿》記有該派傳代派字，證明改派至民國時尚有傳承。

武當派榔梅派

武當派榔梅派，又稱武當本山派，創始人孫碧稱。《古今圖書集成》引《武當山志》記載：「孫碧稱，關西人。幼年穎悟，願學仙人，入西嶽華山追希夷之跡，岩棲穴處，服氣養神。探黃老經旨、《周易》、《參同》，與夫儒釋子史，罔不熟誦。」

洪武二十七年，明太祖征至京師，賜衲衣，供齋供，館於朝天宮。次年賜還華山。永樂十年，成祖復召至，賜詩一章，敕授道錄司右正一，命住持武當山南岩宮。有《碧稱集》行世。該派創始於明永樂年間，《諸真宗派總簿》錄有其傳代派字。後傳衍於武昌葛店斗牛觀，至今仍有傳人。

西河派

雷法神霄派的支派，也稱薩真君西河派。北宋末薩守堅，得張繼先、林靈素、王文卿雷法之傳，寓泉州，以道術名世，門下弟子從遊者數百輩，稱西河派。

據《諸真宗派總薄》，其傳派次序為：守道明仁德，全真復太和，志誠宣玉典，中正演金科。沖漠通圓滿，高宗居大羅，武當興法派，福海起洪波。

穹窿山派

正一神霄支派，由施道淵所創，以蘇州穹窿山和玄妙觀為中心。《金蓋心燈．道譜源流圖》：「施亮生，號鐵竹道人，嘗受初真戒、中極戒於王昆陽，即王常月。後精於法，改皈正一真有府，派名姑蘇穹窿山一派。」未給他列傳，其事跡見《玄妙觀志》和《蘇州府志》。

施道淵傳弟子胡德果，號稱廬，吳郡人，盡得道淵之術。康熙四十三年，吳中大旱，被官府延請祈雨，德果登壇作法，大雨如注。自後名望愈著。胡傳潘元珪，字允章，號梧庵，吳郡人，出家玄妙觀，為胡德果高弟，善五雷法。

德果死後，凡吳中有大醮法事，俱延元珪主之。雍正間應召入都，值大光明殿，為御前值季法官，遇有祈禱，皆稱旨。後南歸，仍居蘇州玄妙觀。潘元珪傳弟子惠遠謨，惠遠謨傳弟子張汝理和施神安，惠遠謨和汝理又同時兼承婁近垣正乙派之傳。施神安於乾隆五十一年繼張資理主玄妙觀方丈，於嘉慶間逝世。

正乙派

正一道支派，由清代龍虎山道士婁近垣開啟，以江西龍虎山為中心。婁近垣《重修龍虎山志》卷二《官府》條：龍虎山向分紫微、虛靖、靈陽三派，其所定派字為：「近遠資元運，久長保巨淳。道唯誠可寶，德用信為珍。秉敬宏丹籙，葆真啟世人。鴻圖贊景祚，聖澤振昌辰。」婁近垣以其名之「近」字為始，表明此派由他所開啟。

據清顧沅《玄妙觀志》可略知其傳代情況。該志卷記載：「惠遠謨，字虛中，號澹峰。五六歲讀書，過目成誦。稍長，其家送之入玄妙觀，受業於潘元珪。時主席胡稱庵為延師講學，乃博覽儒書，尤潛心道藏。年三十，授道紀司，雍正九年，主龍虎山玉華院事。後二年，京師光明殿成，被選充焚修。時婁近垣主光明殿，遠謨師事之，受其法。雍正十三年潘元珪死，南旋繼其方丈席。是年秋，婁近垣以龍虎山缺提點，奏准其往龍虎山署提點之職。乾隆九年，婁近垣以年就衰，招之入都相贊助，明年充御前值季。」

《玄妙觀志》又記載：「張資理，字一枝，號友桐，吳邑篁村人。本儒家子，年十一，出家朝真觀，為沈堅蒼之徒。由儒家言通道德五千之旨。符籙祕典，靡不洞貫。雍正十二年，欽選入都，住光明殿，復從惠遠謨受法，為御前值季法官。乾隆十四年回蘇，奉婁近垣之命，往龍虎山領迎華院教事。乾隆四十一年請假回蘇，次年主席玄妙觀方丈。禱雨祛邪，頗著應驗。乾隆五十一年卒。張資理後之傳達室代不詳。」

《諸真宗派總簿》載此派之「派」字，在「辰」字之後又添二十字，似此派至作《諸真宗派總簿》時，已傳四十餘代。

新武當派

清微派支派，由元代武當山道士張守清開創。據元程巨夫《均州武當山萬壽宮碑》記載：「張守清，名洞淵，號月峽叟，峽州宜都人。幼習舉子業，長作小吏。至元二十一年，年三十一，去武當山出家，拜本山道士魯洞元為師。洞稱死後，率領道士修道路，建宮觀，開荒種地，頗多建樹。後又從本山道士張道貴、葉稱萊、劉道明等學清微法，得黃舜申之傳，其後，道名遠著，門徒眾多。」

元武宗至大三年，皇太后聞其道行，遣使命建金籙醮，並征至闕，賜所建宮名天下一真慶萬壽宮。元仁宗皇慶元年、二年，京師乾旱，詔命禱雨，屢有應驗。延佑元年，授「體玄妙應太和真人」。

張守清承傳全真、清微、正一諸派之學，既通經章符籙，清微雷法，又諳內煉丹道，而以承傳清微法為主，是元初黃舜申清微派北傳一是的重要傳人。

清微派道書《清微神烈祕法》卷上所列《師派》，在黃舜申之後，即有「清微沖道使葉稱萊，清微沖和使張道貴，沖元雷使張守清，紫玄散吏張守一。」

張守清對清微雷法頗多創造，故張守清之道派又可稱為武當清微派。據《大岳太和山志》記載，

該派是按「守道明仁德」字派傳代的。這一字派與《諸真宗派總簿》所載之第三七「天師張真人正一派」、第七十「薩真君西河派」字派基本相同，其後四句又與第三七「龍虎山正乙門下天師清微派」字派基本相同。

隱仙派

全真道支派，又稱隱派或猶龍派。尊明初道士張三豐為祖師。張三豐雖傳有若乾弟子，但生前並未組建道派。宗奉他的道派，由其信仰者組成。

據清李西月《張三豐先生全集．道派》記載，該派稱名隱仙派，一稱隱派或獨猶龍派，並稱張三豐承火龍真人，火龍師麻衣垂先生李和，麻衣師陳摶，陳摶師文始真人尹喜。至陳摶時，又兼得少陽派劉海蟾之傳，合老子門下文始、少陽二派而為一。

此說荒誕之處甚多，但張三豐曾受陳摶一是的思想影響，或許接近事實。此派形成時間雖不可考，但明清時期確有此派承傳。

《諸真宗派總簿》記有多個宗祖張三豐的道派。有自然派、三豐祖師自然派、三豐派、三豐祖師日新派、日新派、三豐祖師蓬萊派等。三豐崇拜最初興起於湖北武當山，隨著武當道的遠播，遂在其他地區分衍出更多的小支派，上述各派反映了這個事實。

廣慧派

道教支派。據《諸真宗派總簿》記載：為南宋道士章哲所創。章哲，道號廣慧，祖居江西南昌府武寧縣三十五都順義卿，石門仙潭人。

宋理宗景定二年二月十九日降生。自幼好道，二十七歲結庵絲羅山，年五十三歲，端坐而逝，留傳此派。

閻祖派

全真龍門派支派。《諸真宗派總簿》稱為龍門「復」字岔派分支，在茅山乾元觀。此「閻祖」據清笪蟾光《茅山志》當為明嘉靖、萬曆間道士閻希言。

該書據明王世貞《閻道人希言傳》稱：閻道人者，名希言，不知何許人。自言家山西。年二十七八時，遇師誨以坐功，嘉靖間，去家學道。後從湖北武當至江蘇句曲乾元觀，乾元觀初極簡陋，閻希言遊金陵募資以成殿閣，並引山泉灌溉稻田數十畝。住觀五十餘年，於萬曆十六年卒。

《諸真宗派總簿》記「閻祖派」派字為：「復本合教永，圓明寄象先，」等，據上記閻希言所傳徒裔之輩字，與此相吻合，故所稱閻祖派為閻希言所傳之派是。

此後龍門派之宗師是第七代沈常敬，晚年也住茅山傳道，順治十年卒。傳有弟子孫守一和黃守元，為龍門第八代。孫守一又傳閻曉峰，為龍門第九代。孫守一、閻曉峰皆住茅山乾元觀，但據《金蓋心燈》之《道譜源流圖》記載，閻曉峰「所傳後人改皈茅山法派」，表明閻曉峰後已非龍門派。

南宮派

全真龍門派支派。由龍門第十代李清秋開啟，以廣東羅浮山為中心。清梁教無《玄門必讀》：「南宮祖李清秋，為龍門第十代孫，得至人傳授真道口訣。道成，得證天仙。後祕授曾一貫祖師，法派說南宮派。」

從清陳教友《長春道教源流》卷七可見其傳代概況：「曾一貫，號山山，不詳何許人。其師李清秋，龍門派第十代孫，得至人傳授真訣，後遷紫霄洞道場於酥醪洞，令弟子柯陽桂主之。師自居沖虛，未幾羽化。」是為龍門第十一代。

其弟子柯桂陽，「號善智，福建泉州府晉江縣人，弱冠棄家遊羅浮，禮曾一貫為師。」與其師共興酥醪觀，「住山三十餘年，度弟子百餘人。乾隆十年六月二十日無疾而終，年五十三。」是為龍門第十二代。

其後有童復魁，號慵庵，浙江紹興府會稽縣人，為柯桂陽再傳弟子，即龍門第十四代。其徒有江本源，字瀛濤，號松竹山人，為龍門第十五代。

又有賴本華，號介生，原名洪禧，字疇葉，廣東東莞縣人。幼習舉業，為諸生，以詩名。年八十餘化於觀中。有《浮山新志》、《紅棉館詩鈔》傳世。

後有陳銘珪，字友珊，廣東東莞人，自號酥醪洞主，為龍門第十七代，光緒七年卒。傳有弟子張永暗等。

金山派

全真道龍門派支派，因發源於山東嶗山，又稱嶗山派。由龍門第四代孫玄清所創。據《玄門必讀》記載，孫玄清，字元玉，號金山，又號海岳山人。山東萊州府即墨縣嶗山人，自幼在嶗山明霞洞出家，禮李顯陀為師。後遊鐵茶山稱光洞，遇通源予授以升降天門運籌之法。

即墨縣太和真人擕住黃石宮，苦煉二十餘年，頗有成就。明嘉靖三十七年，至北京白雲觀坐缽一載，大著靈異。賜號「護國師左贊教主紫陽真人」。卒於降慶三年。白雲觀抄藏之《諸真宗派總簿》記有該派傳代派字。

西竺心宗

全真道龍門派支派。由龍門第八代雞足道者所開啟。以稱南雞足山為傳播中心。據《金蓋心燈》卷《雞足道者黃律師傳》記載，雞足道者，來自月支，休於稱南雞足山。自稱野坦婆閉，華言求道士。所精唯西竺斗法，稱「西竺心宗」第一百代。清順治十六年赴京師謁王常月，賜姓名說黃守中，遂為龍門第八代弟子。

《覺稱本支道統薪傳》下卷《閔大宗師傳》稱，乾隆五十五年，閔一得攜王常月所傳大戒書去雞足山，黃守中猶在，閔以大戒授黃，黃以斗法密術授閔一得，閔歸而撰為《大梵先天梵音斗咒》卷。黃守中所傳「西竺心宗」，實為道教中的佛密派，其法多採用道教符籙派的「稱籙」和佛教的「真言」，佛密色彩很濃。其徒多為行跡詭異、身挾絕技的江湖奇士。

據載，黃守中傳管天仙，管傳金懷懷、白馬李，金傳活死人、李赤腳、石照山人，活死人傳往往生，為龍門第十二代。黃又傳大腳仙、王袖虎。大腳仙傳張蓬頭，張傳龍門道士和李蓬頭等。

稱巢派

全真道龍門派支派。由龍門第八代陶守貞開啟。以浙江湖州金蓋山為傳播中心。據《金蓋心燈》卷《靖庵先生墓表》記載，陶守貞，原名然，字浩然，派名守貞，號靖庵。世居浙江會稽，祖唐應蜀藩

聘，遂居蜀。幼孤，隨母居蜀。母卒，至浙江吳興依族侄陶思萱，尋入金蓋山修道。

清順治十五年，受戒於北京白雲觀王常月，授以卷冊，遣歸金蓋。康熙十二年卒。傳法給族侄陶思萱，為龍門第九代。陶傳第十代徐清澄，徐傳第十一代徐一返。

徐一返兼承正一派，法名漢臣，「禱雨祈晴，無不立應」。沈一炳弟子龍門第十二代陳陽復也曾得徐一返授正一法。其該派分衍為更小支派，傳衍於江浙。

天柱觀派

全真道龍門派支派。由龍門第八代金築老人開啟。以浙江餘杭金築坪天柱觀為傳道中心。《金蓋心燈》卷《金築老人傳》記載：金築老人者，字號三見而三異；《洞霄聞人志》記載，「盛青崖，江南桐城人，明末進士，隱天柱觀。」

《楊氏逸林》記載，「樵稱氏者，桐鄉人，姓盛，名未詳。明末進士，值世滄桑，高隱大滌，自號退密山人。」

《菰城拾遺》記載，「異人金大滌，學富五車，嘗自比管、樂。明亡遂隱，初休金蓋山之白稱居，更號樵稱，既歸老於天柱金築坪。著作頗多，石庵輩梓以行世。」

蓋為清初一隱君子，曾從王常月受戒，為龍門派第八代弟子。康熙三年傳潘太牧，為龍門第九代，潘傳第十代王清虛，王傳第十一代潘一元。

金鼓洞派

全真道龍門派支派。由龍門派第九代周太朗開啟。傳播中心在杭州金鼓洞。據《金蓋心燈》和《金鼓洞志》記載：周太朗，字元真，號明陽，江蘇震澤人。父歿，舍俗出家。

初禮龍門第八代孫守一，繼禮黃守元為師，嗣為龍門第九代。後遊東南，於康熙三年來杭州。康熙五年結茅於西湖棲霞嶺北金鼓洞，建屋修真，即後之鶴林道院。於是參玄訪道者稱集。

先後傳弟子戴清源、高清昱、方清復、謝清涵、金清來、孟清晃、許清陽等。閔一得稱：「當時從師者，千有餘人。聞之輕稱子稱：「全真一派，東華而下，盛自重陽，歷傳丘、趙、陳、周祖，周傳張、趙、王、黃……逮我明陽子周律師出，祖道南行。」與諸師「賡揚唱和。玄風慶會，自元而降，殆無有過之者。」

表明龍門派南傳後，以周太朗時期為最盛。周太朗弟子中，高清昱去浙江天台山，另開桐柏宮支派。其餘住山弟子繼續在金鼓山傳衍。戴清源傳第十一代駱一中，駱傳第十二代蔡陽善，蔡傳第十三代戴北莊，戴傳張復純，時當清道光年間。

桐柏宮派

全真道龍門派支派。由龍門第十代高清昱開創。以浙江天台山桐柏宮為傳播中心。據《金蓋心燈》卷《高東籬宗師傳》記載：高清昱，字東籬，祖籍山東寧海州，寄居長白。宿學儒。康熙三十一年，年已七十五歲，始由臺灣至浙江杭州金鼓洞，師事金鼓洞派創始者周太朗，嗣為龍門第十代弟子。

周授以《南華》、《道德》、《參同》、《悟真》、《華嚴》趙注《大學》、《中庸》及《心經》等。

居金鼓洞鶴林道院四十餘年，從遊者眾。雍正十三年，出主天台桐柏山崇道觀講席，後啟桐柏宮支派。乾隆三十三年卒。著有《臺灣風俗考》三卷。

高清昱傳弟子沈一炳、方一定、閔一得，為龍門第十一代。沈一炳傳弟子陳陽復、周陽本、費陽得，為龍門第十二代。他們又多開啟更小的支派。陳復陽開啟餘杭南湖三元宮支派，門下有阮來宗、楊來逸、錢來玉、鮑來金等；周陽本開啟餘杭銅山半持庵支派；費陽得開啟歸安射村開化院支派。

方一定下傳弟子十二代顧陽昆，顧傳十三代王來真，開啟蘇州裴嫁橋斗母宮支派。閔一得下傳弟子也很多，其徒孫輩王來因等又宗祖他開啟覺稱支派。他本人學綜三教，著述甚豐，是清代少有的著名道教學者。

碧洞宗

全真道龍門派支派。傳播於四川。創始人陳清覺。據《龍門正宗碧洞堂上支體》記載，「陳清覺，道號賽松，又號煙霞，湖北武昌人。少年為進士，入庶常。後辭官入道，至武當山太子坡拜龍門道士詹太林為師，為龍門派第十代弟子。」

康熙四十一年，皇帝賜封「碧洞真人」號，並欽賜「碧洞丹台」匾額。康熙四十四年卒。

陳清覺傳有弟子陳一慶、吉一法、劉一貞、孟一貴、石一含、龍一泉等。其住青城山之師弟張清湖、張清仕，住三台稱台觀之師弟張青稱等也各傳有弟子多人。

這些弟子再遞相傳授，逐漸形成一個支派，尊陳清覺為開派祖師，以其碧洞真人號之「碧洞」兩字名宗，稱碧洞宗。成為清至民國間對四川道教影響很大的一個宗派。

碧洞宗依龍虎派所訂派字傳代。其開祖陳清覺為第十代，依次相傳，至民國時，已至第二十三代。《龍門正宗碧洞堂上支體》記有第十一至二十三代道士之名。

第十一代有陳一慶等二十八人，第十二代有王陽炳等三十七人，第十三代有吳來輝等四十三人，第十四代有萬復證等五十五人，第十五代有萬本圓等百人，第十六代有李合邦等一百二十八人。所記是否為該派道士全部，已難知曉，僅此也可概見其規模。

碧洞宗以成都二仙庵和青城山天師洞為傳播中心，逐漸向四川其他州縣發展，上引《支體》即記有該派道士住持之州縣宮觀名，大都在川西地區，少數在川北、川南及少數民族地區。長期以來，四川各道地教皆屬天師正一道，碧洞宗產生後，漸有取代他派的趨勢。

現代，青城山和成都青羊宮已全為龍門碧洞宗道士，正一道士只零星散居於其他宮觀。碧洞宗在長期發展中，曾出現一些傑出道士。如第十三代王來通，號自明道人，清乾隆間住持灌縣二王廟。

他除整飭廟規，勤於教務外，又關心地方水利建設，發起新修橫山長同堰，推廣都江堰治水經驗。他主持刊印的《灌江備考》、《灌江定考》、《彙集實錄》，是現存都江堰治水經驗總結的專書，有一定科學價值。

第十四代陳復慧，號仲遠，住持溫州盤龍寺。博學能文，有《雅宜集》行世。對道教齋醮音樂頗有造詣，曾校正《廣成儀制》數十種傳世。被後世尊稱為道教音樂「廣成韻」之祖。第二十二代易心瑩，是近代著名道教學者，著有《道學系統表》，輯有《女子道教叢書》等。

霍山派

全真道龍門派支派。創始人張宗璿。《諸真宗派總薄》記載：「稱樵真人姓張名宗璿，字耕稱。是山東登州福山縣人。由光緒甲申秋間，重赴白雲觀傳法。門下弟子等因徒眾人繁，叩請願遵宗字為第一代號。」

據《白雲觀志》記載，張宗璿，又名圓璿，字耕稱，為龍門派第十九代律師。傳法給龍門派第二十代律師劉素稱。

《劉素稱道行碑》記載：劉素稱，法名誠印，河北東光人。自幼好善，儒道兼優，拜十九代方丈張耕稱為師。

同治十年募捐五千餘金為其師之傳戒費，受戒者三百餘人。後又募捐銀刻印經板和重勒觀內碑文。繼任龍門派第二十代律師，又為霍山派第二代傳人。

覺稱派

全真道龍門派支派。於清光緒十四年，由龍門稱巢派分衍而來。《龍門正宗覺稱本支道統薪傳》序記載：「海上覺稱為浙湖稱巢分支，於有清光緒戊子開派。」

《例言》記載：「光緒戊子，本壇張復誠、陳本中、沈本仁等恭詣稱巢宗壇，稟准開派，是年三月春，啟建醮典，敦請宗壇王來因、程來水、姚來鑑三師啟派，本刻故尊三師說宗師。」

該派宗承稱巢開派宗師龍門第八代陶守貞和第十一代閔一得之傳，對他們提倡的神仙與忠臣孝子不二，出家與在家、出仕與入山各隨方便的思想，加以發揚，使龍門派更加世俗化。

《覺稱本支道統薪傳．後跋》記載：「自閔祖啟『方便法派』而後，半多出自俗居有志之士，於是儒而道者日愈多，推行教法日益廣，今者稱壇竟遍布於江浙。」這表明晚期全真道已不再如他們先輩那樣強調出家離俗。

該派自光緒十四年開派以後，一直承傳不絕，《覺稱本支道統薪傳》有傳有圖加以記載。如開派人之一的程來永傳第十四代湯復弼，湯傳第十五代車本鎰等，車傳第十六代邱合度、徐合建，邱傳第十七代倪教學等，倪傳第十八代沈永家。時至一九二九年。

閭山三奶派

淨明派或正一派的分支，為民間道派。該派源於陳靖姑的民俗信仰。陳靖姑信仰的《大奶靈經》稱其「傳法閭山，顯跡古田」，南宋時福建一帶建有奇仕媽宮、臨水夫人廟。

泉州奇仕媽祀陳、金、李三夫人，為授胎、護產、育嬰之女神，香火較盛，且有「觀音籤」，並以媽祖配祀，至今尚存。

福州的三奶夫人為陳靖姑、林淑靖、李三靖；古田順懿祖廟中祀順天聖母、左祀江夫人、右祀石夫人。臺灣有十六座臨水夫人廟，皆為道觀，屬三奶派道教。臺灣道士多屬正一派是，其中烏頭司公為天師道，紅頭師公為閭山三奶道。閭山三奶本為道教民俗信仰，在大陸至今猶存，臺灣民間道派興盛，遂發展為民間道教之一。

五、其他宗派

道教門派眾多，除了前面所述早期宗派和後期宗派之外，尚且還有一些其他分類方法或者存在於歷史上以後不見傳承的宗派。

如傳說中可以御劍飛行的劍仙派，追求金丹大道的金丹派，其他尚有經籙派、辟穀派、胎息派和雙修派等各種門派。

經籙派

以信奉某一符籙為特徵的道派統稱為經籙派道教。晉代出現的三皇派、靈寶派、上清派，皆為經籙派道教。南朝陸修靜總括三洞經典，將三種道派統稱為經籙派。

唐代經籙派道教盛興一時，各派別之間並無踰越的界限，但有嚴格的道階品位制度。按傳授經戒法籙品位的高低來區分道階品次和道位職稱。

在每一道派中，又有不同的道階，正一派中即有弟子、真人、法師等不同道階。修洞真經籙有功再遷受高玄法籙，受《道德經》、《老子西升經》等高玄派經典，便可升為太上紫虛高玄弟子、高玄法師。自高玄部再遷受升玄法籙，稱靈寶升玄內教弟子；由升玄部再遷升太上靈寶洞玄弟子、無上洞玄法師；再逐次遷升洞真法師、三洞法師、大洞法師，達到最高一級道職。

唐代以後，金丹派興起，龍虎山正一派天師道統領三山經籙派道教。經籙派道教遂成為和金丹派道教分立的大宗派。

五、其他宗派

辟穀派

辟穀派又稱葆和宗，祖師鬼谷子、張良，以吐納、服氣、休糧為法門。此宗煉真氣綿綿不絕，而壽永無極。若躐階躁進，強咽鼓努，必攖暴虐之患，痛疽奇疾，而自蹈戕身之[illegible]。

辟穀在早期道教修煉中，也被用作開發人體潛能的仙術，其術較易得氣，促使體質變化。

胎息派

胎息派也稱長淮宗，祖師矩、神氏、中廣真人，以住氣、內觀、神定、胎息為法門。論胎元，返先天，悟死生之大理，不由乎天而在於我。

若不調靈衝關，遷神轉境，則促齡穢躬，日體不仁。胎息是魏晉神仙道教中成熟的仙術，修道者多以此開發人體潛能，體道修仙。

南宮宗

南宮宗別名靈圖、符籙、天罡。其法門有陰陽、五行、六壬、奇門、神符、祕咒、罡令、禹步、假形、解化，實即精於法術的符籙派道教。

祖師九天玄女、鬼臾區。又稱「南宮宗者，望氣知方，遁世密法，趨吉避凶，劍氣除邪，或假形而蛻化隱影。及放者為之，則魘蠱術、魑魅行，狂惑四方，顛倒黎庶，而不容於世。」劍仙派也為南宮派。

占驗派

占驗派是以傳習占驗術數為主和道派。漢代周易象數學發展到高峰，逐步衍生出各類占驗術數，稱為術數學，傳習占驗術數的道士組成道教占驗派。

這些占驗術數有奇門遁甲、六壬課、太乙神數、六爻易占、文王課、推命術、相術、堪輿、圖讖、望稱、省氣等，用以預言社會人事的的吉凶禍福。

占驗派著名道士有管輅、郭璞、李淳風、袁天綱等人。占驗派多是神仙道教或民間道教所為，後世全真教只重內丹，不尚占驗。

積善派

道教有勸善的社會功能，一些道士以為積德行善可成仙，形成積善派。

積善派道士信奉《太上感應篇》、《功過格》、《陰騭文》等善書，認為修仙必須積陰德，立善功。該派道士以儒家倫理道德、佛教因果報應、道教積善立功的思想在社會上勸善，延攬信徒。

劍仙派

明清時代小說家多言道教劍仙之事，稱煉劍成功，能身劍合一，收發自如，白光一道，百步取人首級，如探囊取物。

陳攖寧《楊善半月刊》記載梁海濱等為劍仙。並稱劍仙功夫，為修煉人體肺金之氣，內丹外用，用以禦敵。道書中記載劍仙頗涉怪異，修煉方法也甚神祕，傳法只許師尋弟子，不許弟子尋師。

劍仙又可御劍飛行，蹤跡不定，有稱修自身之氣和古劍之氣合一者。《道藏》中未見劍仙修煉法門的著作，僅錄此略備一格。

雷法派

雷法派是以內丹和符籙結合而成的的道派。主張內煉成丹，外用成法。可以將符籙召攝雷將，以自身五臟之氣和天地五行之氣感應，可以呼風喚雨，役使鬼神。

宋徽宗好符籙道教，有侍宸九人，會行雷法。神霄派、清微派、天心派等，皆屬雷法派道教。雷法以內丹功夫為體，以符籙法術為用，降妖捉鬼，煉度亡魂，召神驅邪，興稱致雨，多有效驗。

丹鼎派

原指內丹派，在內丹南派男女雙修的陰陽栽接術中，由於要用女鼎，故雙修派也稱丹鼎派。宋元以來陰陽栽接丹法盛行，因之社會上將內丹派泛稱丹鼎派。爾後又有分道教為經典派、符籙派、積善派、丹鼎派、占驗派的說法。

近人梁啟超就將道家從學術上分為玄學正派、丹鼎派、符籙派、占驗派。今人一些著作沿襲此說，將以煉丹求長生的道派泛稱為丹鼎派。

金丹派

原指秦漢以來重外丹黃白朮的道派。黃白朮即煉金術，以人工製造的藥金和藥銀為主。外丹術即煉丹術，由煉金術發展而來的，以煉製聲稱服後不死成仙的丹藥為主。二者合稱金丹術，精於金丹術的道

士組成了金丹派。

唐末五代時內丹學興起，以人的身的精、氣、神為大藥煉丹，也稱金丹派。而後外丹派和內丹派結合，稱黃白朮為地元丹法，內丹術稱為人元丹法，煉丹術稱為天元丹法。或將外丹黃白朮統稱地元丹法，陰陽雙修的栽接術丹法為人元丹法，清淨孤修的丹法為天元丹法。

宋元以來丹派和道派合一，金丹派道教成為和經籙派道教分立的大道派。另外，後世習金丹術的道士尊崇八仙之一的曹國舅，創立道派也稱金丹派。

外丹派

以煉製外丹黃白為修煉方術的道派統稱外丹派。外丹相對內丹而言，起源較早，由秦漢方仙道中精於煉金術和煉丹術的方士承傳而來。道教中的外丹派在魏晉神仙道教中較興盛，葛洪的金丹道實際上便是外丹派。

唐代外丹派發展到高峰，由於柳泌的鉛汞說傳入宮廷，毒死了不少官僚的皇帝，因之敗落，但未失傳。宋元以來，外丹派作為地元丹法，仍為仙家所研習。

內丹派

以修煉內丹為承傳的道派，相對外丹派而言。內丹派採用外丹黃白朮語，但含義根本不同。內丹派以人身為鼎爐，精、氣、神為藥物，呼吸為風，意念為火。

運用意念和呼吸的程度為火候，以精氣神的凝合體為還丹。由於內丹方法的不同，內丹派道教又分成不同流派，如文始派、少陽派等。

文始派

道教內丹修煉派別。祖師文始真人關尹子，以《文始真經》為丹法要旨。此派功法以虛無為本，以養性為宗，為丹法中最上一乘。修煉下手即以最上一層煉神還虛做起，主張修一已真陽之炁，以接天地真陽之炁；盜天地虛無之機，以補我神炁之真機。

教人無所有，無所為，無所執，虛之極而無極，從而上不見天，下不見地，內不見我，外不見人，一無所見，則我通天地，天地通我，我與天地，似契似離，同於大通，「渾人我，同天地」。

這是此派丹法的最高境界。由於此派只主張以神御炁，不講求精煉炁，更不講火候藥物，因而是一種直指大道的頓修法。

少陽派

道教內丹修煉派別，稱傳自東華紫府少陽帝君王玄甫，因而稱少陽派。據稱王少陽傳鍾離權，鍾離權傳呂洞賓，後開南宗、北宗、中派、東派、西派、青城派、崆峒派、三豐派等多種流派。

另一派稱傳自文始真人關尹子，由麻衣道者傳陳摶、火龍真人。少陽派主性命雙修，煉養陰陽，以有為法而至於無為法，便於人手，次弟分明，流傳甚廣。因而有內丹仙學以文始派為最高，以少陽派為最大的說法。

北宗

道教內丹學重要流派，全真教內部兩宗之一，創於南宋時期原北方金人統治地區長安一帶。該派尊東華少陽、鐘離正陽、呂岩純陽、劉海蟾、王重陽為「五祖」，實際創始人為王重陽。

該派追求「全真而仙」，其修煉以清淨為主，即以「識心見性」為首要，以煉心煉已為基礎，同時不廢精氣的的修煉。

相對於南宗「先命後性」的功法，北宗丹法以「先性後命」為特徵。關於清淨煉性，北宗各家皆以此為上乘丹法，不二法門。

南宗

道教內丹學的重要派別，全真教內部兩宗之一。創始於北宋張伯瑞，流傳於南方廣大地區。該派以「先命後性」修煉方式著稱。其代表人物多出自南方，故名南宗，又稱紫陽派、天台宗。

張伯端開創的南宗倡導道禪雙修，主張先命後性，由道入禪，即從傳統內丹命術入手修煉，循序漸進，以人身中的上藥三品即精、炁、神三寶為藥物，經築基、煉精化炁，煉炁化神，煉神還虛而結「金丹」。

南宗最初繼承系統為張伯端、石泰、薛道光、陳楠、白玉蟾，此稱之南五祖。進入元代以後，全真道南下，南宗與全真道接觸中，逐漸產生與之合併的要求，元代中後期實現了兩北兩宗的合併，從此金丹派南宗成為全真道的南宗。

中派

元道士李道純，道號瑩蟾子，為南派白玉蟾的再傳弟子，丹法融匯三教，核心要訣為守中、中和，在內丹法中自成一家，被後世道教稱之為內丹中派。

實際上中派並非教團，也不是金丹內煉派是。李道純著有《中和集》、《三天易髓》等著作，創一種新的丹功。

明代尹真人高弟，清代黃元吉承其要旨，倡導中派之說，尹真人高弟著《性命圭旨》以論守中要訣，強調儒釋道三家合用為上乘。

黃元吉著《樂育堂語錄》等書，其功法講求中黃直透，以守中為一貫功夫。白雲觀《諸真宗派總簿》將上述丹功功法稱為中派，又稱先天派。

東派

道教內丹修煉的重要派別。開派於明嘉靖、隆慶年間。創始人陸西星，字長庚，號潛虛，又號方壺外史。因其活動於浙江一帶，故稱東派。明末孫汝忠、清人傅金銓等為此派之支流。

此派雖稱上緒呂純陽，然而不立宗門，其修丹法門實承南宗一是，從《悟真篇》中開出新意，力主陰陽同類雙修。此派雖主陰陽男女雙修，但與御女采戰之單補修法不同，此派主張用鼎而不採戰，鑄劍而不入爐，補鉛而不傷彼，利已而不損人。

其實際修持過程集中在「凝神聚氣」一法上，促成神交氣交，雙修雙補。明末樸真道人在所著《玄寥子》中對此派丹法評價尤高，認為「較印度瑜珈術與密宗雙修法所用者，尤為上乘而簡妙」。

西派

道教內丹修煉的重要派別，開創於清嘉慶咸豐年間。創始人李西月，字涵虛，號團陽。李西月自稱曾遇張三豐，從事三豐派丹法，後遇純陽呂祖於禪院，得傳真旨，修成仙徑。自開西派，以別江、浙的東派。

其丹法特點是清淨與陰陽合用。該派修丹基本上分為兩步，第一步主清淨自然，第二步主陰陽互用。西派的主要著作有李西月的《道竅談》、《三車祕旨》、《九層煉心法》、《後天串述》、《無根樹道情註釋》、《文終經》、《太上十三經》等。

青城派

道教內丹修煉的派別，相傳起始於青城丈人，又有李八百等人習傳之。青城丹法的「無為」修持集中體現在歷代的口訣上，即「守無致虛」。

其中分三個層次，第一步初步入手功夫為「守中致和」；第二步為「了一化萬」；第三步為「萬化歸一，一歸虛無」。然而其「訣中訣」久已不傳，故修持者通常難以把握見驗。

青城功法雖採南派陰陽雙修法，但僅限於上乘雙修法，即男不寬衣，女不解帶，「千里神交，萬里心通」。

三豐派

道教內丹修煉的派別，由元、明時期的張三豐開創。豐丹法融會文始丹法與少陽丹法的特長，以清靜陰陽，雙修雙成為顯著特點。

三豐丹法下手講求清靜，煉心養性，《玄機直講》記載：「夫功夫下手，不可執於有為，有為都是後天，今之道門，多流此弊，故世間罕金真」。

張三豐的《大道論》、《玄機直講》、《玄要篇》等主要論著大都講的是清靜丹法。只有在《無根樹》及後人綴合的《全集》中才有陰陽修法。

雙修派

道教內丹修煉的流派，以男女陰陽栽接術修煉為宗旨。秦漢時房中家和神仙家結合，將房中術和行氣術結合昇華，發展為男女雙修的陰陽派丹法，以男女陰陽栽接術修煉的內丹家稱雙修派。

東漢魏伯陽著《周易參同契》，傳開雙修派丹法祕術。而後呂洞賓、張伯端、劉永年、陳致虛、陸潛虛、張三豐、李涵虛、仇兆鰲等人，皆精於雙修派丹法。

雙修派丹法要用女鼎，但不同於房中御女之術，其目標不是追求性高潮的房中之樂，而是採取先天一炁結丹長生。

清淨派

道教內丹修煉的流派，清淨丹法反對男女雙修的陰陽栽接之術，稱陰陽全在自已身中，修煉自身的精氣神即可結丹。

清淨派源於古代的行氣之術，後來和服氣、存思等功法結合，唐代又受禪宗影響，並和老、莊的坐忘、心齋等功夫融會貫通。

元代丘處機創龍門派，倡清淨孤修的丹法，斥陰陽丹法為已求人。而後又有伍柳派，將清淨派丹法發展成熟，習清淨丹法的道派也稱清淨派。

伍柳派

道教內丹修煉的流派。由伍守陽、柳華陽所創。該派主張清靜修為，仙佛合宗，以修氣脈與小周天功夫為主，參以佛理及禪定，較為繁瑣。

其於煉己、藥物、鼎器、火候、效驗、任督、防危，以及伏氣、胎息、真意、大小周天等無不敘說詳明。

但說理淺近，指點顯明，對丹法修煉與防危慮險之處，均作坦率直指，祥明細要，使人易於入門，因而影響遍及國內外。但由於道佛兩門之上乘精義，猶有未盡之處，故而此派功法更合於養生卻病之修為。

第三章　道門宗師

道教的發展與一些宗師的貢獻是分不開的。在道教的發展歷史中，湧現出了不少傑出的道學家，他們因為自身的高深修養與對道教作出的巨大貢獻而被後人尊為宗師。

這些宗師，有的專注於方術的研究，有的致力於經典的闡述，有的醉心於醫藥的整理，有的成為新門派的創建者，有的是固有門派的重要傳人，儘管形式多種多樣，但有一點是相同的，他們都為道教豐富多彩的文化注入了自己的一份血液，從而名載史冊。

一、先秦宗師

先秦時期的道教宗師多是傳說中的人物，因為年代的久遠大都已經難以考證，經過後人不斷崇拜、渲染，他們大都已經被尊奉為真人，成為後來道教弟子學習的典範。

老子

老子姓李，名耳，字聃，楚國苦縣厲鄉曲仁裡人，道教尊奉老子為「道教始祖」。關於老子的出生年代，《史記》未載，只記孔子曾向他問禮。《列仙傳》記載老子生於殷時。道教典籍都說老子生於殷朝第二十二王武丁九年，歲在庚辰二月十五日卯時。

據道教典籍記載，老子於周文王時任守藏史，後來遷為柱下史。周朝衰落之際，老子辭官離去，經函谷關時，關令尹喜懇請他著書傳世，於是老子寫下了五千餘言，這就是傳誦千古的《道德經》。

在先秦時期，先後有關尹子、楊朱、列子、莊子等繼承和發展老子思想，從而形成了道家學派。戰國末期的道家將老子與黃帝連繫起來，形成了黃老之學。西漢初期，黃老之學曾被作為政治上的指導思想。兩漢之際，黃老之學的清靜無為思想與方仙道的神仙信仰相結合，形成了黃老道，老子被視為「道」的化身。

東漢順帝時，張道陵在巴蜀鶴鳴山創立正一盟威道，尊老子為教主，以道為最高信仰，奉《老子五千文》為經典。張道陵又著《老子想爾注》，認為道散形為氣，聚形為太上老君，即老子。後來道教又將老子尊為「道德天尊」，列為三清尊神之一。在道教中還流傳著「老子一氣化三清」的說法。

唐朝皇帝姓李，自稱為老子後裔，尊老子為聖祖。唐高宗乾封元年尊老子為「太上玄元皇帝」。其後，唐玄宗又於天寶年間一再加號為「大聖祖高上金闕玄元天皇大帝」，並於西京、亳州設太清宮。宋真宗為避宋室聖祖趙玄朗諱，改稱老子為「真元皇帝」。大中祥符六年，詔加號老子為「太上老君混元上德皇帝」。唐玄宗開元三年，詔以二月十五日老子誕辰為玄元節。武宗又敕老子誕辰為降聖節，全國休假一日。

關尹

傳說其曾任函谷關尹，《莊子．天下》篇把他和老聃列為一派。一說即尹喜。《古今圖書集成》卷記載：「關令尹喜，字公文，周大夫，善內學，常服日精月華，隱德修行，時人莫知。老子西遊，喜先見紫氣來，知有真人當過，物色而遮之，果得老子。」後隨之出關西去，「與俱遊流沙，莫知所終」。

關尹認為「虛己接物，則物情自明」。所以「未嘗先人，而常隨人」，和老子思想基本一致。道教尊為「無上真人」、「文始先生」。

莊子

莊子，名周，字子休。宋國蒙人。曾任蒙漆園吏，《史記．老子韓非列傳》稱與梁惠王、齊宣王同時。

莊子繼承和發展了老子的「道法自然」觀點，認為道無所不在，強調事物的自生自化，否認有任何主宰。莊子提出「通天下一氣耳」和「人之生，氣之聚也，聚則為生，散則為死。」的觀點。

莊子也是先秦莊子學派的創始人，後世道教繼承道家學說，經魏晉南北朝的演變，老莊學說成為道家思想的核心內容。莊子其人並被神化，奉為神靈。

《真誥》稱師桑公子，授以微言，隱於抱犢山中，服兆育火丹，白日昇天，補太極闱編郎。唐玄宗天寶元年二月封莊子為「南華真人」，所著書《莊子》，詔稱《南華真經》。宋徽宗時封「微妙元通真君」。

列子

列子，名列禦寇，稱作圄寇、圉寇。鄭國人，西漢時劉向以為鄭穆公時人。《漢書．藝文志》稱先於莊子，唐成玄英《莊子疏》、柳宗元《辨列子》皆稱與鄭儒公同時。

《莊子》中多記載其傳說。後被道教神化，《仙鑑》稱為鄭人，居鄭圃四十年，人無識者。問道於關尹子，師壺丘子，後師老商氏、支伯高子，進二子之道。九年而後能御風而行。

唐玄宗天寶元年二月封為「沖虛真人」，稱著有《列子》一書，詔稱《沖虛真經》。宋徽宗封為「致虛觀妙真君」。列子主張虛無，一切聽任自然。

二、秦漢宗師

張道陵是道教的創始人，也是道教第一代天師，被道教尊奉為太師，其子張衡為二代天師，道教稱嗣師，張魯為三代天師，道教稱是師。

這一時期不但有天師張家傳人，也湧現出了太平道的創始人張角，以及魏伯陽、馬明生等重要道教傳人。

張道陵

張道陵，道教創始人，第一代天師。東漢沛國豐邑，今江蘇豐縣人。道書載為漢留侯子房第八代世孫。建武十年正月十五夜，生於吳之天目山，七歲讀老子道德二篇，即了其義。為太學書生，通曉天文、地理、諸子、五經、從學者千餘人。

永平二年以直言極諫科中，拜巴郡江州令，時年二十六歲。因素志於黃老之道，見世風日下，不久遂棄官隱於北邙山。漢章帝、和帝詔征皆不就。後與弟子王長從淮入江西鄱陽，順流至稱錦山，煉九天神丹，三年丹成而龍虎見，山因以名。聞蜀中民風純厚，易可教化，入蜀居鶴鳴山修道。

漢安元年，感太上授以正一盟威之道或稱三天正法正一科術要道法文，創立了道教。永壽二年，以盟威都功諸品經籙、玉冊、劍印付子衡，與夫人雍氏升仙而去，年一百二十三歲。

唐天寶七載冊贈「太師」，僖宗中和四年封為「三天扶教大法師」。宋理宗加封「正一靜應顯佑真君」。道教尊為祖天師，泰玄上相，降魔護道天尊。

茅盈

茅盈，西漢咸陽人，字叔申。《茅山志》、《太元真人東嶽上卿司命真君傳》記其少時修道於恆山，有異操，後隱於句曲山。

茅盈修煉服氣、辟穀術，並以醫術救治世人。後其弟茅固、茅衷從其修道，時人稱大、中、小茅君。後世稱茅氏三兄弟為「三茅真君」。

茅盈證位司命真君東嶽上卿，並奉為茅山上清派祖師。道教茅山派主修《上清經》，兼修《三皇文》、《靈寶經》，以符籙咒劾召鬼神，以戒傳授弟子，服食辟穀、治煉丹術，隋唐時盛行南山，成為道教三大符籙派之一。

魏伯陽

魏伯陽，東漢時會稽上虞，今浙江上虞縣人。名翱、號伯陽，又號稱牙子。彭曉《周易參同契分章通真義序》記載，出身望族，喜修煉丹術道法。

魏伯陽撰《周易參同契》、《五相類》，雜揉《易》學、黃老之說，以爐火炮煉為實踐，闡發丹道學說，成為早期道教煉丹術的奠基之作。後被奉為「丹經王」，對宋代理學有較大影響。

張衡

張衡，道教第二代天師，字靈真，漢永壽二年襲教。《三國志．張魯本傳》稱：「陵死，子衡行其道。」衡少博學，隱居不仕，有大名於天下。精修至道，不與世接。時皇帝聞其有道，欲征為黃門侍郎，辭而不就。

襲教後，居陽平山以經籙教授弟子，克彰正一之道。言約理明，聞者有感。光和二年正月以祖傳印劍付子魯，與妻盧氏得道於陽平山。

囑子魯說：「汝祖以天地為心，生靈為念，誠敬忠孝為本，周行天下除妖孽之害。嗣吾教者，非誠無以得道，非敬無以立德，非忠無以事國，非孝無以事親。」元武宗至大元年贈「正一嗣師太清演教妙道真君」。道教稱嗣師。

張角

張角，東漢末太平道的創立者。鉅鹿，今河北平鄉人。奉黃老道和《太平經》，以符水咒法為人療病。

熹平年間，張角創立太平道，自稱「大賢良師」。與其弟張寶、張梁同在河北一帶傳教，十餘年間，徒眾發展至數十萬，遍及青、徐、幽、冀、荊、揚、兗、豫八州，分為三十六方，各方設渠帥統領道眾。

中平元年，張角武裝起事，自稱「天公將軍」。張角根據五行說，認為代漢而興，當以土德，土色為黃，故提出「蒼天已死，黃天當立」的口號，以號召徒眾。

因起事徒眾都以黃巾裹頭，故人呼為黃巾軍，他與張梁會集幽、冀兩州黃巾軍，在廣宗擊退北中郎將盧植，後來又擊敗東中郎將董卓，不久病亡。

張魯

張魯，道教第三代天師，字公祺。漢獻帝初平年間，益州牧劉焉以魯為督義司馬，與別部司馬張修同取漢中。得據漢中後，實行政教合一，大力傳播、壯大教團組織，教民誠信不聽欺妄。增飾「義舍」，命諸祭酒皆設義舍於道，放置義米、義肉，行旅之人量腹食用。犯法者，原宥三次再行之於刑。有小過者，命其修路百步，則罪除。不置官吏長使，皆以祭酒為治，雄居巴、漢三十年，民夷信向之。嘗增立嗣師所立的八品配治和自設立的八品游治。

建安二十年，曹操征漢中，張魯封藏以降，操嘉其善意，遣使致慰。拜魯為鎮南將軍，封閬中侯，食邑萬戶。五子及功曹閻圃皆封為列侯，遷還中原。建安二十一年卒，葬於鄴城。元成宗贈「正一是師太清昭化廣德真君」。道教稱是師。

馬明生

東漢時齊國臨淄，今屬山東人。稱作馬鳴生，本姓和，字君賢。《馬明生真人傳》、《詩紀外集》載其少時為縣吏，捕賊受傷，遇太真王夫人，用仙藥治癒，乃棄職隨夫人執役。

後受授太清金液神丹，服之後與其徒陰長生俱得仙而去。

陰長生

陰長生道教仙人。東漢和帝陰皇后的高祖，曾從馬鳴生習神仙道術，執奴僕之役，達十年之久，同窗十二人悉辭歸，獨長生執禮更謹。

後隨馬鳴生入青城山，受《太清神丹經》。繼入武當山石室中合丹，用黃金萬數，施濟貧窮之人。周遊天下，於平都山白日飛昇成仙。據傳在世一百七十年，著有《丹經》九篇。

三、魏晉宗師

魏晉時期是道教歷史上一段十分重要的改革時期，這一時期優秀的道教宗師不斷出現，最知名的有「沖應真人」葛玄、「神功妙濟真君」許遜、《抱朴子》作者葛洪、改革天師道的寇謙之與陸靜修，以及道教經典的集大成者陶弘景等。

葛玄

葛玄，三國時方士。字孝先，丹陽句容，今屬江蘇人。據《抱朴子》記述，葛玄曾經以左慈為師，修習道術，受《太清丹經》、《九鼎丹經》、《金液丹經》等煉丹經書，後傳授給鄭隱。

相傳葛玄曾在江西閣皂山修道，常辟瞄服食，擅符咒諸法，奇術甚多。後世道教尊稱為「葛仙公」，又稱「太極左仙公」。北宋徽宗時封為「沖應真人」，南宋理宗時封為「沖應孚佑真君」。

吳猛

吳猛，晉代道士，字世稱，濮陽，今河南濮陽縣人。仕吳為西安令。四十歲時，得至人丁義神方，繼師南海太守鮑靚，復得祕法。吳黃龍中，得白稱符，遂以道術大行於吳晉之間。晉武帝時，以所得祕法盡傳許遜。

當時流行有許多關於吳猛的傳奇故事。有著作《郎寶感其異》、《搜神記》行於世。東晉孝武帝寧康二年解化於宅，宅號「紫稱府」。宋政和二年，徽宗封為真人。

許遜

許遜，東晉道士，淨明道尊奉的祖師。字敬之，南昌人。

據《道書》記載，少年以射獵為業，一日入山射鹿，鹿胎墮地，母鹿舔其崽而死。許遜愴然感悟，折弩而歸，始棲托西山金氏之宅修道。

聞豫章人吳猛得術士丁義神方，乃拜大洞君吳猛為師，傳三清法要。後鄉舉孝廉，於晉太康元年出任旌陽令，人稱許旌陽。

元康元年，爆發八王之亂，許遜以晉室紛亂，乃棄官東歸，與吳猛在豫章地區傳播孝道。據說許遜的西山教團有上百人的規模，教團幹部有十二人，稱十二真君。

宋政和二年，遣內使程奇請道士在玉隆宮建道場七晝夜，誥封許遜為「神功妙濟真君」，後又仿西京崇福宮規制，在洪州西山改建玉隆萬壽宮。

范長生

范長生，十六國時成漢道士，又名延九、重九，或名文，字元，涪陵丹興，今四川黔江人。

范長生精通天文術數，博學多藝，居於青城山，擁有部曲千餘家，為當地天師道首領。巴氐族人李特率領流民在益州起義，范長生曾資助軍糧物資。

李特戰死後，其子李雄率眾攻入成都，打算迎立他為國君，固辭不就。李雄建立成漢政權，拜他為宰相，加號「四時八節天地太師」，尊稱為「范賢」，封西山侯，並免徵其部曲的軍糧，全部租稅由他本人徵收。

范長生修道長壽，他活了一百三十多歲。著作有《道德經注》、《周易注》。舊時四川青城山有「長生宮」，為范長生的紀念之地。宋代詩人陸游曾到此遊覽，吟詩說：「碧天萬里月正中，清夜珥節長生宮」。

魏存華

魏華華，晉代女道士，字賢安，任城人。司徒魏舒之女。博覽百家，通儒學五經，尤耽好老、莊。常靜居行導引、吐納術，服食藥物，意欲獨身修仙，遂其所願。其父母不允，在她二十四歲時強嫁給太保掾南陽劉文。

劉文任修武縣令，魏華存隨至任所，生有二子。後來別居，持齋修道多年，廣搜道教神書祕笈，曾為天師道祭酒。得清虛真人王褒等降授「神真之道」，景林真人曾授給她《黃庭經》。後被尊奉為道教上清派第一代宗師，世稱「南嶽夫人」。

《道藏輯要氏集》收有《元始大洞玉經》、《元始大洞玉經疏要十二義》、《大洞玉經壇儀》、《總論》，均題為魏華存疏義。

狐丘

狐丘，也稱狐剛子，煉丹家。據傳為晉代人，約與葛洪同時，撰《五金訣》，稱狐剛子為「最大之外丹黃白師」。

其著述反映了漢末中國煉丹術所達到的高度，是中國古代一位卓越的化學發明家。可惜其著述未能完整地保存下來，以致他的名字長期湮沒無聞。

所幸成書於唐初的《黃帝九鼎神丹經訣》及唐代黃白朮專著《龍虎還丹訣》、《太古土兌經》中，保留了他在黃白朮方面的一些重要佚文。雖然零散，但可知其著述有《五金粉圖訣》、《出金礦圖錄》、《河車經》、《玄珠經》等。此外《通志．藝文略》還著錄狐剛子撰《金石還丹術》。

鮑靚

鮑靚，晉代道教徒。字太玄，東海人。漢司徒鮑宣之後。據《晉書》等記載，五歲時對父母說：「我本是曲陽李家子，九歲墜井死。」父母尋訪得李氏推問，果符其說。

靚兼學道教和儒典。遷南陽中部都尉，為南海太守。曾入海遇風，煮白石充饑。曾見仙人陰長生，得受道訣。享年百餘歲，卒葬於召子岡。

葛洪

葛洪，東晉道教理論家，煉丹家，醫學家。字雅川，號抱朴子，江蘇人。

三國方士葛玄的重孫。葛洪性情沉靜，喜好長生道術，曾經拜鄭隱為師，得受內修煉丹法。後在羅浮山居住，著述不輟，養生修道，以丹鼎生涯終老。

葛洪所著《抱朴子》，內篇講「神仙方藥，鬼怪變化，養生延年，禳邪卻禍」；外篇講「人間得失，世事臧否」。其思想基本是以神仙修煉為內，儒術應世為外。

該書繼承和發展了東漢以來的煉丹法術，對以後道教煉丹術的發展，具有很大影響，為研究中國煉丹史以及古代化學史提供了寶貴的史料。

葛洪還撰有醫學著作《玉函方》一百卷，《肘後備急方》三卷，內容包括各科醫學，其中有治天花等病的世界最早的記載。《正統道藏》和《萬曆續道藏》收有他的著作十餘種。

孫恩

孫恩，東晉五斗米道道士和起義軍首領。字靈秀，祖籍琅琊，家族世奉五斗米道，是永嘉南渡世族。其叔父孫泰奉吳郡錢塘五斗米道首領杜子恭為師。

東晉隆安二年，爆發王恭之亂，孫泰以為晉祚將盡，乃以討王恭為名，準備起事。事未發，司馬道子父子誘斬了孫泰及其六子。孫恩逃入海島，聚眾百餘名立志為孫泰復仇，後起義，占領了會稽八郡，並一度逼近建康，攻破廣陵，後被晉朝鎮壓，孫恩赴海自沉。

孫恩五斗米道徒信奉長生久視之道，信仰天、地、水三官，尤其相信水仙。孫恩以五斗米道組織起義，動搖了晉室的封建統治，也引起了南北朝時期道教上層人物寇謙之、陸修靜對道教的改革和南北天師道的出現。

許謐

許謐，東晉時丹陽句容，今屬江蘇人。名穆，字思玄。年少知名，博學有才章，儒雅清素，與時賢多所交往。少仕郡主簿功曹吏，選補太學博士，出為餘姚令，後為尚書郎，官至散騎常侍。

其雖外混俗務，而內修真學，行上道，後歸隱茅山。太元元年逝世，享年七十二。梁高祖為其別立祠真館，本宅立為宗陽觀，後改名紫陽觀。宋宣和間敕封為「太元廣德真人」。道教中尊為上清真人，上清派第三代宗師。

楊羲

楊羲，東晉時吳人，後居句容，字羲和。少好學，工書畫，自幼有通靈之鑑。及長，性淵懿沈厚。與許邁、許謐交往甚密。許謐薦之相王，即晉簡文帝，用為公府舍人。簡文帝登位後，不復出。《真誥》、《清微仙體》等稱其為上清派創始人之一。

永和五年受授《中黃制虎豹符》；六年又從魏夫人長子劉璞受《靈寶五符經》；興寧二年受《上清真經》，並托神仙口授，製作大量道經祕笈。宋宣和年間敕封為「洞靈顯化至德真人」。

寇謙之

寇謙之，北魏道士。字輔真，自稱是東漢功臣寇恂的第十三世孫。早年傾心慕道，修習張魯道術，但未成功。後來隨成公興入嵩山，修道七載。

神瑞二年，太上老君親臨嵩山授予他「天師之位」，賜《雲中音誦新科之誡》二十卷，傳授導引服氣口決諸法，並令他「清整道教，除去三張偽法，租米錢稅及男女合氣之術」「專以禮度為首，而加之以服食閉煉」。

始光中，寇謙之親赴魏平城獻道書於太武帝，得到重臣崔浩的幫助，在平城東南建立新天師道場，「重壇五層，遵其新經之制」，後人稱為「北天師道」。

太武帝聽從寇謙之的進言，改年號為太平真君，並親至道壇受籙，成為道士皇帝，封寇謙之為國師。北天師道由此在北方大盛。

寇謙之對早期道教的教義和制度進行了全面改革，吸取儒學的「五常」觀念，吸融儒釋的禮儀規戒，建立了比較完整的道教教理教義和齋戒儀式，對後世道教影響甚大。

陸靜修

陸修靜，南朝劉宋道士，字元德，吳興東遷，今浙江吳興東人。三國時東吳名丞相陸凱的後裔。陸靜修自少修習儒學，對大易象數、河洛圖讖等也感興趣。成名後，尤好清靜養生之道術，於是離家到稱夢山隱居修道。

宋明帝泰始三年，陸靜修應詔再赴建康，住在北郊天印山崇虛館。在此期間，他將長期收集到的大量道經加以校刊整理，辨別真偽，經戒、方藥、符圖等書共有一千一百二十八卷，分為三洞，即洞真、洞玄、洞神三大類。

泰始七年編定《三洞經書目錄》，是道教史上最早道經總目。後來《道藏》中三洞的名稱，大概就

是由此而來。陸修靜主張修道應當用禮拜、誦經、思神三種方法，以洗心潔行，達於至道，因此他編撰了齋戒儀範類道經百餘卷，使道教儀禮初步統一和完備。經他改造後的天師道，後世稱為南天師道。

元徽五年，陸靜修卒於建康，其弟子奉葬於廬山，謚為「簡寂先生」，他以前在廬山的舊居稱為「簡寂觀」。北宋徽宗時，封為「丹元真人」。

陶弘景

陶弘景，南朝齊、梁時道教學者、煉丹家、醫藥學家。字通明，自號華陽隱居，謚貞白先生，丹陽秣陵人，南朝士族出身。

陶弘景十歲讀《神仙傳》，有養生之志；十五歲作《尋山志》，傾慕隱逸生活；二十歲時齊高帝引為諸王侍讀；三十歲左右，拜道士孫遊岳為師，受符圖、經法、誥訣，遂遍遊名山，尋訪仙藥真經。

永明十年，辭去朝廷食祿，隱居句容句曲山，傳上清大洞經籙，開道教茅山宗。梁武帝即位後，多次派使者禮聘，他堅不出山。朝廷每有大事，常往諮詢，當時人稱為「山中宰相」。

陶弘景繼承老莊哲理和葛洪的仙學思想，揉合道、佛二教觀念，主張道、儒、釋三教合流，認為「百法紛湊，無越三教之境」。陶弘景繼陸修靜之後，進一步整理道教經書，頗有貢獻。撰成《真靈位業圖》，排列了包括天神、地祇、人鬼以及群仙眾真在內的等級森嚴的神仙世界。

陶弘景還整理《神農本草經》，增收魏晉間名醫所用的新藥，編成《本草經集注》七卷，另撰有《真誥》、《登真隱訣》、《養性延命錄》、《集金丹黃白方》、《藥總訣》、《華陽陶隱居集》等。陶弘景能書善畫，通琴棋醫術。書法工於草隸，其畫清真。書畫有《二牛圖》、《山居圖》、《瘞鶴銘》。

四、隋唐宗師

隋唐時期，道教已經發展成熟，尤其是唐王室尊奉道教為家教，這一時期許多道教弟子活躍在宮廷中，更有許多人名列王侯。

其中最知名者有李淳風、葉法善、司馬承禎、李含光、呂洞賓等人。

王遠知

王遠知，原籍揚州人。又名遠智，字廣德。《歷世真仙體道通鑑》卷記載：「生於世宦之家。年十五，師事陶弘景，得上清派道法。弱冠，又從宗道先生臧矜學，得諸祕訣。遂遊歷天下，後歸隱茅山。專習辟穀休糧、上清道法。」

隋開皇十二年，楊廣據揚州，厚禮敕見。大業七年，隋煬帝召見於涿州臨朔宮，親執弟子禮，問以仙道事。煬帝歸朝，扈駕洛都，奉敕於中嶽修齋儀，復詔移居洛陽玉清玄壇。

唐太宗為秦王時，親授三洞法策於官邸。太宗即位，以疾固辭還山，時人稱為「王法主」。敕於茅山造太平觀居之，未畢，卒。史稱年一百二十六歲。

唐高宗調露二年追贈「太中大夫」，謚「升真先生」。則天武后嗣聖元年追贈「金紫光祿大夫」，改謚「升玄先生」。著《易總》十五卷。事見《舊唐書．隱逸傳》。

孫思邈

孫思邈，唐代道士，醫藥學家。京兆華原，今陝西耀縣人。他博通百家之學，尤好老莊，兼通佛典。長期隱居終南山，修煉行醫，與名僧道宣友善。曾西入峨眉山煉「太一神精丹」。唐太宗、高宗數次徵召他到京城做官，都辭謝不就，志在山林，終其一生。北宋崇寧二年，追封為「妙應真人」。相傳孫思邈擅長陰陽術數，神應無方。他將道教的養生理論與醫學相結合，認為人若長壽，就須講究飲食起居，抑情養性，加以導引行氣，食補藥補，才能終其天年。

孫思邈廣搜民間的驗方、祕方，總結唐代以前的醫學理論和醫療實踐，加以分類記載，在醫學和藥物學方面作出很大的貢獻，被後世尊為「藥王」。

孫思邈認為服食金丹是「神道懸邈，稱跡疏絕」之事，而把煉丹作為製藥療病的手段。認為只要「良醫導之以藥石，救之以針劑」，天下沒有不可治癒的病。孫思邈的著作很多，主要有《千金要方》、《千金翼方》、《保生銘》、《存神煉氣銘》、《攝養枕中方》等。

尹文操

尹文操，唐初樓觀道士。字景先。甘肅天水人。曾祖洪，北周時商州刺史。大父舒，隋文州別駕。父珍，唐朝散大夫。《大唐故宗聖觀主銀青光祿大夫天水尹尊師碑》稱「及勝衣之日，自識文字，唯誦《老子》及《孝經》」。

稍長，聞有尹真福庭，乃精心事之，不近俗事。因讀《靈寶》、《西升》等經，漸達真教。既得玄味，便契黃中。善學不怠，求師不暇。聞周法師者，上皇高足，乃奔走禮謁，從而師之，得授「紫稱之妙旨」、「青羽之隱法」。

十五歲，道法已固，遠近聞名。時值文德皇后搜訪道林，博采真跡，文操即應玄景，奉敕出家，配往「宗聖觀」。後遍遊五嶽，參尋祖氣，隱於終南。永徽三年又遊太白。此後三十餘年，救世度人。據《尹尊師碑》：「顯慶以來，國家所賴，出入供奉，詢德咨量，救世度人」、「三十餘年，以日是月，始終不絕，有感必通，凡事效驗，君臣同悉」、「神道昭彰，歲時交積者，不可具載」。

唐高宗嘗於九成宮，因有彗星經過而召問：「此天誡子也，子能敬父，君能順天，納諫征賢，斥邪遠佞，罷役休征，責躬勵行，以合天心，當不日而滅。上依而行之。」果應。

為此唐高宗為唐太宗造「昊天觀」，以尹文操為觀主。儀鳳四年，令文操於老子廟設醮，上親謁，百官咸從。同時又奉敕修《玄元皇帝聖紀》一部。

成玄英

成玄英，陝州人，字子實。通儒經，尤重文字訓詁學。貞觀五年，詔至京師，賜號「西華法師」。後流放郁州稱台山。

其於老、莊之學頗有研究，致力於玄理註疏，繼承和發揮「重玄」思想，使「重玄之道」成為唐朝初年道教哲學思想的一大主流。

成玄英著有《老子道德經注》、《老子開題序訣義疏》七卷、《莊子注》三十卷、《莊子疏》十二卷。

潘師正

潘師正，趙國贊皇人，字子真。出身仕宦世家，母學識廣博，善言名理，嘗口授《道德經》，事母以孝聞。隋大業間師事王遠知，盡受道門隱訣及符籙。隨之至茅山，居嵩陽雙泉嶺逍遙谷修道二十餘年。

上元三年高宗幸東都，禮拜嵩山，召見先生。調露元年，高宗再祀嵩岳，迎師入居嵩陽觀。敕於逍遙谷建崇唐觀，於嶺上別起精思院以居之。卒贈太中大夫，謚「體玄先生」。弟子十八人中，以郭崇真、韋法昭、司馬子微最著名。

孟安排

唐高宗、武后時人。號青溪道士，玄稟真骨，有道風。編撰《道教義樞》十卷。

胡惠超

胡惠超，唐高宗、武后時人。洪州西山道士，隱居豫章西山。《太上靈寶淨明宗教錄》記載：其生就美鬏眉，體貌魁偉，負杖冶遊，人稱「胡長仙人」。自稱曾從許真君、吳猛受授延生煉化超三元九紀之道，能檄召神靈、驅除雷雨。

參與陶弘景《校茅山華陽洞太清經》七十卷。唐高宗時，抵京邑，詔除壽春宮狐妖，甚靈驗，賜號「洞真先生」。歸隱於西山盱母靖觀。長安三年，卒於遊帷觀。著有《晉洪州西山十二真君內傳》。

李淳風

李淳風，隋唐時歧州鳳翔，今陝西鳳翔縣人。《舊唐書．李淳風傳》、《新唐書．方技傳》記載：其先世太原人。父播，隋高唐尉，棄官為道。頗有文學，自號黃冠子。

李淳風博學廣識，精通天文、歷算、陰陽、占卜之學。貞觀初年，以駁傅仁均歷議，授將仕郎，直太史局。撰《晉書》、《五代史》中《天文》、《律歷》、《五行志》等卷。又撰《文思博要》。龍朔二年，改授祕閣郎中。

李淳風又增損劉焯《皇極歷》，改撰為《麟德歷》奏上，時人均稱其精密。咸亨初，官名復舊，還為太史令……李淳風所著《金鎖流珠引》、《太上赤文洞神三籙注》等收入《道藏》。

葉法善

葉法善，字道元，一字太素，人稱葉天師、括蒼羅浮真人。祖籍南陽葉縣，後遷居處州括蒼，今浙江麗水。皆有神術攝養登真之事，以陰功劾召救物濟人。後入蒙山訪求隱術，授以仙書、神劍。前後得神人授三五盟威正一之法，《五嶽符圖》、《天皇大字》及三洞上清之法甚眾，由此潛行陰德，濟度死生，聲名大振，「海內稱焉」。

先天二年八月，加授金紫光祿大夫鴻臚卿越國公，兼景龍觀主，並贈父爵，賜祖宅為淳和觀。開元八年六月三日仙逝，壽一百〇四歲。

唐玄宗下詔痛悼，進贈越州都督，並制像贊。唐肅宗重贊。至宋徽宗政和六年，特封「致虛見素法師」，宣和二年，加號「靈虛見素真人」。今存《上清隱書骨髓靈文》，據稱為葉法善所傳。

王玄覽

王玄覽，唐代道士，道教學者。名暉，法號玄覽，廣漢綿竹人。曾經與同鄉之人共往茅山學道，途中感慨「長生之道無可共修」，於是返歸故里，潛心務道。

王玄覽遍研道、佛經論學說，無不探究其淵源奧義。四十九歲時，益州長史李孝逸召見他，深受敬重。後來居住在成都至真觀，遠近知名。武則天神功元年，奉召入京，行至洛州，在途中逝世，號為「洪元先生」。

王玄覽的思想以道家為主。雜有佛家之學。他認為「大道」有兩種，一為「可道」；二為「常道」。可道有生有滅，而常道先於眾生萬物而存在，不生也不滅。眾生求道，應當先斷滅一切知聞成見，向人的內心體悟，道就在人心之內。「心生諸法生，心滅諸法滅」、「一心一念裡，並悉含古今」。其思想充實了道教義理，對後世道教有一定影響。著作有《老經口決》、《遁甲四合圖》、《真人菩薩觀門》等，都已佚失，其弟子輯有《玄珠錄》、《道藏．太玄部》收存。

張萬福

張萬福，長安清都觀道士，又稱張清都，後授大德稱號。唐玄宗時親為金仙、玉真二公主授道籙，為三洞高功法師。

著有《三洞眾誡文》、《三洞法服科戒文》、《傳授三洞經戒法籙略說》《醮三洞真文五法正一盟威籙立成儀》、《洞玄靈寶無量度人經訣音義》、《太上洞玄靈寶三洞經誡法籙擇日曆》、《洞玄靈寶三師名諱形狀居觀方所文》等。

朱君緒

朱君緒，中唐人。字法滿，玉清觀道士，三洞法師。著撰《要修科儀戒律鈔》十六卷。

司馬承禎

司馬承禎，唐代道士、道教學者、書畫家。字子微，法號道隱，又號白稱子。

自少篤學好道，無心仕宦之途。師事嵩山道士潘師正，得受上清經法及符籙、導引、服餌諸術。後來遍遊天下名山，隱居在天台山玉霄峰，自號「天台白稱子」。與陳子昂、盧藏用、宋之問、王適、畢構、李白、孟浩然、王維、賀知章為「仙宗十友」。

唐玄宗開元九年，派遣使者迎入宮，親受法籙，成為道士皇帝。開元十五年，又召入宮，並按照他的意願，在五嶽各建真君祠一所。他善書篆、隸，自為一體，號「金剪刀書」。唐玄宗命司馬承禎以三種字體書寫《老子道德經》，刊正文匍，刻為石經。羽化後，追贈銀青光祿大夫，謚稱「貞一先生」。

司馬承禎的道教思想，吸收儒家的正心誠意和佛教的止觀、禪定學說，以老莊思想為本，融合而成道教的修道成仙理論。他認為人的天賦中就有神仙的素質，只要遂我自然、修我虛氣，就能修道成仙。

司馬承禎的思想對北宋理學的「主靜去欲」理論的形成有一定的影響。其著作有《天隱子》、《坐忘論》、《修真祕旨》、《道體論》、《上清含象劍鑑圖》、《洞玄靈寶五嶽名山朝儀經》、《坐忘論》、《服氣精義論》等。

吳筠

吳筠，華州華陰人，字貞節，也稱正節。少舉儒子業，進士落第後隱居南陽倚帝山。天寶初召至京師，請隸人道門。後入嵩山，師從道教上清派法主潘師正，受授上清經法。與當時文士李白等交往甚密。

唐玄宗多次徵召，應對皆名教世務，並以微言諷帝，深蒙賞賜。後被高力士讒言所傷，固辭還山。東遊至茅山，大曆十三年卒於剡中。弟子私謚「宗元先生」。

吳筠編著有《宗玄先生文集》二十卷，另有《玄綱論》、《心目論》、《神仙可學論》、《形神可固論》等。

李含光

李含光，茅山第十三代宗師。本姓弘，因避孝敬皇帝李弘廟諱而改姓李，號「玄靜先生」。廣陵江都人。

其父孝感，博學好古，雅修彭聃之道，與天台司馬承禎為方外之交，謚正隱先生。母瑯王氏，也出於信道之家。

李含光少好讀異經，誦習墳典，喜靜處。志求妙道，師事同邑李先生。神龍初，以清行度為道士，居龍興觀，尤精老、莊、周易之旨趣。開元十七年，從司馬承禎於王屋山，傳受大法。

大曆四年羽化。唐代宗贈「正議大夫」。著有《周易義略》、《老莊學記》、《本草育義》、《三玄異同論》、《道學》二十卷等。

李筌

李筌，隴西人。號達觀子。少慕仙道，居嵩山少室山，曾於虎口岩得《黃帝陰符經疏》，筌抄讀數千遍，不曉其義，遍歷名山大川尋訪師侶。

據傳，其至驪山，逢一老嫗，為筌闡說《陰符》大義，自是悟得奧旨，因撰《黃帝陰符經疏》、《太白陰經》、《驪山母傳陰符玄義》。

開元中，為江陵節度付使御史中丞。筌有將才謀略而屢遭時忌，遂入名山，服氣辟穀，精心修道，不知所終。另著有《中台志》、《閫外春秋》各十卷，《孫子注》兩卷。

謝自然

謝自然，唐代女道士，果州南充人，祖籍兗州，世號為「東極真人」。父寰，舉孝廉，曾任祕書省從事。母胥氏，也邑中大族。

七歲，母令隨尼越惠，經年因疾歸。又令隨尼日朗，十月求還。平常所言多道家事，因拜禮大方山頂老君像，不願下山而入道。自此常誦《道德經》、《黃庭內經》。

十四歲絕粒不食。每焚修瞻禱王母、麻姑，慕南嶽魏夫人之節操。

四十歲，出遊青城山、峨眉山、三十六靖廬、二十四治，不久離蜀，歷京洛，抵江淮，凡有名山洞府靈跡之所，無不辛勤歷覽。

《墉城集仙錄》稱，唐德宗貞元三年三月，於果州開元觀詣絕粒道士程太虛受《五千文紫靈寶籙》。《續仙傳》稱自然聞天台山道士司馬承禎居玉霄峰，有道孤高，遂師事三年，別居山野採樵，為

承禎執爨，幾經周折，終得傳承上清法。後歸蜀。

貞元六年四月，刺史韓佾至郡欲試其真偽，延入州北堂東閣閉之累月，出而膚體宛然，聲氣朗暢，佾即使女自明師事之。

貞元七年十一月，徙居於州郭。貞元九年告請於刺史李堅，築室於金泉山修煉。其神奇事頗多，據稱山神傳達將授東極真人之位，至貞元十年十一月十二日白晝升天，士女數千人咸共瞻仰。

臨升天時，書於堂之東壁稱：「寄語諸眷屬，莫生悲苦，可勤修功德，修立福田，清齋念道，百劫之後，冀有善緣，早會清源之鄉，即得相見。」

節度使韋皋奏聞於朝，李堅又表聞，詔褒美之。李堅於金泉道場立碑，為撰《東極真人傳》述其事跡。韓愈、劉商均有詩言其輕舉事。

崔希範

崔希範，唐朝朝人，號至一真人，撰《入藥鏡》論述道教丹法。

提出「吾心為鏡，身為之台」，認為精、氣、神為煉丹大藥，心火內照，能見五臟六腑，故稱為鏡。

呂洞賓

呂洞賓，後道教奉為神仙，是「八仙」中傳聞最廣的一位仙人。姓呂，名岩，字洞賓。

說為唐朝宗室，姓李，武則天時屠殺唐室子孫，於是攜妻子隱居碧水丹山之間，改為呂姓。因常居岩石之下，故名岩。又常洞棲，故號洞賓。也有傳說呂洞賓是唐朝禮部侍郎呂渭之孫，因感仕途多蹇，轉而學道。

《宋史．陳摶傳》記載呂岩為「關西逸人，有劍術，年百餘歲。步履輕捷，頃刻數百里，數來摶齋中」，是位修道有術的高道。《全唐詩》收有呂洞賓的詩作兩百多首，後世道教和民間稱其為劍仙、酒仙、詩仙聞名於世。

民間流傳有呂洞賓三醉岳陽樓度鐵拐李岳、飛劍斬黃龍等故事，呂仙形象廣泛深入民間，婦孺皆知。宋代封呂洞賓為「妙通真人」；元代封為「純陽演政警化孚佑帝君」；後世又稱「呂純陽」。王重陽創立全真道後，又被奉為「北五祖」之一，故道教又尊稱他為「呂祖」。

全國各地廣建呂祖祠廟，歲時祭祀，至今香火不斷。相傳呂祖誕辰為農曆四月十四，道教多於此日設齋醮以志紀念。呂洞賓著術甚豐，如《呂祖全書》、《九真上書》、《孚佑上帝文集》、《孚佑上帝天仙金丹心法》等。

張果

張果，少時隱居中條山，往來汾、晉間。唐玄宗開元二十一年屢召至京，問神仙事。帝以玉真公主下嫁，固辭不肯。賜號「通玄先生」，擢銀青光祿大夫，於恆山立棲霞觀居之。

後為民間八仙傳說中的張果老，事跡多在民間流傳。

閭丘方遠

閭丘方遠，字大方，號「玄同先生」。舒州宿松，今安徽人。幼而辨慧，十六歲通經史，學《易》於廬山陳元晤。後師事劉處靜，學修真出世之術。三十四歲受法策於天台山玉霄宮葉藏質，真文祕訣盡蒙付授。守一行氣之暇，篤好子史群書，每披卷必一覽之，不忘於心。

閭丘方遠詮《太平經》為三十篇，備盡樞要，其聲名愈播於江淮間。昭宗景福二年，錢塘彭城王錢鏐深慕其道德，訪於餘杭大滌洞，為築室宇以安之，並表奏其行業。

昭宗累征之，方遠以天文推尋秦地將遭兵火，唐祚必當革易，不出山林為宜，故而競不赴召。乃降詔褒獎，就頒命服，俾耀玄風賜號「妙有大師玄同先生」。方遠闡揚聖化，啟發矇昧，真靈事跡顯聞吳楚，從學者甚眾。天復二年二月十四日，淋浴焚得香，端拱而坐，至正午仙化，傳為屍解。今存《太平經鈔》十卷。

杜光庭

杜光庭，道教學者。字聖賓，號「東瀛子」。浙江人。少習儒學，博通經。唐咸通年間應九經試，不中，感慨古今浮沉，於是入天台山學道。

唐僖宗聞其名聲，召入宮廷，賜以紫袍，充麟德殿文章應制，為內供奉。中和元年，隨唐僖宗入蜀，見唐祚衰微，便留蜀不返。王衍建立前蜀，任為光祿大夫尚書戶部侍郎上柱國蔡國公，賜號「廣成先生」。王衍繼位後，親在苑中受道籙，以杜光庭為傳真天師、崇真館大學士。晚年在青城山白稱溪潛心修道，相傳八十五歲時逝世。

杜光庭對道教教義、齋醮科範、修道方術等多方面作了研究和整理，對後世道教影響很大。他對《老子道德經》的研究頗有成就，將以前註解詮釋《道德經》的六十餘家進行比較考察，概括意旨，分為「五道」、「五宗」對重玄之道尤其推重。

杜光庭推崇唐玄宗的《御注道德經》，發揮其玄旨，撰成《道德真經廣聖義》五十卷，「內則修身」、「外以理國」，囊括無遺。又主張「仙道非一」，有利於道教的傳播和發展。其著作還有《廣成集》、《太上老君說常清靜經注》、《道門科範大全集》、《墉城集仙錄》等二十餘種。

陳樸

陳樸，唐末五代人。字沖用。弱冠時德行文妙，才質奇偉。唐僖宗時避黃巢之亂，入蜀，隱居青城大面山，受道於鍾離權，有內丹道術。

其丹法系統完整，借用天人合一、天人相應的觀念，依日月運行，陰陽消息、節候時辰，返還生命的最佳存在狀態。

其丹法以中醫臟腑經絡學說為基礎，注重任脈一路的運煉，提出內丹是由人身內心腎精氣交媾而成，人體內部的生命運動是產生內丹的根源。

認為內丹的修煉是一個漸進過程。體內精氣神經過一定的量變，就會產生質的變化。超乎常人，就成仙，仙人也是凡人修煉而成的。著有《陳先生內丹訣》行世，書中幾乎不引用外丹術語，托意「望江南」詞，輔以口訣，九轉成道，通俗易懂。

彭曉

彭曉，五代道士，字秀川，自號真一子。永康人。曾在後蜀任過朝散郎、守尚書祠部員外郎的官職，受賜紫金魚袋。平昔好道，善修煉養生之術。

彭曉倡導性、命雙修，在修煉養生、闡發內丹思想方面有引人注目之處。他認為人可以修煉成仙，年壽無限，提出了建立在陰陽理論基礎上的「仙道」、「鬼道」、學說。

彭曉認為生成萬物的乾坤之氣，有陰有陽，有清有濁。清陽者主生，積之者成神仙；濁陰者主死，積之者成散鬼。而人透過修煉還丹，以天地無涯之元氣，續個人有限之形軀，使自身成為純陽真精之形，就可以與天地同壽，長生不死，即身成仙。

彭曉的修煉成仙思想，順應了唐末五代道教方術由外丹轉向內丹的歷史趨勢，而又繼續堅持被世人懷疑和詰難的長生不死、即身成仙說，有其自身的特點。特別是發揮《參同契》原理解說內丹修煉思想，對後世道教有一定影響。

今存其煉丹著作有《周易參同契分章通真義》、《鼎器歌》，均收入《正統道藏》。另撰《還丹內象金鑰匙火龍水虎論》，皆為研究彭曉內丹修煉思想之重要資料。

譚峭

譚峭，道教學者，字景升，泉州人。自少不慕仕途榮華，雅好黃老道術與諸子之學，喜讀《穆天子傳》、《茅君列仙內傳》等方外之書。後辭家遍遊天下名山，不再回鄉。

曾在嵩山拜道士為師，煉辟穀、服氣養生術，歷時十餘年。撰有《化書》六卷，分為道、術、德、仁、食、儉六化，共一百一十篇。

譚峭的思想源出於老子、莊子，認為世界起源於虛，「虛化神，神化氣，氣化形」，產生天地萬物，最後又復歸於虛。萬物的生滅無非是虛、實的轉化。主張無生死，黜是非，齊昏明，忘禍福。泯滅一切事物的差別，達到「虛、實相通」的大同境界。

譚峭同情勞苦大眾，主張「均食」而致「太平」，幻想無親疏、無愛惡的「太和」社會。認為「食為五常之本，五常為食之末」。

相傳譚峭的《化書》寫成後，曾請南唐大臣宋齊丘作序。宋齊丘竟竊為自己的作品，改書名為《齊丘子》。後人知其原委，改復原名，稱《譚子化書》，今存《正統道藏》之中。明代道士王一清曾為該書作注，撰有《化書新聲》。

葉靜能

葉靜能，撰注《真龍虎九仙經》。《通志藝文略》著錄：「《天真皇人九仙經》一卷，唐葉靜能撰，羅公遠、一行注。」即是此經。

蘇元朗

蘇元朗，隋唐道士。自號青霞子。據《羅浮山志》記載，他曾經隱居在句曲山學道，得司命真祕，修道成仙，又曾修道於羅浮山青霞谷，撰作《太清石壁記》等。後著《旨道篇》，闡明內丹修煉之法。又鑑於《古文龍虎經》、《周易參同契》、《金碧潛通訣》「文繁義隱」，於是撰寫為《龍虎金液

還丹通元論》，「歸神丹於心煉」，用外丹名詞解說內丹，提倡「性命雙修」，以此為內丹修煉的核心。蘇元朗的內丹修煉學說對後世道教有較大影響。

劉海蟾

劉海蟾，五代道士，名操，字昭遠，又字宗成，燕山人。在遼應舉，考中進士，事燕主劉守光，官至丞相。平時好談性、命之理，崇尚黃老道術。

相傳，劉海蟾一日遇一道人拜謁，自稱正陽子，向劉操索要銅錢和雞蛋各十枚，在桌上間隔高疊。劉海蟾不禁驚呼「危險！」

道人微笑說道：「相公地位比這更危險！」

於是劉海蟾豁然醒悟，散家財，辭官職，離妻別子，出家稱遊，號為「海蟾子」，專心修行。他常來往於華山和終南山之間，後得道仙去。道教全真道尊為北五祖之一。元世祖封為「明悟弘道真君」。後世民間流行有劉海戲金蟾的傳說，多用作吉慶的象徵。

陳靖姑

陳靖姑，五代道姑，後人尊稱臨水夫人陳太后。唐天佑二年，正月十五生於福建福州。《閩都別記》記載：「夫人臨盆時，景稱覆室，紫氣盈庭，閭裡稱奇，引為吉兆。幼聰穎明慧，賢淑端莊。年十三，蒙許遜真君錄入門下，授以道法。三年學成歸里，奉親命適古田縣劉杞公為妻。」

夫人本好生濟世，常以閭山正法攝伏魔精。救人厄難。開閩建國二年夏，閩垣大旱禾枯樹萎，民不聊生。夫人順應民情，以懷孕之身奮然脫胎，臨壇施法祈雨，事後歸天，年方二十四歲。

時人以其肉身於古田立廟祀之。夫人羽化後，英靈復赴閭山，求師補授救產保胎之術，誓願以救產扶嬰，治病驅邪，濟世度人。

因其累顯靈異於世，遂為閩台各地廟祀日隆。歷宋、元、明、清諸代均有封贈，初號「臨水夫人」，後加封「臨水崇福夫人」，王紹榮封為順天聖母順懿元君，道教稱惠枕慈量天尊。閩人咸以臨水陳太后稱之。

五、宋元宗師

宋元是道教歷史上最精彩紛呈的一段歷史。

這一階段湧現出了無數名載史冊的宗師，有宋初名道陳摶、南宗五祖之首的張伯端、南宗五祖之一的白玉蟾、全真教創始人王重陽、太一道創始人蕭抱珍、真大道創始人劉德仁、著名的全真七子等。

陳摶

陳摶，北宋初著名道士，字圖南，號「扶搖子」。據《宋史》記載，為亳州真源縣境內人，早年熟讀《詩》、《書》、《易》、《禮》等儒學經典，博通百家之言，有濟世從政的大志。

後唐長興年間，陳摶應考進士，不中，於是放棄仕途，遊歷名山，求仙訪道，長期隱居在武當山九室岩，服氣辟穀二十餘年。後來移居華山稱台觀和少華山石室，與隱士李琪、呂洞賓等為友。

後周世宗命為諫議大夫，固辭不受，賜號「白稱先生」。相傳他常煉功長睡，百餘日不起，世稱「隱於睡者」。北宋太平興國年間，至京師建議宋太宗「遠招賢士，近去佞臣，輕賦萬民，重賞三軍」，甚得太宗宏信，賜號「希夷先生」。

陳摶好研《周易》，常手不釋卷。曾作《無極圖》，刻於華山石壁。又作有《先天圖》。其思想對宋代理學有較大影響，據傳理學開山大師周敦頤的《太極圖說》就是由陳摶的《無極圖》衍化而來。

陳摶善長書法，潑墨濃厚。其書多於行書，雄渾有力。據傳「開張天岸馬，奇異人中龍」石刻楹聯即為其所書。陳摶著作頗多，但大部分已經佚失。《正統道藏》中收有《陰真君還丹歌注》，題名為陳摶所作。

張伯端

張伯端，北宋道士。道教內丹派南宗開山祖師。字平叔，後改名用成，號「紫陽山人」，故後世又稱為張紫陽。天台人。

自少好學，廣涉儒、道、佛三教經書，以至刑法、書數、醫藥、卜筮、戰陣、天文、地理、吉凶死生等方術，無不留心詳究，曾為府吏數十年。

後來忽悟「一家溫暖千家怨，半世功名百世愆」，看破功名利祿，心向蓬萊仙路，便縱火把案上文書全部燒燬。因以「火燒文書」罪，被髮配嶺南。

所著《悟真篇》一書，宣揚道教內丹修煉理論，「先以神仙命脈誘其修煉，次以諸佛妙用廣其神通，終以真如覺性遺其幻妄，而歸一究竟空寂之本源」。

將儒家的「窮理盡性」，佛教的「頓悟圓通」引入道教的內丹煉養，認為「教雖分三，道乃歸一」，主張融合三教，以明大丹玄旨。他指責「後世黃緇之流，各自專門，互相非是，致使三家宗要，迷沒邪歧，不能混一而同歸」，頗有識見。

張伯端主張「性命雙修」，先修命，後修性，與北宗王重陽主張的「先性後命」不同。該書後世註解者甚多，是繼魏伯陽《周易參同契》以後的重要煉丹著作。

張伯端的思想對後世道教影響很大，被奉為南宗五祖之首，《道藏》中還收有《玉清金笥青華祕文金寶內煉丹訣》和《金丹四百字》，題名為張伯端所撰。

張無夢

張無夢，北宋著名道士，字靈隱，號「鴻濛子」，鳳翔人。性好清虛，好研《老子》、《周易》。曾入華山與劉海蟾、種放結為方外之友，師事陳摶，多得其微旨。

後在瓊台觀結廬，修煉赤松導引、安期還丹等養生法術。又相繼在天台山和終南山等地隱居，高年無疾而逝。

張無夢「博通古今百家之學，至於圖經小史，記之歷歷無遺」。有《瓊台詩集》行於世。其內丹思想和功法體現於《還元篇》中，《道樞．鴻濛篇》摘其要者十二首。

朱自英

朱自英，宋代道士，字隱芝。句曲朱陽裡人。幼年即習道，師從玉晨觀道士朱文吉。

十一歲時，得度為道士，與張紹英同隱居於積金峰，服氣咽煉，乃至辟穀不食。後渡江稱遊，訪師

問道。嘗拜混元皇帝於亳州，禮正一天師於青城山，逢陳鐵腳授之以「金鼎九轉，飛精劍法。」又思三茅《道藏》闕偽不全，故載遊瀨鄉，校讎太清古本。及返還故山，得「九老仙都君印」，濟人利物，孜孜不倦。宋真宗景德元年，嗣掌教門，為茅山上清派第二十三代宗師。

朱自英曾為真宗祈嗣，得生仁宗，由此頗得二帝尊寵。宋仁宗天聖初，奉詔至京師，館於昭應宮，親授上清經戒法籙予仁宗之母明肅皇后劉氏，且撰《章獻明肅皇后受上清畢法籙記》，詳述此事，得賜號「觀妙先生」。後累表求歸，詔送還山，自此稱疾不起。

陳景元

陳景元，北宋道士，字太初，號「碧虛子」，建昌南城，今江西人。早年勤學，有方外志。後來遊歷天台山，遇鴻蒙先生張無夢，從其修道，得解《老子》、《莊子》深義。曾長期隱逸江淮之間，以書、琴自娛。

宋神宗時，由禮部侍郎王琪推薦，入京城講《道德經》和《南華經》。神宗聞其名，召對天章閣，賜號「真靖」。

陳景元繼承唐代道教的義理之學，以老莊哲理為本，揉合宋代流行的煉丹思想和實踐，建立了一套以自然常道、煉形長生、無為治國為主要內容的道教學說。

陳景元的著作很多，主要有《西升經集注》六卷、《道德真經藏室撰微篇》十卷、《南華真經章句音義》十四卷、《元始無量度人上品妙經集注》四卷、《沖虛至德真經釋文》等，均收存於《正統道藏》之中。

劉混康

劉混康，宋代道士，上清派第二十五代宗師。字志通，晉陵人。傳言其母因夢羽士入室而生混康，十三歲即入泰和觀學道。宋仁宗嘉祐五年，經考試錄為道士。

聞三茅道士毛奉柔有道，於是前往茅山拜其為師，得授「大洞經籙」等上清經法。劉混康精志為行，修之成道。頗有智識，凡施符祈禱，役使鬼神，治疾禳災，無不靈驗。

宋哲宗元祐占元年，太后孟氏誤吞針入喉，「醫莫能出」，混康以高道之名被召入宮，化符進奏，太后服即嘔吐，「針炙符上」，宮中皆稱神奇。

哲宗因之接見，賜號洞元通妙先生，住持上清儲祥宮。紹聖四年，敕其所居潛神庵為元符觀。劉混康執掌茅山、龍虎山、閣皂山符籙，「三山鼎峙，輔化皇圖」。

宋徽宗即位，初無子，混康教以「廣嗣之法」，始生子。故徽宗對劉混康甚為寵信。賜以九老仙都君王印、劍及田產財物，賜號葆真觀妙沖和先生，先後予之敕書及贈詩七十餘次，並多次向其索取「靈丹」、「仙餌」、「傷風符」、「鎮心壓驚符」等，甚為時所重。

劉混康嘗薦無錫縣燦山朝陽觀等於朝廷，因得賜額。混康晚住茅山元符萬寧宮，及卒，賜太中大夫，謚靜一先生。

賈善翔

賈善翔，北宋道士。字鴻舉，號蓬丘子，蓬州，今四川蓬安人。生平善談笑，能彈一首好琴，嗜酒，嘗與蘇東坡交遊。據記載，曾於亳州太清宮，講解《太上洞玄靈寶度人經》。任道官左街都監同簽

書教門公事，賜號「崇德悟真大師」。

宋哲宗朝著《猶龍傳》、《南華真經直音》、《太上出家傳度儀》，均收入《正統道藏》。另著有《高道傳》、《宋書藝文志》《遂初堂書目》《道藏闕經目錄》。

張繼先

張繼先，道教第三十代天師。字嘉聞，一字遵正，號翛然子。其少而聰穎，九歲即承襲天師教法。宋徽宗時，先後四次奉召入朝廷以奏答策問，得賜號「虛靖先生」，秩視中散大夫，且授與「陽平治都功印」。

進而又封為「正一靜應顯佑真君」，詔有司就國之東下建院以居之，賜額說「崇道」。又與緡錢，大修龍虎山上清官。恩賚之厚，尚及追其祖與父，官爵其兄。然張繼先志在沖淡清虛，遂固辭以歸。嘗於上清宮作靜安閣，後為心齋坐忘之所。

張繼先也曾修煉龍虎丹灶，「瑞彩祥光照耀山谷」，留下降祥堂、濯鼎池等遺蹟。宋欽宗靖康二年，應詔赴闕，至泗州而卒，享年三十六。元武宗封其為「虛靖玄通弘悟真君」。

張繼先精於神霄，雷法與內丹學，著有《明真破妄章頌》，也稱《大道歌》，為七言四句韻文，內容強調馭神住氣為修道之要。

編其書文、詩詞歌頌等兩百餘篇而成《三十代天師虛靖真君語錄》，多論述修道理論和修道方法。其中，《心說》稱心與神、道異名而同義，人若能止靜心，守一虛無，即可離塵絕俗；而一念萌動，則墜輪迴之苦。並善書法，政和二年曾書「宣和御製化道文碑」。

陳楠

陳楠，宋代道士。道教內丹派南宗五祖之一，字南木，號翠虛。惠州博羅縣白水岩人。平時以盤櫳箍桶為生。悟性超人。

相傳陳楠在黎姥山遇神人得景霄大雷琅書，南宗從陳楠開始，就兼傳雷法。後來從師薛道光，受太乙刀圭金丹法訣，修習清修丹道，常以土摻符水，捏成小丸，治病救人，無不靈驗，人稱「陳泥丸」。

平時衣衫襤褸，塵垢滿身，終日爛醉，莫測所思。後來定居長沙，隨口吟詩，皆成文理，但世人多不解其義，後來把他的丹法傳授給瓊山白玉蟾。著有《翠虛篇》，繼承南宗傳統，反對房中御女術，主張獨身清修。

薩守堅

薩守堅，北宋時西河，今山西汾陽縣人，自稱汾陽薩客，少有濟世利人之心。嘗學醫誤用藥殺人，於是棄醫學道。曾師從於第三十代天師虛靜先生、林靈素及王侍宸。虛靜先生傳其咒棗祕術，王侍宸傳其雷法，林靈素傳其寶扇一把。

薩守堅學成祕法後，用咒棗術濟貧拔苦，用雷法鋤奸除害，用寶扇為民報冤。於是道法大顯，聞名遐邇。後被玉帝封為「都天宗主大真人」。在道教中其與張道陵、葛玄、許遜共為四大天師。

林靈素

林靈素為北宋末著名道士。初名靈噩，稱作靈蘁，字歲昌，溫州永嘉人。家世寒微，少依佛門為童子。

據《歷世真仙體道通鑑林靈素傳》記載，少時曾為蘇東坡書僮，蘇東坡問其志，笑而答說：「生封侯，死立廟，未為貴也。封侯虛名，廟食不離下鬼。願作神仙，予之志也。」改從道教後，志慕遠遊，至蜀，自稱趙升之道人數年，後得其書，由此能行五雷法。

林靈素的著述情況，除《釋經詆誣道教議》外，還有《歸正議》九卷，李霖《道德真經取善集》引及他曾注《老子》。

王文卿

王文卿，宋代道士。名俊，字述道，號沖和子，建昌南豐人。生而神異，長即聰穎，性慕清虛，不貪求名利。自出家為道，喜稱遊靈勝境地。

宋徽宗宣和初，將渡揚子江，遇異人汪君授以「飛章謁帝之法」及「嘯命風雷之書」，自此善齋醮雷法，凡役使鬼神，召雷祈雨，莫不靈驗。

宣和四年，經林靈素舉薦入朝，徽宗詔館於九陽總真宮。累賜至太素大夫、凝神殿校籍、兩府侍宸、沖虛通妙先生視太中大夫，特進徽猷閣待制，主管教門公事，且恩及父母妻弟。

王文卿精於神霄雷法，撰著《沖虛通妙侍宸王先生家話》。該書采問答形式，弟子袁庭植問，王文卿答，專論雷法諸問題。

其述召神役雷之法理，強調內修為要，認為靜坐默朝，久行之，則「神氣精自然凝。上可脫殼朝元，次可長生久視，又其次可以興稱致雨，役雷鞭霆，濟人利物，何所往而不可也。」至於奏章、符訣等，在王文卿看來只不過是役雷術之末。

曾慥

曾慥為南宋初道教學者。字端伯，號至遊子，晉江人。金人陷京師後，曾隨其岳父翰林學士吳降金，充事務官。紹興九年，秦檜當權，起為戶部員外郎，紹興十一年擢大府正卿。不久，奉祠除祕閣修撰，提舉洪州玉隆觀，寓居銀峰。

曾慥晚年學養生，潛心至道，相信道教神仙之說。繼劉向《列仙傳》、葛洪《神仙傳》、沈汾《續仙傳》之後，編撰《集神仙傳》，簡稱《集仙傳》。

《直齋書錄解題》稱其書十二卷，原書已佚。今《說郛》記載，僅為簡記岑道願以下至侯道姑共一百三十七人。為研究和進行養生修道，曾慥從眾多道書中，選錄大量修道養生術資料，編成《道樞》四十二卷，共一百〇八篇。

此外，曾慥又從兩百五十二種筆記小說中，輯錄出「可以資治體、助名教，供談笑，廣見聞」的資料，編為《類說》五十卷。又撰《高齋漫錄》、《樂府雅詞》、《宋百家詩選》五十卷、《通鑑補遺》一百篇等。

寧全真

寧全真，南宋初東華派創始人。俗名立本，字道立，法名全真。河南開封府人。因幼養於裴氏家，長猶從裴姓。

靈寶派道士田虛真和王古因見靈寶閣皂宗教風不振，遂將道法傳予寧全真，希望他另立名目，肇開東華派，以開創靈寶新局面。後來寧全真不負所望，經過若干曲折，終於開創了東華派。

《正統道藏》收《上清靈寶大法》六十六卷，署「洞微高士、開光救苦真人寧全真授，上清三洞弟子靈寶領教嗣師王契真撰」；又收《靈寶領教濟度金書》三百二十卷，署「洞微高士、開光救苦真人寧全真授，靈寶通玄弘教水南先生林靈真編」，是東華派的兩部重要經書，雖然經過後人的增撰，但基本體現了寧全真的思想。

白玉蟾

白玉蟾，南宋道士，道教內丹派南宗第五祖。原姓葛，名長庚，字如晦，又字白叟，號海瓊子，又號瓊山道人、海南翁、武夷散人，祖籍福建閩清，出生於瓊州。

白玉蟾自少聰穎，異於常人，十二歲舉童子科，諳通諸經，兼擅詩賦書畫。後來因任俠殺人，改裝為道士，逃亡至武夷。此後浪遊江湖，歷盡艱辛，其足跡遍及江東兩湖、西蜀閩廣。

嘉定五年，師事陳楠，得受金丹祕訣。陳楠死後，他常蓬頭跣足，野服敝衫，形狀瘋癲，往來於羅浮、武夷、龍虎、天台、金華諸山之間。白玉蟾致力於傳播丹道，廣收弟子，建立了稱為「靖」的教區組織，並得到官府認可，形成正式教團，成為道教內丹派南宗的實際創始者。

白玉蟾羽化後，詔封「紫清真人」，世稱「紫清先生」。白玉蟾的著作很多，生前有《玉隆集》、《上清集》、《武夷集》，死後由其弟子門人編有《海瓊問道集》、《海瓊白真人語錄》等，收存於《道藏》之中。

彭耜

彭耜，南宋末道士。字季益，號鶴林。長樂，福建人。

師事白玉蟾，得太乙刀圭火符之傳、九鼎金鉛砂汞之書、紫霄嘯命風霆之文，歸作《鶴林賦》，遂杜門絕交遊，不理家業。與妻潘蕊珠，晨夕薰修。

在居處立鶴林靖，日以孔老娛其心，以符治病。沈酣道法，呼嘯風雷，人所敬慕。後屍解於福州城東鳳丘山有鶴林院遺址。曾採摭宋代諸家注編為《道德真經集注》十八卷，今存。

謝守灝

謝守灝，南宋道士。永嘉瑞安人，字懷英。年少聰慧明敏，博聞強識，善辭辯，十四歲即能聯詞屬文。

勵精儒業，博覽群書，漸有出塵之想。終脫儒冠而入道門，稱遊方外三十年，多歷名山，自言遇道士沈若水，授之以《許真君石函祕文》。入天台山，師從皇甫坦十餘年，多次隨皇甫坦入京師渴見宋孝宗，對答朝政，備方伎顧問。

宋光宗紹熙元年，朝廷賜號「光復大師」，充行在壽寧觀管轄高士；宋光宗紹熙四年，任玉隆萬壽宮主持。宋寧宗嘉泰元年，復任焚修管轄宮事。謝守灝歷宋孝宗、宋光宗、宋寧宗三朝，頗得皇室「眷遇優渥」。

而其平生交友，俱當代大賢，論道議學，縱言時政，皆超群拔俗，「人莫能及」。晚年復歸永嘉郡瑞安縣，於紫華峰建九星宮居住而終。

謝守灝業精於道學，披覽經籍，必洞達玄旨，尤擅金丹理論，而會通儒、釋、道，論說每「勾引三教」，嘗註解《老子》，又撰《太上老君混元聖紀》九卷。該書卷首為《老君年體》，以編年體簡記開闢以來，至宋宣和間老君事跡本末，以及歷代帝王崇奉老君之事。詳記老君於歷代垂世立教，應顯變化之靈異。全書旁徵博引，史料豐富，為最詳備之老君傳記。

守灝另編有《太上老君年體要略》、《太上混元老子史略》，內容與《太上老君混元聖紀》卷首之《老君年體》略同；其中《太上混元老子史略》卷中、卷下，尚敘及老君自三皇以至周時隨方設教，歷劫為師，西度玉門關及陽關，傳經授道，化胡西域之事跡。

夏元鼎

夏元鼎，宋代道士。字宗禹，號稱峰散人，又號西城真人。永嘉人。嘗入仕為宦，奔走燕齊間，年屆五十歲，方棄官學道。

精於《崔公入藥鏡》、《黃帝陰符經》及《悟真篇》三書，著《紫陽真人悟真篇講義》、《黃帝陰符經講義》及《崔公入藥鏡箋》等，章剖句析，皆有灼見。南宋學者真德秀與其交往相善，並為之撰序，稱元鼎所著「讀之使人煥然無疑」。其所述丹法強調自身修煉，屬南宗清修派。

《悟真篇講義》取《悟真篇》詩八十一首，西江月詞十二首，依據張紫陽「三教合一」之旨，徵引《道德經》、《陰符經》、《參同契》、《入藥鏡》、《龍虎上經》、《鐘呂傳道集》、《西山會真記》、《指玄篇》等與煉丹密切相關之道書，逐一詮釋，以闡發修煉內丹之要。

《陰符經講義》則據四百餘文字本經文，逐句逐段釋義，以闡內丹修煉之旨。其中卷四為《圖說》，內記載日月聖功圖、奇器萬象圖、三教歸一圖、五行生成圖等。每圖後有圖說，以解圖像之意，皆本於南宗，多論天地陰陽五行化生及金丹之道。

蔣宗瑛

蔣宗瑛，宋代道士，茅山上清派第三十八代宗師。字大玉，號沖妙先生。毗陵人。

幼習儒業，期於科舉入仕；而長則稱遊四方，寄情山水之勝。嘗居吳越金庭山兩年，於石壁間得《登真隱訣》，遂挾書至茅山，從湯志道修行。其善符籙法，凡祈禱輒應。

宋理宗時，奉召入朝廷，行法禱晴，頗稱旨，因得賜錢十萬緡修繕宮觀。元軍南下，宋室傾危，蔣宗瑛乃託疾出遊，至廬山，過天目山，而往來永嘉形勝之間。

元世祖至元十八年，詔令入京師大都，未幾而卒。蔣宗瑛於上清經法戒研探尤深，曾注《大洞玉經》十六卷傳行於世，又校勘《上清大洞真經》。嘗傳大洞經法於杜道堅。

陳顯微

陳顯微，宋代道士。字宗道，號抱一子，淮陽人。居臨安佑聖觀，好內丹之術。

宋寧宗嘉定癸未年，遇至人於淮之都梁，盡得金丹真旨，宋理宗寶慶初，又得《周易參同契》，讀之迎刃而解。隨即便盡謝賓朋門人，閉門入室修煉年餘，於是「以其親履實詣者筆諸訓解」，因而撰成《周易參同契》。

陳顯微以內丹解《周易參同契》，多引陳摶、劉海蟾、張伯端等人著作。其解述金丹之道。象乾坤以為體，法日月以為用，以乾坤為人身之天地，坎離為人身之日月，乾坤升降為候，坎離配合為機。又注《文始真經言外旨》，注中融通儒釋道三教思想，而以道家為宗，多引《老子》、《陰符經》、《參同契》及張伯端語，偶引《楞嚴經》，大段轉述老子思想及內丹理論。此外，陳顯微尚有《玄聖篇》、《顯微巵言》、《抱一子書》等，且校正《神仙養生祕術》。

李簡易

李簡易，號玉溪子，南寧袁州人。幼習儒業，不遂志，於道佛經典，星算醫卜，靡不究心。尤愛金丹訣，遂參訪江湖，曾兩遇純陽真人，後又遇劉海蟾藍養素授。著《玉溪子丹經指要》三卷。

金允中

金允中，南宋人。撰著《上清靈寶大法》四十五卷，澄清源流，駁斥南宋各道派教義及科儀的僭偽，對研究道教齋醮發展史具有參考價值。

蕭抱珍

蕭抱珍，金代道士，太一道創始者，又名元升，衛州，今河南汲縣人。原從真人處受祕籙，演化為「太一三元法籙」用來度世濟人，信奉者甚眾。遂在衛州建庵立教，稱為「太一教」。

太一教以《道德經》義為教旨，主行「弱道之用」。又常用符籙為人治病。金天眷年間，其教盛行於河北。

金熙宗皇統八年，蕭抱珍入宮廷問道，頗受禮遇，將所居道庵賜名為「太一萬壽觀」。死後，元世祖賜號為「太一一悟傳教真人」。金人王若虛原撰有《一悟真人傳》。

劉德仁

劉德仁，金代道士，真大教創始者，號無憂子，滄州樂陵人。

相傳他在二十一歲時，遇一老叟授以「玄妙道訣」，於是敷陳《老子道德經》要義，吸取部分儒、佛思想，設立戒條九則以勸世人，並以召神劾鬼之術為人治病，信從者日眾，自稱為「大道教」。

大道教旨以「見素抱樸，少思寡慾，虛心實腹，守氣養神」為主，不善煉丹飛昇之事，主張「苦節危行」，在河北行教數十年。

金大定初，世宗詔居京城天長觀，賜號為「東嶽真人」，元代加封為「無憂普濟開微洞明真君」。其教五傳至酈希誠，改名為「真大道教」，元末以後逐漸衰落。

王重陽

王重陽，金代道士。道教全真道的創始人。原名中孚，字允卿，後改名世雄，字德威。入道後，改名嚞，字知明，號重陽子，祖籍陝西咸陽。

金熙宗天眷初年又應武舉，考中甲科，慨然有經略天下之志。後來長期任征酒小吏，遂憤然辭職，隱棲山林。金正隆四年，棄家外遊，在甘河鎮遇異人，授以修煉真訣，於是悟道出家。

王重陽在南時村築墓，住在墓穴中兩年多，自稱為「活死人墓」。金大定七年，離開陝西，前往山東傳道度人。先後收馬丹陽、譚處端、劉處玄、丘處機、王處一、郝大通、孫不二為徒，在文登、寧海、福山、登州、萊州建立三教七寶會、金蓮會、三光會、玉華會等。

因王重陽在山東寧海自題其庵名為「全真堂」，故入道者都稱為全真道士。金大定九年攜其弟子西歸，次年一月在大梁羽化，歸葬於終南劉蔣村故居，後全真道尊奉該地為祖庭。

元世祖至元六年封為「重陽全真開化真君」，元武宗至大三年加封為「重陽全真開化輔極帝君」，全真道奉為「北五祖」之一。

王重陽揉合道、儒、釋的思想，主張三教平等合一，以《道德經》、《般若心經》、《孝經》作為全真道徒必修的經典。他認為修心去欲為修道之本，主張先修性後修命，如此身雖在凡塵而心已入聖境。

王重陽的著作有《重陽全真集》、《重陽教化集》、《重陽立教十五論》等，今均存於《正統道藏》之中。

丘處機

丘處機，金代元初道士，道教全真道「北七真」之一，或作邱處機，字通密，號長春子，登州棲霞人。

丘處機十九歲出家，次年拜王重陽為師，追隨左右，甚契玄機。王重陽羽化後，他在陝西石爵溪洞穴中住了六年，苦心修道。後來又隱居在龍門山勵志精修七年。

元太祖聞其名，自乃鑾派使者召請，丘處機毅然率弟子十八人從萊州出發，跋涉萬里，歷盡艱難，兩年後抵達西域大雪山。

太祖深契其言，禮遇甚隆，尊為神仙。丘處機返歸燕京後，太祖賜以虎符、璽書，命他掌管天下道教，並下詔免除道院、道士一切賦稅差役。

丘處機於是廣發度牒，建立平等、長春、靈寶等教會，大量建立宮觀，設壇作醮，一時教門四辟，道侶稱集，全真道獲得很大發展。

元太祖二十二年，丘處機羽化於寶玄堂，殯於白雲觀處順堂。元世祖至元六年，詔贈「長春演道主教真人」。元武宗至大三年加封為「長春全德神化明應真君」。後世稱「長春真人」，傳龍門派，為全真道傳承的主要教派。

丘處機基本繼承王重陽的思想，主張清心寡慾為修道之本。撰有《大丹直指》，系統闡述其內丹修煉的理論和方法。另外還著有《磻溪集》，收存於《正統道藏》。《攝生消息論》收入《道藏精華錄》。

馬丹陽

馬丹陽，金代道士，全真道「北七真」之一。原名從義，字宜甫，後更名為鈺，字玄寶，號丹陽子，山東寧海人，家世為地方大族。

金大定七年，王重陽到寧海傳布全真道，他拋棄千金家產，皈依其道。自此勵行苦節，潛心修煉。王重陽臨死以前，將全真祕訣傳與丹陽，托為全真傳道事業的直接繼承人。

後來歷盡艱辛，矢志宏道，後人讚評他為「啟迪全真，發揮玄教者也」。傳有全真道遇仙派。

元世祖至元六年，贈封「丹陽抱一無為真人」。著有《洞玄金玉集》、《神光燦》、《漸悟集》等，均收入《正統道藏》太平部。另《道藏》太玄部收有《丹陽真人語錄》，題為馬鈺述，金人王頤中集。

譚處端

譚處端，金代道士，全真教「北七真」之一。原名玉，字伯玉，後改名為處端，字通正，號長真子，寧海人。

譚處端涉獵經史，尤工草隸，為人慷慨重孝義。素患風痺，藥石不能治。金大定七年，王重陽來山東傳道，便投奔重陽，求其醫治，隔宿而愈。

自此誠心皈依全真道，追隨王重陽，朝夕參請，多得玄旨，摒絕思慮，泯滅人我，苦心修煉。王重陽逝世後，隱跡伊、洛之間。

大定二十五年卒於洛陽朝元宮，傳全真道南無派。元世祖至元六年，贈封「長真稱水蘊德真人」。有《水稱集》傳世，今存於《道藏》太平部。

郝大通

郝大通，金代道士，全真教「北七真」之一。名磷，字太古，號恬然子，又號廣寧子，自稱太古道人，法名大通，寧海人，好讀黃老莊列方外之書，擅長卜卦占筮之術，尤精於《大易》。

金大定八年，受王重陽法啟發，皈依全真教。金大定十五年，乞食沃州，突有所悟，遂靜坐於沃州橋下，忘形煉功六年，從不言語，人稱「不語先生」。

相傳九轉功成後，杖履北遊，在真定間傳教度人。崇慶元年在寧海先天觀羽化，傳全真教華山派。元世祖至元六年，贈封為「廣寧通玄太古真人」。著有《太古集》四卷，收存於《正統道藏》。

王處一

王處一，金代道士，全真教「北七真」之一。號玉陽子，一說號全陽子，寧海人。金大定八年，王重陽收為弟子。長期隱居文登縣稱光洞，「九夏迎陽立，三冬抱雪眠」，煉形九年，終得大道之要。

金宣宗貞韋占五年，羽化於聖水玉虛觀。傳有全真教崳山派。元代至元六年，贈封「玉陽體玄廣度真人」。撰有《稱光集》四卷、《西嶽華山志》，均收入《正統道藏》中。

劉處玄

劉處玄，金代道士，全真教「北七真」之一。字通妙，號長生子，東萊人。自幼喪父，事母謹孝，不慕榮華，清靜自守。

金大定九年，王重陽攜馬丹陽等人到掖城傳道，收劉處玄為徒。從此跟隨王重陽，遊寓齊豫，乞食煉形，朝夕叩請，啟迪丹經。王重陽去世後，獨自隱遁於京洛，靜心煉性。

金大定二十八年，在昌陽主持齋醮，設壇禱雨，頗有應驗。承安三年，金章宗派使者接入宮庭，待如上賓。次年乞請還山，章宗賜銘「靈虛」，以光耀祖庭。泰和三年羽化，傳有全真道隨山派。

元至元六年，贈封「長生輔化明德真人」。著作為《黃帝陰符經注》一卷、《黃庭內景玉經注》一卷、《無為清淨長生真人至真語錄》、《仙樂集》五卷，均收入《正統道藏》之中。

孫不二

孫不二，金代女道士。法名不二，號清淨散人，或稱孫仙姑，寧海，今山東牟平人。馬丹陽之妻，金大定九年，王重陽度化出家，授修道祕訣。

孫不二獨處靜室，面壁煉心，七年功成。後遊歷伊、洛，傳道度人。大定二十二年，羽化於洛陽。傳有全真教清淨派，後被尊奉為「北七真」之一。

元至元六年，贈封為「清淨淵真順德真人」。《道藏精華錄》收存有《孫不二元君法語》、《孫不二元君傳述丹道祕書》。

尹志平

尹志平，元代道士，字大和，萊州人。先後師事馬丹陽、丘處機、郝大通，兼有數人之長，道業日進。曾隨丘處機跋涉萬里，赴西域大雪山謁見元太祖。

丘處機羽化後，尹志平接替主掌道教事，後傳衣缽於李志常。元世祖中統二年年，追贈「清和妙道廣化真人」。尹志平著有《葆光集》三卷，收入《道藏．太平部》，另《正乙部》收有《清和真人北遊語錄》四卷，題為尹志平述，元人段志堅輯。

李道純

李道純，宋末元初全真道士。字元素，號清庵，別號瑩蟾子。都梁人，本為白玉蟾弟子王金蟾的門人，為南宗嫡傳。

李道純是元代著名的道教理論家，既通《老子》、《周易》，又達禪機，其學以全真南宗為主，兼得北宗之意。李道純著述頗豐，有《道法會元》、《中和集》、《三天易髓》、《周易尚占》、《全真集玄祕要》、《太上大通經注》、《太上老君說常清靜經注》、《無上赤文洞真經注》，門人又輯其語錄為《清庵瑩蟾子語錄》。

李道純在內丹理論上，以「真常之道」作為其內丹理論的基礎，並且還以《老子》、《周易》思想來闡發內丹理論，其基本觀點是主張性命雙修。

在修煉程序上則主張先性後命，「先持戒定慧而虛其心，後煉精氣神而得其身」，最後達到「性命雙全，形神俱妙」。特別強調「守中」是修丹的核心，所稱玄關一竅就是一個「中」字。

李道純還主張儒、釋、道三教合一，說：「道之有物混成，儒之中和育物，釋之指心見性，此皆同工異曲，咸自太極中來。」。

王志謹

王志謹，金元間道士。號棲稱子。師從郝太古。金宣宗貞祐年間，志謹於盤山開門授徒，講道論玄，四方學者稱集。元朝時，賜號「惠慈利物至德真人」。門人論志煥編次其言為《盤山棲稱王真人語錄》九十餘條。王志謹論道，以《清靜經》為宗兼融禪宗心性本淨之說，頗具道禪混融色彩。

王志謹認為金丹乃是人的本來真性，修行者首先得明自己本分事，次要通教化，尤其要在境上煉心，對境無心，不染不著，順其自然。

又稱「人生於世，所為所作，無不報應。」借佛教輪迴報應說，屢屢告誡習道之人要常思己過，切忌驕矜，應韜光晦跡，安貧守樸，「苦已利他，暗積功行。」於初學者確有指點迷津之功。

宋德方

宋德方，元代道士。字廣道，號披稱。萊州掖城人。先後師事劉處玄、丘處機。曾隨從丘處機西遊，長途跋涉至大雪山謁見元太祖。返歸燕京後住長春宮，任職教門提點。

元太宗九年，遵從丘處機的遺志，廣搜各道地教經書，在山西平陽玄都觀與李志全，弟子秦志安等人刻道藏，歷時八年，刊成《玄都寶藏》七千八百餘卷，賜號「玄都至道真人」。至元七年，追贈「玄通弘教披稱真人」。著有《樂全前後二集》。

杜處逸

杜處逸，元代道士。字道堅。採石人。十四歲，得異書丹卷，遂出家為道士，師從葛蒙庵，居武康計籌山升玄觀。

元朝初年，入朝庭覲見元世祖，賜璽書，提點道教。元成宗大德七年，授杭州路道錄教門高士真人。仁宗皇慶間，又授隆道沖真崇正真人。杜處逸身老吳邦，訪尋文子遺蹤，建通玄觀，作覽古樓，聚書達萬卷。

趙孟頫曾撰《隆道沖真崇正真人杜公碑》文以記其事。杜處逸深研道學，闡釋玄旨，著述頗豐。《道藏》收有《通玄真經贊義》十二卷、《注道德玄經原旨》四卷、《玄經原旨發揮》兩卷。

杜處逸認為老子本柱下史，故援引《尚書》史事以說《老子》，稱穀虛善應者心，神靜故靈者性，太極乃物初渾注之太一，無極乃太極未形之太虛，其《注道德玄經原旨》即按此脈絡而成。《玄經原旨發揮》以邵雍《皇極經世書》疏《老子》，既述皇帝王霸、道德功力，敘老子降生、西遊史略及經注概況，其旨以道德為歸，不外理氣象數，尊皇道，尚帝德而已。

杜處逸論道探玄，多折衷儒道，以儒道與天地同功，將帝王史事證注玄經，以求經世之用，因之屢得元朝執政者推舉賜號。

張與材

張與材，道教第三十八代天師。字國梁，號廣微子，宗演之次子。天資仁厚，善詩文並工於寫竹畫，大字草書，畫龍尤妙。相傳其畫龍變化不測，了無粉本，求者鱗集。晚年因道教事務之故，很少動筆。

《漢天師世家》說他「書翰精奇」，至元三十一年嗣教，上遣使賜冠服玉珮，俾掌教事。元貞二年授「太素凝神廣道真人」，封其母為「玄真妙應仙姑」。

《元史》說道：「八年，授正一教主，主領三山符籙。武宗即位，來覲，特授金紫光祿大夫，封留國公，錫金印」。視秩為一品，加封母周氏為「玄真妙應淵德慈濟元君」。仁宗即位，特賜寶冠、組織文金之服，延祐三年卒。曾為道士杜道堅《玄經原旨發揮》作序。

林靈真

林靈真，為元代東華派主要傳人。俗名偉夫，字君昭，靈真為其法名。自號水南，人稱水南先生。世為溫州平陽人，出身官宦世家。

博通經緯史傳、諸子百家及方外之書，而於四輔、三奇、陰符、畢法之旨，尤加精究。累舉不第，乃棄儒為道，舍宅為觀，投禮提點戴熠為師，匾其宅說丹元觀。

嘗自稱：「予學道於虛一先生林公，東華先生薛公，於茲有年矣。幸造道域，參玄律，詎可韞所學而不濟於世。」「乃紹開東華之教，蔚為一代真師。以度生濟死為己任，建普度大會者不一。」

三十七代天師張與棣慕其學，表薦林靈真為溫州路玄學講師，繼升本路道錄。此後，林靈真閉門著述，撰成《濟度之書》十卷，《符章奧旨》兩卷。正一教主第三十八代天師張與材命雕板印行，以廣其傳；並授以靈寶通玄弘教法師、教門高士、住持溫州路天清觀事。

《正統道藏》所收署寧全真授、林靈真編之《靈寶領教濟度金書》三百二十卷，已非林靈真《濟度之書》十卷之舊，是明代道士據上書增補擴充而成。林靈真弟子甚眾，「在州裡不下百餘人」，正一龍虎宗的董處謙，玄教大宗師吳全節都曾投其門下，「可稱一時授受之盛。」

黃舜申

黃舜申，號雷淵，宋元間清微派道士。福建建寧人，十四歲隨父遊宦廣西，罹疾，遇廣西憲司、清微派九祖南畢道以雷法治癒，南見其為道器，盡付清微雷法之傳，從此行道於東南，清微道法至此大顯於世。

南宋理宗寶祐中，出仕為檢閱，行道於京師，皇兄趙孟端曾師事之，理宗召見，御書「雷困真人」賜之。元至元丙戌，世祖召赴闕，頗有賞賚，未幾乞還鄉里，隱於紫霞湖淪洲之上。元寶敕封「雷淵廣福普化真人。」

當時從學者甚眾，門下各得一法者三十人，盡得其傳者五人，以西山熊真息、武當張道貴為最著。清微雷法至黃舜申，「覃思著述，闡揚宗旨，而其書始大備。」今《道藏》中所存清微道書如《清微齋法》、《清微神烈祕法》等，蓋即出黃舜申之手。

劉玉

劉玉，元代道士，字頤真，號玉真子，建昌人。父母早亡，家貧力耕而食，視人世為塵土，篤志於神仙之道。

相傳劉玉曾遇洞真法師胡惠超，受傳淨明道法。後又遇水府仙伯郭璞，授以經山緯水之術，從此道法精進，遠近聞名，信從者日眾。

元成宗元貞二年，託言淨明教主許遜下降，得受真旨，「開闡大法，誘誨後果學，其法以忠孝為本，敬天崇道濟生度死為事」，對淨明道進行改革。

劉玉以忠孝倫理道德為主要教義。以修煉精、氣、神與符籙齋醮為次要方法，主行內心的自省從善。著作有《玉真先生語錄內、外集》等，今存於《正統道藏》中。

張留孫

張留孫，元代道士。字師漢，信州貴溪人。少入龍虎山為道士。至元十三年，隨從天師張宗演入朝，應對稱旨，於是留孫專掌祠事。

至元十五年，授「玄教宗師」，賜以銀印。常向世祖進言，以黃老清靜無為之道治國。元成宗大德中，加號為「玄教大宗師」，同知集賢院道教事。

元武宗即位，封為「大真人」。元仁宗延祐二年，進位開府儀同三司，加號「輔成贊化保運玄教大宗師」。英宗至治元年羽化。文宗天曆元年，追贈為「道祖神應真君」。

吳全節

吳全節，元代正一道著名道士。饒州安仁人，字成季，號閒閒。吳全節出身於儒門，十三歲時至龍虎山師從正一道張留孫，「得其祕法，祈禱輒應」。十六歲出家為道士。至元二十四年，吳全節至京師大都，隨張留孫謁見元世祖，「遂留不歸」。

自此後五十年間，吳全節歷元世祖、元成宗、元武宗、元仁宗、元英宗、元泰定帝、元天順帝、元文宗凡八朝。因其才氣橫溢，為人聰穎達悟，貞靜文雅，且善識為政大體，故受知於朝廷，成為重要心腹政治謀臣。

吳全節長於著詩，據吳澄《吳文正公集．吳特進詩序》載，全節舊有詩稿，不啻千篇，凡所至之處，腳無不吟詠。《書史會要》說他善草書，傳世作品有《白雲觀歌》等。

雅相友善，交遊文賢，蓋不盡記，如趙孟頫、黃公桷、閻復等著名人士皆為之友；至若周人窮急，「又未嘗以恩怨異其心」，時人以為頗有俠氣。

就道教之功而言，吳全節助師扶教，闡補道旨，彌縫其闕，建龍虎山崇文宮、仁靜觀、明成觀等，於江南天師道在元代的興起，使其位升三山之首，宮觀林立，遍布江南各地，甚至在北方傳播，有著突出貢獻。《江西通志》尚載全節所著有《仙壇記》。

黃元吉

黃元吉，元代道士，淨明忠孝道傳人。字希文，號「中黃先生」，故又稱黃中黃。豫章豐城人。出身名族，母吳氏。十二歲入洪州西山玉隆萬壽宮拜清逸堂朱尊師為師，朱逝世後又師事王月航，後又師從劉玉。

元英宗至治三年，宣教於京師，公卿大夫士多禮問之，莫不嘆異。泰定帝泰定元年，嗣漢第三十九代張天師朝京師，廷臣推薦，以為宜表異之，乃為書請元吉為法師、玉隆萬壽宮焚修提點。玄教大宗師留之於崇真宮。一年後，將以其名上奏聞，有璽書之賜。

黃元吉在世五十五年，為道士四十年，授淨明忠孝之教者人眾不可備列。編集淨明忠孝道教典《淨明忠孝全書》前五卷，《淨明宗教錄》也收其教說。繼承劉玉思想，而尤重懲忿窒慾，稱「只是懲忿窒慾，改過遷善，明理復性，配天地而為三極，無愧人道」，便是真人。門人有陳天和、徐慧等。

金志揚

金志揚，元代道士，號野庵，常蓬頭一髻，人呼金蓬頭，永嘉人。慕道出家，師道士李月溪。趙道一《歷世真仙體道通鑑續編》卷五《金蓬頭傳》稱月溪為全真道李志常之徒裔。李月溪對金志揚甚為器重，命其遊學燕、趙、齊、楚，求正於先德。

金志揚繼遊江西龍虎山，命其徒李全正、趙真純築天瑞庵於峰頂。四方聞其道，參禮者日眾。據傳能「召龍興雨」，以解旱。元統元年，去武夷山，隱於白玉蟾之止止庵。他以道法名當世，人稱「真仙」。

張雨

張雨，元末茅山道士。又名天雨，字伯雨，法名嗣真，號貞居，又號句曲外史。吳郡人。

張雨從小學習儒學，二十歲時離家出遊天台、括蒼等名山，到茅山禮茅山宗師許道杞弟子周大靜為師，受大洞經籙。後又師事玄教高道王壽衍，居杭州開元宮。皇慶二年隨王壽衍入京，居崇真萬壽宮。

張雨素有精詩，能文，善書，工畫之名聲，尤以詩歌享譽元末文壇，其詩文格調清麗，語句新奇，是一個多才多藝的文學道士。

倪瓚《題張貞居書卷》稱「貞居真人，詩文字畫。皆為本朝道品第一」。因此，他在京師期間所交往之人皆為當時文學知名人士。

其詩文清絕流麗，頗有晉唐人風格；其韜光山水間，默契神會，點染不凡，善畫石木，用筆古雅，善用敗筆點綴石木人物，頗有逸韻。

他的畫設色以淡彩見長，比前人更加靈活清新。他的寫意人物畫，也有神趣。畫跡有《霜柯秀石圖》、《雙峰含翠圖》等，其書師趙孟頫，間學懷素，自成風格，其字體俊爽清灑，具有道家淡漠典雅之逸氣。其書法作品有《台仙閣記卷》、《七言詩貼》、《唐人絕句軸》等十餘種。

張雨不希圖榮華仕進，於延祐初年返回杭州開元宮，至治二年回茅山主崇壽觀，在這期間還主鎮江崇禧觀。至元二年辭去宮事，每日與友人飲酒賦詩，至正八年辭世。著有《山世集》三卷、《碧岩玄會錄》三卷、《尋山志》十五卷，皆佚。現存著作有《玄品錄》五卷，《句曲外史集》八卷。

莫月鼎

莫月鼎，宋末元初道士，神霄雷法重要傳派人之一。字起炎，一說初名起炎，後更名洞元，號月鼎，浙西霅川，今浙江吳興人。

莫月鼎生而聰慧，酷慕道法和神仙家之說。南宋理宗寶慶間，至青城山見無極徐真卿授以雷術。又與同郡沈震雷同師事鄒鐵壁，得王文卿九天雷晶隱書，名重當時。再見潯陽楊真卿，精於持練，動與神合。

元世祖至元間，因崔或薦於朝，召見於京師內殿。祈禱有異驗，命典道教事，力辭。一時名動京師，奔走先後者如稱如堵，有不遠數千里及門而求道者。

至元三十年冬，預告將逝，至期書偈稱：「六十九年，明月幾番，陰晴圓缺。今朝無缺無圓，三界光明透徹。」端坐仙逝。

莫月鼎對道法有創新，授門人符各不同。其道法與沈震雷二派流衍，盛於西江，昌於東吳。門人甚眾，唯王繼華、潘無涯得其真傳。

陳致虛

陳致虛，元代著名內丹家，字觀吾，號上陽子，江右廬陵人。好道，通群籍。天歷二年，遇趙友欽於湖南衡陽，受其所傳金丹之道。其後，又遇青城老仙，傳以「先天一氣坎月離日金丹之旨」。於是精研道要，勤於著述，成為元代著名的內丹理論家。

陳致虛將儒釋道三教，歸宗於老子，稱三教皆以老子之道為法。他的內丹理論，本於南宋的張伯端、白玉蟾，十分重視精、氣、神的作用。

陳致虛是南宗道士，但鑑於當時金丹北派的勢力遠盛於南宗，故而將自己師承之系統與全真道相連繫。元代中期以後，二宗合併的條件業已成熟，經過陳致虛的推動，二宗終於融合。

著有《金丹大要》十六卷、《金丹大要圖》一卷、《金丹大要仙派》一卷、《元始無量度人上品妙經註解》三卷、《參同契分章注》三卷、《悟真篇注》若干卷。後人將其後一著作與薛道光、陸墅注合為一書，稱《悟真篇三注》。

趙宜真

趙宜真，元末明初著名道士。號原陽子。江西安福人。少通經史，在赴省試途中因病折返，遂斷仁途之念，出家成為道士。

起初師事清微派傳人曾貴寬，復又師事吉州泰宇觀道士張天全，得立長春北派之傳，並拜元初江南全真道士，內丹名家金野庵弟子李玄一為師，修白玉蟾南宗之學，還使當時已經瀕於絕滅的淨明道再次復興，被奉為淨明道第四代嗣師。

元末天下大亂，攜弟子西遊吳蜀，又遊武當，謁龍虎山，得到第四十二代天師張正常的敬重，山中道士多禮為師。後至江西雩都紫陽觀定居，明代宗朱祁鈺於景泰六年追贈為「崇文廣道純德原陽趙真人」。

著有《靈寶歸空訣》、《原陽子法語》，刊有《仙傳外科集驗方》。今《正統道藏》中所存《道法會元》所收清微雷法，有趙宜真序，跋數篇。

六、明清宗師

明清時期是古代道教最後的餘輝，這一時期最出名者莫過於張三豐。

後世之中關於張三豐的傳說尤為眾多，而道家之中就有託名遇張三豐而創建內丹西派的李西月，也有奉命整編《正統道藏》的高道邵以正等。

張三豐

張三豐，元明道士，名通，又名全一，字君實，號玄子。由於他平時不修邊幅，人稱「張邋遢」。遼東懿州人，又傳為張天師後裔。

傳說張三豐體姿豐偉，大耳圓目，龜形鶴背，鬚髯如戟。一年四季，都只穿一件破衣，披一領蓑衣。一餐能食升米，或數月不食。

能預知吉凶禍福，人以為神。終生浪遊，行無定止。曾在寶雞金台觀死而復活，道徒稱他為「陽神出遊」。多次往來武當山中，結草廬居住，修煉丹道，並預言此山日後必定大興，囑其弟子「善守香火」。

明太祖洪武十七年撰《無根樹丹詞》，自題為「大元遺老張三豐自記於武當山天柱峰之草廬」。洪武二十四年，朱元璋派使者四方尋訪他，竟毫無蹤影。

明成祖永樂年間大修武當山，專門為張三豐修建「遇真宮」，並數次遣使訪覓，也未遇見。明英宗天順三年，封為「通微顯化真人」。

張三豐認為，自古道法流傳，分為正、邪二教。而儒、道、佛三教皆為正教，雖然創始人不同，但「修己利人，其趨一也」，因此「牟尼、孔、老皆名說道」。

張三豐主張修道者就是修「陰、陽、性、命」之道，他還認為，「玄學以功德為體，金丹為用，而後可以成仙」，這是張三豐內丹思想中的卓越之處。張三豐的著作很多，清人李西月編有《張三豐先生全集》，收入《道藏輯要》。

劉淵然

劉淵然，明初著名高道。號體元子，江西贛縣人。幼年在祥符宮出家為道士，師事胡、張二師得符法，後又禮趙原陽為師，得授金火返還大丹之訣，諸階符籙，淨明祕奧。

劉淵然不僅得全真、清微二派之傳，且被尊為淨明道第六代嗣師，以能呼召風雷。道法尊妙名揚四方。

明太祖朱元璋於洪武二十六年將他召入宮中，試以道術，赫然靈驗，賜號「高道」，令其在南京朝天宮西山道院居住。歷訪廬山、武當山。永樂年間，隨明成祖朱棣入北京，升左正一，賜「真人」號，奉敕建金籙大齋七晝夜。

洪熙元年，賜「沖虛至道玄妙無為光範演教長春真人」，給二品印，與龍虎山張真人同等，主營天下道教事。宣德初年，明宣宗晉其「大真人」號，賜法衣寶劍。

晚年告老離朝居南京朝天宮，薦其徒邵以正以代。及卒，宣宗命在內廷立碑，以資表彰。

劉淵然雖以道術見長，被視為正一道士，但實多師承，並對道教在稱南的發展有貢獻，曾命其徒闡道稱南，還奏立大理、稱南、金齒三府道紀司。

張宇初

張宇初，道教第四十三代天師。字子牆，別號耆山，幼時聰穎持重，長而學識淵博。洪武十三年授「正一嗣教道合無為闡祖光範大真人」，領道教事。

明成祖朱棣即位，入賀至闕，賜以緡錢修葺大上清宮。永樂四年，敕諭編修道書，命早完進來，以通類刊板。五年曾三次建齋籙於朝，帝有器物厚賜，並給驛劵還山。永樂八年羽化。張宇初認為文之正氣乃三光五嶽之靈，「發而為文，文所以載道也，文著而後道明」。

張宇初擅畫墨竹，精於蘭蕙，兼長山水。曾畫《秋林平遠圖》為國畫精品。張宇初著作遺世者有《峴泉集》十二卷、《道門十規》、《元始無量度人上品妙經通義》四卷，及詩文序論等文章，為方內方外之士所敬重。

邵以正

邵以正，號承康子，別號止止道人，稱南人，祖籍蘇州。為明初高道劉淵然弟子，劉淵然告老時向朝廷舉薦邵以正，召為道錄司左玄義。

英宗正統中，升遷為左正一，領京師道教事。代宗景泰年間賜號，「悟元養素凝神沖默闡微振法通妙真人」。英宗復辟，曾敕命其督校《正統道藏》。

天順三年，慶成晏之，令其列二品班末，逝後，敕葬京城五華山。《明史》稱邵以正「廉靜謙謹，禮度雍容，縉伸咸重之」。著有《長春劉真人語錄》。

邵元節

邵元節，明代著名道士，字仲康、號雪崖，江西貴溪人。居龍虎山上清宮，師事範文泰、李伯芳、黃太初。不應寧王朱宸濠之召，放浪形骸於江湖間。

嘉靖三年征之入京，召對便殿，頗得世宗賞識。使居顯靈宮，專司禱祀。嘉靖五年封「秉誠致一真人」，統轄朝天、顯靈、靈濟三宮，總領道教。

邵元節受世宗寵信十五年，位極人臣，但他謹小慎微，很少干預朝政，專心禱祀。隆慶初，削去其秩謚。著作有《太和文集》。

陶仲文

陶仲文，原名典真。湖北黃岡人，曾受符水於湖北羅田萬玉山，與邵元節為友。少時為縣掾，喜好神仙方術。

嘉靖中期由黃梅縣吏為遼東庫大使，秩滿至京師，寓邵元節邸舍。由邵元節推薦入朝，得到世宗信任。嘉靖十八年，世宗南巡，陶仲文隨之，授「神霄保國宣教高士」，隨即又封為「神霄保國弘烈宣教振法通真忠孝秉一真人」，領道教事。

嘉靖二十三年，大同捕獲牒者王三，認為是陶仲文祈禱之故，加授少師，仍兼少傅，少保，史評「一人兼領三孤，終明之世，唯仲文而已」。嘉靖二十五年，加封為「神霄紫府闡範保國弘烈宣教振法通真忠孝秉一真人」。

《明史》說「仲文得寵二十年，位極人臣，然小心慎密，不敢恣肆」。陶仲文主要錄神宵雷法之傳，他曾請逮雷壇於各鄉縣。

伍守陽

伍守陽，龍門派第八代宗師。字端陽，自號沖虛子，江西吉人。幼精性理，明佛三昧。及長，立志修道，不入仕籍，二十歲入廬山，事曹常化、李泥丸二師。授以大丹祕訣、《東老遺書》以及五雷法，乃致於烹煉大丹。

據稱，丹成而飛者五十七次。後經趙復陽點化，隱於王屋山。得遇王常月，授以三壇大戒，順治甲申羽化於武陵。著作有《天仙正理》、《仙佛合宗》。

王常月

王常月，明末清初道士。原名平，號昆陽子，山西長治人。曾在王屋山由全真教龍門派六祖趙復陽授以戒律。後又在九宮山受「天仙大戒」。清順治十三年，奉旨在白雲觀主講道法，前後受賜紫衣三次。並在江浙和湖北武當傳「三堂大戒」，分為「初真」、「中極」、「天仙」三等。康熙十九年，傳衣缽於弟子譚守試而卒。康熙四十五年，賜號「抱一高士」。著有《龍門心法》等。

婁近垣

婁近垣，清代道士。字三臣，號郎齋，又號上清外史，松江婁縣人。幼年出家學道，在龍虎山拜周大經為師。

雍正五年，婁近垣隨第五十五代天師張錫麟例覲入京。雍正八年，授龍虎山提點、欽安殿住持，雍正十一年封為「妙正真人」。乾隆時封為通議大夫。婁近垣著有《重修龍虎山志》十六卷、《南華經注》、《妙正真人語錄》等。

劉一明

劉一明，清代道士。號悟元子，別號素樸散人，山西曲沃。曾潛心修道，遇龕谷老人、仙留丈人傳授祕訣，方悟丹道奧祕。

劉一明長期居住甘肅蘭卅棲稱山，設壇傳教，著書立說，成為清朝乾嘉時期全真教龍門派的主要代表人物。

劉一明深研三教經典，尤好《易》理，兼通醫術。認為「《易》非卜筮煉度之書，實皆曩理盡性至命之學也」，主張「丹道即《易》道，聖道即仙道」，將儒家《易》理與道教丹法相結合。

劉一明著作甚多，有《易理闡真》、《孔易闡真》、《參同契經文直指》、《敲爻歌直解》、《陰符經注》、《道德經會要》、《悟道錄》、《修真九要》等二十多種。民國初年匯刻成集，稱《道書十二種》。

李西月

李西月，清朝四川樂山人。本名李平權，號涵虛，又號長乙山人。少時從學於李嘉秀九峰書院。及長，自稱遇張三豐，得授祕傳丹法。後又稱峨眉山遇呂洞賓，得鐘呂金丹真髓。修煉積年，遂創內丹道西派。

李西月著述甚豐，有《三豐祕旨》、《道竅談》、《無根樹註解》、《後天串述》、《太上十三經註解》、《海山奇遇》等，另重新編輯刊行《張三豐先生全集》行世，在清代道教影響頗大。

第四章　思想典籍

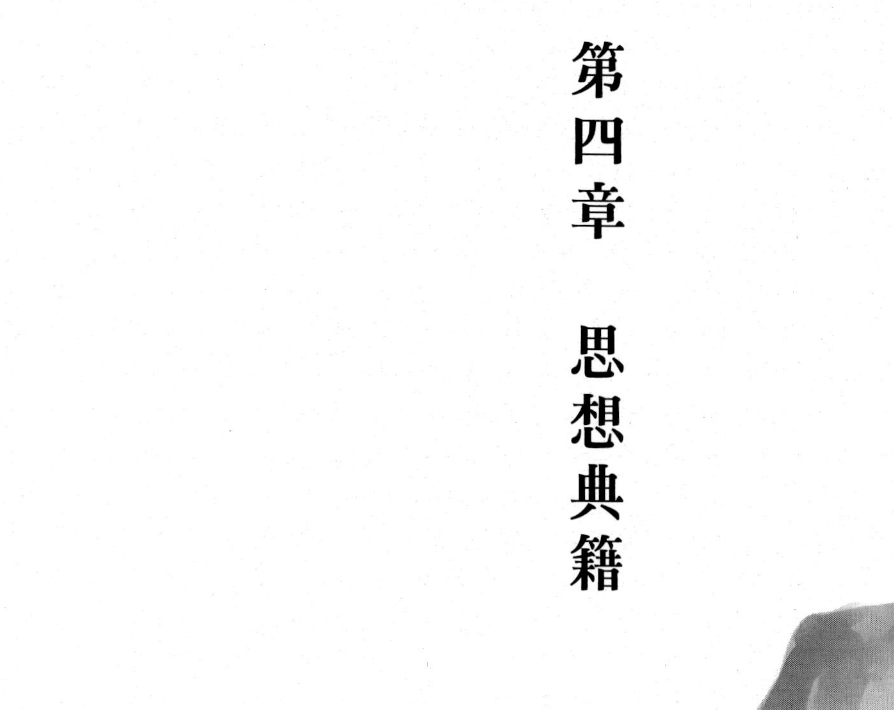

道教，作為一個成熟的宗派，有自己一套完整的思想理論體系，而將這些思想轉換成文字，也就成了道教尊奉的典籍。道教在立教之初僅有《道德經》，此後相繼將《莊子》、《文子》以及後出的《列子》、《亢倉子》奉為誦習的經典。

伴隨著宗派的發展，出於為本宗派尋找更高的思想典籍和更為悠久的傳承歷史需求，道教發展歷史上相繼出現了幾次製造偽書的高潮，湧現出了一大批的人造道教經典，如《老子化胡經》、《上清經》等。

此後，經過長期的宗教發展，一些道教宗師所撰寫或者託名撰寫的典籍也相繼納入誦讀，更伴隨著封建王朝大規模的編撰道教圖書，使得道教經典得以豐富和成熟，成為中國傳統文化的重要組成部分之一。

一、思想理論

道教思想是與儒教思想、佛教思想並存的中國傳統哲學思想的一個重要組成部分，他以道教五大經典為思想中心，強調天人感應，講究陰陽五行、相生相剋，對中國哲學產生了深遠的影響。

道教五大經典

道教以黃帝的《陰符經》、老子的《道德經》、莊子的《南華經》，金闕後聖君的《黃庭經》與關尹子的《文始經》為五大經。

而此五大經中，又以《道德經》為道家崇奉思想之中心，是必修之經典。

學術思想中心

道教的中心經典「五大經」，是道教學術思想的中心。

天人感應學說

道教強調「天人感應」，認為天道與人道、自然與人能夠相通。道教有關「天人感應」的理論，主要包括三方面內容。

一是從天地與人體相類這方面來解釋；二是從神仙與世人相通這方面來解釋；三是從人的言行受到天的監視這方面來解釋。

五行與相生相剋

道教以金、木、水、火、土為五行，五行之間相生相剋。相生是：金生水，水生木，木生火，火生土，土生金。相剋是：金克木，木克土，土克水，水克火，火克金。

道教還把人體的五臟以五行來解釋，腎為水，心為火，肝為木，肺為金，脾為土。所稱「相生」是：腎氣生肝氣，肝氣生心氣，心氣生脾氣，脾氣生肺氣，肺氣生腎氣。所稱「相剋」是：腎氣克心氣，心氣克肺氣，肺氣克肝氣，肝氣克脾氣，脾氣克腎氣。

五行與方位的關係是：木主東方，火主南方，金主西方，水主北方，土主中央。

道教哲學的特色

道教哲學是在道家哲學基礎上融合儒、墨、法、陰陽、神仙等諸子百家而形成的。以探討、研習、證悟大道，從而達到參贊天地造化，體悟大道生化之機，修真悟道、與道合真、形神俱妙、積功累德、自度度人的宗教哲學。

道教對中國哲學的影響

道、儒、釋是中國傳統思想文化的三大支柱，也是中國哲學的主要內容。因此，道教對中國哲學的影響，就表現為對儒、釋二家的思想影響。

道教與儒、釋的互相吸收、互相融合的，這從東漢道教產生以來即貫穿於整個封建社會的始終，從而也構成了中國哲學的發展歷史。

所以，忽視道教在中國哲學史上的地位和作用，不了解道教對中國哲學的影響，便不可能全面地了解中國哲學的歷史和它的發展規律。

道教與道家的關係

道家與道教從外表看來，好像不可分離，而在實質上，卻大有不同。秦漢以前，道與儒本不分家，甚至諸子百家，也通通淵源於道，這個道的觀念，只是代表上古傳統文化的統稱。

儒、道分家，與諸子百家分門別戶的情形，是由戰國末年至秦、漢之間的事，尤其漢初有了司馬談《論六家要旨》的觀念以後，相承因襲，愈來愈明顯。

漢、魏、南北朝以後，道教改變道家的學術思想，用與佛教抗衡，乃使道家與道教，徑渭難辨。唐、宋以後，儒者並斥佛、老，更使道家含冤不白。

其實，秦、漢以前道家的學術思想，是承受三代以上，繼承伏羲、黃帝的學術傳統，屬於《易經》原始思想的體系，也是中國原始理論科學的文化思想。

漢、魏以後的道教，是以道家學術思想的內容作為中心，採集《書經》系統的天道觀念，加入雜家學說與民間的傳說信仰，構成神祕性的宗教思想。

易學與陰陽五行思想

《易》學和陰陽五行思想對道教的影響巨大。戰國末期的方士鄒衍將陰陽學說合五行學說結合起來，形成了「五德終始」理論，並運用這種理論構造了方仙道的宇宙構成論、歷史觀、形解銷化之術及依附於鬼神之事的理論。

先秦的方仙道乃是道教的前身，故而道教從其思想根源上講，早已與陰陽五行說有密切關聯。漢代的方仙道家們更是不斷的將陰陽五行學說運用到道教的教義之中，最明顯的體現是《太平經》的出現。

陰陽五行的思想影響到道教的前身之——古代宗教，古人對崇祀之神賦予「陰陽」、「五行」的屬性，網絡了神靈世界。這種思想被道教完全的保留了下來。

道教運用易學的思想和符號系統來說明宇宙萬物的運動變化，並透過這種變化來指導人體的修煉，以達到與自然的和諧同一。

《周易參同契》是流傳至今的道教丹鼎修煉最早的理論和實踐相結合的著作。其中心思想是運用

《周易》揭示的陰陽之道，參合黃老自然之理，講述爐火煉丹之事，後世的內外丹經莫不以此經為認證的根本。

從方術儀式來看，道教的符籙和內外丹術皆和《易》學密切相關。符籙是一種似字非字的圖形，道教認為它「可譴鬼役神」、「鎮魔壓邪」。道教依《易》造符籙，《道藏》中保存不少以卦命名的符籙。

道經的形成與發展

中國道教在一千八百多年的發展過程中，除了尊奉先秦道家典籍《老子》、《莊子》、《文子》、《列子》以及後出的《亢倉子》、《關尹子》為誦習的經典外，經過長期的宗教實踐活動，形成了卷帙浩繁的經籍書文。

道教經籍書文的撰作與結集，有一個歷史發展過程。正一盟威道創建時期，除以《老子》五千文為祖經，並為之作註釋，以為教徒誦習之課本外，新創作的經書只有先出的《太平經》和張道陵天師所寫的道書若干篇。

此後，經書日有增益，至東晉初，葛洪《抱朴子．遐覽》即著錄道書六百七十卷，符書五百餘卷，共一千兩百餘卷。東晉中後期，上清、靈寶派出，在佛經廣為傳播的影響下，道書撰作的規模日益擴大。

南北朝時期，相繼有一些道士對當時零散的道書進行蒐集與整理。相繼編成的經書目錄，主要的有南朝宋陸修靜《三洞經書目錄》，齊梁孟法師《玉緯七部經書目》，梁陶弘景《陶隱居經目》、《太上眾經目》、《三十六部尊經目》，北周玄都觀《玄都經目》，王延《三洞珠囊》等。

道士們在整理經書、編制經書目錄的過程中，創造並逐步完善了道教獨特的經書分類法，即三洞四輔十二類分類法。上述各種經書目錄按此法分類，以後的各部道藏也以此法分類，沿用千餘年未作改變。

道書之正式結集成「藏」，始於唐開元時。唐玄宗詔令天下搜訪道書，經過整理，按三洞四輔十二類分類法進行編撰，最後成中國第一部《道藏》，名《開元道藏》，又說《三洞瓊綱》，共三千七百四十四卷，或說五千七百卷，詔令傳寫，以廣流布。

至宋代，從太宗至徽宗間，幾經修「藏」，編成傳寫者有真宗大中祥符初之《寶文統錄》，真宗天禧三年的《大宋天宮寶藏》，徽宗政和間的木板刻印《政和萬壽道藏》。

至金元，在《政和萬壽道藏》殘板基礎上，又相繼於金明昌元年修成《大金玄都寶藏》，元乃馬真後三年修成《玄都寶藏》。最後一部道藏是明正統九年刊竣之《正統道藏》及其續書《萬曆續道藏》。正、續兩部道藏共收道書一千四百七十六種，合五千四百八十五卷。它是道教文獻的大集成，也是中國傳統文化的寶庫之一。

明萬曆之後，雖無道藏之大結集，但規模較小的道教叢書，卻時有編撰。最重要的有清初彭定求所編之《道藏輯要》。

道教經籍包含內容

道教經籍包含的內容十分廣泛，涉及的方面很多。有被作為禮拜誦讀或傳習的經典，如《道德真經》、《南華真經》等。有闡發教理教義的著述，如《真誥》、《道教義樞》等；有醫學養生著作，如《枕中方》、《千金要方》等。

有外丹黃白朮著作，如《黃帝九鼎神丹經訣》、《修伏靈砂妙訣》等；有煉養著作，如《周易參同契》、《崔公入藥鏡》等。有符籙道法著作，如《靈寶五符序》、《上清豁落七元符》、《上清靈寶大法》等；有齋醮科儀著作，如《正一威儀經》、《玄門十事威儀》、《靈寶領教濟度金書》等。有教規教戒著作，如《太上老君戒經》、《老君音誦戒經》等；有宮觀山志著作，如《金華赤松山志》、《仙都志》、《天台山志》等。以上僅是道教經籍構成的幾個重要方面，也是道藏收書的主體。除此之外，道藏又收有若干非道教之書，以及一批儒家《易》學著作。

藏的由來與演變

道藏是道教經籍的總集。「藏」字之本義為儲藏東西的地方。道教使用這個字，原專指儲存道書的處所或容器。

道藏一詞，其出較晚。據可考的文獻記載，始見於唐弘道元年十二月二十三日，道士王懸河在成都所刻《道藏經序碑》。

此處道藏與前述藏同義，而道藏經即相當於今日所稱的道藏，在唐代或稱一切道經。宋代以後，道藏經才略稱為道藏、寶藏和大藏。然而仍繼續使用道藏經一詞。

道藏的編撰體例

道藏的組織結構原則為「三洞、四輔、十二類」。三洞，即洞真、洞玄、洞神。四輔指太清、太平、太玄、正一四部輔經，即以太清輔洞神，以太平輔洞玄，以太玄輔洞真，正一則貫通三洞和三太。

三洞之下各分十二類，四輔不分類，合為三十六部。即：本文類，指經教的原本真文；神符類，指龍章鳳籙之文，靈跡符書之字；玉訣類，指對道經的註解和疏義；靈圖類，指對本文的圖解或以圖像為主的著作。

體錄類，指記錄高真上聖的應化事跡和功德名位的道書；戒律類，指規戒科律書；威儀類，指齋醮儀法及科儀制度著作；方法類，指論述修真養性和設壇祭煉等方法之書。

眾術類，指外丹爐火、五行變化及術數等書；記傳類，指神仙、道士傳記及宮觀志書；讚頌類，指讚詠歌頌聖真的詞章；表奏類，指設壇祭禱時上呈天帝的章奏、關文。十二類分類法，大約在南北朝後期形成。

二、歷代道藏

道藏是道教經籍的總集，是按照一定的編撰意圖、收集範圍和組織結構，將許多經典編排起來的大型道教叢書。

唐玄宗時期開始編撰中國古代道教第一部道藏，題為《開元道藏》，此後宋朝兩次組織大型道藏編撰，題為《大宋天宮寶藏》、《政和萬壽道藏》，金朝編撰有《大金玄都寶藏》，明朝時期達到編撰道藏的高潮，相繼編訂《正統道藏》和《萬曆續道藏》，此後大型道藏編撰活動減少。

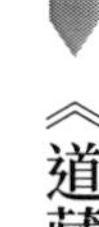

《道藏》

道藏是道教經籍的總集，是按照一定的編撰意圖、收集範圍和組織結構，將許多經典編排起來的大型道教叢書。從唐朝初年開始編撰，至今已有近一千三百多年的歷史。

南朝劉宋時，陸修靜廣集道書，編寫《三洞經書目錄》，共一千兩百二十八卷，為道教史上的第一部經書目錄。至唐代開元年間，唐玄宗下令搜訪天下道經，彙編成《一切道經》，即《開元道藏》，共收入道書五千三百卷。

北宋真宗時，張君房奉命主編修了《大宋天宮寶藏》，共五千四百八十一卷，並首次在福州閩縣刻板印刷，稱作《萬壽道藏》或《政和萬壽道藏》。

金朝章宗時，編刻《大金玄都寶藏》，共六千四百五十卷。元朝初年，全真道士宋德方主持編刻《大元玄都寶藏》共計七千八百餘卷。上述道藏現均亡佚。

現存之《道藏》是由明成祖永樂四年，第四十三代天師張宇初及其弟張宇清奉詔主持編修。英宗正統九年又詔通妙真人邵以正校正增補，共計五千三百〇五卷。後世以刊板年號稱其書為《正統道藏》。

明神宗萬曆三十五年，又命第五十代天師張國祥主編成《續道藏》。正續《道藏》共收入各類道書一千四百七十六種，五千四百八十五卷，分裝成五百一十二函，每函依《千字文》順序編號，經板十二萬一千五百八十九塊。

《開元道藏》

唐玄宗即位不久，敕道士史崇玄等與昭文館、崇文館學士，據長安京中藏內見在經書兩百餘卷，修成《一切道經音義》一百四十卷，後又撰《道藏音義目錄》一百一十三卷。

開元年間，唐玄宗又發使搜訪道經，撰修成藏，目說《三洞瓊綱》。《玉海》五十二卷稱「唐明皇撰《瓊綱》，裁三千餘卷。」

《開元道藏》卷數有三種不同說法，《宋三朝國史志》說有三千七百四十四卷；杜光庭刪《太上黃籙齋儀》五十二卷則稱玄宗著《瓊綱經目》七千三百卷，復有《玉緯》別目，記傳疏論，相兼九千餘卷；《道藏尊經歷代綱目》又稱《瓊綱經目》藏經五千七百卷。

天寶七載閏六月，詔諸道傳寫，以廣流布。後經安史之亂，長安、洛陽兩京祕藏多遭焚燬。上元中，所收經籙六千餘卷。至大曆年間，得七千卷。

從長慶至咸通間，實際只見五千三百卷定數，此數與開元年間欽定《道德經》本數字恰好相等。而《開元道藏》修成之時究竟卷數幾何已成歷史懸案。

《大宋天宮寶藏》

北宋時代，道藏編修工作進入一個新階段。端拱二年至淳化二年之間，求得道書七百餘卷，命散騎常侍徐鉉、知制誥王禹偁校正，刪去重複得三千七百三十七卷。

大中祥符二年，真宗詔左右街選道士十人校定道藏，次年又令崇文院集館閣詳校，命宰臣王欽若總領其事。王欽若在宋大宗時道藏的基礎上，按照三洞四輔經目增補六百二十二卷，共得四千三百五十九

卷，真宗賜此目錄名《寶文統錄》。

大中祥符五年，再次修撰，至天禧三年春，寫錄成七藏。此藏以千字文為函目，始於「天」，終於「宮」，故題為《大宋天宮寶藏》四百六十六函，四千五百六十五卷。

《政和萬壽道藏》

《政和萬壽道藏》是全藏雕印之始，宋微宗曾於崇寧、大觀間，搜訪道教遺書，就書藝局令道士校定，得五千三百八十七卷。

至政和三、四年又兩次下詔，搜訪天下道書，專設經局，差道士詳校。知福州黃裳請建飛天法藏。於是送福州閩縣鏤刻，總五百四十函，五千四百八十一卷。事畢，進經板於東京，名《政和萬壽道藏》或《萬壽道藏》。據史載，重和元年，有數十部頒行各地宮觀。

《大金玄都寶藏》

金代《大金玄都寶藏》是刊補《政和萬壽道藏》而成。中都十方大天長觀舊貯藏經，但殘缺不全。金大定二十八年，世宗詔以南京《萬壽道藏》經板付觀。明昌元年，提點觀事孫明道即據以補刊，印經一藏。復遣道士訪遺經於天下，募工補刻。

至明昌三年，得一千〇七十四卷，補板兩萬一千八百餘冊，共積冊八萬三千一百九十八，列庫四區，三十五楹，一百四十架。依三洞四輔詮次，編成《大金玄都寶藏》，共六百〇二帙，六千四百五十五卷。

《玄都寶藏》

元刊《玄都寶藏》距《大金玄都寶藏》刊行僅十年，天長觀毀於火，經板也被焚燬。元初全真道士宋德方有志於恢復，遂於元太宗九年後令其弟子秦志安於平陽玄都觀總領其事，據管州金藏和他處道經校勘、補完。

至乃馬真後稱制三年，編成全藏，有經七千八百餘卷，也稱《玄都寶藏》。定宗時，經板移至平陽永樂鎮純陽萬壽宮。其後因僧、道辯論《老子化胡經》真偽，道經曾兩次遭到焚燬。元世祖至元十八年，除《道德經》外，《玄都寶藏》經板悉被焚燬，而其中經典也亡佚甚多。

《正統道藏》

明永樂中，成祖朱棣崇道，因敕第四十三代天師張宇初撰校道藏。永樂八年張宇初卒，其弟張宇清繼領其事，功未就緒而成祖死，其事遂被延擱。

至英宗正統九年，乃詔領京師道教事邵以正督校大藏經典，「於是重加訂正，增所未備」。正統十年全藏刊竣。共四百八十函，五千三百〇五卷。以千字文為函目，自天字至英字。《正統道藏》是經折本。每函卷首刊有三清及諸聖像，續有「御製」題識。

《正統道藏》所收經書，已重行分卷，原有短卷，則數卷並為一卷，故有數經同卷者。每函各為若干卷；其中以十卷居多，也有少至三四卷，多至十五卷者，洪字號甚至多達十七卷。

《正統道藏》仍按三洞四輔十二部分類，各部收書共一千四百三十種。計洞真部三百一十六種；洞玄部三百〇三種；洞神部三百六十四種；太玄部一百一十七種；太平部六十六種；太清部二十四種；正

一部兩百四十種。

《正統道藏》收書的數量大，內容也很龐雜，遍涉道教的教義救理、戒律清規、符籙章奏、齋醮科儀、修煉攝養、靈圖像數、名山宮觀、神仙體籍、道士傳記等方面。

除道教經籍外，還收入一部分醫書藥方、諸子著作。包含不少中國古代宗教及哲學、歷史、文學、藝術、醫藥學、化學、天文、地理等學科的重要史料。

《萬曆續道藏》

《萬曆續道藏》是《正統道藏》的續集。明正統十年編成的《正統道藏》，因搜訪未周，缺漏甚多。加以該藏編成後的一二百年間，又有新的道書問世。

至萬曆三十五年，明神宗教第五十代天師張國祥刊續道藏。仍以千字文為函目，自杜字至纓字，得三十二函，一百八十卷，稱《萬曆續道藏》。

正、續《道藏》合計五百一十二函，五千四百八十五卷，十二萬一千五百八十九頁，皆刊於內府，而板藏於京師靈佑宮，入清代以後移於大光明殿。

《萬曆續道藏》首收《太上中道妙法蓮華經》，末收焦竑所撰《莊子翼》，共補收道書五十六種，不再分類。絕大部分為元明道書，其中以明代新出道書居多。《萬曆續道藏》也是經折本。經板已不存。現通行本均為與《正統道藏》合印的影印本。

《敦煌道藏》

二十世紀初，道士王圓籙在敦煌莫高窟藏經洞中發現大批古代經典文書抄本。其中道教遺書抄本約有五百餘件，其抄寫時期在南北朝後期至唐朝中期約兩百年的時間，尤其以唐高宗，武后至唐玄宗時代的抄本最多。

其內容包括道家諸子、道教經典、科儀等約有一百多種道書，其中約有半數抄本是《正統道藏》未收入的早期道教典籍。

敦煌道經的發現，不僅彌補現存明《道藏》的缺佚，而且為研究河西地區的道教歷史提供了珍貴史料。敦煌遺書一經出現，便引起了國內外學者的極大關注。

一九九九年，中國李德範先生出版了《敦煌道藏》，將敦煌出土遺書中的五百餘件敦煌道教文獻整理彙編，集成五巨冊。

《道藏輯要》

《道藏輯要》是繼明《正統道藏》和《萬曆續道藏》之後收書最多的道教叢書。撰輯者有兩說，清末賀龍驤校理《重刊道藏輯要》稱此書是清康熙間彭定求撰輯；《道藏精華錄》則稱此書是蔣元廷編撰於清嘉慶年間。後書板被焚，書也留存甚少。

光緒十八年，四川成都二仙庵住持閻永和首倡重刊，至光緒三十二年刊成《重刊道藏輯要》，板存成都二仙庵。

《道藏輯要》是方冊本，共兩百一十八冊，按二十八宿字號分集輯錄道書兩百九十七種，其中輯自

明正、續《道藏》者兩百〇四種，新增九十三種。

《道藏輯要》所收道藏已有之書，不盡按原貌轉錄，或不分卷，或刪略甚多。其主要價值在於增收了正、續道藏以外之百餘種道書，其中絕大部分是明清時代新出的著作，為研究明清道教提供了可貴的資料。

《雲笈七籤》

《雲笈七籤》是擇要輯錄《大宋天宮寶藏》內容的一部大型道教類書。北宋天禧三年，當時任著作佐郎的張君房編成《大宋天宮寶藏》後，又擇其精要萬餘條，於天聖三年至七年間輯成本書進獻仁宗皇帝。

道教稱藏書之容器說「稱笈」，分道書為「三洞四輔」七部，故張君房在該書的序言中有「掇稱笈七部之英，略寶蘊諸子之奧」等語，因名《雲笈七籤》，並稱編撰此書的目的是「上以酬真宗皇帝委遇之恩，次以備皇帝陛下乙夜之覽，下以裨文館校讎之職，外此而少暢玄風年。」

《雲笈七籤》以上清派為正統，故收載該派道書尤多，敘上清經傳授系統和上清修真方法甚詳，體現出上清派占居顯學地位的時代特徵。此外，收錄唐代著作也比五代宋初新出的其他道書為多。

《雲笈七籤》素為道教界和學術界所重視。因此書具有系統、全面和簡明等優點，故而人稱「小道藏」，是了解和研究道教必備的資料。

三、主要經典

道教經典很多，其中最主要的是被道教奉為五大經典的《道德真經》、《南華真經》、《通玄真經》、《沖虛真經》、《洞靈真經》，其他被道教列入誦讀的經典還有《無上祕要》、《太平經》、《黃庭經》、《老子化胡經》等。

《無上祕要》

《無上祕要》為目前所知最早的道教類書。北周武帝宇文邕敕撰。據載，宇文邕曾七次召集道士、名僧和文武百官量定儒、釋、道三教優劣。力主道教居儒、釋之上，因群臣、沙門反對而未果。

建德三年並廢佛、道二教，後因其崇信道教，乃下詔立通道觀，設學士，選著名道士、僧人一百二十人到通道觀研究《老子》、《莊子》、《周易》。建德六年亡齊後，宇文邕在通道觀道士的幫助下，「自纘道書，號《無上祕要》。」

《無上祕要》原一百卷，兩百九十二品。《舊唐書．經籍志》、《新唐書．藝文志》、《通志．藝文略》、《宋史．藝文志》均著錄為七十二卷；《崇文總目》著錄僅一卷；此書唐代已有殘缺，至兩宋，先後有七十二卷本、一卷本、九十五卷本傳世。

明《正統道藏》太平部所收為其殘本，計六十七卷，實缺三十三卷。而所存諸卷中又有缺品。此本多避宋諱，可推知所據為宋本。書前有目錄，止於一百卷，凡缺卷、缺品皆不錄品目。正文或一卷一品，或一卷數品，或數卷一品。另《寶顏堂祕笈續集》、《叢書集成初編》、《雪堂叢刻》收載該書一卷殘本。

除上述刊本外，尚有敦煌唐寫本。該書始於《大道品》，終於《洞冥寂品》，採擷三洞四輔之精要，分類編撰。其內容遍涉道教宇宙觀、生死觀、倫理政治主張、神仙信仰及修道成仙思想、規則、方法等諸方面，大致可分為如下幾大部分：

第一部分包括道、氣、天地人物、劫運、帝王、洲國、德政、慎兵、循物喪真等，闡發「至道無形，混成為體」，說明大道流行和立教之根據。

第二部分陳述神仙信仰，包括天曹科第、地司考錄、水官料簡等三界賞罰、靈官升降等。

第三部分敘道教經籍圖文，包括三寶真文、天瑞地應、符圖章頌，經文出所、經符異名、經德、經文存廢、遇經宿分、傳經法度及次第等事項。

第四部分言修煉方法，包括投簡通靈、事師請業、修道冠服、誦經、誡、齋、寶經靈衛、封經祕所、入室、明燈、燒香、叩齒、咒請、起居等。

第五部分包括觀試、朝謁、得道人名、升仙靈所，以及變神景、體兼忘、會自然、歸冥寂諸事項。

《無上祕要》在魏晉南北朝眾多道書中堪稱巨帙，具有很高的文獻價值。是研究魏晉南北朝道教和道經不可或缺的參考資料，也是校勘早期道書的重要依據。

《道德真經》

《道德真經》即《道德經》，或稱《老子》、《老子五千文》。原為先秦諸子中道家的代表作，後為道教奉為主要經典，唐代尊為《道德真經》。關於老子和《老子》這部書的時代問題，學術界爭論較大，尚無一致的結論，一般認為最後成書於戰國時期。

《老子》歷來有多種本於，其影響最大流傳最廣的是河上公本和王弼本兩種，道教以河上本為準。《老子》採用哲理詩的形式寫成，整個哲學思想由道展開，道是老子思想的主要範疇。《老子》包含豐富的樸素辯證法思想，比較系統地揭示了事物互相對立依存的關係。

《老子》成書後，從戰國末的韓非起，歷代注家蜂起。唐末，杜光庭《道德真經廣聖義》稱，詮疏箋注《道德經》者六十餘家，並對各家特點作了論述。

元道士張與材稱：「道德八十一章，注者三千餘家。」今人嚴靈峰《無求備齋老子集成》初、續編，所收注本共計三百五十四種，八百〇一卷，《正統道藏》存有五十餘種。

歷代注家因時代之不同，註釋思想即各具特點，元道士杜道堅《玄經原旨發揮》卷下說：「道與世降，時有不同，注者多隨代所尚，各自其成心而師之。故漢人注者為漢《老子》，晉人注者為晉《老子》，唐人、宋人注者為唐《老子》、宋《老子》。」

且各人的理解角度不同，有的視之為君人南面之術，有的視之為兵書，有的視之為養生書。致使《老子》註釋書千姿百態，各有各的理解。

道士以《道德經》為祖經，歷代註疏者甚眾，在諸家註疏中占有很大比重，但同樣因為時尚不同和個人理解的差異，而呈現各自的特點。總的特點是將《老子》宗教化，從中昇華出與宗教相通的內容，以之作為道教教理、方術的根據。

《道德經》在歷代道士的不斷註疏中，逐漸注進了新的內容，這是一個《老子》被逐漸神學化的過程，也是道教思想理論不斷深化的過程，其中包含著較豐富的思想內容，是研究道教教理、哲學的一大基本來源。

《南華真經》

《南華真經》，即《莊子》。唐玄宗於天寶元年詔封莊子為「南華真人」，《莊子》一書也被尊為《南華真經》。道教奉為「四子真經」之一，在道教經典中的地位僅次於老子《道德真經》。《莊子》現在的通行本為郭象本，共三十三篇，分為內篇七，外篇十五，雜篇十一。一般認為內篇七篇，即《逍遙遊》、《齊物論》、《養生主》、《人間世》、《德充符》、《大宗師》、《應帝王》是莊周所作，外篇和雜篇是莊子後學所著。

《莊子》大體上繼承了《老子》的學說，但也有獨自的見解。它和《老子》一樣，認為世界的本源是道。什麼是道？認為道是超越時空的，它無始無終，無處不在；但聞之無聲，觸之無形，人們無法體認感知，只能靠神祕的直覺體悟。這種關於道的學說，為後世道教所繼承發揮，並逐漸宗教化。

在認識論上，《莊子》認為從道的角度認知，一切都是相對的，物無貴賤，此即彼，彼即此，沒有分別，其性質不可認識。如果說萬物有差別，那不過是人的主觀認識所強加。同時認為認識是沒有標準的，因而是非也就無法判斷。

《莊子》還塑造了神人、真人的形象。《逍遙遊》中的神人「肌膚若冰雪，綽約若處子，不食五穀，吸風飲露，乘稱氣，御飛龍，而遊乎四海之外」。《大宗師》中的真人「登高不栗，入水不濡，入火不熱」；這些描述為後世道教塑造神仙形象提供了依據。

《莊子》中的養生長生思想及某些道術也為後世道教所汲取。唐道士司馬承禎繼此而作《坐忘論》。另外《莊子》中的「衛生之經」、「吹呴呼吸，吐故納新，熊經鳥申」、「純氣之守」等道術也都為道教所繼承和發展。

魏晉玄學興起後，《莊子》成為三玄之一，《莊子》學由此始盛。魏晉以前，學者稱「黃老」，此後則「老莊」並稱。晉人司馬彪、崔譔、向秀、郭象皆注《莊子》，並有李頤作「集解」。

明《正統道藏》洞神部本文類收《南華真經》五卷；玉訣類收郭象注、成玄英疏《南華真經註疏》三十五卷，陳景元《南華真經章句音義》十四卷、《南華真經章句餘事》一卷，褚伯秀《南華真經義海撰微》一百六十卷，林希逸《南華真經口義》三十二卷，賈善翔《南華真經直音》、《南華邈》等。

《通玄真經》

《通玄真經》，即《文子》。唐玄宗於天寶元年詔封文子為「通玄真人」，尊《文子》一書為《通玄真經》，道教奉為「四子真經」之一。關於文子其人和他生活的時代，素來眾說紛紜，莫衷一是。比較普遍的看法為楚平王時人，老子弟子；有的道士也持此說，並予以仙化。

今本《文子》與《隋書．經籍志》《舊唐書．經籍志》《新唐書．藝文志》均作十二卷。該書以老子之言為教，特別強調以老子之道德論治國。

他在楚平王問及淫亂之世能否行老子之道時答稱：「故以道莅天下，天下之德也；無道莅天下，天下之賊也。以一人與天下為仇，雖欲長久，不可得也，堯舜以是昌，桀紂以是亡。」據說，「平王信其言而用之，時天下治。」

道教對《文子》一書評價頗高。默希子說：「其書上述皇王帝霸興亡之兆，次敘道德禮義衰殺之由，莫不上極玄機，旁通庶品，其旨博而奧，其辭文而真。故有國者雖淫敗之俗可返樸於太素，有身者而患累之質可復至命於自然。」

該書被認為是治國治身的重要典籍。杜道堅也稱：「《文子》歸本《老子》之言，歷陳天人之道，時變之宜，萃萬古為一編，誠經世之樞要也。」

《正統道藏》所收注本有：唐默希子《通玄真經注》十二卷，宋朱弁《通玄真經注》七卷，元杜道堅《通玄真經纘義》十二卷，其自注稱：《文子》十二篇，共一百八十八章，道堅隨義析之，增八十一章，章別其旨，題說《纘義》，以便觀覽稱。

《沖虛真經》

《沖虛真經》，即《列子》。唐玄宗於天寶元年詔封列子為「沖虛真人」，尊《列子》一書為《沖虛真經》，道教奉為「四子真經」之一。宋真宗於景德四年加贈「至德」兩字，故又名《沖虛至德真經》。

《列子》其書，西漢永始三年，劉向在上所校《列子書錄》時稱：「孝景皇帝時貴黃老術，此書頗行於世，及後遺落，散在民間，未有傳者。」

他於內外書二十篇中，校除復重十二篇，定為八篇，即天瑞第一、黃帝第二、周穆王第三、仲尼第四、湯問第五、力命第六、楊朱第七、說符第八。

《漢書．藝文志》也著錄《列子》八篇。今傳《列子》八篇，與劉向所定之篇目、順序均相同，是東晉孝武帝時，光祿勳張湛收集整理並作注。但從書中多處稱「子列子說」的情況看，當是列子後學所輯。

《列子》關於萬物化生，形神聚散的思想；關於華胥氏之國的自然化理想社會，關於周穆王遊崑崙之丘會西王母於瑤池之上的故事，關於愚公移山、夸父追日的神話等，對後世影響頗大，特別受到道教的崇信。

《正統道藏》收錄其注林希逸述《沖虛至德真經鬳齋口義》八卷，江遹《沖虛至德真經解》二十卷，宋徽宗《沖虛至德真經義解》六卷，高守元集《沖虛至德真經四解》二十卷，以及唐殷敬順撰、宋陳景元補遺之《列子沖虛至德真經釋義》兩卷等。

《洞靈真經》

《洞靈真經》，即《庚桑子》，或稱《亢倉子》《亢桑子》。唐玄宗於天寶元年詔封庚桑子為「洞靈真人」，尊《庚桑子》一書為《洞靈真經》。道教奉為「四子真經」之一。

《亢桑子》一書，《漢書．藝文志》《隋書．經籍志》皆不載。《新唐書．藝文志》著錄王士元《亢桑子》兩卷，注稱：天寶元年詔封四子真經，求《亢桑子》不獲，襄陽處士王士元稱：「《莊子》作『庚桑子』，太史公、列子作『亢倉子』其實一也。」

因以《莊子．庚桑楚》篇為基礎，取諸子文義相類者編造而成。《四庫全書總目提要》指出，「然士元也文士，故其書雖雜剽《老子》、《莊子》、《列子》、《文子》、《商君書》、《呂氏春秋》、劉向《說苑》、《新序》之詞，而聯絡貫通，也殊亹亹有理致，非他偽書之比，其多作古文奇字，與衛元嵩元包相類。」

《亢桑子》全書，以論道為中心，分為《全道》、《用道》、《政道》、《君道》、《臣道》、《賢道》、《訓道》、《農道》、《兵道》九篇。多方發揮老子思想。

《全道》篇論養性全神之道，說：「物也者，所以養性也。今世之惑者，多以性養物，則不知輕重也。是故聖人之於聲也，滋味也，利於性則取之，害於性則捐之，此全性之道也。」又稱「故聖人之制萬物也，全其天也，天全則神全矣。神全之人，不慮而通，不謀而當，精照無外，志凝宇宙，德若天地，然上為天子而不驕，下為匹夫而不惛，此之為全道之人。」《用道》篇稱高士之道為「噈氣穀神，宰思損慮，超遙輕舉，日精煉仙。」稱人主之道為「清心省念，察驗近習，務求才良，以安百姓。」《政道》篇稱：「政煩苛則人奸偽，政省一則人醇樸。」皆與《老子》之旨相合，故為道教一併崇奉。注本有何璨注三卷，收載《正統道藏》。

《三洞珠囊》

《三洞珠囊》，道教類書。該書始見於《太平御覽》引道書目著錄，不題撰人、卷數。《祕書省續編到四庫闕書目》、《通志・藝文略》、《宋史・藝文志》皆稱三十卷。明《正統道藏》太平部所收殘缺甚多，僅為十卷。署題「大唐陸海羽客王懸河修」。

王懸河為唐高宗、武后時道士，弘道元年十二月二十三日於成都建有《道藏經序碑》二通。而書中引錄唐代續成的《本際經》、新傳的《海空經》和高宗時人尹文操所撰《老君聖紀》，稱《莊子》為《南華論》而不名「經」，且不避唐諱，可知該書當編定於武周時期。

《三洞珠囊》道藏本卷次非其舊，分三十五品，按品輯錄諸家之文，內容涉及仙真神話、道士業跡、齋戒醮儀、服食養生、修煉禁忌、道教名數、天地時空、劫運仙相、神仙位籍等方面。是研究唐初以前道教的重要參考資料。主要特點如下：

◇該書今僅存道藏本，篇幅雖少，但摘引道書卻多達一百六十種左右，其中有不少為早已散佚之書，故史料價值較高。如已佚之馬樞《道學傳》，書中徵引最多，極有裨於道史之研究。

◇該書引文多註明原書卷數，這不但可以定為輯佚的依據，而且也便於了解他所據本子的內部結構。該書引至一百四十五卷，可知他摘引的是一百七十卷本。

◇據該書所引之內容和王懸河所加按語，可藉以考察所輯道書的成書時代和流變。例如所輯《二教要錄》，稱隋也像號開皇元年，則此書當編定於隋代或唐初。

《正統道藏》太平部又收王懸河《上清道類事相》四卷，也題「大唐陸海羽客王懸河修」，有《仙觀》、《樓閣》、《仙房》、《寶台》、《瓊室》、《宅宇靈廟》諸品，其性質、體例等與《三洞珠囊》完全一致。是否為《三洞珠囊》之一部分。此外，《歷世真仙體道通鑑》三十卷稱北周道士王延所撰《珠囊經目》七卷，也名《三洞珠囊》。

《太平經》

《太平經》，又名《太平清領書》。東漢後半葉，宮崇，襄楷曾先後分別向順帝和桓帝進獻此書。宮崇稱此書為其師干吉得於曲陽泉水上。故過去有人稱此書為干吉或宮崇所作。

據近人研究，《太平經》非出一時一人之手，是西漢末至東漢順帝時期逐漸增益而成，干吉、宮崇等僅是其撰人之一，或為集大成者。

《太平經》分甲、乙、丙、丁、戊、己、庚、辛、壬、癸十部，每部十七卷，共計一百七十卷，三百六十六篇。《正統道藏》收入太平部時，僅存五十七卷，甲、乙、辛、壬、癸、五部全佚，其餘五

部各亡佚若干卷。

《太平經》每篇皆有標題，末附篇旨，總攝大意。行文以真人與天師相問答的形式闡述經義。該經卷帙浩繁，雜採先秦陰陽五行家神仙家、道家、墨家及儒家讖緯之學以成篇，除宣揚神仙信仰方術外，還觸及世俗的社會政治問題。主要分為四個方面：

一、「太平世道」的社會政治思想。《太平經》追求的理想世界是無災異、無病疫、無戰爭，君明臣賢，家富人足，各得其樂的太平世道。主張帝王當行道德，黜刑禍，理政應法天地、順自然。強調君、臣、民三者關係的協調。主張選賢任能，廣開言路，下可革諫其上。反對賤視和殘害婦女。

二、「奉天地順五行」的神學思想。告誡信道者當奉天地，法天道，得天心，順天意。天可順不可違，順之則吉昌，逆之則危亡。帝王為天之貴子，尤應順承天道；順天地者，其治長久，否則當遭天罰。

三、善惡報應思想與承負說。對人之善惡，天皆遣神記錄在簿，過無大小，天皆知之。天賞罰分明，行善者可得天年，如有大功，可增命益年；若作惡不止，則減其壽算，不得天年；或使凶神鬼物入其身中，使其致病。

四、「長壽、成仙、祈禳、治病」諸方術。《太平經》認為，此外，還有食氣辟穀、胎息養形、守靜存神、存思致神等仙道方術，以及屍解和白日昇天兩種成仙形式。還載有灸刺、生物方、草木方等治病方術。它還闡述靜功內養及保健之法。

《太平經》是早期道教的主要經典。它的社會政治思想以及教理教義和方術，對道教的發展具有重要影響。

《黃庭經》

《黃庭經》分《黃庭內景玉經》《黃庭外景玉經》和《黃庭中景玉經》。《中景經》是晚出道書，通常不列於《黃庭經》之內。

黃庭一詞已見於漢代。古人認為，黃為中央之色，庭乃四方之中。五行土居中，色尚黃，在人五臟則脾為主。蓋喻身體中央、中空之穴。舊本《黃庭外景經》首句「上有黃庭下關元」即指此。至於「內景」、「外景」，《荀子解蔽》篇早有「濁明外景，清明內景」之說。

《黃庭外景經》，唐宋書目多著錄一卷，《郡齋讀書志》作三卷，注本也有分三卷者。《黃庭內景經》，一名《太上琴心文》，一名《大帝金書》，一名《東華玉篇》，一卷，注本也有分三卷者。

《黃庭經》為道教養生修仙專著，它繼承漢代緯書和早期道教的人身各部位皆有神之說，又吸收古代醫學有關臟腑、經絡、精氣的理論，著重闡述存思身神、守固精氣的理論和方法。

歷代為《黃庭經》作注者很多，最有影響的為務成子注《太上黃庭外景經》、《上清黃庭內景經》，唐白履忠《黃庭外景玉經注》、《黃庭內景玉經注》，皆載《正統道藏》。

《老子化胡經》

《老子化胡經》，西晉道士王浮撰一卷。以後陸續擴增為十卷。《通志藝文略》即著錄為十卷。晁公武《郡齋讀書志》也錄為十卷，並稱魏明帝為之序。

《浮屠經》以老子為佛陀之師，為《老子化胡經》的形成奠定了基礎。到西晉惠帝朝末年，道佛之爭日益加劇，道士王浮與沙門帛遠辯論二教邪正後，遂撮合歷史上的老子化胡說，加上自己的引申發

揮，創作《老子化胡經》，以證明道在佛先，道教地位應在佛教之上。

《老子化胡經》產生後，很快成為佛道二教鬥爭的一大公案，雙方圍繞此書的真偽，辯論了近一千年。道教方面力證此書之真，並相繼撰作了許多具有明顯化胡內容的道書，如《玄妙內篇》、《出塞記》、《關令尹喜傳》《文始內傳》、《老君開天經》等，以證明道優於佛。

佛教方面除力辯此書之偽外，也撰作偽經進行反攻，如《周書異記》、《漢法本內傳》等，說釋迦為孔子、老子之師。

至元憲宗、世祖二朝，全真道侵占了佛教廟宇田產，佛教以《老子化胡經》是偽經為由頭，兩教再次展開大辯論。全真道在憲宗八年和至元十八年的兩次辯論中敗北，元朝廷兩次下令焚燬道經，《老子化胡經》首當其衝，徹底被焚燬。從此該經亡佚，明《正統道藏》和《萬曆續道藏》皆無存錄。

《西升經》

《西升經》為道教闡發《道德經》要義之作。《正統道藏》收入洞神部本文類。託名周大夫關令尹喜據老子所述撰成此書。但此書始見葛洪《神仙傳》稱引，當是魏晉間道士所假托。

該經首先論道。稱道廣大悉備，包裹天地，陶育萬物，制御一切。且不終不始，萬世不絕。稱道為虛無之本，但「虛無生自然，自然生道」，則虛無、自然與道同出而異名，實為三位一體。

又稱「天地物類皆從一」、「萬物共本道之元」，即天地萬物皆由道所化生。強調修道須清虛無慾，無念而作，淡泊無為，則「大道歸也」。反之，若逆其自然，有為強行，則事與願違。

其次，論攝養。稱人未生，並無我身，「直至積氣聚血」，始成身形。但有身、有欲終為大患，故主張「反於未生而無身」，清靜無為，體同自然。

又稱嬰兒之生，氣專志一，悅澤美好，無心而成形。人若仿嬰兒之姿，養醇樸之性，抱元守一，葆神嗇精，則無念無慾而長生。

再次，該經還論及治國之道。強調「國以民為本」的思想。認為民勞國廢，本固邦寧。主張：「無為無事，國實民富」。反對統治者爭地好貪而用兵。指出：「兵者，天下之凶事，用之者，有亡國失民之患。」

現傳有宋徽宗御注《西升經》三卷；《道藏輯要》尾集作一卷；宋陳景元《西升經集注》六卷。均分三十九章，文字略有不同。

《上清大洞真經》

《上清大洞真經》，又名《大洞真經三十九章》，簡稱《大洞真經》、《洞經》或《三十九章經》。其名始見於東晉時造《紫陽真人內傳》和梁陶弘景編次之《真誥》。《真誥甄命授》篇稱：「仙道有《大洞真經》三十九篇，在世。」蓋為東晉楊羲等假托降神所造。

此經被上清派奉為諸經之首，比較典型地反映了上清派的修習方術。全書以歌訣形式敘述存神法。每章存思一神，三十九章合三十九神。稱誦經者依次誦此三十九章，存思三十九神，此三十九神就會相繼下降其身中之各戶，即身體的一定部位。人身得此諸神鎮守，即可「開生門」、「塞死戶」，稱之「飛昇之道」。

此經原本作一卷三十九章，但在其後的傳授寫演中逐漸增修，形成多種異本。如《無上祕要》所

引，即與今本多有不同。唐王懸河《上清道類事相》引此書，或稱《大洞玉經三十九章》，簡稱《大洞玉經》《玉經》；或錄《大洞真經》至中、下卷；或摘《大洞玉經注》《大洞玉訣》文，表明唐代除有《大洞玉經》一卷本外，還有《大洞真經》三卷本傳世。

今存於《正統道藏》者，有收入洞真部本文類之《上清大洞真經》六卷，前有北宋仁宗時人茅山上清第二十三代宗師朱自英序，卷末又有南宋咸淳八年嗣法程公端序和明初第四十三代天師張宇初序，各卷前題茅山第三十八代宗師蔣宗瑛校勘，蓋即宋代茅山宗壇本，經南宋末蔣宗瑛整理，由程公瑞付梓刊行。

洞真部本文類又收有《太上無極總真文昌大洞仙經》五卷，據序知為南宋所傳梓潼文昌帝君本，最後編定於元代。洞真部玉訣類又收有《玉清無極總真文昌大洞仙經》十卷，為元代衛琪注本，也屬文昌帝君本系統。

洞真部本文類還收有《大洞玉經》二卷，據序，是「得茅山宗壇及梓潼文昌經本」後抄撮而成。洞真部玉訣類又收北宋道士陳景元《上清大洞真經玉訣音義》一卷，為現存注本之最早者。此外，《道藏輯要》也收有兩種《元始大洞玉經》，一種根據明萬曆刊本，後附清人撰《洞經示讀》；一種是清刊本。

此經在唐宋以前影響很大，其後因內丹術之興起，影響漸衰。但經中的穴位名稱及氣血津液、人體結構觀念，多與傳統醫學相通，對研究道教的養生氣功有一定參考意義。

《度人經》

《度人經》全稱《太上洞玄靈寶無量度人上品妙經》，一名《元始無量度人上品妙經》，也有簡稱《無量經》的。為東晉末至南朝宋初葛巢甫等人所造《靈寶經》之一。東晉中葉以後，不少世家大族信奉道教，他們文化素養較高，為了傳播道教教義，以擴大道教影響，而大事製作經典。

《度人經》始見錄於南朝宋道士陸修靜所撰《靈寶經目》，稱已出本，計《稱籙度人妙經》本，共四千五百九十二字。《靈寶無量度人上經大法》稱依宋藏本，加題目計四千五百七十六字。敦煌寫本、陳景元集注本、稱籙本等較早本子由《道君前序》、《元始洞玄靈寶本章》、《元洞玉歷章》、《道君中序》、《元始靈書中篇》及《道君後序》六部分組成。

《正統道藏》洞真部本文類所收《元始無量度人上品妙經》六十一卷白文，卷一為經文，其餘六十卷為神霄派道士據卷一經文敷衍而成。

神霄派道士所撰《高上神霄宗師受經式》著錄六十一卷《高上神霄太上洞玄靈寶度人經》，與此本各卷品名大體相同；其述降經本末也與史傳徽宗崇道事跡相合，足證後六十卷為宋代神霄派所造。

此經主要透過元始天尊在始青天中向十方天真大神、上聖高尊、妙行真人、無鞅數眾說經的道教故事，宣傳「仙道貴生，無量度人」之旨。勸善度人、齋戒誦經，為靈寶經教最突出的兩大特徵，這種思想集中體現於《度人經》中，對後世道教徒影響甚大。

道教的「三十二天說」，也始於此經。奉元始天尊為最高神，更成為道教徒的共同信仰。唐五代道士閭丘方遠稱《靈寶經》「五十八卷，其經旨在此《度人經》中」，並稱「近代誦詠此經，感應不少」。

宋代傳說道士賈善翔為眾宣講《度人經》，「至說經兩遍，盲者目明」的故事，即本自此經。故而此書備受推崇，「諷誦之篇，則此卷為首」，是道門必習的功課書，也是研究道教的重要資料。

《清靜經》

《清靜經》，全稱《太上老君說常清靜經》。道教稱老君西遊龜台之時，為西王母說常清靜經。後經仙人轉傳，為葛玄所得，筆錄而傳之於世。

即葛玄說：「吾昔受之於東華帝君，東華帝君受之於金闕帝君，金闕帝君受之於西王母。西王母皆口口相傳，不記文字，吾今於世書而錄之。」因而《清靜經》被認為是三國時葛玄依託之作。至於事實如何，還有待考證。

《清靜經》僅四百〇一字。篇幅雖短，內容卻很豐富，是道教煉養術重要資料之一。它首先闡釋無形、無情、無名的大道，具有生育天地，運行日月，長養萬物的功能；而道有清、濁、動、靜，「清者濁之源，靜者動之基」，清、靜是濁、動的根源。因此，「人能常清靜，天地悉皆歸。」

接著說明，人神要常清靜，必須遣欲澄心，去掉一切貪求、妄想與煩惱，實現「內觀其心，心無其心；外觀其形，形無其形；遠觀其物，物無其物，三者既悟，唯見於空」的常寂真靜境界。最後指出，「如此清靜，漸入真道，既入真道，名為得道。」

所以《清靜經》，是教人遣欲入靜的修煉要領，是道門日常諷誦修持的重要功課之一。《清靜經》有杜光庭、王道淵、侯善淵、王元暉、白玉蟾、無名氏、李道純以及默然子等多種注本，均收入《正統道藏》。

《陰符經》

《陰符經》全名《黃帝陰符經》。舊題黃帝撰，當為假托。其作者與成書年代，歷來學者看法不一。邵雍、程頤、梁啟超等認為是戰國時書；姚際恆、全祖望等認為是北魏寇謙之所作；朱熹認為是唐李筌所作；今人余嘉錫認為是楊羲、許謐所作；今人王明認為成書年代的上限為五百三十一年之後，下限為唐初，作者是北朝一位久經世變的隱者。

《陰符經》之名，據李筌《黃帝陰符經疏》稱：「陰者暗也，符者合也。天機暗合於行事之機，故稱陰符。」任照一在《陰符經》的註解中也認為：「明天道與人道有暗合大理之妙，稱之陰符。」皆稱人事必須暗合天機，不違自然之道。這是此書所闡述的中心思想。

《陰符經》本無章次，李筌本將其分為《神仙抱一演道章》、《富國安人演法章》、《強兵戰勝演術章》。上章主要講天道陰陽之理，讓人握其機宜，修身煉行以成聖人。

《陰符經》具有比較豐富的辯證法思想。首先，它比較充分地說明天道的客觀性。指出天道無恩，必定要按自身的規律發展，人的意志無法加以改變。因而強調人在天道面前，只能「觀天之道，執天之行」，即只能認識它、掌握它，而不能違背它。

另一方面，它又在一定程度上，認識到發揮人的主觀能動作用的重要性，鼓勵人們努力去掌握、駕馭自然規律的。此外，又以較大篇幅，論述相生相剋的道理，強調只有相剋才能相生。這些思想，不僅在道教史上，而且在中國哲學史上，都有相當的影響和重要的意義。

此書對後世道教有很大的影響。大約在唐宋以後，一般道教內、外丹家，皆將它和《老子》一起看作煉丹之祖經，用它的思想指導丹術修煉。

它對社會的影響也較大，許多儒家學者皆為之作注，注家之多，除《老子》外，道教書中只有《周易參同契》才能與之相比。唐朝以後，各家注代有所出。今《正統道藏》留存注本二十餘種，其中李筌注有較大影響。

四、其他典籍

除了上面所訴道藏與一些主要典籍之外，各門各派尚有一些本門派宗師所著經典，對道教經典的註釋以及講述醫藥方術、神仙信仰、易經八卦等其他方面知識的典籍。其中重要的有《老子想爾注》、《抱朴子內篇》、《列仙傳》、《周易參同契》等。

《真誥》

《真誥》為上清派重要典籍。南朝齊梁間道士陶弘景編撰。因其大部分內容是東晉楊羲、許謐等人的「通靈」記錄，稱是仙真告授，故名《真誥》。

該書七篇，據陶弘景注，每篇本一大卷。《舊唐書經籍志》、《新唐書藝文志》、《崇文總目》、衢本《郡齋讀書志》、《直齋書錄解題》、《宋史藝文志》等均著錄十卷。《正統道藏》太玄部收此書，又為二十卷。

《真誥》奉上清法為「上道」，認為高出舊天師道的「太清家」；尊《大洞真經》為「仙道之至經」；《真誥》雖為上清派要典，但對道教其他派別也有所涉及。

書中還論及道士的書法、建靖室法。且其養生法殊多訣要，至今仍有借鑑意義。

《真誥》文體雜陳，其中有大量詩歌，皆盛其詞藻，文辭華麗，風格多異於魏晉玄言詩和山水詩。

《道樞》

《道樞》是一部廣集道教修煉方術精要之類書。南宋曾慥編撰。道樞一詞，出於《莊子齊物論》：「彼是莫得其偶，稱之道樞。」曾慥取之以名書，含有道術精要之義。

明《正統道藏》太玄部收此書四十二卷，一百一十二篇，各篇或分上、下，或分上、中、下，近乎足本。

《道樞》分篇輯錄諸家之說，或採擷諸家煉養要語，附以評論，聯綴成篇。其篇名多取自原作書名，此書專論煉養，內容包括內丹、外丹、胎息、房中、攝養等，而以內丹為主。

唐宋時代，道教煉養著作大量湧現，尤其是晚唐以後內丹術漸次興盛，這就需要一部大型工具書反映已有的成果，集其精華，提其綱要。《道樞》一書，即應運產生。

《化書》

《化書》為五代道士譚峭撰。有多種版本。《正統道藏》太玄部六卷，《萬曆續道藏》復收入。《重刊道藏輯要》不分卷。《四庫全書》子部雜家類、《道藏舉要》第五類、《道書全集》等均作六卷。

《化書》作者設想世界由虛化成、又復歸於虛，「化化不間，由環之無窮。」還認為，由虛化而成形，於是有了人類，由此而有生壯老死。

《化書》以黃老道家思想為主，兼論養生成仙之術。其順則生物成人、逆則返虛複本之論，同於內丹道。體現出道教典型的哲學、修煉觀點，故而歷來為道教徒、內丹家和道教學者所重視。

《悟真篇》

《悟真篇》是內丹術的主要著作之一。張伯端撰，全部由詩詞歌曲等體裁寫成。其中七言律詩十六首，絕句六十四首，五言一首；《西江月》詞十二首，以及歌曲三十二首。

《悟真篇》與《參同契》齊名，被道教推為內丹術之正宗。北宋後，道教之主內丹者，莫不祖述《悟真篇》。張伯端四傳弟子白玉蟾於南宋嘉定年間創金丹派南宗，也奉之為祖經。

該書廣泛流布後，注家蜂起。據元工部尚書張士弘稱：「前後註釋可見三十餘家。」直至明清，此風不衰，蔚然成為一家之學。傳世注本甚多。

收入《正統道藏》或《道藏輯要》的有宋翁葆光的《悟真篇註釋》、《悟真篇直指詳說三乘祕要》；宋夏元鼎的《悟真篇講義》以及翁葆光注、元戴起宗疏的《悟真篇註疏》和元陳致虛的《悟真篇三注》、清朱元育的《悟真篇闡幽》等。

《坐忘論》

《坐忘論》，唐道士司馬承禎撰。《通志》所錄《坐忘論》為三卷，另有吳筠所撰一卷；《正統道藏》太玄部也為一卷。此外，《全唐文》九百二十四卷全文收入。

《坐忘論》集中講坐忘收心、主靜去欲的道教修煉理論和方法，為司馬承禎神仙道教理論的代表作之一。全書分七部分，敬信、斷緣、收心、簡事、真觀、泰定、得道。在這七個修道階次之後，司馬承禎又附以「樞翼」，提綱挈領地綜述其坐忘思想的主旨。

認為心歸至道須先受三戒，即：簡緣、無慾和靜心。提示修道的具體方法，指出得道之人心有「五時」，身有「七候」，否則都算不上得道。

司馬承禎以老莊思想為依據，汲取佛教止觀方法，力倡坐忘說，對道教修煉術由外丹轉向內丹，起了重要的理論推進作用，實開宋元內煉家風氣之先。其主靜說對周敦頤、程顥、朱熹等宋代理學家也頗有影響。

《玄綱論》

《玄綱論》，一卷。唐開元至大曆間道士吳筠撰。《正統道藏》收入太玄部。《道藏》本分為上中下篇，共三十三章。上篇《明道德》九章；中篇《辯法教》十五章；下篇《析凝滯》九章。

吳筠有上唐玄宗的《進玄綱論表》，說明作此論的由來：「重玄深而難賾其奧，三洞祕而罕窺其門，使向風之流浩蕩而無據，遂總括樞要，稱之《玄綱》」。

《玄綱論》上篇反映作者的宇宙生成論，修養論和社會政治觀。中篇則從微觀角度具體講解修道的種種方法。下篇用問答體回答了世人的疑問，進一步申述前兩篇的思想。

吳筠為唐代道教茅山宗重要學者之一，其思想與司馬承禎較接近，《玄綱論》與司馬承禎《坐忘論》一樣，體現了唐代茅山宗的理論水準。

《中和集》

《中和集》為元初道士李道純所撰內丹理論的結集。門人蔡志頤編。李道純曾取《禮記》「喜怒哀樂之未發稱之中，發而皆中節稱之和」之義，題其所居說「中和庵」，故門人名其書說《中和集》。前有元大德十年杜道堅序，表明此書成於是年。《正統道藏》收入洞真部方法類。

《玄門宗旨》，繪製《太極圖》、《中和圖》、《委順圖》、《照妄圖》等圖，配合解說全書之主旨。中心點是《太極圖》所標之三教合一說。

列《金丹妙訣》、《三五指南圖局說》、《試金石》等題，總述金丹生成之理。

列《問答語錄》、《金丹或問》、《全真活法》等題。《問答語錄》為與門人談丹道之記錄，詳記與弟子程安道、趙定庵之問答。《全真活法》講保全本真之要。

以兩論、兩說及歌十二首以闡述丹道。其《性命論》講修煉金丹必須性命雙修，《卦象論》稱「丹書用卦用爻者，蓋欲學者法象安爐，依爻進火，易為取則也」。

「兩說」有《死生說》和《動靜說》。前者稱「一切念慮都屬陰趣，一切幻緣都屬魔境」，後者稱天動地靜為天道之常，修道之要在於「效天法地」。歌有《原道歌》、《煉虛歌》、《破惑歌》等十二首。

《中和集》所述的內丹思想核心可以概括為「中和」、「虛靜」。認為「玄關」就是「中」，守中才能致和，致和才能導致身靜心虛。持此行之，漸至身心混合，動靜相需，乃至心歸虛極，身入無為，動靜俱忘，精凝氣化。

故守中是此丹法的第一要著，虛靜則是它的靈魂。稱行此功法，不需築基、煉精、煉氣、煉神的漸修，只需從煉神還虛入手，即窮性盡命，一了百了。《中和集》則是研究這種丹法的主要資料。

《茅山志》

《茅山志》原為十二篇十五卷，收入《正統道藏》洞真部記傳類為三十三卷。題上清嗣宗師劉大彬造。此書成於元泰定元年。

《正統道藏》所收，是據元刊本，前有趙世延、吳全節、劉大彬三序，略述撰志之緣起及此書之概要。

此志在體例上也有一些值得注意的特點。如一事可歸於數類，則著互見，此略則彼詳，並注「見某篇」或「事見某篇」。由於內容豐富，編排得當，故在道教名山諸志中占有突出地位，甚為道教徒和學者們所重視。

《列仙傳》

《列仙傳》，舊題漢光祿大夫劉向撰。南宋陳振孫《直齋書錄解題》稱「不類西漢文字，必非向撰」。

神仙之傳說，其源甚古，早期記載，多為片言隻語，散見於百家之中。迨及秦漢，方士輩出，宣揚神仙之說，秦皇漢武，篤信尋求，神仙傳說，遂屢見於史傳之中。道教興起後，記述神仙事跡之專著應運而生。

《列仙傳》啟其端，《神仙傳》繼之，而《列仙傳》宣傳神仙之存在與可學，正與道教追求長生成仙的理想相吻合，於是神仙傳記歷代迭出，踵事增華。《正統道藏》洞真部記傳類所收《列仙傳》，記述上古三代秦漢神仙七十一人。與葛洪《神仙傳》序所言相符。

《神仙傳》

《神仙傳》十卷。東晉道士葛洪撰。葛洪自稱在《抱朴子內篇》撰成之後，因弟子滕升問古仙之有無，乃作此書。

此書始見著錄於《隋書經籍志》史部雜傳類，其後，《舊唐書經籍志》、《新唐書藝文志》、《宋史藝文志》等並見著錄，皆稱十卷，與今本相同。

全書共錄仙人八十四人，除容成公、彭祖二人外，皆為《列仙傳》所未收。《雲笈七籤》收載此書，僅錄二十一人，且所收蔡經、黃盧子，為《四庫全書》本所無。

《神仙傳》曾在社會上產生過相當影響。其所記神仙人物曾被史家所徵引，如裴松之注《三國志》，於《蜀書先主傳》中注引李意期。此外，一些詩人則作為典故引用，小說家據之演成故事。

《老子義疏》

唐道士成玄英撰。據《新唐書．藝文志》記載：成玄英注《道德經》二卷，又《開題序訣義疏》七卷。《大藏經．護教部．甄正論》卷下也說成玄英撰老經疏。

成氏《老子》註疏早已散佚，散見於晚唐強思齊《道德真經玄德撰疏》和署名顧歡《道德真經註疏》中。另外，宋李霖《道德真經取善集》也采成玄英《老子義疏》十餘條，收存《正統道藏》洞神部玉訣類。

近代敦煌所出舊籍中有《老子義疏》一種，僅存六十章「治大國若烹小鮮」至八十一章卷終，馬敘倫、蒙文通等考得為成玄英作。蒙氏且據此與《道德真經玄德撰疏》等所錄的成玄英《老子義疏》相校勘，合輯成《老子成玄英疏》六卷。

成玄英為唐代重玄派的代表人物，他註解《老子》，上承魏晉玄學之餘緒，汲取佛教中觀哲學，結合道教傳統的養生思想，援《莊》釋《老》，重在闡明其重玄之道。他認為「玄」是深遠之義，也是不滯之名，深遠的玄，理歸於無滯，既不滯有，也不滯無，故稱為玄。

從而非但不執有無，也不執著於「非有非無」，這就是遣之又遣，故稱玄之又玄。這就是說，玄雖然否定了有無，但還不能執著這個玄，還必須繼續否定，才能彰明重玄之理。如果說玄是非有非無，那麼重玄就是非「非有非無」，經過這樣雙遣雙非的雙重否定，才得「重玄之道」。

成玄英以重玄之道為宗旨解老，在當時道教老學中獨樹一幟，最具思辨性和理論價值，對唐以後道教老學產生了極大影響。

他所著重討論的哲學範疇如心性、理等，對宋代理學家不無啟發作用。成玄英的《老子義疏》不僅在道教老學中，甚至在整個道教思想史上都占有重要的地位。

《道教義樞》

《道教義樞》，唐青溪道士孟安排編集。《正統道藏》收入太平部。是唐代道教教義的重要類書，它集此前的道教教義之大成，其中也不乏道教哲學範疇，它對道教教義的闡述正是透過解釋範疇和名詞術語進行的。

《道教義樞》在涉及道教哲學之處，較多地引用道教重玄派思想，顯示了與重玄派的密切關係。其所講述的道教教義明顯受到佛教義理與術語的影響，對佛教的方法論也有所吸收，反映了當時道教積極汲取佛教理論精華以充實提高自身教義的特點。

《道德會元》

《道德會元》，元道士李道純撰。《正統道藏》收入洞神部玉訣類。書前有《道德會元序例》，又有至元二十七年作者自序。又於各章後作頌，以盡明心見性之機。作者撰此書的目的是：「不墮於偏枯，會至道以歸元。」

李道純解老明顯地受到理學思想影響，故重在講心性、性命之學。他強調，認知「至道」在於破除心迷，於「心」上下功夫，即所稱「至道不難知，人心自執迷」。關於性命，他認為，無為則能見無名之妙，從而全其性；有為則能見有名之徼，從而全其命。

元代道教老學的總體特徵是援儒入道，調和儒道思想，《道德會元》也體現了這一特徵。李道純的思想核心是中和，他著有《中和集》，故解老也從這一思想出發。他還借用禪宗的方法來參道。援佛入道，充分表現了他的三教合一思想。

《道德會元》是元代道教老學的一本重要著作，對研究元代道教思想頗具參考價值。至今學者多加引用。朱謙之《老子校釋》以《道德會元序例》為考訂書目，所用河上本除宋刊本外，更參考了《道德會元》聽用章句白本。可知該書在版本學上也有其價值。

《道法會元》

《道法會元》，為道法書文彙編之一。未著編撰人姓氏。《正統道藏》收入正一部。書中所收道士文論甚多，以元末明初清微派道士趙宜真之文論最多且最晚；在其他多篇清微法中，已將趙宜真作為清微派一代祖師列入啟請神靈中，表明編撰此書時，趙宜真已經作古。故此書成書之年代，當在趙宜真逝世之年至《正統道藏》始刊年之間。

全書兩百六十八卷，收載宋元至明初新符籙派之道法甚夥。大體言之，一卷至五十五卷，為清微派道法；五十六卷至一百五十四卷，為神霄派道法；以下各卷，為正一、天心、東華、淨明及其他小派之道法。所收各種符法、密訣、隱書、靈文，多達百種以上。是研究宋元明諸派道法的重要資料。

《道法會元》還收錄有多篇新符籙派重要傳人的傳記和傳法體系。丹陽派傳人王玄真傳以及清微派傳法體系，林靈素所傳神霄體系，陳楠、白玉蟾所傳神霄體系，田思真、寧全真所傳東華派體系，廖守真所傳天心支派體系等，凡此又為研究宋元明符籙派道教史提供了重要資料。

《易圖通變》

《易圖通變》五卷，元初道士雷思齊撰。《正統道藏》收入太玄部。圖書之學其源甚久。先秦史書《尚書顧命》篇有稱：「天球、河圖在東序」，這是目前所知最早涉及河圖的行文。

《易圖通變》以河圖為綱，開篇首列河圖，繼而解說論證。其最大特色就是把河圖的五十五數分為本數與虛數。所稱本數，就是布於圖之四方、四維之數，共為四十；所稱虛數，是指居於河圖中央的天五與地十。

《易圖通變》認為筮法本身包含著數，數之推演就能導出河圖來，這就把占筮之學與《易》的宇宙發生模式統一起來，初步具有世界統一論思想和辯證法思想。對道教方術和教理的建設起了一定的推動作用。

《周易集說》

《周易集說》，為宋末元初道士俞琰撰。收入《通志堂經解》和《四庫全書》中。四庫本共四十卷，通志堂本則分為十三卷。

其中包括《周易上下經說》、《彖辭說》、《象傳說》、《爻傳說》、《文言傳說》、《是辭傳說》、《說卦說》、《序卦說》、《雜卦說》。該書草創於元世祖至元二十一年，完成於至大四年，幾費俞氏畢生之精力。時人孟淳、李克寬、白挺、張英、顏堯煥等皆甚推重。

此書以朱熹《周易本義》為宗，之所以如此，是因為朱子學說在宋後之影響「幾如日中天」，成為思想界之主導。

其後學爭相宗稟，各類撰疏之作，其去取別裁，唯以朱子之說為斷。俞琰崇尚朱說，不僅表現在論《易》之性質方面，而且貫穿於具體的解釋之中。無論是發揮《易》之義理，還是闡述《易》之象數，都繼承了朱子《易》說之大旨。

學貴有心得。俞琰在弘揚朱學的基礎上，也形成了自己的《易》學特點。由於他長期以來，潛心於

《易》外別傳，對其象數指趣有獨到的見解。他雖然不同意以爐火方外之法附會《易》之本旨，但卻也以象數為根，稱《易》始作於伏羲氏，初僅有卦畫而未有辭。

> 辭本於象，象本於畫，有畫方有像，有像方有辭。若舍畫而玩辭，舍象而窮理，辭雖明，理雖通，非《易》之學。故俞氏釋《易》，著眼於卦象、爻象，次之明理。此與宋代前道教學者的《易》象數學頗多相合之處。

俞琰由卦象伸發義理，非以一卦說一理。他每「並卦取義」，即以兩卦互並，倒轉反對，釋象說理。俞琰一生探研《易》學，頗有成就，僅是易學、丹道著作，就有多部。如《周易參同契發揮》、《周易參同契釋疑》、《易經考證》、《易傳考證》、《讀易須知》、《六十四卦圖》、《古占法》、《卦爻象占分類》、《易圖合璧連珠》、《易圖撰要》、《讀易舉要》、《易外別傳》、《玄牝之門賦》等，《周易集說》則是其代表作。

由於他畢生從事《易》學研究，故在接觸道教典籍中應用《易》象、《易》理的作品時，便能得心應手，融會貫通。

《靈寶畢法》

《靈寶畢法》，內丹著作。全名《祕傳正陽真人靈寶畢法》，又名《鐘離授呂公靈寶畢法》。相傳為呂洞賓之師、五代道士鍾離權撰。該書原十卷，始見錄於《通志藝文略》道家類修養目。《正統道藏》太清部所收十篇，即原卷數，合為上中下卷，題「正陽真人鍾離權稱房著，純陽真人呂嵓洞賓傳」。

此書是鐘呂金丹派的基本教典，闡述了鐘呂金丹派的教理、哲學觀點，奠定了宋元以後內丹學的理論基礎。為唐宋時期內丹學的最高水準，故研習內丹者皆視為必讀之要典。

《修真十書》

《修真十書》，為內丹著作叢書。《正統道藏》收入洞真部方法類。該叢書所收內丹著作甚眾，除鍾離權、呂洞賓外，絕大部分為南宗五祖及其弟子們的著作，其中尤以白玉蟾為最多。

修真稱「修煉內丹以成真成聖」，《修真十書》即全書所含之篇數：《雜著指玄篇》、《金丹大成集》、《鐘呂傳道集》、《雜著捷徑》、《悟真篇》、《玉隆集》、《上清集》、《武夷集》、《盤山語錄》、《黃庭內景五藏六府圖》、《黃庭內景玉經注》、《黃庭外景玉經注》。

篇數實為十二篇，如將白玉蟾所作之《玉隆集》、《上清集》、《武夷集》視為一篇，恰為十篇；或將最後三部《黃庭》著作視為一篇，也為十篇。

《修真十書》所收道教著作甚多，除《玉隆集》、《上清集》、《武夷集》等外多為內丹著作。在眾多的內丹著作中，除兩三種外，又皆為鐘呂一是的內丹著作，主要是道教南宗著作，故是研究該派內丹理論和丹法的基本資料。

《靈寶玉鑑》

《靈寶玉鑑》，為宋元間靈寶派齋醮儀法之集成。《正統道藏》收入洞玄部方法類。書無序跋，不著撰人。文中提到薩真人、路真官、紫極田真君等，皆兩宋間道士，其作者疑為吳全節。唯《正統道藏》所記載卷數為四十三卷，二十五門，與虞集所記有出入，或為《正統道藏》編撰者對原書結構作了改易。此書有的一卷為一門，有的幾卷為一門。計有道法釋疑門，修齋節次門，靈旛寶蓋門，申牒頭連門，召役發遣門等。是一部集靈寶齋醮儀範、符籙咒法為一編之書。除《道法釋疑門》通論各種齋醮儀法的理論外，其餘各卷按門分敘各項齋醮儀法。

其中齋醮儀法雖源於靈寶，卻非直接抄自靈寶派之齋儀書，而是從宋元諸符籙派所傳靈寶醮儀法中採摭而來，因而帶著明顯的宋元齋法以道為體，以法為用，內煉與外法相結合的時代特徵。此書不僅所即載齋法繁多，尤重對齋法作理論上之闡述。除第一卷通論齋法理論外，其餘各門之首皆冠以專論。其對齋法理論之重視，在現存齋法書中是比較突出的。一為鬼神信仰和地獄天堂論；二是道為體，法為用，內煉為基說。認為靈寶齋之所以能拔幽拯苦、濟生度死，自然要靠法術，但更要靠行法者深厚的內煉功夫。

此書對宋元靈寶齋法作了系統整理，特別是對靈寶齋法的理論作了全面闡述，是研究宋元靈寶齋法及其理論的重要資料。

《老子想爾注》

《老子想爾注》，全名《老君道德經想爾訓》。據唐玄宗《道德真經疏外傳》、杜光庭《道德真經廣聖義》所載，作者為東漢張道陵。

宋代謝守灝《老君實錄》、彭耜《道德真經集注雜說》、董思靖《道德經集解》都承襲此說。也有人認為可能是張道陵開其端，張道陵孫子張魯最終完成並托稱其祖所作。

《隋書．經籍志》、《舊唐書．經籍志》、《新唐書．藝文志》均未著錄。清末敦煌莫高窟所發現的六朝寫本《老子道經想爾注》殘卷，使其重現於世。但原件已為英國人斯坦因掠走，現藏於倫敦博物館。

今人饒宗頤將敦煌殘卷連寫的經文與註釋分別錄出，按《老君道德經河上公章句》的次第，分別章次，並作考證，著《老子想爾注校證》，收入選堂叢書之二。

據考證：殘卷末題「老子道經上」，下注「想爾」兩字分行；起「則民不爭」，迄卷終，共五百八十行。大體上是老子《道經》的註釋本。

《想爾注》的思想多與《太平經》相同，並汲取河上公解《道德經》的某些內容。要求人們信行「真道」，奉持「道誡」。道是至高無上的，神祕的，具有人格意志。

道能夠「設生以賞善，設死以威惡」，如果人們按道的訓誡去做，就可以「積善成功，積精成神，神成仙壽」。它將儒家的倫理價值觀和道教的修仙相結合，對後世道教有深遠的影響。

為了詮釋的需要，它在解《老子》時，數處改易原文。如將第十六章「公乃王，王乃天」句中的王字改為生字，並解釋為：「能行道公政，故常生也；能致長生，則副天也；天能久生，法道故也；人法道意，便能長久也。」道人所以得仙壽者，不行尸行，不同於流俗，故能成其屍，得為仙士。這樣一改，就使《老子》更接近注者的神仙長生思想。

隋唐以前，《想爾注》在道教中頗受重視。《傳授經戒儀注訣》列舉道士當誦習十卷經，第五、第六即是《想爾注》。唐張萬福《傳授三洞經戒法籙略說》列有「想爾二十戒」，存錄《想爾注》上下卷。《太上老君經律》也有「道德真經想爾戒」。但唐以後《想爾注》在道教中不顯著。

《抱朴子內篇》

《抱朴子內篇》是魏晉神仙道教的代表作，也是集魏晉道教理論、方術之大成的重要典籍，晉葛洪著。葛號「抱朴子」，因以名書。

《抱朴子內篇》全書二十卷，每卷一篇，皆有題目。葛洪自稱「內篇言神仙方藥、鬼怪變化、養生延年、禳邪祛禍之事，屬道家。」主要內容包括神仙理論、神仙方術、道教法術和古代科技四個方面。

《仙藥》篇記載了許多藥名和單方，以及多種草木藥的形態特徵、生長習性、主要產地，及入藥部分和主治範圍，為中國醫藥學累積了寶貴的資料。

《太上感應篇》

《太上感應篇》，簡稱《感應篇》。《宋史藝文志》著錄「李昌齡《感應篇》一卷」。《郡齋讀書附志》存夾江隱者李昌齡所編《太上感應篇》八卷。《正統道藏》太清部《太上感應篇》三十卷。

《太上感應篇》僅約一千兩百餘字，敘說人若想長生多福，必須行善積德，並列舉了二十多條善行，一百多條惡行，作為趨善避惡的準繩。

《感應篇》問世以後，受到封建統治階級的歡迎，不少皇帝都大力推動它的流布。在封建帝王的推動下，明清時期民間富有之家都紛紛捐資刊刻，免費散發，從而使此書在社會上廣為流傳，影響十分廣泛，以至邊遠地區，乃至日本，皆有此書的流布。

《周易參同契》

《周易參同契》，簡稱《參同契》，或稱上中下篇。東漢魏伯陽撰。全書約六千餘字，基本上為四字、五字一句的韻文及少數長短不一的散文體和離騷體。該書之命名，乃指會歸《周易》、黃老、爐火三者為一途。

儘管《參同契》將方士煉丹、黃老養性和《周易》卦爻三者相摻合，說明煉丹、養性的情理，但各篇的側重點有所不同。

清人董德寧認為，《參同契》「三篇之作，總敘大易、內養、爐火之三道，是以上篇言易道為多，而次之以內養，其爐火則間及之；中篇則內養為多，而易道次之，爐火則又次之；下篇乃爐火為多，而內養為次，易道更為次也。此三篇之中，其三道之詳簡有不同也如此。」

關於《參同契》對《周易》的運用，魏伯陽將煉丹的鼎器，方位，藥物，火候，時辰，變化等，都用《周易》卦爻詞義來表述。

《參同契》用《易》卦，除象徵鼎器藥物的四卦以外，其餘六十卦和納甲六卦以及十二辟卦，是用在表明煉丹用功、進退及其時間之掌握上。

《參同契》既談外丹爐火，又講內養修煉。它認為，只有服食金丹、內養精氣和配以服食，才能達到「變形而仙」、長生久視的目的；同時指斥當時流行的存思、食氣、房中術以及祭祀鬼神祈福壽等皆為邪門歪道。因此，為道教丹鼎派的重要著作，被尊為「萬古丹經之祖」，在中國道教史與古代科技史上均有重要地位。

但由於《參同契》運用《周易》的卦爻和隱喻手法解說煉丹、內養術，使得本來就比較複雜的修煉功夫，變得更加神祕難解。

唐宋以來，註解《參同契》者甚眾，見仁見智，互有發揮。《正統道藏》收錄十一種，主要注本有後蜀彭曉《周易參同契分章通真義》三卷，宋朱熹《周易參同契考異》一卷；陳顯微《周易參同契解》三卷及元俞琰《周易參同契發揮》九卷等。

《養性延命錄》

《養性延命錄》，《正統道藏》收入洞神部方法類。題華陽陶隱居集。前有序，言此書編集之由來，稱此書是據前人所撰《養生要集》刪節而成。

陶弘景「刪棄繁蕪，類聚篇題，分為上下兩卷，每卷三篇，號為《養性延命錄》。」上卷：《教誡篇》、《食誡篇》、《雜誡忌禳害祈善篇》。

《教誡篇》引《神農經》、《莊子》、《列子》、《混元妙真經》及其他道書，總論養生的必要性。《食誡篇》講飲食衛生，特別提倡多用素食、淡食、熟食，飯後散步等。

《雜誡忌禳害祈善篇》講日常起居的注意事項及禁忌。包括行住坐臥及沐浴等方面。提出不宜久視、久臥、久立、久行、久坐。夜臥不覆頭，勿以濕頭臥，宜屈膝側臥。

主張冬季溫足凍腦，春秋腦足俱凍。大汗勿脫衣，濕衣、汗衣不可久著。醉飽、遠行歸還，大疲倦，不可行房事等。

下卷：《服氣療病篇》、《導引按摩篇》、《御女損益篇》。講用行氣、導引、房中等方術以養神、

煉形。《服氣療病篇》講行氣術，記錄其法十餘條，包括調身、調意、調息等內容。《導引按摩篇》講導引按摩術，記錄其法近二十條。包括摩面、熨眼，搔目四眦、揩摩身體、扣齒、漱津等。《御女損益篇》講房中術，記錄其法十餘條。

這是一本採摭前人養生言論，加以系統歸納提煉而成的養生著作，引錄之書，多達三十餘種，是漢魏時期養生學之精華。其中許多內容是從實踐中總結出來的經驗之談，值得今人借鑑。

《古文龍虎經》

《古文龍虎經》，簡稱《龍虎經》、《龍虎上經》，或稱《金碧龍虎經》。古代許多丹家認此書為先於《周易參同契》的最古之丹經。

此書現存三種注本，一為成書於南宋淳熙十二年之王道《古文龍虎經註疏》；二為佚名氏《古文龍虎經注》，皆載《正統道藏》太玄部；三為明彭好古《金碧古文龍虎上經》，載《道言內外祕訣全書》。

此外，《正統道藏》又有佚名氏《讀龍虎經》之短文，為《古文龍虎經》的某些名詞術語作銓釋。

《道書十二種》

《道書十二種》，為清乾嘉時龍門派道士劉一明所撰之道教叢書。原名《指南針》，收書十二種，後收書增加，但仍沿襲此名。現共收書十七種。

劉一明所作之書，大都彙集在此叢書內。所收十七種書，可概分為兩類。

四、其他典籍

◇註釋。計有《易理闡真》、《參同直指》、《黄庭經解》、《百字碑注》、《敲爻歌直解》各一卷，《悟真直指》四卷，《金丹四百字解》一卷，《無根樹解》一卷，共九種。

◇撰者。計有《修真辨難》、《修真後辨》、《修真九要》、《神室八法》、《通關文》、《象言破疑》、《會心集》、《西遊原旨》、《悟道錄》。

九種註釋書中，後七種為丹經註釋。前兩種之一的《陰符經》，也被劉一明視為最古之丹經，以丹道註釋之，這與唐宋以後之內丹家無異。別具特色的是對《易》的註釋《易理闡真》，劉一明認為，《易》之「歸根處，總以窮理盡性至命為學」。

八種撰著書，是劉一明內丹理論和方法的直接表述。《修真辨難》之後，又作《修真後辨》。前者以師徒問答形式，回答了「何為道」「陰陽何以分內外」等一是列問題，又再作後者，將內丹要領集中為二十六條，詳加闡釋。

劉一明認為修丹的根本在修心，把人心稱作神室，特作《神室八法》，勸人把剛、柔、誠、信、和、靜、虛、靈等八種德性作為建築神室的材料，以為修丹的基礎。從中又表現出濃厚的糅合儒家理學的色彩。

《會心集》分《內集》、《外集》，《內集》又分上下卷，一以詩、詞、歌、曲若干首，「因物書懷，就事寓意」以解說丹道。《外集》也分上下卷，同樣以詩、詞、歌、曲加雜文若干篇以論說丹道、雜文中再列《三教辨》，以論三教一家。

《道書十二種》幾乎全為劉一明的內丹著作。其中《悟道錄》雖類雜著與勸世文，但主旨卻是以己之「悟」勸人入道和修丹；《西遊原旨》也是雜著，但仍以三教合一與修丹思想為核心。其餘各篇，或

以己之丹道思想闡釋丹經，或是直接闡述內丹理論和方法，是內丹著作的主體。

劉一明是清乾嘉時龍門派的重要人物，對陝、甘、青影響很大，研究他的《道書十二種》，可以了解龍門派丹法的發展演變。且此叢書在論述內丹理論的同時，全面反映了劉一明的宇宙觀、人生觀、道德觀，它又為研究龍門派的哲學思想提供了重要資料。

《三洞群仙錄》

《三洞群仙錄》二十卷。南宋江陰靜應庵道士陳葆光撰集。收入《正統道藏》正一部。據《三洞群仙錄．序》稱，該書網羅九流百氏之書，下逮稗官俚語之說，凡記載神仙事者，皆彙集入編。全書蒐集神仙故事一千〇五十四則，始自盤古，迄於北宋。所集神仙之故事，皆自注其來源，引書多達兩百餘種。

該書所錄，雖「不盡仙人事」，但作者對於上古至北宋間之神仙事跡，進行了廣泛的彙集，實為這一歷史時期神仙事跡之集大成者。道教神仙人物傳記著作，自漢劉向《列仙傳》問世之後。歷代多有所出。

但在長期流傳中，多有散失，如陳馬樞之《道學傳》，唐杜光庭之《王氏神仙傳》，宋賈善翔之《高道傳》等重要著作都已先後亡佚，唯《三洞群仙錄》中尚存上述諸書的大量內容。其中，引自《高道傳》者達八十二人次。故此書仍不失為研究道教人物的重要資料。

《重陽全真集》

《重陽全真集》，全真道祖師王重陽撰，由門人編輯。全書原本九卷，《正統道藏》為十三卷，載於太平部。

全書為王嘉所作詩、詞、歌之彙集，涉及其生平思想及活動的諸多方面，為研究王嘉的重要資料之一。

《〈正易心法〉注》

《〈正易心法〉注》，五代宋初道士陳摶撰。收入《范氏奇書》、《學津討原》、《藝海珠塵》等叢書中。所注之《正易心法》為麻衣道者所作。

後遇異人得祕傳，常服麻縷百結之衣，人遂以「麻衣道者」稱之。五代之季，在華山遇陳摶，遂以《正易心法》授摶。

關於《正易心法》一書的來歷，古代學者有不同看法。南宋理學家朱熹嘗斥為偽書，與朱熹同時人張栻則肯定該書出自麻衣道者。據宋代釋志盤《佛祖統紀》四十三卷記載，該書當是麻衣道者口述，由陳摶記錄、整理並加註釋而成。

《正易心法》書名之由來，與易緯有關。正易一詞，乃取《易緯乾坤鑿度太古文目》「正易大行萬匯生」，意即流行變化之「本易」，而心法即是以本心悟《易》道之法。

《正易心法》之構成包括三個層次，一為卦畫，二為心法，三為消息。卦畫總圖之後分為四十二章，每章有四句詩體經文，為麻衣道者之口授；每章之下繼以一二段訓解，稱之為消息，此是陳摶之手筆。

從內容看，《正易心法》及其注文有兩大特點。第一，試圖跳出前人卦爻辭範圍，直接以心領悟卦爻象數本義。第二，以血氣的觀念說卦爻象位。除上述兩點外，《正易心法》及其注文也融合了佛教思想。

陳摶是宋初著名道教學者，在《老》學和《易》學方面都有很深的造詣。其《老子》學說，透過弟子張無夢傳於陳景元，推動了宋代之後道教教理的研討。《易》學方面造詣尤深，他打破了儒家傳統的《易》學體系，創立了《易》圖書之學，《〈正易心法〉注》為其《易》學體系的重要組成部分。他所創立的《易》學體系，不僅在道教內，也在儒家學者中產生了很大的影響。

《道德玄經原旨》

《道德玄經原旨》四卷，元杜道堅撰。《正統道藏》收入洞神部玉訣類。書前牟巘甲午年序，有南谷杜君，扁舟過余，論議超然，出所為《老子原旨》示余等語；書前還有大德九年黎立武、張與材的序。由此推知，該書約撰成於元至元三十一年至大德九年之間。

《道德玄經原旨》是對《老子》的闡釋與發揮。

特點之一是援古史以證《老子》。作者認為：老聖昔事西伯為藏史，仕成王為柱下史，幽王時為太史，屢掌史帙，演著玄經，龜鑑萬世。上下幾千百代，歷歷可推，言聖人者三十有二而不名，殆一無名古史也；

特點之二是援儒入老，儒道合一。篇首王易簡序稱：杜君出身儒家，從老氏學，能不私所主而折衷二者之間。杜道堅還以理學家的「無極而太極」解釋「道生一」。這都顯示了他解老的理學化傾向。

從內聖外王出發，他結合先天、後天、無極、太極等理學名詞講老子的內聖之道，又結合古代政治史講儒家外王之道。

他解釋老子的「常無」為「先天」，「常有」為「後天」，在《玄經原旨發揮》中讚美蓋公、曹參以「清靜寧一」的內聖之道，開出漢室隆平的外王之治，是「善用老子之道者。」

《道德玄經原旨》是元代道教老學著作中影響較大的一種，被歷代治《老》者所重視。如朱謙之《老子校釋》以它為所據版本書目之一，以《玄經原旨發揮》為考訂書目；陳鼓應《老子註譯及評介》也以它作為參考書目。

《淨明忠孝全書》

《淨明忠孝全書》是淨明道的基本典籍。有關淨明教義、方術及主要傳人生平與活動事跡具載於此。全書六卷，《正統道藏》收入太平部。

卷一至卷五題「淨明傳教法師黃元吉編集，嗣法弟子徐慧校正」。卷六題「淨明法子玉隆陳天和編集，廬陵徐慧校正」。據該書前序載，元至治三年，黃元吉編成《淨明忠孝全書》和《玉真語錄》，為全書的前五卷。

黃元吉去世，弟子陳天和編《中黃先生問答》為卷六。全書經淨明道第三代嗣法宗師徐異校正，於元泰定四年成書。

卷一收淨明道祖師及傳人傳記七篇。前四篇為《淨明道師旌陽許真君傳》、《淨明經師洪崖先生

傳》、《淨明法師洞真先生傳》、《淨明監度師郭先生傳》，是許遜和「淨明三師」張氳、胡慧超、郭璞的傳記，皆採擷前史和傳聞撰成，可資了解淨明道神仙體系。後三篇即《西山隱士玉真劉先生傳》、《中黃先生碑銘》、《丹扃道人事實》，為淨明道宗師劉玉、黃元吉、徐異的傳記，述生平事跡較詳，是研究淨明道創教及傳承的主要資料。卷二收闡釋淨明道法文論五篇。有題許遜撰《玉真靈寶壇記》，胡化俗述《淨明大道說》、《淨明道法說》，郭璞述《淨明法說》、郭璞撰《玉真立壇疏》，皆是劉玉創教期間，托稱眾真降授的文字。卷三至卷五收錄劉玉語錄計七十五條，每卷二十五條。以問答形式寫成，為劉玉向弟子傳教之言論彙集。卷六《中黃先生問答》。收錄黃元吉闡釋淨明忠孝教義之言論凡十三條。

《老君音誦誡經》

《老君音誦誡經》，北魏道士寇謙之撰。此書似為其所撰《稱中音誦新科之誡》二十卷的節抄本。它偽托老君所授，故全文三十五段，每段均冠以「老君說」稱稱。

其基本內容是針對北朝天師道組織渙散，戒律鬆弛，原有陳規已不適應變化了的新情況，故提出進行整頓，改革的措施，以期與當時封建統治階級的需要相一致。

第一，明確提出，道教的任務是「佐國扶命」，輔佐國家，扶助真命天子。

第二，以是否忠君孝親為區分善惡的標準，反對犯上作亂。

第三，鼓勵道官祭酒進善舉賢。投道門之民欲為弟子者，當觀望情性與約戒相應者三年，能修慎法教，精進善行，乃可授籙為弟子，以保證道徒的品質。

此外，還增訂戒律和齋儀。即以儒家的倫常充實戒律內容，倣法佛教增訂齋儀。如建立廚會制，規定上章奏法、燒香求願法、謝過去病法、犯科求赦法，以及為亡人設會燒香禮儀等。

寇謙之為改革北天師道，特假借老君之名，撰作《稱中音誦新科之誡》二十卷，現此書已佚，幸賴存此節錄本《老君音誦誡經》一卷，使人尚能從中窺見寇謙之改革天師道的思想和措施之梗概。

《老子河上公章句》

《老子河上公章句》舊題西漢河上公作。《正統道藏》本為四卷，收入洞神部玉訣類。河上公不知何許人。《史記》提到河上丈人。

皇甫謐《高士傳》稱：「河上丈人，不知何國人，自隱姓名，居河之湄，著老子章句，號河上丈人，也稱河上公。」

關於《老子河上公章句》的時代及其作者，眾說紛紜，大致有西漢、東漢、魏晉諸說。贊同東漢說的認為，它產生於《老子想爾注》之前，其中有後世道流增飾之處。河上注中糅有儒家思想，如注「聖人常善救人」時，稱「聖人所以常教人忠孝，欲以救人性命」，為此，有人認為作者是方士化的儒生。

在眾多的《道德經》舊本中，河上公本和王弼本流傳最廣。河上公注本文字簡明，清晰精確，有相當濃厚的養生思想，反映了東漢社會尚黃老神仙的思潮。

注中反覆講「自愛其身，以寶精氣」、「治身者當愛精氣而不放逸」，特別強調了寶精愛氣在養生中的重要地位。河上注本還以「去六情」、「損情去欲」作為養生的一個重要條件。

河上注將治身與治國相結合，主張身國同一。以人君作為養生之道的施教對象，把養生之道和人君

的南面術連繫起來。

它說「治身者愛氣則身全，治國者愛民則國安」「治國當愛民財，不為奢泰，治身當愛精氣，不放逸」，把治身的原則推而廣之，擴充到治國當中，則國無不治；反過來說，把治國的道理運用於治身，則身無不治。

身與國是相通的，清靜無為、知足儉嗇是兩者共同的原則。這是對老子原有思想的發揮，後世道教徒解老時也繼承了這一觀點。

河上注中多有神仙思想，如注「穀神不死」稱：穀，養也。人能養神則不死」。反映了東漢黃老思想的特徵。關於道，河上注認為是混沌未分的元氣，它無形無音無匹雙，存在於天地之前，混沌而生成萬物。

總之，河上注是東漢方術之士的解老之作，它吸取當時哲學、醫學和養生學的成果，著重從養生角度解老，同時闡發治國之道，主張透過自身修煉而長生不老，是道家思想向道教理論過渡的一個重要標誌。其思想多為後世道教繼承發揚，唐時《傳授經戒儀注訣》規定它為道教傳授的主要經書之一。

《文昌帝君陰騭文》

《文昌帝君陰騭文》，簡稱《陰騭文》。成書年代也難下定論。一般認為作者是道士，書成於《太上感應篇》之後，至遲不會晚於元代。

《陰騭文》有各種手抄本、刊刻本，清代道士將其收入《道藏輯要》星集，為一卷。另外《昭代叢書別集》有《陰騭文頌》、《三益集》有《陰騭文像》四卷。

文昌帝君又名梓潼帝君。文昌本為星名，古代占星術士認為它們是吉祥富貴之星，分別命名為上將、次將、貴相、司命、司中和司祿，用之以占人事。

「陰騭」一詞出於《尚書．洪範》：「唯天陰騭下民」，意稱冥冥之天在暗中保佑人們。在《陰騭文》中，陰騭具有天人感應的含義，要人多積陰功陰德，為善不揚名，獨處不作惡，這樣就會得到文昌帝君的暗中庇佑，賜予福祿壽。

《陰騭文》也是三教思想相融合的書，而以儒家的三綱五常為核心。開篇即為文昌帝君現身說法，稱：「吾一十七世為士大夫身，未嘗虐民酷吏，濟人之難，救人之急，憫人之孤，容人之過，廣行陰騭，上格蒼穹。人能如我存心，天必賜汝以福。」

接著列舉了幾位古代士人行善得福報的事例，說明「百福駢臻，千祥稱集」都是從陰騭中得來。進一步又闡述「近報則在自己，遠報則在兒孫」的因果報應論，告訴人們為善為惡雖然一時沒有相應的回報，甚至出現行善命運不濟、作惡官運亨通的情況。但終究是善有善報，惡有惡報，近一點報在自身，遠一點報在兒孫身上，只是時間早遲而已。

《陰騭文》的影響是僅次於《感應篇》的道教勸善書，它和《感應篇》一樣，對當時社會生活產生了深刻影響，明清話本小說多以它為主題思想進行說教，幾乎家喻戶曉，衍化為民情風俗的一部分。

《太上洞淵神咒經》

《太上洞淵神咒經》二十卷，簡稱《神咒經》。唐末五代道士杜光庭稱《神咒經》為太上道君所傳，由西晉末道士王撰編輯成書。據該經內容判斷，其初出於兩晉之際，王撰為較早的撰人之一。

《太上洞淵神咒經》是亂世思治在道教著述上的反映。它以「遵道、奉經、學仙」和「拯護萬民」為中心內容，描寫出一片太平盛世的情景。《神咒經》塑造的李弘及其太平世界的構想，成為鼓舞農民起義的號角，自東晉太寧元年開始，曾出現了多次李弘起義。

直至隋大業十年為止的兩百多年中，以李弘之名起事者，彼伏此起，遍及山東、安徽、河南、陝西、甘肅、湖北、四川各地，其中又以東晉至南北朝早期為多。由此可見《神咒經》當時在民間所產生的影響。

《太上洞淵神咒經》充滿道君、仙人，鬼神符咒語言，屬道教符籙派典籍，後世稱信奉此經者為洞淵派，並以王撰為此派之創始人，《道藏》中凡標有「洞淵」字樣為篇目的經籍，即為洞淵派道書。

《歷世真仙體道通鑑》

《歷世真仙體道通鑑》，簡稱《仙鑑》。題浮稱山聖壽萬年宮道士趙道一修撰。載《正統道藏》洞真部記傳類。書前有趙道一自序及《進表》，皆未署年月，唯廬陵劉辰翁為此書作序，署年甲午，鄧光薦為此書作序，署年閼逢敦牂。

書前趙道一自序說明編書的由來及宗旨。他說：「儒家有《資治通鑑》，釋門有《釋氏通鑑》，唯吾道教斯文獨闕。詳審校定，嚴行筆削。名之說《歷世真仙體道通鑑》。」

全書由《正編》、《續編》、《後集》三部分組成。

《正編》五十三卷，他在《仙鑑編例》中稱該卷收錄「始自上古三皇，下逮宋末。其間得道真仙事跡，乃搜之群書，考之經史，訂之仙傳而成。」首為軒轅皇帝傳，繼記眾多古仙，再記漢至宋末諸道士，共計七百四十五人。

《續編》五卷，收錄包括王嚞和北七真在內的宋末元初諸道士傳記，共三十四人。

《後集》六卷，專收歷代女仙、女道士之傳記，共一百二十人。全書共收神仙、道士傳記八百九十九人。

此書為現存神仙、道士傳記中收羅最富，記述較為平實的一部。收載時限之長，人物之多，為《列仙傳》、《洞仙傳》、《續仙傳》、《三洞群仙錄》諸書所不及。特別是它所收載的除神仙之外的道士傳記之多，更非他書可比，這就為道教研究提供了較多的有用資料。

《道德真經藏室撰微篇》

《道德真經藏室撰微篇》為北宋道士陳景元撰。據彭耜《道德真經集注雜說》、褚伯秀《南華真經義海撰微》及書前楊仲庚序，此書成於北宋神宗熙寧五年。該年神宗召見陳景元於便殿，景元因進所作《藏室撰微》，遂詔令「宣附《道藏》」，即附於當時的《天宮寶藏》。

據《宋史藝文志》、《通志藝文略》及陳景元《藏室撰微開題》等記載，此書原為兩卷，《正統道藏》則為十卷，即《道經》五卷，《德經》五卷，載於洞神部玉訣類。

在解老時，還闡述了治身治國之道的思想。認為治身治國當以厚重為根本，治身的人心安靜則萬神和悅，故無嗜欲奔躁之患；治國的人無為則百姓樂康，故無權臣撓亂之憂。無論治身治國都應順從自然之道，息愛慾之心，以歸虛靜之本。

《道德真經藏室撰微篇》在宋代便產生了一定影響。李庭《道德真經藏室撰微疏抄序》稱其所解「中間貫穿百氏，剖析玄微。引證詳明，本末畢備，尤為近世所貴。」宋人薛致玄說，自陳景元後，「道家之學翕然一變」。

宋彭耜撰集的《道德真經集注》集引《藏室撰微》較多，董思靖《道德真經集解》也有所引。其為諸家所重視，是道教解老著作中較為重要的一部。

《太上玄靈北本命延生真經》

《太上玄靈北本命延生真經》與《太上說南斗六司延壽度人妙經》、《太上說東斗主算護命妙經》、《太上說西斗記名護身妙經》、《太上說中斗大魁保命妙經》合稱《五斗經》。

此書託名太上老君所說，張道陵所受。考《唐書》《宋史》經籍、藝文志及宋代諸家目錄，皆未有此書之著錄。

《道門科範大全集》卷中《真武靈應大醮儀．說戒》稱：「宋興之初，成都有燀灰李，置一閣奉事真君香火，真君降於其家，傳以《五斗經》，行於世。」真君降授，出於道教傳說，但宋初已傳此經，當是事實。

元、明朝人傳洞真為此書作注，表明元、明朝人已疑此經為漢唐道士所作。視此書思想內容及行文風格，或許出於南北朝至隋唐間。《正統道藏》收入洞神部本文類。

經文不長，首敘老君於永壽元年正月七日在太清境上太極宮中，看到世人多受輪迴之苦，乃生哀憫之心，下降蜀都，授予天師張道陵《北本命經訣》；次敘老君教張道陵修齋祝願誦《北經》，呼北斗七星君名號之法。中心思想是勸人禮拜北，勤誦《北經》。

此書現存三種注本。一為元統二年徐道齡所作《太上玄靈北本命延生真經注》五卷；二為崆峒山玄元真人所作《太上玄靈北本命延生真經註解》三卷，前、後有李白和蘇軾二序，蓋為依託。

注文有較成熟的內丹思想，且引有《太上感應篇》「善惡無門，唯人自召」句，成書當不早於北宋；三為傅洞真所作《太上玄靈北本命延生真經》，注文提到郭子儀和杜光庭，卷中徑稱趙宋為「宋朝」，而不稱「本朝」，似為元明時作品。

第五章　神仙體系

道教的最高目標是得道成仙，神仙信仰是道教信仰的演變與具體形象，道教歷來都十分重視神仙體系的宣傳與架構，從三清傳說開始，歷代道士不斷對它進行豐富與完善。

隨著時代的發展和傳播的需要，吸收和造構的神靈愈來愈多，其中有的被時代所淘汰，而更多的則被完整的保留了下來，最終形成一個複雜龐大的仙靈體系。認識和研究這些神仙，是我們了解道教，認識道教的一個重要方面。

一、仙靈概述

道教根植於中國文化土壤中，其崇奉之神靈數量眾多，但無一例外地都能從這塊土壤中找到它的源頭。透過道教「氣」與「化」，經過歷代的豐富，最終在兩宋時期道教神仙體系得以確立。

神仙體系的淵源

道教根植於中國文化土壤中，其崇奉之神靈數量眾多，但無一例外地都能從這塊土壤中找到它的源頭。歸納起來：

第一，對中國古代天神、地祇、人鬼信仰的繼承和改造。

第二，對神話傳說人物的繼承和改造。

第三，取材於戰國秦漢間流傳的神仙人物。

第四，對讖緯的承襲。

道教神仙體系中的神靈，雖然大部分承襲了中國古代神靈的模式，但也有一部分為道教所新創。

教理依據和基本原則

道教神仙體系雖然表現出繼承傳統的明顯特色，但是又對所選取的神靈進行必要的加工，並根據需要新創一些神靈。其對已有神靈的加工和新神的創造，遵循了共同的教理依據，即道和氣，以及共同的基本原則，即化。

道是道教的最高信仰和教義樞要，也是道教創神的基本依據。不賦予神靈以道性，無從成其為道教神仙。氣是道教塑造神靈的另一教理依據。

道教從成立之日起，即受兩漢元氣說之影響，十分重視氣的作用，認為原始之氣生天生地生萬物。用道與氣造構神靈時，道教遵循其化的原則，即變化的思想。這是道教的一大特色。無變化即難以設想人能經過修煉變成長生不死的神仙，人們稱由人變仙者為「羽化登仙」，即指出了化的作用。

神仙體系的發展進程

造構神仙與編制體系經歷了一個由少至多和由紛雜無序至較有系統的演變過程。

漢魏兩晉是道教神仙體系的初創時期。其早期經典《太平經》既確定神仙、真人為崇拜對象，又將儒家的聖人、賢人納入神仙體系。

南北朝是道教大量造構神仙和進行初步整理的時期。寇謙之在改造北天師道時，一方面借太上老君之名，另一方面，又另造新神，為其神權張目。

隋唐五代是三清最高神地位最後確立和神仙體系繼續編定時期。唐代崇奉道教，尊祖老子，三清尊神的地位在唐代得以確立，與此同時，其餘眾神的次序也得到編定。

兩宋是道教神仙體系最後編定時期。北宋真宗、徽宗是著名的崇道皇帝，他們搞了很多降神和天賜的鬧劇。經過整理，十分龐雜的神仙隊伍算是較有系統了。金允中《上清靈寶大法》所載神仙體系的代表，是道教神仙體系最後編定的標誌。

道教的神仙體系

道教信奉的最高尊神是「三清」，即玉清元始天尊、上清靈寶天尊和太清道德天尊。道教宮觀供奉的三清塑像，一般以玉清元始天尊居中，元始天尊左側為靈寶天尊，右側為道德天尊。

三清之下的眾神則以得道之深淺、功德之多寡而分為不同的等級和職守，最高者為玉皇，其次為四御，再次則為眾天神。玉皇統御諸天，為宇宙的最高統治者。分司不同職責的神仙，老百姓最熟悉的有風、雨、雷、電、水、火諸神，以及財神、灶神、城隍、土地等。

道教的神仙等級

神仙的等級依照不同的標準可以作為不同的劃分。一般說來，其劃分成的等級有以下幾種。

《神仙傳》區分仙有九品：第一上仙，第二次仙，第三太上真人，第四飛天真人，第五靈仙，第六真人，第七靈人，第八飛仙，第九仙人。

《抱朴子內篇．論仙》分天仙、地仙和屍解仙，即先死，再蛻變成仙人，一般認為是仙之下者，遠不及白日飛昇直接成仙。王重陽等內丹家常將仙分成天仙、地仙、人仙、神仙和鬼仙五個級別。

一般說來，學道者的最高追求是升至最高尊神元始天尊所居的大羅天成大羅金仙。

道教的神仙稱呼

道教神仙是對道教信奉的神和仙的統稱。神：道的化身，如三清，或自然界中神祕力量的化身，如雷神。仙：指透過道家修煉具有神通變化而能利濟世間的得道之士。

道教信奉的神仙，有天尊，如元始天尊、老君，如太上老君、道君，如靈寶道君、大帝，如玉皇大帝、上帝，如玄天上帝、帝君，如梓潼帝君、真君，如北真君、老人，如南極老人、真人，如長春真人、元君，如碧霞元君、夫人，如南嶽夫人、聖母，如天上聖母、靈官，如王靈官、元帥，如溫瓊元帥、將軍，如五道將軍、星官，如七曜星官、娘娘，如眼光娘娘、功曹，如四值功曹等多種稱謂。

其中男仙多稱真君、真人或帝君，女仙多稱元君、夫人或聖母。道教徒對神仙一律尊稱為「祖師」。

道教真人和仙人

道教徒對真人。仙人最為崇欽。在他們的心目中，仙真是得道而有神通的人，是他們的老師和榜樣。他們修煉的目的，就是要使自己也能成為仙人。道經中還反覆強調，要想修煉成仙，便必須得到真人。仙人傳授道法仙方，引度點悟。

何稱真人？《淮南子．本經訓》：「生莫死，莫虛莫盈，是稱真人。」《莊子．天下》：「關尹，老聃乎，古之博大真人哉！」道教真人之稱即沿此而來。一般說，道教的真人，大都是受到帝王封誥的仙人。如唐代封莊子為南華真人。列子為沖虛真人等。

何稱仙人？為道教所講的一種超脫塵世。有神通變化。長生不死的人。《釋名釋長幼》：「老而不死說仙。」《神仙傳．彭祖傳》：「仙人者，或竦身入稱，無翅而飛；或駕龍乘稱，上造天階；或化為鳥獸，遊浮青稱；或潛行江海，翱翔名山；或食元氣，或茹芝草；或出入人間而人不識；或隱其身而莫之見。」

仙真是真人和仙人的統稱。兩者性質相同，不過在品級上真人高於一般仙人。

道教三祖

道教始源於黃帝，乃尊黃帝為始祖；以闡揚道教精義的老子為道祖；以形成道教教團的張道陵為教祖，是稱道教三祖。

道教各種神仙的區別

道教神明分先天真聖和後天尊神。先天真聖在道教裡是道在某一方面的化身，是不分大小的。後天尊神，就是我們一般說的神仙了，不能說大小之分，而且很多後天尊神為先天尊神之化身。

我們一般說的仙界，就是指後天尊神所居住的地方，道教修行法門是按照先天之法修行，但因修行高低、功德大小，仙果不同，所居的仙界也不同。

二、至尊天神

至尊天神是道教創作出來的一個神仙系統，包括三清、四御、五老君、五星七曜星君、北斗七星君、南斗六星君、真武大帝、文昌帝君等，它們是最早的道教仙靈，是宇宙萬物演化的化身，是「道」最早的擬人形象。

三清

三清，既指天神所居之三處勝境，即玉清聖境、上清真境、太清仙境，合稱三清境；又指分別居住在上述三清境的三位至高神，即元始天尊、靈寶天尊、道德天尊。

三清之稱始於六朝，開始僅指「三清境」。《太上蒼元上錄經》稱：「三清者，玉清、上清、太清也。」

◇ **元始天尊**：道教最高神靈「三清」尊神之一，道教開天闢地之神，為上古盤古氏尊稱，稱玉清元始天尊，也稱原始天王。在「三清」之中位為最尊，也是道教神仙中的第一位尊神。

根據道經的描述，元始天尊稟自然之氣，存在於宇宙萬物之前。他的本體常存不滅，即使天地全部毀滅，也絲毫影響不了他的存在。每當新的天地形成時，天尊就會降臨人世間，傳授祕道，開劫度人。所度者都是天仙上品，包括太上老君、天真皇人、五方天帝等神仙。

◇ **靈寶天尊**：原稱上清高聖太上玉晨元皇大道君。齊梁高道陶弘景編定的《真靈靈寶天尊位業圖》列其在第二神階之中位，僅次於第一神階中位之元始天尊。唐代時曾稱為太上大道君，宋代起才稱為

靈寶天尊或靈寶君。

道經說他是在宇宙未形成之前，從混沌狀態產生的元氣所化生。原是「二晨之精氣，九慶之紫煙」，後托胎三千七百年誕生，住在上清境的玄都玉京仙府，有金童、玉女各三十萬人侍衛，萬神朝拜，超度之人不計其數。有三十六變七十二化，人們隨時隨地都可以見到他。

◇**道德天尊**：即太上老君，居「三清尊神」的第三位，是道教初期崇奉的至高神。原為春秋時思想家、道家學派創始人老子。

唐朝時期，太上老君之威靈更盛。他被奉為李唐王朝的始祖，幫助唐高祖李淵平定天下，天寶年間，唐玄宗最後為他上「大聖祖高上金闕玄元天皇大帝」尊號。宋大中祥符六年八月加號為「太上老君混元上德皇帝」。

四御

四御為道教天界尊神中輔佐「三清」的四位尊神，所以又稱「四輔」。他們的全稱是：紫微北極大帝、南極長生大帝、勾陳上宮天皇大帝、承天傚法后土皇帝地祇。《修真十書》卷七《丹訣歌》中說：「九九道至成真日，三清四御朝天節。」

◇**中天紫微北極大帝**：又稱紫微北極大帝、北極大帝、北極星君，四御之一。道經中稱紫微北極大帝的職能為：執掌天經地緯，以率三界星神和山川諸神，是一切現象的宗王，能呼風喚雨，役使雷電鬼神。紫微大帝受到歷代帝王的崇祀，尤其在宋代，常與玉皇大帝一起奉祀。紫微大帝的神誕日為農曆的四月十八。

◇**南極長生大帝**：全稱高上神霄玉清真王長生大帝統天元聖天尊，居高上神霄玉清府，簡稱神雷玉府。據道經《高上九霄玉清大梵紫微玄都雷霆玉經》稱元始天王「第九子位為高上神霄玉清真王長生大帝，專制九霄三十六天，三十六天尊統領」。

◇**勾陳上宮天皇大帝**：簡稱勾陳大帝、天皇大帝，為道教尊神四御中的第三位神。勾陳上宮天皇大帝協助玉皇大帝執掌南北兩極和天、地、人三才，統御眾星，並主持人間兵革之事。

◇**承天傚法后土皇地祇**：道教尊神四御中的第四位天神，簡稱后土，俗稱后土娘娘。與主持天界的玉皇大帝相配台，掌陰陽生育，萬物生長，與大地河山之秀的女性神。

五老君

五老君是早期道教尊奉的五位天神：

東方安寶華林青靈始老君，簡稱青靈始老蒼帝君，南方梵寶昌陽丹靈真老君，簡稱丹靈真老赤帝君，中央玉寶元靈元老君，簡稱元靈元老黃帝君，西方七寶金門皓靈皇老君，簡稱皓靈皇老白帝君，北方洞陰朔單郁絕五靈玄老君，簡稱五靈玄老黑帝君。

此五位天神，蓋源於古之「五帝」傳說。戰國成書的《周禮天官大宰》稱：「祀五帝。」唐賈公彥疏稱：「五帝者，東方青帝靈威仰，南方赤帝赤熛弩，中央黃帝含樞紐，西方白帝白招拒，北方黑帝葉光紀。」

據《雲笈七籤》卷記錄，在五方五老帝君之後，還有太微天帝君、青靈帝君、總真主籙、中天玉寶

元靈元老君、赤明天帝、南極尊神等。或稱五方五老君中之青靈始老君即俗所稱東華帝君、東王公、東王父。五老君也稱青帝、赤帝、黃帝、白帝和黑帝。

玉皇大帝

玉皇大帝，全稱昊天金闕無上至尊自然妙有彌羅至真玉皇上帝，又稱昊天通明宮玉皇大帝、玄穹高上玉皇大帝，居住在玉清宮。

道教認為玉皇為眾神之王，在道教神階中修為境界不是最高，但是神權最大。玉皇上帝除統領天、地、人三界神靈之外，還管理宇宙萬物的興隆衰敗、吉凶禍福。

道經中稱玉皇大帝居住昊天金闕彌羅天宮，妙相莊嚴，法身無上，統御諸天，綜領萬聖，主宰宇宙，開化萬天，行天之道，布天之德，造化萬物，濟度群生，權衡三界，統御萬靈，而無量度人，為天界至尊之神，萬天帝王。

道教認為，玉皇大帝總管三界，即天上、地下、空間，十方，即四方、四維、上下，四生，即胎生、卵生、濕生、化生，六道，即天、人、魔、地獄、畜生、餓鬼的一切陰陽禍福。

每年的臘月廿五，玉皇要親自陣聖下界，親自巡視察看各方情況。依據眾生道俗的菩惡良莠來賞善罰惡。正月初九為玉皇聖誕，俗稱「玉皇會」，傳言天上地下的各路神仙在這一天都要隆重慶賀，玉皇在其誕辰日的下午回鑾返回天宮。是時道教宮觀內均要舉行隆重的慶賀科儀。

黃帝

黃帝是傳說中的遠古帝王，道教尊奉的古仙。戰國時，許多人對遠古傳聞進行編聯增撰，終於造就出一代帝王形象。據稱，黃帝姓公孫，名軒轅，有熊國君少典之子。曾敗炎帝於阪泉，誅蚩尤於涿鹿，諸侯遂尊之為天子，代神農氏而為黃帝。

與百家塑造黃帝帝王形象同時，一些典籍又在塑造黃帝的仙人形象。秦漢方士更以黃帝為帝王成仙的樣板，鼓動秦皇、漢武以之為楷模修煉長生。歷戰國至漢初，黃帝基本上已具有帝王兼仙人的形象。

道教在形成初期，人們稱其前身為黃老道，視黃帝與老子同為道教的祖師。張道陵創立五斗米道，獨尊老子為教祖，而尊黃帝為古仙人。由此遂被沿襲。

道教奉黃帝為古仙人，陶弘景《真靈位業圖》稱之為「玄圃真人軒轅黃帝」，列於第三中位太極金闕帝君之下的左位。

道士多托黃帝之名以著書，現《道藏》除收醫書古籍《黃帝內經》外，託名黃帝之《陰符經》是其最著名者。舊時一些地區嘗建黃帝廟或軒轅廟，多以之為古仙而奉祀之。道教宮觀中嘗有黃帝殿、軒轅祠。如四川青城山常道觀既有三皇殿祀伏羲、神農、黃帝，又有軒轅祠專祀黃帝。

東王公

東王公，又稱木公、東王父，扶桑大帝、東華帝君。原為中國古代神話中的男神，後經道教增飾奉為男仙領袖，南、北二宗則奉為始祖。

東王公之名的出現比西王母晚幾個世紀。《漢尚方鏡銘》雖曾有其名，但無事跡記述；東王公一

詞，始見於晉葛洪《枕中書》，書中稱之為扶桑大帝，文說：「元始君經一劫乃一施太元母，生天皇十三頭，治三萬六千歲，書為扶桑大帝東王公，號日元陽父扶桑大帝，住在碧海之中。」

對於東王公的來歷有諸多記載，《枕中書》稱他為元始天尊與太元聖母所生。《仙傳拾遺》又說他為青陽之元氣，百物之先也。《酉陽雜俎．前集》卷一和《列仙全傳》卷一皆稱其諱倪，安君明，鐘化於碧梅之上，蒼靈之墟。

道教創立後，將東王公納入神是，稱其主陽和之氣，理於東方，也號王公焉。與金母皆挺質太玄，毓神玄奥，於東方溟溟之中，分大道醇精之氣而形成，與西王母共理二氣而育養天地、陶鈞萬物，凡天上、天下、三界、十方，男子登仙得道者悉所掌焉。

東王公之名的出現後於西王母，但因他是男性，在道教中的地位卻比西王母更高，到南宋金元時尤甚。南、北二宗準備合宗時，都爭相尋祖，最後一致以東王公為共同祖師。儘管東王公後來居上，取得了比西王母更加尊貴的地位，但其對民間的影響，卻遠不及西王母，它除了在道觀中享受香火外，世人知之者並不太多。

西王母

西王母，俗稱王母娘娘，又稱西姥、王母、金母和金母元君。全名為白玉龜台九靈太真金母元君、白玉龜台九鳳太真西王母或太靈九光龜台金母元君。西王母之名最初見於《山海經》。「西」指方位，「王母」即神名。

西王母由混沌道氣中西華至妙之氣結氣成形，厥姓侯氏，位配西方。《漢武帝內傳》稱西王母上殿時，「著黃金褡孎，文采鮮明，光儀淑穆，帶靈飛大綬，腰佩分景之劍，頭上太華髻，戴太真晨嬰之冠，履玄璚鳳文之舄。視之可年三十許，修短得中，天姿掩藹，容顏絕世」，漢武帝拜受西王母之教命。《山海經》中言西王母人身虎齒，豹尾蓬頭稱稱，乃西王母使者西方白虎之神，非西王母之形。《漢武帝內傳》中有西王母賜三千年結果之蟠桃事，因此，西王母開蟠桃會的故事深入人心。道教和民間一直將西王母作為長壽的象徵，以西王母作為金籙延壽道場的主神。

每逢西王母神誕之日，一說是農曆三月初三，一說是農曆七月十八，道教徒，特別是女性教徒常聚集在道觀內，為西王母建祝誕道場，同時祈求健康長壽。

五星七曜星君

道教崇奉的七位星神。指日、月及五星。五星為歲星，即木星、熒惑星，即火星、太白星，即金星、辰星，即水星、鎮星，即土星。五星又稱五曜，和日、月合稱七曜，尊之為星君。

日、月及五星之崇拜，起源很古。西漢以前，雍州即有專門祭祀它們的祠廟。《史記封禪書》說：「雍有日、月、參、辰、南北、熒惑、太白、歲星、塡星，即辰星、二十八宿之屬，百有餘廟。」兩漢時，多據星象以占驗人事。現存緯書輯文中，即多以日、月、五星運行之位置及表露之顏色等，以預言人事之吉凶。

道教在此基礎上進一步給以姓氏、服色，賦予威權職掌，使之具有完全的擬人神表徵而崇拜之。道教以日為大明之神，稱為日宮太丹炎光郁明太陽帝君，或稱日宮太陽帝君孝道仙王，作男像，以金色太陽為飾。

以月為夜明之神，稱名月宮黃華素曜元精聖後太陰元君，或稱月宮太陰皇君孝道明王，作女像，以白色月光為飾。

《太上洞真五星祕授經》則徑直以木、金、火、水、土稱五星君，並對其服飾、職掌作了描述；《太上洞神五星諸宿日月混常經》又將五星和儒家五常相配，得出十分吉祥的結論。

北斗七星君

北斗七星君是道教崇奉的七位星神，即北斗七星。中國是世界上天文學發展最早的國家之一，對北斗七星的觀察早有記錄，但七星之名最完整的記載，始見於漢代緯書。

最初有兩種名稱，一為《春秋運斗樞》所記。說：「第一天樞，第二旋，第三璣，第四權，第五衡，第六開陽，第七搖光。第一至第四為魁，第五至第七為標，合而為斗。」道教形成後，以北為天神加以崇拜，並對之作種種神學解釋。

《雲笈七籤》卷二十四《總說星》說：「七星第一星名說天樞，魂神斗次；第二星名說天璇，魂神斗次行；第三星名說天機，魄精斗次行；第四星名說天權，魄精斗次行；第五星名說玉衡，魄靈斗次行；第六星名說開陽，魄靈斗次行；第七星名說搖光。」同時又稱北有九星，為九皇之神，稱「北九星，七見二隱。」

古代很重視北斗七星的作用。《史記天官書》說：「北斗七星，所稱旋、璣、玉衡、以齊七政。」所稱「七政」，據《索隱》引《尚書大傳》，指：春、秋、冬、夏、天文、地理、人道。也就是說，自然界天地的運轉、四時的變化、五行的分布，以及人間世事吉凶否泰皆由北斗七星所決定。

南斗六星君

南斗六星君是管理世間一切人、妖、靈、神、仙等生靈的天官。南極長生大帝玉清真王，是南斗六星君的頂頭上司。因此南斗六星君的六宮都隸屬於南極長生大帝管轄。

《星經》稱：「南斗六星，主天子壽命，也主宰相爵祿之位。」後民間流行「南斗主生，北主死」的說法，道教吸收後將南斗六星神格化，成為司命主壽的六位星君。

《上清經》稱：「南斗六星，第一天府宮，為司命星君；第二天相宮，為司祿星君；第三天梁宮，為延壽星君；第四天同宮，為益算星君；第五天樞宮，為度厄星君；第六天機宮，為上生星君，總稱六司星君。」專門奉祀南斗星君的廟宇稱南斗星君廟。因南斗專掌生存，故民間又稱為「延壽司」。

四靈二十八宿

道教崇奉的星神指四象和二十八宿。二十八宿，也稱「二十八舍」或「二十八星」。中國古代為了觀測天象及日、月、五星的運行，選取二十八個星官作為觀測時的標誌，稱為「二十八宿」。

它又平均分為四組，每組七宿，與東、西、南、北四個方位和蒼龍、白虎、朱雀、玄武等動物形象相配，稱為「四象」，道教名之為「四靈」。

二十八宿在四象觀念的形成很早，至戰國初已見於記載。漢代緯書《尚書考靈曜》稱：「二十八宿，天元氣，萬物之精也。故東方角、亢、氐、房、心、尾、箕七宿，其形如龍，說『左青龍』。南方井、鬼、柳、星、張、翼、軫七宿，其形如鶉鳥，說『前朱雀』。西方奎、婁、胃、昴、畢、觜、參七宿，其形如虎，說『右白虎』。北方斗、牛、女、虛、危、室、壁七宿，其形如龜蛇，說『後玄武』」。

道教對此天象加以擬人化，為之定姓名、服色和職掌，頂禮膜拜。四方四靈，自古以來只被作為守護神，地位是不很高的。但其中的玄武神自宋以後卻獨受尊崇，成為赫赫有名的真武大帝、玄天上帝，作為道教大神加以崇奉。

十方諸天尊

十方諸天尊也稱十方救苦天尊、十方大聖、十方大神、十方至真等。

十方天尊即：東方玉寶皇上天尊、南方玄真萬福天尊、西方太妙至極天尊、北方玄上玉晨天尊、東北方度仙上聖天尊、東南方好生度命天尊、西南方太靈虛皇天尊、西北方無量太華天尊、上方玉虛明皇天尊、下方真皇洞神天尊。

《靈寶領教濟度金書》卷二九九、《無上祕要》卷三五、《太上洞玄靈寶智慧禮讚》、《道門科範大全集》卷八五也有「十方應化救苦天尊」之稱，即「東方救苦玉寶皇上天尊」，其餘依次均加「救苦」兩字。

《太上靈寶洪福滅罪像名經》稱其為：「東方普慈救度天尊、南方大慈救苦天尊、西方慈敬護魂天尊、北方延生卻死天尊、東北方護魂保命天尊、東南方萬善慈救天尊、西南方延壽度人天尊、西北方弘普救度天尊、上方大慈普救天尊、下方扶衰延命天尊。」

《太上洞玄靈寶救苦妙經》說：「道言：十方諸天尊，數如沙塵，化形十方界，普濟度天人，委氣聚功德，同聲救罪魂。」為此，道教科儀中，常為祈福免災依次向十方禮仟祝禱。

圓明道姆天尊

圓明道母天尊又稱先天道姥、斗姥元君、九靈太妙白玉龜台夜光金精祖母元君，稱為象道之母也。民間信仰南斗注生，北注死，故人有病，多向北乞命。

道書中說斗姆名紫光夫人，共生了九個兒子，即九皇，分別是玉皇、紫微、貪狼、巨門、祿存、文曲、廉貞、武曲、破軍。斗姥額有三目，肩有四首，左右各出四臂，為三目四首八臂的女神，神像慈容照人，也是一位掌人間生死罪福的天神。

道教的一些主要宮觀，也有設有斗姆殿的，斗姆神誕之日，一說是農曆六月二十，一說是農曆九月初九。道教徒多於道觀內斗姆殿舉行祈嗣或延生道場，祈禱健康長壽，子孫平安。

三官大帝

三官大帝是早期道教尊奉的三位天神。指天官、地官和水官。一說天官為唐堯，地官為虞舜，水官為大禹。道經稱：天官賜福，地官赦罪，水官解厄。

中國上古就有祭天、祭地和祭水的禮儀。《儀禮》的《覲禮》篇稱：「祭天燔柴，祭山丘陵升，祭川沉，祭地瘞。」不過，上古祭祀天地水是皇帝的權利，庶民百姓只能祭祖。

東漢時，張道陵創立五斗米道，就以祭祀天地水三官，上三官手書作為道教徒請禱治病的方法。「其一上之天，著山上；其一埋之地；其一沉之水。稱之三官手書。」南北朝時天地水三官神和上中下三元神合二為一。

◇**天官賜福**：天官名為上元一品賜福天官，紫微大帝，隸屬玉清境。天官由青黃白三氣結成，總主諸天帝王。每逢正月十五，即下人間，校定人之罪福。故稱天官賜福。

◇**地官赦罪**：地官名為中元二品赦罪地官，清虛大帝，隸屬上清境。地官由元洞混靈之氣和極黃之精結成，總主五帝五嶽諸地神仙。每逢農曆七月十五，即來人間，校戒罪福，為人赦罪。

◇**水官解厄**：水官名為下元三品解厄水官，洞陰大帝，隸屬玉清境。水官由風澤之氣和晨浩之精結成，總主水中諸大神仙。每逢農曆十月十五，即來人間，校戒罪福，為人消災。

天地水三官以正月十五、農曆七月十五和農曆十月十五為神誕之日，道教徒都進廟燒香奉祀，或建金籙、黃籙道場，以祈福消災。

降魔護道天尊

降魔護道天尊，也稱高明大帝、祖天師，即道教創立者張道陵。《祖天師誥》說：本來南土，上詣蜀都。先獲皇帝九鼎之丹書，後侍老君兩度於玉局。千軸得修真之要，一時成吐納之功。法籙全成，受盟威品而結璘訣，奪福庭治而化咸泉，德就大丹，道齊七政，大悲大願，大聖大慈，三天扶教，輔玄體道，大法天師。雷霆都省，太玄上相，都天大法王。正一沖玄，神化靜應，顯佑真君。六合無窮，高明大帝。降魔護道天尊。

真武大帝

真武大帝，又稱玄天上帝、玄武大帝、佑聖真君玄天上帝，全稱真武蕩魔大帝，為道教神仙中赫赫有名的玉京尊神。現在武當山信奉的主神就是真武大帝，道經中稱他為「鎮天真武靈應佑聖帝君」，簡稱「真武帝君」。

民間稱蕩魔天尊、報恩祖師、披髮祖師。明朝以後，在全國影響極大，近代民間信仰尤為普遍。真武大帝也稱玄武、玄龍，盤古之子，於玉帝退位後任第三任天帝，生有炎黃二帝，曾降世為伏羲。

玄武本二十八宿中北方七宿之總名。戰國典籍已有記載。《楚辭遠遊》有「召玄武而奔屬」之句，洪興祖《楚辭補註》卷五說：「玄武稱龜蛇，位在北方，故說玄，身有鱗甲，故說武。」

玄武作為神的地位，在漢代比前有所提高，但在此後較長一段時間內，人們仍視玄武之形象為龜蛇，仍視玄武為四方護衛神之一。玄武信仰之興盛和玄武神地位之提高始於宋代。北宋開國之初，即受到北方外族契丹、遼國的威脅，為了提高防禦入侵的自信心，乃乞靈於北方大神玄武的護佑。

元朝以北方女真族入主中原，視北方真武為王朝的保護神而加以崇奉。元代開國之初，在北京等地創建真武廟、昭應宮。元代皇帝將真武之「真君」號升格為「帝」，《續文獻通考》卷七十九《群祀三》稱：「元大德七年十二月，加封真武為元聖仁威元天上帝。」

明成祖時崇奉真武尤盛。此時，崇奉真武的道教經書也愈來愈多。僅現存於《道藏》者，即有此時期所出的《玄天上帝說報父母恩重經》、《玄天上帝啟聖錄》、《玄天上帝啟聖靈異錄》、《大明玄天上帝瑞應圖錄》、《玄天上帝百字聖號》、《太上玄天真武無上將軍籙》等。

萬曆《續道藏》所收《玄天上帝百字聖號》，將歷代皇帝和道士加給真武的封號排成一百字，其封號之長，無論在皇帝中或其他神靈中，再也找不出第二個能和它相比擬的。後經元明諸代之倡導，真武廟祀幾遍天下。

文昌帝君

文昌帝君為民間和道教尊奉的掌管士人功名祿位之神。文昌本星名，也稱文曲星，或文星，古時認為是主持文運功名的星宿。其成為民間和道教所信奉的文昌帝君，與梓潼神張亞子有關。

東晉寧康二年，蜀人張育自稱蜀王，起義抗擊前秦苻堅，英勇戰死，人們在梓潼郡七曲山為之建張育祠，並尊奉他為雷澤龍神。其時七曲山另有梓潼神亞子祠，因兩祠相鄰，後人將兩祠神名合稱張亞子，並稱張亞子仕晉戰歿。

文昌帝君除有抗擊戰死、忠主救民之功績外，《梓潼帝君化書》稱，張亞子「生及冠，母病疽重，乃為吮之，並於中夜自割股肉烹而供，母病遂愈。後值瘟疫流行，夢神授以《大洞仙經》並法籙，稱可治邪祛瘟，行之果驗。」因此，文昌帝君也是慈祥孝親的楷模。成書於宋元時的《文昌帝君陰騭文》列舉古代士人行善得福的事例，說明善有善報、惡有惡報，「近報則在自己，遠報則在兒孫」的因果報應，勸人行善積德。

天帝命文昌帝君掌天曹桂籍文昌之事。凡世間之鄉舉里選，大比制科，服色祿秩，封贈奏予，乃至二府進退等，都歸文昌帝君管理。

元明以後，隨著科舉制度的規模化和制度化，對於文昌帝君的奉祀也逐漸普遍。各地都建有文昌宮、文昌閣或文昌祠，其中以四川梓潼縣七曲山的文昌宮規模最大。一些鄉間書院和私塾也都供奉文昌神像或神位，其間雖時有興廢，但因文章司命，貴賤所是，所以一直奉祀不衰。

每年二月初三日為文昌帝君神誕之日，官府和當地文人學士都要到供奉文昌帝君的廟宇奉祀，或吟詩作文，舉行文昌會。

太乙救苦天尊

太乙救苦天尊又稱東極青華大帝，或稱尋聲救苦天尊、十方救苦天尊，簡稱救苦天尊。相傳其為玉皇大帝二侍者之一，配合玉帝統御萬類。道教說他由青玄上帝神化而來，誓願救度一切眾生，所以炁化救苦天尊以度世。

據《太乙救苦護身妙經》說：「東方長樂世界有大慈仁者，太乙救苦天尊化身如恆沙數，物隨聲應。或住天宮，或降人間，或居地獄，或攝群耶，或為仙童玉女，或為帝君聖人，或為天尊真人，或為金剛神王，或為魔王力士，或為天師道士，或為皇人老君，或為天醫功曹，或為男子女子，或為文武官宰，或為都大元師，或為教師禪師，或為風師雨師，神通無量，功行無窮，尋聲救苦，應物隨機。」「此聖在天呼太一福神，在世呼為大慈仁者，在地獄呼為日耀帝君，在外道攝耶呼為獅子明王，在水府呼為洞洲帝君。」若遇到困難，只要祈禱天尊或「誦唸聖號」，即可「解憂排難，化凶為吉」，也可「功行圓滿，白日昇天」。被道教隱宗、妙真道，奉為本宗主祭天尊神。

太乙雷聲普化天尊

太乙雷聲普化天尊也稱都天糾察大靈官、王善天君。道教奉為護法大神。先天主將，一神君，都天糾察大靈官，三界無私猛烈將，金睛朱發，號三五火車雷公，鳳嘴銀牙，統百萬貔貅神將，飛騰稱霧，號令雷霆，降雨開晴，驅邪治病，觀過錯於一十二年，受命玉帝，積功勛於百千萬種，誓佐祖師，至剛至勇，濟死濟生，方方闡教，處處開壇，豁落猛吏，三五火車大靈官，王天君，太乙雷聲應化天尊。

南極長生司命真君

南極長生司命真君，也稱南極真人、壽星、老人星。《史記．封禪書》記載：「壽星，蓋南極老人星也。見則天下理安，故祠之以祈福壽。」《後漢書．禮儀志》：「仲秋之月，祀老人星於國都老人廟。」道教奉南極壽星為長壽之神。

東嶽大帝

東嶽大帝又稱泰山神，其身世眾說紛紜，有金虹氏說、太昊說、盤古說、天孫說、黃飛虎說等。泰山神作為泰山的化身，是上天與人間溝通的神聖使者，是歷代帝王受命於天，治理天下的保護神。

根據中國古老的陰陽五行學說，泰山位居東方，是太陽升起的地方，也是萬物發祥之地，因此泰山神具有主生、主死的重要職能，並由此延伸出幾項具體職能：新舊相代，固國安民；延年益壽，長命成仙；福祿官職，貴賤高下；生死之期，鬼魂之統。

秦漢以降，泰山神的影響逐漸滲透社會各階層，進入人們的日常生活中，於是泰山神作為陰陽交代，萬物之始的神靈，在保國安民、太平長壽的基礎上引伸為可以召人魂魄、統攝鬼魂的冥間之主。

隨著泰山神影響的擴大，其信仰向四周擴散開來，在全國各地幾乎都建有規模不等的東嶽廟，反映了泰山神東嶽大帝在中國傳統宗教中的地位以及對社會的影響。

歷代帝王對泰山神尊崇有加，唐代封為「天齊王」，宋代晉為「仁聖天齊王」、「天齊仁聖帝」，元代加封為「天齊大生仁聖帝」，明代又恢復為東嶽泰山神。每年的農曆三月二十八是東嶽泰山神的生日，全國各地的善男信女來此焚香祭拜，以示慶賀。

酆都大帝

酆都大帝是道教信奉的主宰地獄的最高神靈。其形成與演變，經歷了一個漫長的過程。到南朝時，道教對酆都大帝的描繪比較成系統了。陶弘景《真靈位業圖》所排神仙座次的第七中位即為「酆都北陰大帝」，稱其：炎帝大庭氏，諱慶甲，天下鬼神之宗，治羅豐山，三千年而一替。

魏晉南北朝時，佛教地獄說在社會上廣泛流傳，有所稱十八層地獄及十殿閻羅治鬼之說，道教汲取了這些思想，逐步形成了酆都鬼獄並塑造了酆都大帝的形象。

道教的酆都大帝，原說住在北方的羅酆山，稱為北帝；而後世卻以今四川的酆都縣為鬼城，是酆都大帝的治所。這一轉變大約發生於宋代。

中國傳統信仰的地獄主宰有東嶽大帝、地藏和酆都大帝，前者源於漢族民間信仰，中者源於佛教，後者則源於道教，在中國南方影響較大。

九天玄女

九天玄女簡稱玄女，俗稱九天娘娘、九天玄女娘娘。原為中國古代神話中的女神，後經道教增飾奉為女仙。傳說她是一位法力無邊的女神。因除暴安民有功，玉皇大帝才敕封她為九天玄女、九天聖母。

雖然他在民俗信仰中的地位並不顯赫，但她是一個正義之神，形象經常出現在古典小說之中，成為扶助英雄鏟惡除暴的應命女仙，故而她在道教神仙中的地位也常重要。

三、靈官地仙

靈官地仙是道教神仙體系的第二大系統，包括功曹、城隍、太歲、土地、雷神、灶神、門神、財神和臨水夫人、保生大帝等。

他們的特點是民間信仰與道教文化的融合，是道教從民間信仰當中發展起來的神仙，表現為負責人間富貴吉祥等具體各方面內容。

靈官

靈官是道教的護法天神。道教有五百靈官的說法。其中最有名的是王靈官，很多道家宮觀的第一各大殿中，鎮守道觀山門的靈官一般都是這位王靈官。

靈官又有所稱十天靈官、九地靈官、水府靈官、五百靈官、五顯靈官。除五顯靈官外，其他靈官皆為道壇上供作法者，即高功驅遣的小神。又司巡察世界，濟世護法。

《三寶大有金書》說，真武入山修道，其父淨樂國王遣大臣率五百兵往尋覓之，後來五百兵也修道不返，得了道果，便是五百靈官。

五百靈官的五位統帥，便是五顯靈官，也稱靈官大聖華光五大元帥。五大元帥中之最尊者為都天靈官王善，也稱豁落火車王靈官；又說他是雷部尊神，故又稱為太乙雷聲應化天尊。

功曹

功曹，也稱四值功曹，為道教所奉值年、值月、值日、值時的神。值年神明叫太歲，月日時的輪值神則叫功曹。功曹本來是中國古代的一種不大的官職，後來就被運用到道教的神話中，作為玉皇大帝的下屬。他們的主要任務是記錄人和神的功績，同時也是守護神。

根據道家的說法，道士們所有的祈禱文在焚燒後，就是由他們呈送給各位大神的。所以，在各種道教儀式和宗教場合中，他們都是重要的人物。

城隍

城隍是中國民間和道教信奉的守護城池之神。《說文解字》說：「城，以盛民也」、「隍，城池也。有水說池，無水說隍。」城隍一詞連用，首見於班固《兩都賦序》：「京師修宮室，浚城隍。」

城隍神的奉祀，古人有始於堯，始於漢，始於三國諸說，然所據不足，無可憑信。有史可徵者，約在南北朝。

唐代奉祀城隍神已較盛行，唐代地方守宰多有撰祭城隍文，祭祀城隍神者。宋代城隍神信仰已納入國家祀典。明代城隍神信仰趨於極盛。

洪武二年，封京都城隍為承天鑑國司民升福明靈王，開封、臨濠、太平、和州、滁州城隍也封為王，秩正一品；其餘府為鑑察司民城隍威靈公，秩正二品；州為靈祐侯，秩三品；縣為顯祐伯，秩四品都、府、州、縣城隍各賜王、公、侯、伯之號，並配製相應的袞章冕旒。

民間奉祀城隍最初以為城池、地方的保護神，後人們又奉城隍為主管陰司冥籍之神，道教至遲在唐

代即奉祀城隍。它因襲民俗，也視城隍為保護地方、主管當地水旱疾疫及陰司冥籍的神靈。

杜光庭刪定的《道門科範大全集》卷十二至十七之祈求雨雪齋儀中，啟請神靈之一，即為城隍社令。《諸神聖誕日玉匣記等集》以農曆五月十一為都城隍聖誕日，該日城隍廟即舉行祭祀。

太歲

太歲君，歲神也，道書以六十甲子，由天干地支循環，六十年為一週，每年由一位太歲輪值，太歲能祛除邪魅，獎善罰惡，掌理人間禍福之事，為值年太歲，俗稱為歲君也。

中國古代傳統的記時方法，是天干地支法。用十天干即甲、乙、丙、丁、戊、已、庚、辛、壬、癸與十二地支子、丑、寅、卯、辰、巳、午、未、申、酉、戌、亥，循環相配，由甲子起至癸亥止，共得六十對，用此計年，六十年為一同，稱「六十甲子」。

道教吸收民間流行的記年方法，並提出「本命」的說法，稱凡本人的出生年六十甲子干支之年，叫本命元辰，本命年。道教認為六十甲子即六十星宿，六十甲子就成了六十尊元辰星宿神。就此道教還提出了「太歲」的說法。

每年都有一個太歲，如逢甲子年，甲子即是「太歲」，逢乙丑年，乙丑即是「太歲」。《月令廣義．歲令二》：「太歲者，主宰一歲之尊神。凡吉事勿沖之，凶事勿犯之，凡修造方向等事尤宜慎避。又如生產，最引自太歲方坐，又忌於太歲方傾穢水及埋衣胞之類。」

古時人們習慣上只重視歲陰，故有「太歲」十二年一循環之說。地支有方位，「太歲」因而也有方位，故古代民間許多禁忌由此產生，以太歲所在為凶方，忌興土木或遷徙房屋等。

太歲神的奉祀，據杜佑《通典》載，北魏道武帝時，已立「神歲十二」專祀，每年要祭祀歲星，並且還專門設有祭祀歲星的祠。

太歲神因時而化，據《夷堅志》記載，宋時常州東嶽廟後所供太歲，已儼然冠冕，具有人格特徵。自元明以後，最高統牿者設專壇祭祀太歲神，並常與月將日值之神並祭。

因歲神為值年之神，掌人間一年禍福，又稱「值年太歲」，俗稱「歲君」。後來道教又把太歲稱為大將軍。《神樞經》稱：「大將軍者，歲之大將軍也。」故《正統道藏》中稱六十年太歲神均有真名實姓，且皆有神歷。

土地

土地神又稱土地公公、土地公、土地爺，民間信仰最為普遍的眾神之一，流行於漢族地區及部分受漢族文化影響的少數民族也有信仰。

《禮記郊特牲》說：「地載萬物，天垂象，取財於地，取法於天，是以尊天而親地也。故教民美報焉。」比較樸素地表達了上古人們酬謝土地負載萬物、生養萬物之功的心情。

其後，又出現了以整個大地為對象的抽象化的地神崇拜，這種地神被稱為「后土」，是封建皇帝的專祀；而各個地區及村社仍奉祀該地區該村社的地方小神。這種地方小神初稱社、社公，後稱土地。

最初人們崇敬社公、土地，是因為它能生長五穀，負載萬物，養育百姓，更多是從它的自然屬性方面著眼的。後來這種自然崇拜便轉變為人格神崇拜。

舊時的土地廟，一般都供一男一女兩個神像，男的多為白髮老叟，稱土地公公，女的為其夫人，稱

土地婆婆。有的地區又稱田公、田婆。民間以農曆二月初二為土地生日，到時，「官府謁祭，吏胥奉香火者，各牲樂以獻。村農也家戶壺漿，以祝神釐。」

雷神

雷神又稱雷公或雷師。古代神話傳說中的司雷之神，道教奉之為施行雷法的役使神。雷神信仰起源很古。至戰國，《山海經》中描繪的雷神形象為：「雷澤中有雷神，龍身而人頭，鼓其腹則雷也。」

東漢王充《論衡雷虛》所記雷神形像有了變化，說：「圖畫之工，圖雷之狀，纍纍如連鼓之形。又圖一人，若力士之容，稱之雷公。使之左手引連鼓，右手推椎，若擊之狀。」基本上已是擬人化了。

民間自古崇敬雷神，流傳許多雷神故事，尤以唐宋為甚。唐宋文人筆記中，多記大雷雨後，雷神、雷鬼從空而降，雷神霹打不孝子和不法商人，及雷神娶婦等故事，反映出人們對雷神既存敬畏心理，又寄託主持正義的願望。

道教也尊奉雷神，杜光庭刪定的《道門科範大全集》卷十二、十八等，已將風伯雨師、雷公電母作為乞求雨雪的啟請神靈，北宋後的雷法道士又以之為施行雷法的使役神。北宋末興起的神霄，清微諸派，以施行雷法為事。聲稱總管雷政之主神為「九天應元雷聲普化天尊」，雷師、雷公為其下屬神。舊時各地多有雷神廟。

灶神

灶神又稱灶君、灶王，中國古代神話傳說中的司飲食之神，晉以後則列為督察人間善惡的司命之神。自人類脫離茹毛飲血，發明火食以後，隨著社會生產的發展，灶就逐漸與人類生活密切相關。崇拜灶神也就成為諸多拜神活動中的一項重要內容了。故《禮記．祭法》中「王為群姓立七祀」，即有一祀為「灶」，而庶士、庶人立一祀，「或立戶，或立灶」，自是承襲古俗而來。

先秦兩漢典籍，對灶神的由來有兩種說法。一是將火神與灶神合二為一，二是以灶神為先炊。灶神的姓名，也各說不一。隋杜台卿《玉燭寶典》引《灶書》稱「灶神，姓蘇，名吉利，婦名搏頰。」

明田汝成《熙朝樂事》稱農曆十二月二十四祭灶，名說「送灶上天」，即稱該日是灶神上天白人罪狀的日子，因此都於當日設獻禮祭之。所獻祭品，古時曾用黃羊或豚酒，明清時，多以「糖劑餅、黍糕、棗、栗、胡桃、炒豆」，或以「膠牙餳、糯米花糖、豆粉湯」等祭之。

除送灶、迎灶外，一些地區又於農曆八月初三「灶君生日」舉行祭祀。送灶、迎灶皆在家宅灶前，祭灶君生日則在廟中。

門神

門神是道教因襲民俗所奉的司門之神。民間信奉門神，由來已久。《禮記祭法》稱：「王為群姓立七祀，諸侯為國立五祀，大夫立三祀，適士立二祀，皆有門，庶士、庶人立一祀，或立戶，或立灶。」可見自先秦以來，上自天子，下至庶人，皆崇拜門神。

由於中國歷史悠久，地域遼闊，門神的具體崇拜對象，常因時因地而異。概言之，大別有三：最早的門神是神荼鬱壘。繼神荼、鬱壘之後，唐代又出現鍾馗捉鬼的故事，鍾馗也被作為門神以驅鬼魅。元代以後，又曾以唐秦叔寶和尉遲敬德為門神。

除以上三個影響較大的門神外，舊時蘇州地區又曾以溫將軍、岳元帥為門神。溫神或稱晉代之溫嶠，或稱東嶽大帝屬下之溫將軍，岳神即指岳飛。又有所稱文門神、武門神、祈福門神。文門神即畫著朝服的一般文官像；武門神除秦叔寶、尉遲敬德外，也有並不專指某武官者；祈福門神，即以福、祿、壽星三神像貼於門者。

應該指出，以上三個主要門神的相繼出現，並不完全表現為新陳代謝形式，即不都是新的出現後，就立即代替了舊門神的地位，而更多的則是新的出現後，舊的仍然沿用不改，或新、舊同時供奉。

財神

財神又稱趙西元帥，趙玄壇。中國古代民間信奉的司財之神。但唐宋及其以前諸書如干寶《搜神記》、《真誥》、《太上洞淵神咒經》等，皆以為五瘟之一。直至元代成書明代略有增撰的《道藏搜神記》和《三教搜神大全》始稱之為財神。

《封神演義》寫峨眉山道人趙公明助商，五夷山散人蕭升、曹寶助周。雙方交戰，各顯道法，姜子牙最後用巫祝術才將趙公明弄死。

以後姜子牙封神，封趙公明為金龍如意正一龍虎玄壇真君，統率招寶天尊蕭升，納珍天尊曹寶，招財使者陳九公，利市仙官姚少司。其作為財神的形象就較為清楚了。

明清時期，各地建廟塑像以祀之。其像頭戴鐵冠，一手執鐵鞭，一手執翹寶，黑面濃須，身跨黑虎、全副戎裝。俗以農曆三月十五為神誕日，設獻祭之。屆時，許多地方商家都置辦魚、肉、水果、鞭炮，供以香案，迎接財神。

由於中國歷史悠久，地域遼闊，除許多地區奉趙公明為財神外，又有一些地區以春秋戰國時之范蠡或五路神何五路為財神的。此外，還有文財神、武財神之稱，說者以殷代忠臣比干為文財神，關帝為武財神。

瘟神

瘟神，一稱五瘟使者。中國古代民間信奉的司瘟疫之神。即春瘟張元伯，夏瘟劉元達，秋瘟趙公明，冬瘟鐘仕貴，總管中瘟史文業。瘟疫，古人或單稱瘟、溫、或疫，是一種急性傳染病。

在古代民智未開，醫療條件低劣的情況下，人們對這種可怕疾病，恐懼至極，很容易認為是鬼神作祟。因此乞求神靈保護，當是很早就出現的行為。最早的疫鬼始見於緯書，為三人。

舊時各地建廟祀瘟神，有些地區稱瘟祖廟。祭祀日期各說不一。《三教搜神大全》稱隋唐時五月五日祭之，宋陳元靚《歲時廣記》卷七引《歲時雜記》則稱元旦祭之，說：「元日四鼓祭五瘟之神，其器用酒食並席，祭訖，皆抑棄於牆外。」《諸神聖誕日玉匣記等集》又稱，農曆九月初三為五瘟誕辰，該日為其祭祀日。

蠶神

蠶神在民間有蠶女、馬頭娘、馬明王、馬明菩薩等多種稱呼，為中國古代傳說中的司蠶桑之神。中國是最早發明種桑飼蠶的國家。在古代男耕女織的農業社會經濟結構中，蠶桑占有重要地位。漢以前，蠶已被神化，稱其神說先蠶，意指始為蠶桑之人神。

民間祀奉的蠶神，是蠶馬神話演化而來的蠶女、馬頭娘。後人將蠶與馬相糅合，造出人身馬首的蠶馬神。最早記其事者，據稱為三國吳張儼所作之《太古蠶馬記》。此後，百姓據此為之塑像，奉為蠶神。杜光庭《墉城集仙錄》卷六「蠶女」，中稱：「今其塚在什邡、綿竹、德陽三縣界，每歲祈蠶者，四方稱集，皆獲靈應。蜀之風俗，諸觀畫塑玉女之像，披以馬皮，稱之馬頭娘，以祈蠶桑焉。」

舊時除四川有蠶神廟外，其他省區也有蠶神廟祀馬頭娘。道教也崇奉蠶神，但稱其為「玄名真人」所化。《太上說利益蠶王妙經》中，蠶神不僅管蠶桑，還管機織成衣之事。

廁神

中國古代傳說中的司廁之神，也稱紫姑。但民間傳說及有關記載不一。《白澤圖》稱：「廁之精名說依倚。」《雜五行書》稱：「廁神名後帝。」南朝宋劉敬叔《異苑》同此說，卷五記陶侃如廁，遇廁神後帝指示其未來事。六朝時，廁神尚無一致的說法。此後，由於民間信仰紫姑的流行，逐漸共稱紫姑為廁神。

舊時民間對紫姑神的信仰很普遍，許多地方都有「迎紫姑」的活動。不過迎請的方式各不相同，迎請的地點各地也不盡一致，但大都在廁間，故皆以「廁」命名。如山東鄒縣說「邀廁姑」，廣東說「請廁坑姑」，杭州說「召廁姑」，蘇州、紹興稱「坑三姑娘」。

各地迎請紫姑的內容和目的不外兩點。一是占卜蠶桑及眾事；二是作「射鉤」之戲。據《酉陽雜俎》《夢溪筆談》等記載，還有請紫姑作詩、寫字、下棋等遊戲。從以上各地迎紫姑的活動看，紫姑的職責主要不是司人家之廁，而是代卜人事的吉凶和與人一起遊樂了。

媽祖

媽祖又稱天妃、天后、天妃娘娘、天上聖母。中國舊時神話傳說中的女神，東南沿海及臺灣、琉球等地所奉的航海保護神。

媽祖的真名為林默，小名默娘，故又稱林默娘，誕生於莆田縣湄洲島。

林默八歲從塾師啟蒙讀書，不但能過目成誦，而且能理解文字的義旨。長大後，矢志不嫁，父母順從她的意願。她經常引導人們避凶趨吉。還洞曉天文氣象，熟習水性。人們傳說她能「乘席渡海」，又說她能預測天氣變化，稱她為「神女」、「龍女」。

因林默生前與民為善，升化後被沿海人民尊為海上女神，立廟祭祀。後屢顯靈應於海上，渡海者皆禱之，被尊為「通靈神女」，廟宇遍海甸。

北宋、南宋、元、明、清幾個朝代都對媽祖多次褒封，封號從「夫人」、「天妃」、「天后」至「天上聖母」，並列入國家祀典。

從宋朝起至清朝，歷代皇帝先後三十六次冊封。其最長封號「護國庇民妙靈昭應弘仁普濟福佑群生誠感咸孚顯神贊順垂慈篤佑安瀾利運澤覃海宇恬波宣惠導流衍慶靖洋錫祉恩周德溥衛漕保泰振武綏疆天后之神」，後來清朝同治十一年，要再加封時，「經禮部核議，以為封號字號過多，轉不足以昭鄭重，只加上『嘉佑』兩字。」

媽祖信仰從產生至今，經歷了一千多年，作為民間信仰，它延續之久，傳播之廣，影響之深，都是其他民間崇拜所不曾有過的。

醫王

道教神話傳說中指三皇，即古代傳說人物伏羲、神農和黃帝。據傳伏羲療民疾，神農嚐百草，黃帝著醫書《黃帝內經》，民間百姓感其恩而祀之。

至元代，下令郡國通祀三皇。道教將其納入神是後，奉為醫王。明清時，全國各地建有許多醫王廟，或稱三皇廟，祀伏羲神農和黃帝，並配祀岐伯、伯高、鬼臾區少師少俞等神醫。

藥王

藥王是古代對精於醫術的名醫和有關傳說人物的景仰並加以神化，而後奉為主司醫藥之神。主要者有扁鵲、孫思邈和韋慈藏。

以上三人，後世皆尊其為藥王。但各地奉祀扁鵲、孫思邈者多，奉祀韋慈藏者少。據部分方志看，河北、河南等地多祀扁鵲，陝西、山西等地多祀孫思邈。

全國各地遍布藥王廟，其中最大的且供奉較全的要數河北安國的藥王廟。廟中供奉東漢，開國功臣邱彤，在鄧彤神像兩則，奉把華佗、張介賓、扁鵲、張仲景、孫思邈，三韋等十大名醫，歲時祭粑，香火極旺。

關帝聖君

關聖帝君簡稱關帝，俗稱關公，即中國民間和道教尊奉的三國蜀將關羽。

關羽，字稱長，河東解人，為蜀國統兵鎮守荊州，後敗死麥城，謚為壯繆侯。傳說關羽死後身首異處，頭葬洛陽，身葬當陽玉泉山，荊州人感其德義，立玉泉祠祀之。

關羽受到統治者的崇祀，始於北宋末期。宋徽宗於崇寧元年至宣和五年的二十餘年間，三次追封關羽為忠惠公、武安王、義勇武安王。在宋王朝的褒崇下，關羽已成為既能以忠義氣節相號召的人間楷模，又是求雨祈晴、拯救生靈劫難之神。

元明統治者繼續崇奉關羽。至萬曆十八年，神宗敕封關羽為協天護國忠義大帝，由王而晉為帝。萬曆四十二年，敕封為三界伏魔大帝神威遠震天尊關聖帝君，並將關羽定為武廟的主神，與崇祀孔子的文廟並列為文武二聖。

清統治者對關羽的崇奉有增無已，至光緒五年，已加封為：忠義神武靈佑仁勇顯佑護國保民精誠綏靖翊贊宣德關聖帝君。封號長達二十六字。

明清以後關帝廟祀幾遍天下，南達嶺表，北極寒沍，雖山陬海角，乃至海外，皆建有關帝廟。多數關帝廟，皆由道士住持，其祖廟解州關帝廟也然。俗以五月十三為關帝生日，各地關帝廟皆舉行祭祀。

碧霞元君

碧霞元君即天仙玉女泰山碧霞元君，俗稱泰山娘娘、泰山老奶奶、泰山老母等，道教認為，碧霞元君「庇佑眾生，靈應九州」「統攝岳府神兵，照察人間善惡」。是道教中的重要女神，中國歷史上影響最大的女神之一。

民間多以碧霞元君為保護婦女生產之神，其塑像側常塑一抱嬰兒之侍者，故稱之為泰山娘娘或送子娘娘。

臨水夫人

臨水夫人又稱大奶夫人、順懿夫人。福建和臺灣閩南籍民崇奉的女神。據傳，其姓陳名靖姑，或名進姑。福建人。生平事跡記載紛歧。吳任臣《十國春秋》稱其為五代十國閩王鏻時人。

臨水夫人能降妖伏魔，扶危濟難。二十四歲時，因祈雨抗旱、為民除害而犧牲。傳說臨水夫人在保護婦幼上頗有奇效，因而被人民稱為「救產護胎佑民女神」。

這是道教中救助婦女難產之神，又被稱為順天聖母，一直受到許多人的信仰，尤其是婦女。

保生大帝

保生大帝一稱大道公，吳真君。福建泉州和臺灣閩南籍民所奉的地方守護神。其飛昇後，神蹟屢現，降魔解厄，逐寇安邦，醫疾療傷，受庇佑沐恩者難以計數。宋高宗時，封大道真人號，寧宗時封忠顯侯。明太祖時，敕封為昊天御史醫靈真君。

舊時福建泉州多建廟奉祀。傳入臺灣後，建廟也多，為當地醫師及泉州籍民所信奉。

開漳聖王

開漳聖王，一稱陳聖王，聖王公。福建漳州及臺灣閩南籍民信奉的地方守護神。據載，開漳聖王姓陳名元光，唐代漳州刺史。因開拓漳州有功，死後被漳州人奉為神明，立廟祭祀。

三山國王

三山國王是廣東潮州及臺灣潮州籍民所奉的地方守護神。指潮州獨山、巾山、明山三位山神。據稱，宋太宗封此三山神為國王，故有此稱。

四、真君仙人

真君仙人是道教神仙體系的最後一個系統，包括四大真人、廣成子、彭祖、鬼谷先生、三茅真君、北五祖、南五祖、北七真、八仙等。

這些都是道教歷史上的傳說人物或者為道教作出巨大貢獻的人，因此也被吸收進神仙體系，成為完整神仙體系中不可分割的一部分。

四大真人

四大真人，即南華真人、沖虛真人、通玄真人、洞靈真人，道教尊之為四大真人，稱其為老君的四個弟子，他們的著書統稱四子真經。

◇ **南華真人**：即莊周，字子休，宋國蒙人，著《莊子》，唐玄宗天寶元年追號為「南華真人」，其書也稱《南華真經》，宋徽宗追封「微妙元通真君。」

◇ **沖虛真人**：即列御冦，著《列子》，唐玄宗天寶元年追號為「沖虛真人」，其書也稱《沖虛真經》，宋真宗景德四年，加至德兩字，名《沖虛至德真經》，宋徽宗追封為「致虛觀妙真君。」

◇**通玄真人**：即文子，姓辛名鈃，一名計然，葵丘濮上人。傳說他受業於老子，范蠡師事之。辛鈃著有《文子》一書。唐玄宗天寶元年追號為「通玄真人」，其書也稱《通玄真經》。

◇**洞靈真人**：即亢倉子，也稱亢桑子、庚桑子。又傳說是《莊子》中的寓言人物庚桑楚、陳人，得老君之道，能以耳視而目聽，道成仙去。著有《亢倉子》。

唐玄宗天寶元年追號亢倉子為「洞靈真人」，其書也稱《洞靈真經》。

赤松子

赤松子，稱作赤誦子，傳為神農時雨師。能入火自焚，隨風雨而上下。記載其事之典籍，當以《淮南子齊俗》為最早，繼以《列仙傳》而詳其事。劉安稱：「今夫王喬、赤誦子，吹嘔呼吸，吐故納新，遺形去智，抱素反真，以遊玄眇，上通稱天。」

據宋人倪守約《金華赤松山志》載，皇初平曾在赤松山中遇赤松子，修道於石室中，能叱石成羊，汲井愈疾，坐起立亡。赤松子修煉成仙的故事有諸多傳說，且屢為故籍所載。

後世某些道士為了將所撰之書托之遠古，曾假赤松子之名以名書，如《赤松子中戒經》、《赤松子章歷》。據今人研究，此二書皆出於魏晉南北朝。

寧封子

寧封子，又稱龍蹺真人，為古代仙人。據《列仙傳》記載，他原為黃帝陶正。神人過其處，為其掌火，能出五色煙，久則以教封子，連掌其法。

後授黃帝以《龍蹺經》被封為五嶽真人。其形象為頭戴蓋天冠，身著朱紫袍，腰佩三庭印，總司五嶽。後寧封子積火自焚，其形隨煙上升，視其灰燼，猶存其骨，時人將其葬於北山中。

廣成子

廣成子傳為黃帝時人，居崆峒山石室中，一千兩百歲不嘗衰老。其傳說首見於《莊子在宥》，其後之《神仙傳》、《廣黃帝本行記》、《仙苑編珠》、《三洞群仙錄》、《歷世真仙體道通鑑》和《消搖墟經》等均有所記載。

後出之書又有廣成子向黃帝授書、授藥的故事。葛洪稱黃帝「過崆峒，從廣成子受《自然之經》」，又稱「昔圓丘多大蛇，又生好藥，黃帝將登焉，廣成子教之佩雄黃，而眾蛇皆去。」傳說中廣成子隱居修道之地在崆峒山，「即黃帝訪道地，廣成子所隱也。其顛洞穴如盎，將有大風雨，則白犬自穴出，田夫以為候。也名山說玉犬峰。」但廣成子升仙之所，則未見諸文字。

赤精子

赤精子傳說為顓頊時人，曾說《微言經》，教以忠順之道。《前漢書．李尋傳》中說，漢成帝時，齊人甘忠可託言天帝使真人赤精子下教我此道。道教奉為真人，居太華山稱霄洞。元始天尊門下，為道教「十二金仙」之一。

彭祖

彭祖，稱作彭鏗，或稱姓籛名鏗，傳以長壽見稱。原是先秦傳說中的仙人，後道教奉為仙真。彭祖

傳說與先秦典籍所稱老彭有關。《論語述而》：「子說：『述而不作，信而好古，竊比於我老彭。』」老彭為何人，歷來有不同的說法。有的說，老彭是殷賢大夫，好述古事；有的認為，老彭指的正是彭祖；有的則認為，「老」指老子，「彭」是彭祖等。

《列仙傳》記載：「彭祖者，殷大夫也，姓籛名鏗，帝顓頊之孫、陸終氏之中子，歷夏至殷末壽八百餘歲。常食桂芝，善導引行氣。歷陽有彭祖仙室，前世禱請風雨，莫不輒應。常有兩虎在祠左右，祠訖，地即有虎跡稱。後升仙而去。」

在《真靈位業圖》中，彭鏗列在第四左位。道書依託彭祖撰者不少，除前述外，尚有《彭祖養性經》、《彭祖攝生論》、《彭祖導引法》、《彭祖導引圖》等。

容成公

容成公是道教興起前後傳說中的神仙，早期的記述與房中術的傳播直接相關。葛洪《神仙傳》稱「容成子，字子黃，道東人。曾棲太姥山煉藥，後居崆峒山。壽兩百歲。」《廣黃帝本行記》稱「黃帝慕其道，乃造五城十二樓以候神人。」

戰國諸子多托黃帝以入說，這位「自稱黃帝師」的容成公，便是那時神仙家、房中家推崇的仙人。到了漢代，又說容成公和老子均行房中術以致壽，容成公又成為老子之師。此外，他還是一位陰陽家。

漢晉間，盛傳房中術，容成公的聲望也最盛。東晉葛洪在《神仙傳》中稱其「行玄素之道，延壽無極。」玄素之道也就是房中術。《抱朴子內篇．釋滯》稱「房中十餘家，容成公居其一。」

鬼谷先生

鬼谷先生原是中國古代傳說人物，言其為戰國時蘇秦、張儀之師，後被道教奉為古仙。道教很早就視之為仙人。託名葛洪的《枕中書》將鬼谷先生納入道教神仙體系，稱：「鬼谷先生為太玄師，治青城山。」

南朝梁陶弘景《真靈位業圖》又於第四中位太清太上老君下左位中，列入鬼谷先生。南北朝所出之《文始先生無上真人關令內傳》，又署名鬼谷先生撰。

杜光庭《錄異記》卷一所記鬼谷先生，對之作了更多的增益，從此，其生活年代，竟上推至黃帝殷周時代，且是太上老君西行化胡的隨從者之一。經此改造後，鬼谷先生就成為道地的古仙了。

安期生

安期生是秦漢間傳說中的仙人。關於他的記載，以《史記》為最早。司馬遷在《樂毅列傳》後評述漢初黃老之學的師承體系時說：「樂臣公學黃帝、老子，其本師號說河上丈人，不知其所出。河上丈人教安期生，安期生教毛翕公，毛翕公教樂瑕公，樂瑕公教樂臣公，樂臣公教蓋公。蓋公教於齊高密、膠西，為曹相國師。」

曹相國即漢初平陽侯曹參。按這一記述推知，安期生約當戰國末期，似齊人，傳齊國黃老刑名之學。黃老學者本重養生，而齊地學術最為活躍，燕、齊一帶又是神仙傳說盛行之地，也許正是這一原因，安期生遂被齊方士目為神仙。

因道教視安期生為重視個人修煉的神仙，故上清派特盛稱其事。傳說他得太丹之道、三元之法，而

升崑崙，或在玄洲三玄宮，並奉之為上清八真之一，在《真靈位業圖》中列在第三左位，被奉為「北極真人。」

三茅真君

三茅真君是道教尊奉的三位仙人——茅盈、茅固、茅衷。據《雲笈七籤》記載：「茅盈字叔申，咸陽南關人。生於漢初。十八歲棄家委親入恆山修道，後得西城王君及西王母授道法，遂成仙；茅固，字季偉，漢宣帝時曾為執金吾，漢元帝時與弟茅衷渡江求兄授以長生之道，後成仙；茅衷字思和，漢宣帝時曾為五官大夫西河太守，後得道成地仙。」

至宋代，三茅君始得皇帝封號，宋理宗淳祐九年，加封大茅君為「太元妙道沖虛聖祐真君東嶽上卿司命神君」，中茅君為「定錄右禁至道沖靜德祐真君」，小茅君為「三官保命微妙沖惠仁祐真君」，總稱三茅真君。

由於世傳三茅仙人留治句曲山，故句曲山又名三茅山，簡稱茅山。道教茅山派奉三茅真君為祖師。

許真君

傳為晉代道士許遜，字敬之，南昌人，又稱「許真君」。晉太康元年，許遜舉為孝廉，時年四十二歲，拜為蜀地旌陽縣令。

從政期間，公正廉明，吏明悅服，民眾感其恩德，遂立祠供奉其像，人們都親切地稱他為許旌陽。東晉寧康二年舉家從豫章西山白日飛昇，鄉人與其族人共立祠以祀之。

北宋徽宗政和二年，封為「神功妙濟真君」，因於皇帝夢中顯靈，為其療疾，帝遂為其廟賜額為

「玉隆萬壽宮」。元朝時，道士劉玉用「淨明」作為教派名稱，主要經典為《淨明忠教全書》，並奉許遜為教祖，創立「淨明忠孝道」。

北五祖

為道教全真道遵奉的北宗五位祖師，即東華紫府輔元立極大道君王玄甫、正陽開悟傳道垂教帝君鍾離權、純陽演正警化孚佑帝君呂洞賓、海蟾明悟弘道純佑帝君劉海蟾和重陽全真開化輔極帝君王重陽。

全真道稱太上老君傳道於金母，金母傳白稱上真，白稱上真傳王玄甫，王玄甫授鍾離權，鍾離權授呂洞賓和劉海蟾，呂洞賓授王重陽，王重陽授北七真。

北五祖中王玄甫為神話人物，鍾離權、呂洞賓、劉海蟾等為唐末至宋初人，其思想有儒有道，王重陽晚於他們至少百餘年，不可能直接師承，但他們的思想對王重陽有一定影響。

南五祖

為道教全真道尊奉的南宗五位祖師，即紫陽真人張伯端、翠玄真人石杏林、紫賢真人薛道光、翠虛真人陳泥丸和紫清真人白玉蟾。

相傳張紫陽於北宋熙寧二年在成都遇異人授以「金液還丹訣」，修煉成道，以「金丹之道」授石泰，泰授薛式，薛式授陳楠，陳楠授白玉蟾。

白玉蟾在理論上作了進一步的發揮，授彭耜、留長元、趙汝渠、葉古熙等，自此逐漸形成道派。元代初，此派由於與北方的全真道的觀點比較接近而逐漸合流，因其活動多在南方，故後世稱為南宗，張紫陽等五人被尊為南五祖。

北七真

全真道創立者王重陽的七大弟子的統稱，即丹陽抱一無為普化真君馬鈺、長真凝神玄靜溫德真君譚處端、長生輔化宗玄明德真君劉處玄、長春全德神化明應主教真君丘處機、玉陽體玄廣慈普度真晤王處一、太古廣寧通玄妙極真君郝大通和清靜淵真玄虛順化元君孫不二。

七位真人為元世祖所詔封，他們傳有七個道派，即馬鈺創立遇仙派，譚處端創立南無派，劉處玄創立隨山派，丘處機創立龍門派，王處一創立崳山派，郝大通創立華山派，孫不二創立清淨派。由於王重陽屬北宗，故其七弟子也統稱北宗七真，簡稱北七真。全真北宗道士，皆尊奉五祖、七真為祖師。

八仙

民間廣為流傳的道教八位神仙。八仙之名，明代以前眾說不一。至明吳元泰《八仙出處東遊記》始定為：鐵拐李、漢鐘離、張果老、何仙姑、藍采和、呂洞賓、韓湘子、曹國舅。

民間留傳有八仙過海、八仙慶壽等神話故事，後為道教所奉祝，特別是民間奉祀最隆。

◇**鐵拐李**：民間傳說中為八仙之首，稱其姓李，名洪水，隋朝峽人，唐玄宗開元、代宗大曆之間人，學道於終南山，一次元神出殼，沒曾想肉身為虎所食，只得投身於一個跛乞丐。

◇**漢鐘離**：鍾離權，複姓鍾離，字寂道，號稱房子，又號正陽子。東漢咸陽人，其父鍾離章為東漢大將，其兄鐘離簡為中郎將，後也得道成仙。漢鐘離在八仙中名氣僅次於鐵拐李，在八仙中地位較高，特別是由於道教徒的吹捧，名聲更大。元時，金真道奉為「正陽祖師」。

◇**張果老**：八仙中年邁的仙翁，名張果，因在八仙中年事最高，人們尊稱其為「張果老」，新《唐書》有傳。

武則天時，隱居中條山，時人皆稱其有長生祕術，他自稱年齡有數百歲，武則天曾派使者前去召見，張果老佯死不赴。唐玄宗召之，又再次裝死，氣絕很久才甦醒，使者不敢進逼。唐玄宗聞知，再次派徐嶠去邀請。張果只得進京。

◇**呂洞賓**：八仙中流傳故事最多，在道教中，全真道奉其為「純陽祖師」，又稱「呂祖」。他是八仙中人情味最濃的一個，瀟灑、風趣，為民除暴安良，斬妖除怪，還好酒好色。

世間流傳有《呂洞賓三戲白牡丹》的傳說，他的傳說既多且雜，但從中也可看出原是唐代一位慕道的士人，後被人們神化成仙。

◇**何仙姑**：八仙中唯一的女性，傳說她是唐朝人。是位以織鞋為業的農婦，後因嫌家居太悶，遊於羅浮山。

一次，遠在幾百里外的循州山寺僧來羅浮山寺，稱某日曾有仙女去彼山採摘楊梅果子，再加之大家又不知二娘從何處采來這眾多山果，便認為二娘即為循州山寺采果之仙女，從此二娘遠近聞名。

◇**藍采和**：八仙中玩世不恭，似狂非狂的行乞道仙，唐末至五代時人。其行為怪僻，貪杯喜唱，平時穿一身破藍衫，一隻腳穿只靴子，另一隻則光著腳丫子。

更不近常情的是，夏天他穿棉衣，冬天卻躺臥雪中而全身冒熱氣。平時他手持一米有餘的大拍板，一邊打著竹板，一邊踏歌而行，沿街行乞，不僅令世人覺得高深莫測，而且頗具仙意。

◇**韓湘子**：本名韓湘，乳名湘子，幼年喪父，由叔父韓愈撫養。長大後又得鐘、呂二仙傳授修行之術。韓愈極力反對，訓斥他。韓湘子因此而出家，隱居於終南山修道，得成正果，列為八仙之列。

◇**曹國舅**：八仙之末，出現的時間最晚，流傳的仙話也較少。其身世，說法大同小異，都和宋仁宗的曹皇后有關。《神仙通鑑》稱：曹國舅天性純善，不喜富貴，卻慕戀於仙道，其弟則驕縱不法，恃勢妄為，曹國舅對其惡行深以為恥，遂入山修煉，遇鍾離權、呂洞賓而收他為徒，很快曹國舅修成仙道。

傳說八仙分別代表著男、女、老、幼、富、貴、貧、賤；俗稱八仙所持的檀板、扇、拐、笛、劍、葫蘆、拂塵、花藍等八物為八寶，代表八仙之品。

第六章　名山道觀

道教在發展之初並沒有道觀，而是尋一處勝境，獨自修行，這種清淨的，遠離世俗雜音的地方必然在偏遠的深山溪澗中，因此這些山峰便成為後來道教所嚮往的仙山，更傳說有神仙鎮守仙山，有高道在仙山得道成仙。

道教發展到一定階段的時候產生了道觀，伴隨著封建王朝統治者對於道教的崇拜，下旨修建宮觀，因此大型的道教建築群體不斷湧現，或為道教徒自己籌錢修建，或為當朝政府下令修建，宮觀道教從此成為道教文化密不可分的一部分。

一、宮觀概況

道教宮觀是對道教廟宇的通稱，簡稱「道觀」。

宮觀是道士修行、供奉、祭祀神靈、做道場、傳教的活動場所，是道教中道宮和道觀的合稱，也泛指其他道教活動場所，如庵、台、洞、祠、廟、堂等。

道教廟宇名稱

道教廟宇有很多名稱，早期有「治」、「靖」、「廬」、「館」等，「宮觀」是其後期總稱。

道教「觀」之稱起源於漢武帝，《說文》記載，「觀，諦視也」，就是要「好好地看一看」，武帝為了「好好地看一看」天上的神仙，便建造高大的建築以登高望遠，所以有「蜚廉桂觀」、「益延壽觀」之建，北周武帝時將「道館」統一稱為「道觀」。

道教「宮」之稱起源於唐玄宗，七百四十一年，為了祭祀老子，唐玄宗下令兩京及諸州各置「玄元皇帝廟」，皇帝當然要住在皇「宮」中，所以次年唐玄宗下令將廟改稱為宮。宋徽宗時更建造「神霄宮」來供奉自己的神像，從此以後，宮觀成為道教廟宇的總稱。

後來較大的稱為觀，受過皇帝冊封的叫做宮，較小的稱為「道院」、「堂」、「洞」等，遂成定制。

道教宮觀的產生作用

道教的宮觀建築是從古代中國傳統的宮殿、神廟、祭壇建築發展而來的，是道教徒祭神禮拜的場所，也是他們隱居、修煉之處所。金元時期以來，全真道興起後，建立了道教叢林制度，宮觀又成了全真道士出家後集體誦經修養之地。

道教歷來有三十六洞天，七十二福地之說，相傳這些洞天福地都是仙，人居住遊憩之處，是通天之境，故後人多在這些地方潛修煉養，興建宮觀。

尤其是歷代帝王對道教的尊奉，使得道教宮觀遍布中國各地，它們雖然規模不等，形制各異，但總體上卻不外以下三類：宮殿式的廟宇；一般的祠廟；樸素的茅廬或洞穴。三者在建築規模上有很大區別，但其目的與功用卻系統一的。

道教宮觀的布局結構

道教宮觀在其布局、體量、結構上除十分鮮明地繼承了中國傳統的建築思想、建築格局和建築方法，同時也注入了道家與道教的審美思想和價值觀念，形成了自己獨特風格。

太上老君說：「人法地、地法天、天法道、道法自然」、「故道大、天大、地大、王也大。域中有四大，而王居其一焉。」

道為宇宙萬物之根本，而人則應當傚法大而無垠的宇宙自然。在早期道教經典《太平經》中講得更加明確：「天與地法，上下相應：天有子，地也有子；天有午，地也有午；天有坎，地也有坎；天有離，地也有離，其相應若此矣。是故丑未者，寅之後宮也。中者屬卯，侯王之婿也。」

經中將天地與人事相互對應的「天人對應」思想，是道教宮觀建築和布局的重要依據。也是道教宮觀建築的重要特點。《雲笈七籤·二十八治》稱：「謹按張天師二十四治圖稱：太上以漢安二年正月七日中時下二十四治，上八治、中八治、下八治，應天二十四氣，合二十八宿。」

「治」是五斗米道政教合一的管理機構，也是早期道教祭神之場所，它的建制便是按照天象方位之原則而設立的。後來的道教官觀便本著法天、法地、法道、法自然的思想，順乎「自然」之規律來建造。

道教官觀根據八卦方位，乾南坤北，即天南地北，以子午線為中軸，坐北朝南的布局，使供奉道教尊神的殿堂都設在中軸線上。兩邊則根據日東月西，坎離對稱的原則，設置配殿供奉諸神。

這種對稱的布局，體現了「尊者居中」的等級思想。對稱的建築也表現了追求平穩、持重和靜穆的審美情趣。在大的叢林，道眾住房多在宮觀之東部。

按照陰陽五行思想，東方作青龍，為木，屬陽，正符合道士修煉達到「純陽」，返還於道的目的。西跨院則為配殿，或是作為稱遊道眾和香客們的臨時客房。大多數宮觀的建築格局為傳統的四合院、三合院。

道教認為這種格局對應了木、火、金、水四正，加上中央土，五行俱全。大的宮觀由數進四合院、三合院縱向鋪開，層層院落依次遞進，形成鱗次櫛比的發展勢態。道教認為這樣可以聚四方之氣，迎四方之神，也便於區分神的等級。

一些大宮觀山門前建有影壁和櫺星門，道教認為影壁可以藏風聚氣，還有避邪的功能；櫺星門是道士們觀星望氣，迎候神仙之處。

又有說法，櫺星門為宋人祭祀靈星之壇。因道教宮觀多建於山中，故其大門稱為「山門」。山門多為三個門洞，這樣既符合對稱的格局，又寓示進山門，過了三界，才稱得為真正出家道士。另外宮觀建築在用色和裝飾圖案也有自己的講究。

道教宮觀的建築規格

道教宮觀的建築規格與其所供奉神仙的神階及封建帝王對道教的是否崇奉有著密切的關係。道教是多神教，有著龐大的神團體系，神仙中的長幼尊卑區別也是十分嚴格的。早在南朝梁時，著名道教學者陶弘景撰寫的《真靈位業圖》，就是專門記述道教神仙排列次序的。

根據《真靈位業圖》所記，神仙世界分為七個等級，每階設有一中位主神，左右，配有若干諸神，道教認為這些等級不同的神仙居處，也與人間帝王將相居住在不同等級的宮殿、王府、官邸是一樣的，故道教官觀的建築也有等級差別。

在世俗世界中，中國古代建築可分為殿式建築、大式建築和小式建築三個等級。殿式建築即宮殿式樣，是帝王后妃起居之處；大式建築低於殿式建築，不許用琉璃瓦，不許描龍畫鳳，其斗拱、屋頂、基

座的使用也有一定的限制；小式建築即普通民房建築。

奉祀道教的天神、帝君，或受到帝王敕封的廟宇多為殿式或大式建築，一般供奉地方神或專用於修行的小廟，除少數廟宇為大式建築外，多為小式建築。例如供奉三清、四御、玉皇、五嶽、真武等神仙的廟宇和殿堂多是殿式或大式建築。

奉祀東嶽泰山神的岱廟，「秦時作疇」、「漢時起宮」，唐時增建，至北宋宣和年間，岱廟的規模已是「殿、寢、堂、閣、門、亭、庫、館、樓、觀、廊、廡合八百一十有三楹」，主殿黃瓦朱甍，迴廊環繞，古柏參天，碑碣林立。

其他四岳、主廟，包都是紅牆黃瓦，殿、寢、堂、閣、門、亭無所不有，與帝王宮殿無異。另外，道教官觀的規模、規格還與歷朝帝王對道教的態度有很大關係。

道教宮觀的建築形式

道教宮觀多為中國傳統的群體建築形式，即由個別的、單一的建築相互連接組合成的建築群。這種建築形式從其個體來看，是低矮的、平凡的，但就其整體建築群來講，卻是結構方正，對稱嚴謹。

這種建築形象，充分表現了嚴肅而井井有條的傳統理性精神和道教徒追求平穩、自持、安靜的審美心理。這種以單個建築組成的院落為單元，透過明確的軸線關係串聯成千變萬化的建築：群體使它在嚴格的對稱布局中又有靈活多樣的變化，而且這些變化又不影響整體建築的風格。

這種有機組合成的群體建築，一步一步地向縱深方向展開，依次遞進，突出了建築空間的藝術效果，使其更加宏偉壯觀。

道教宮觀的結構建築

多數道教宮觀的建築為傳統的木結構建築，即以木架為骨幹，牆壁用磚砌，用瓦蓋屋頂，而牆壁隔扇僅作為內外間隔之用，不負屋頂重量。這種木架結構是在柱頂架梁，再於梁上重疊數層瓜柱和梁，最上一層梁上立脊瓜柱，搭成一個木構架。

在兩組構架之間，用枋橫向連接柱的上端，在各層梁頭和脊瓜柱上再裝檁，這些檁除排列承托屋面重量的椽子外，還具有連繫構架的作用。

殿式建築在柱上和內外檐的枋上安裝斗拱，用以承托梁頭、枵頭和支撐出檐的重量，出檐越遠，斗拱的層數也越多。斗拱除負重外尚有裝飾作用，同時斗拱層數的多少也是衡量建築等級的標準之一。

大多數殿式殿堂用斗拱建歇山重檐屋頂。屋簷伸出深遠，且向上舉折，加上鴟吻、脊飾，形成優美而多變的曲線，使本來沉重的大屋頂變得透逸典雅。尤其是在直立厚重的牆壁和殿宇下寬闊的月台，或是崇台的襯托下，使整個建築顯得十分莊重和穩定；形成了一種曲與直、靜與動、剛與柔的和諧美。

道教宮觀的建築規制

傳統的道教大型宮觀的建築規製為，中路宮觀前建影壁，然後是山門、幡桿、鐘鼓樓、靈宮殿、玉皇殿、四御殿、三清殿，還有各自的祖師殿等。兩側有配殿、執事房、客堂、齋堂和道士住房等。大的廟宇有東西跨院。

帝王敕封的大宮觀前建欞星門、華表、石獅等。華表，上古稱為「謗木」，後又稱「華表木」，相傳是堯舜時為納諫而設。後世華表成為宮殿、陵墓的標誌，偶爾也見於橋頭。一般小廟是不得建華表的。

帝王宮殿、陵墓的華表柱上雕有稱龍，而道教宫觀前的華表多為八角柱體，浮雕多為祥稱或八卦圖案。多數宮觀山門前有一對石獅。

獅為百獸之王，放在門前以示神威。東邊為雄獅，左蹄下踏一繡球，俗稱獅子滾繡球，象徵混元一體和無限神權；西邊為雌獅，右蹄下踏一小獅，俗稱「太師少師」，象徵道門昌盛。

現存多數宮觀、道院的建築體制是不完整、不嚴格的。也有不少宮觀依山勢而建，也不可能完全符合規制。

道教宮觀的園林建築

大多數道教宫觀建於山林間，一些建於城市的大宮觀，除建有神殿和生活用房外，也有園林建築。道教宫觀的園林建築因地域和所處環境不同而不相同，總體上可分為兩大類：

◇ 人造景觀為主，例如北京白雲觀的小蓬萊，在人造的山林中建有亭、台、樓閣及迴廊。成都的青羊宮、二仙庵等均屬這一類。

◇ 自然景觀為主體，輔以人工造景，例如陝西樓觀台，建於小山頂上，四周古木竹林，南望終南起伏綿延，台下建生活用房和大的殿宇及附屬景點，太上老君殿等主要殿宇建在台上。

四川青城山天師洞，周圍空谷環抱，古樹垂蘿，清靜幽深，山門、三清殿、黃帝殿建在中軸線上，莊嚴肅穆。天師洞建在崖壁洞穴中，十多個大小不等的天井和曲折的迴廊隨地形而高低錯落，以亭、橋、牌坊點綴於自然山林之間。

陝西龍門洞、千山無量觀、嶗山太清宮』等道觀均屬此類。道教宮觀的園林建築為道教徒提供了接近自然、返樸歸真和靜心修煉的環境，也成為信徒、遊人蔘觀遊覽的勝地。

道教宮觀建築是中國傳統建築的發展，但又有別於傳統世俗建築，也不同於佛教建築。道教的信仰特點決定了道教建築的多樣性、神聖性與世俗性的統一.,田園式建築與宮殿式建築並存，反映了道教「仙道貴生」，出世與人世並重的宗教思想。

道教宮觀組織形成形式

道教宮觀的組織形成形式，主要分為子孫廟和十方叢林兩種。子孫廟又稱小廟，這種廟宇可以收徒弟，代代相傳。但是不得懸掛鐘板，沒有傳戒權利，一般不接納別處道友前來掛單。假如子孫廟懸掛鐘板，則稱「子孫叢林」或「子孫常住」，具有半「十方叢林」性質，允許道友掛單。

十方叢林又稱十方常住。這種廟宇懸掛鐘板，日常作務以鐘板為號令，具有傳戒特權。但是不得冠巾收徒，由子孫廟收的徒弟前來掛單留住而組成道眾，在叢林互相參學。因此叢林的道士流動性很大。

現在道教的叢林，和過去有些不同。許多十方叢林，也在冠巾收徒。從前道士前往叢林掛單需要背誦道教經典，現在只要具備手續證明即可。

十方叢林的管理體制

道教十方叢林，有著一整套系統的管理體制，常住道士在叢林中分別擔任不同的執事，分工細緻，各負其責，共同維護叢林的正常秩序。最高負責人是方丈，或監院，即觀主。

◇**方丈、監院以下**有：客、寮、庫、帳、經、典、堂和號等八大執事，分別負責八個方面的事務。叢林各執事稱稱、職責如下：

◇**方丈**：道教十方叢林的最高領導者。也稱「住持」。《莊子．天下篇》成玄貢疏：「方，道也。」《大戴禮記．本命》：「丈，長也。」即對有道長輩的尊稱。

方丈具有開壇傳戒、普度弟子的職責，方丈的選拔也很嚴格，必須受過三壇大戒，而且接過「方丈法」，德高望重、戒行精嚴，受全體道眾擁戴，始許選為方丈。

道教傳說海上有神山名為「方丈」，為仙人所居，故其所居丹室，也稱「方丈」。《三乘集要》：「方丈乃人天教主，度世宗師，演龍門之正法，撐苦海之慈航，常懷傳賢之心，素無吝道之意，作全真之模範，律門之綱領，非有道之師，不可立也。」

◇**監院**：俗稱當家。道教叢林主持一切事務者。監院由全體道眾推選，可以連選連任。如果本叢林無此人才，也可到其他宮觀去請。

監院若不稱職，方丈有權撤換之。《三乘集要》記載：「監院乃常住之首領，道眾之宗主，必須才全智足，信道明德，仁義謙恭，寬宏大量，弱已衛眾，柔和良善，明罪福因果，功行俱備者，乃可當此大任。」

監院之下，設有「三都五主十八頭」，即：都管、都講、都廚，靜主、堂主、殿主、經主、化主，莊頭、庫頭、堂頭、鐘頭、鼓頭、門頭、茶頭、水頭、火頭、飯頭、菜頭、倉頭、磨頭、碾頭、園頭、圊頭、槽頭、淨頭。

十方叢林，還設有其他重要執事：

◇**總理**：協助監院、都管統理內外公務；知客：負責接送來往賓客及參訪道友；

◇**巡照**：監察叢林內外一切事務；

◇**巡寮**：主管叢林人事安排；

◇**海巡**：負責查理公事及調解糾紛；

◇**監修**：負責廟宇維修並兼管莊農；

◇**公務**：管理房地山田及借貸還貸諸事；

◇**迎賓**：也稱「號房」。負責對掛單道友進行考問、登記；

◇**主翰**：負責書寫文稿、繪圖等事；

◇**書記**：負責書寫表疏、信函；

◇**典造**：又稱「典座」或「點造」。負責辦理齋饈飲食；帳房：管理帳目。

叢林中高功、提科及表白，連同都管、都講、都廚、靜主、堂主、殿主、經主、化主、庫頭、總理、知客、巡照、巡寮、海巡、監修、公務、迎賓、主翰、書記、典造、帳房等，稱為道教十方叢林「二十四位大執事」。

全真教三大祖庭

一是陝西終南山劉蔣村，即今天的陝西戶縣重陽宮。重陽宮位於戶縣城西十公里的祖庵鎮，是中國道教全真派祖師、重陽真人王喆修道和葬骨的地方。

重陽宮在元代的北方道教中影響最大，居全真道三大祖庭之首，全真道徒往往稱集於此，最盛時近萬人，歷來享有「全真聖地」的盛名。

二是山西永濟縣永樂鎮永樂宮，這裡是純陽真人呂洞賓的出生地。永樂宮的前身是始建於唐代的「呂公祠」，奉祀八仙之一的呂洞賓。

宋、金之際，增加門廡，擴充為道觀。元代全真派首領丘處機備受統治階層重視，道觀也跟著被升格為道宮，由河東南北兩路道教提點潘德沖主持。興建永樂宮總共耗費了一百一十餘年的時間，這幾乎與元代同始終。

三是大都長春宮，即今天的北京白雲觀。這裡是長春真人丘處機被元太祖迎回國之後的修煉地和坐化地。新中國成立後，中國道教協會、中國道教學院和中國道教文化研究所等全國性道教組織、院校和研究機構先後設在這裡。

萬法宗壇

道教原有四派法壇，龍虎山天師派是為正一玄壇，茅山三茅君派則為上清法壇，閣皂山葛仙翁派稱為靈寶玄壇，西山許旌陽派號為淨明法壇。

後因三山甚少傳世，元時天師奉旨領天下道教事，故三山法籙均收歸龍虎山天師府，乃改正一玄壇為「萬法宗壇」，至今仍沿用之。

仙境與洞府

仙境的觀念早在道教之前就存在，它是存在於各民族的樂園神話的一個組成部分。雖然道教產生後在吸收仙境傳說基礎上形成了宗教色彩更濃的神仙境界理論，但仙境本身並非是一個純宗教範疇。

從最早的樂園神話開始，仙境就是中國先民集體意識中和諧富裕、平和安樂生活的象徵。是中國人理想生活的一個縮影以及隱蔽在他們心靈深處的一個美好夢想。所以，它體現的是一種超越宗教意識的世俗願望和理想。

仙境，道教稱神仙所居的勝境。道教認為無限美妙的神仙世界，或在天上，或在海中，或在幽遠之名山洞府。在《莊子》和《楚辭》中，崑崙山和蓬萊仙境的神話合為一個新的神仙世界。其中對得「道」者和神仙之勝境，更有進一步的描繪。

《莊子．逍遙遊》稱：「夫列子御風而行，泠然善也。旬有五日而後反」，又稱「藐姑射之山，有神人居焉，肌膚若冰雪，淖約若處子，不食五穀，吸風飲露。乘稱氣，御飛龍，而遊乎四海之外。」

《列子》則稱大壑中有五山：「一說岱輿，二說員嶠，三說方壺，四說瀛洲，五說蓬萊。其山高下周旋三萬里，其頂平處九千里，山之中間相去七萬里，以為鄰居焉。」

道教認為地上和海中皆有仙境。地上的仙境包括十大洞天、三十六小洞天，海中仙境為十洲、三島。道教關於洞天的傳說比較多，所稱洞天並不是山洞，而是山腹中的另一個世界，大小在周圍四十公里到幾千公里之間，其中有日月或其他光照，甚至時間的流逝速度都和洞外的世界不一樣，故有「洞中方一日，世上幾千年」的說法。

二、仙境洞府

道教傳說中，神仙居住的地方叫做仙境，傳說三清天是道教至高神三清所居住的最高天界。三清天以下有三十三天，為各種神仙所居住。

此外，道教還有十洲三島、十大洞天、三十六小洞天、七十二福地的說法，更有傳說中的崑崙仙境和蓬萊仙境，如夢如幻，吸引人心。

三清天

三清天，又稱三清境，是道教所稱最高神三清所居之最高天界。即元始天尊所居之清微天玉清境，靈寶天尊所居之禹余天上清境，道德天尊所居之大赤天太清境。

三清天由原始態三氣化生，即玄氣化為大赤天太清境，元氣化為禹余天上清境，始氣化為清微天玉清境。

《九天生神章經》等稱此三氣為三元，即認為它們是天地萬物之源頭，《元始無量度人上品妙經四注》和《道門經法相承次序》等則稱此三氣源於「妙一」，說明三清天是天地之原始，萬化之根本。

三清天位於天界之最高處，據《九天生神章經》的「三元」思想，無疑已賦予三清天以無先、無上的意義，自然居於天界最高處。而《元始無量度人上品妙經四注》和《道門經法相承次序》等所闡述的三十六天說，將大羅天與三清天視為一體，皆為三清尊神所統的最高天界。

三清天為道教最高神三清居所，即天寶君居清微天玉清境，靈寶君居禹余天上清境，神寶君居大赤天太清境。諸天仙聖皆需至此請求教化，故為神仙世界的最高層次。

三十六天

三十六天是道教根據道生萬物的宇宙創世理論，構想出來的神仙所處的空間。據宋代張君房編撰的《雲笈七籤》卷二十一「天地部」稱，道教構想的地上之天共有三十六層，故名三十六天。

三十六天是道教根據道生萬物的宇宙創世理論，構想出來的神仙所處的空間。它為學道成仙提供了教義依據。

據宋代張君房編撰的《雲笈七籤》卷二十一「天地部」稱，道教構想的地上之天共有三十六層：一、太皇黃曾天；二、太明玉完天；三、清明何童天；四、玄胎平育天；五、元明文舉天；六、七曜摩夷天，此六天合稱為欲界；七、虛無越衡天；八、太極蒙翳天；九、赤明和陽天；十、玄明恭華天；十一、耀明宗飄天；十二、竺落皇笳天；十三、虛明堂曜天；十四、觀明端靖天；十五、玄明恭慶天；十六、太煥極瑤天；十七、元載孔升天；十八、太安皇崖天；十九、顯定極風天；二十、始黃孝芒天；二十一、太黃翁重天；二十二、無思江由天；二十三、上揲阮樂天；二十四、無極曇誓天，此十八天合稱為色界；二十五、皓庭霄度天；二十六、淵通元洞天；二十七、翰寵妙成天；二十八、秀樂禁上天，此四天合稱無色界。欲界、色界和無色界合稱為三界，共計二十八天。三界之上又有四種民天：二十九、無上常融天；三十、玉隆騰勝天；三十一、龍變梵度天；三十二、平育賈奕天；三十三、太清境大赤天；三十四、上清境禹余天；三十五、玉清境清微天，此三天合稱三清天。

三十六為最高一層，稱大羅天，與三清境合稱為聖境四天。三界、四梵天、聖境四天共計三十六天。

十洲三島

道教稱距陸地極遙遠的大海之中有三島十洲，都是人跡罕至的地方，那裡長滿了可使人不死的仙草靈芝，神仙們則在這些島之上風姿清靈，逍遙自在。

三島的原型為三神山，即先秦的傳說中的蓬萊、方丈、瀛洲，後《雲笈七籤》定三島為崑崙、方丈、蓬萊丘。明代道書《天皇至道太清玉洲》整理歷史傳說定十洲為：瀛洲、玄洲、長洲、流洲、元洲、生洲、祖洲、炎洲、鳳麟洲、聚窟洲。

◇**祖洲**：在東海之中，地方五百里，離西岸七萬里。上有不死之草。

◇**瀛洲**：在東海中，地方四千里，大抵對會稽，離西岸七十萬里。上生神芝仙草，又有玉石。出醴泉，飲之數升輒醉，令人長生。洲上多仙家，風俗似吳人，山川如中國。

◇**玄洲**：在北海之中戌亥之地，地方一千兩百里，離南岸三十六萬里。多丘山，饒生金芝玉草。

◇**炎洲**：在南海中，地方兩千里，離北岸九萬里。上有風生獸似豹，取其腦和菊花服之，盡十斤，得壽五百年。又有火林山，山中有火光獸大如鼠，取其毛以緝為布，號為「火浣布」。也多仙家。

◇**長洲**：一名青丘，在南海辰巳之地，地方五千里，離岸二十五萬里。多山川、大樹，仙草靈藥、甘液玉英，靡所不有。有紫府宮，天真仙女遊於此地。

◇**元洲**：在北海之中，地方三千里，離南岸十萬里。上有五芝、玄澗，水如蜜漿，飲之長生，與天地相畢；服五芝也得長生不死。

◇**流洲**：在西海中，地方三千里，離東岸十九萬里。上多山川，積石為昆吾，作劍光明洞照，如水精狀，割玉如泥。也多仙家。

◇**生洲**：在東海丑寅之間，接蓬萊十七萬里，地方二千五百里，離西岸二十三萬里。天氣無寒暑，芝草常生地。上有仙家數萬。

◇**鳳麟洲**：在西海之中，地方一千五百里。洲四面有弱水環繞，鴻毛不浮，不可超越。洲上多鳳麟，數萬各自為群。又有山川池澤，神藥多種。也多仙家。

◇**聚窟洲**：在西海中未申地，地方三千里，北接崑崙二十六萬里，離東岸二十四萬里。上多真仙靈官，宮第比門，不可勝數。又有各種奇獸。大山形似人鳥之像，故命名為「人鳥山」。山多反魂樹，能自作聲，如群牛吼，聞之心震神駭；伐其根心煮汁為丸，名為「驚精香」或「震靈丸」、「返生香」、「震檀香」、「人鳥精」、「卻死香」。

◇**崑崙島**：在西海戌地，北海之亥地。方圓一萬里，距岸則遠達十三萬里，又有弱水繞島流轉。島上正東方有一崑崙宮，為西王母所治，真宮仙靈之所宗。崑崙是天地這根紐，萬度之維負。島上還住著仙官四萬。崑崙島顯然是由崑崙山演化而來的。

◇**方丈島**：在東海中心，西南東北岸正等，四周各五千里。上面有金玉琉璃之宮，是三天司命所治之處。各路神仙都相升天成為天仙，都要先來這島受太上玄生錄。上面住著仙家數十萬家，芝草仙藥成片地生長如人間種稻麥。

◇**蓬丘島**：也就是蓬萊山，與東海的東北岸遙遙相望，周圍五千里，北到鐘山北阿門外，乃天帝總領九天之維。島的四周有四座城池。其中間則為一座高山，形狀類似於崑崙山。從前大禹治理洪水大功靠民後，就到此山的北阿祭祀上帝，歸大功於九天。

十大洞天

《天地宮府圖》稱：「十大洞天者，處大地名山之間，是上天遣群仙統治之所。」東晉道經《道跡經》臚列十大山洞及與此相應的十大洞天，後為唐司馬承禎《上清天地宮府圖經》和杜光庭《洞天福地岳瀆名山記》等道書所據。

第一，王屋洞府：又稱「小有清虛之天」，屬西城王君治之，座落在山西垣曲縣和河南濟源市間的王屋山。

第二，委羽洞府：又稱「大有空明之天」，屬青童君治之，位於浙江黃岩縣的委羽山。

第三，西城洞府：又稱「太元總真之天」，屬上宰王君治之，座落在青海的西傾山。

第四，西玄洞府：又稱「三元極真之天」。座落在西嶽華山。

第五，青城洞府：又稱「寶仙丸室之天」，屬青城丈人治之，位於四川都江堰的青城山。

第六，赤誠洞府：又稱「紫玉清平之天」，屬玄洲仙伯治之，座落於浙江天台縣的赤誠山。

第七，羅浮洞府：又稱「朱明曜真之天」，屬青精先生治之，位於廣東增城和博羅兩縣之間的羅浮山。

第八，句曲洞府：又稱「金壇華陽之天」，屬紫陽真人治之，座落在江蘇茅山。

第九，括蒼洞府：又稱「成德隱玄之天」，屬北海公涓子治之，位於浙江仙居和臨海兩縣之間的括蒼山。

第十，林屋洞府：又稱「左神幽虛之天」，屬北嶽真人治之，座落在江蘇吳縣的西湖庭山。

三十六小洞天

道家三十六小洞天，相對於十大洞天而言，其「也上仙所統治之處也」。來源自《洞天福地岳瀆名山記》。編錄者為五代道士杜光庭。

第一，霍桐山洞：周回一千五百公里，名說霍林洞天，在福州長溪縣，屬仙人王緯玄治之。

第二，東嶽泰山洞：周回五百公里，名說蓬玄洞天，在兗州干封縣，屬山圖公子治之。

第三，南嶽衡山洞：周回三百五十公里，名說朱陵洞天，在衡州衡山縣，仙人石長生治之。

第四，西嶽華山洞：周回一百五十公里，名說惣仙洞天，在華州華陰縣，真人惠車子主之。

第五，北嶽常山洞：周回一千五百公里，名說惣玄洞天，在恆州常山曲陽縣，真人鄭子真治之。

第六，中嶽嵩山洞：周回一千五百公里，名說司馬洞天，在東都登封縣，仙人鄧稱山治之。

第七，峨眉山洞：周回一百五十公里，名說虛陵洞天，在嘉州峨嵋縣，真人唐覽治之。

第八，廬山洞：周回九十公里，名說洞靈真天，在江州德安縣，真人周正時治之。

第九，四明山洞：周回九十公里，名說山赤水天，在越州上虞縣，真人刁道林治之。

第十，會稽山洞：周回一百七十五公里，名說極玄大亢天，在越州山陰縣鏡湖中，仙人郭華治之。

第十一，太白山洞：周回兩百五十公里，名說玄德洞天，在京北府長安縣連終南山，仙人張季連治之。

第十二，西山洞：周回一百五十公里，名說天柱寶極玄天，在洪州南昌縣，真人唐公成治之。

第十三，小溈山洞：周回一百五十公里，名說好生玄上天，在潭州澧陵縣，仙人花丘林治之。

第十四，灊山洞：周回四十公里，名說天柱司玄天，在舒州懷寧縣，仙人稷丘子治之。
第十五，鬼谷山洞：周回三十五公里，名說貴玄司真天，在信州貴溪縣，真人崔文子治之。
第十六，武夷山洞：周回六十公里，名說真升化玄天，在建州建陽縣，真人劉少公治之。
第十七，笥山洞：周回六十公里，名說太玄法樂天，在吉州永新縣，真人梁伯鸞主之。
第十八，華蓋山洞：周回二十公里，名說容成大玉天，在溫州永嘉縣，仙人平公修治之。
第十九，蓋竹山洞：周回四十公里，名說長耀寶光天，在台州黃岩縣，屬仙人商丘子治之。
第二十，都嶠山洞：周回九十公里，名說寶玄洞天，在容州普寧縣，仙人劉根治之。
第二十一，白石山洞：周回七十里，名說秀樂長真天，在稱和州含山縣，白真人治之。
第二十二，岣漏山洞：周回二十公里，名說玉闕寶圭天，在客州北流縣，屬仙人餞真人治之。
第二十三，疑山洞：周回一千五百公里，名說朝真太虛天，在道州延唐縣，仙人嚴真青治之。
第二十四，洞陽山洞：周回七十五公里，名說洞陽、隱觀天，在潭州長沙縣，劉真人治之。
第二十五，幕阜山洞：周回九十公里，名說玄真太元天，在鄂州唐年縣，屬陳真治之。
第二十六，大酉山洞：周回五十公里，名說大酉華妙天，去辰州三十五公里，尹真人治之。
第二十七，金庭山洞：周回一百五十公里，名說金庭崇妙天，在越州剡縣，屬趙仙伯治之。
第二十八，麻姑山洞：周回七十五公里，名說丹霞天，在撫州南城縣，屬王真人治之。
第二十九，仙都山洞：周回一百五十公里，名說仙都祈仙天，在處州縉稱縣，屬趙真人治之。
第三十，青田山洞：周回四十五里，名說青田大鶴天，在處州青田縣，屬付真人治之。
第三十一，鐘山洞：周回五十公里，名說朱日太生天，在潤州上元縣，屬龔真人治之。

第三十二，良常山洞：周回十五公里，名說良常放命洞天，在潤州句容縣，屬李治之。

第三十三，紫蓋山洞：周回四十公里，名說紫玄洞照天，在荊州常陽縣，屬公羽真人治之。

第三十四，目山洞：周回五十公里，名說天蓋滌玄天，在杭州餘杭縣，屬姜真人治之。

第三十五，桃源山洞：周回三十五公里，名說白馬玄光天，在玄州武陵縣，屬謝真人治之。

第三十六，金華山洞：周回二十五公里，名說金華洞元天，在婺州金華縣，屬戴真人治之。

七十二福地

《天地宮府圖》稱：「七十二福地，在大地名山之間，上帝命真人治之，其間多得道之所。」具體山名如下：

第一，地肺山：又名終南山，今陝西關中境內，老子曾在此講經煉丹。

第二，蓋竹山：在衢州仙都縣，真人施存治之。

第三，仙磕山：在溫州梁城縣近白溪草市，真人張董華治之。

第四，東仙源：在台州黃岩縣，屬地仙劉奉林治之。

第五，西仙源：也在台州溫嶺市六十公里裡，屬地仙張兆期治之。

第六，南田山：在東海東，舟船往來可到，屬劉真人治之。

第七，玉溜山：在東海近蓬萊島上，多真仙居之，屬地仙許邁治之。

第八，青嶼山：在東海之西，與扶桑相接，真人劉子光治之。

第九，郁木洞：在玉笥山南，是蕭子稱侍郎隱處。

第十，丹霞山：在麻姑山，是蔡經真人得道之處，到今雨夜多聞鐘磬之聲，屬蔡真人治之。
第十一，君山：在洞庭青草湖中，屬地仙侯生所治。
第十二，大若岩：在漫無邊際州永嘉縣東六十公里，屬地仙李方回治之。
第十三，焦源：在建州建陽縣北，是尹真人隱處。第十四，靈墟：在台州天台縣北，是白稱先生隱處。
第十五，沃洲：在越州剡縣南，屬真人方明所治之。
第十六，天姥嶺：在剡縣南，屬真人魏顯仁治之。
第十七，若耶溪：在越州會稽縣南，屬真人山世遠所治之。
第十八，金庭山：在廬州巢縣，別名紫微山，屬馬仙人治之。
第十九，清遠山：在廣州清遠縣，屬陰真人治之。
第二十，安山：在交州北，安期生先生隱處，屬先生治之。
第二十一，馬嶺山：在柳州郭內水東，蘇耽隱處，屬真人力牧主之。
第二十二，鵝羊山：在潭州長沙縣，婁駕先生隱處。
第二十三，洞真墟：在潭州長沙縣，西嶽真人韓終所治之處。
第二十四，青玉壇：在南嶽祝融峰西，青烏公治之。
第二十五，光天壇：在衡岳西源頭，鳳真人所治之處。
第二十六，洞靈源：在南嶽招仙觀西，鄧先生所隱地也。
第二十七，洞宮山：在建州關隸鎮五嶺裡，黃山公主之。

第二十八，陶山：在溫州安國縣，陶先生曾隱居此處。
第二十九，皇井：在溫州橫陽縣，真人鮑察所治處。
第三十，爛柯山：在衛州信安縣，王質先生隱處。
第三十一，勒溪：在建州建陽縣東，是孔子遺硯之所。
第三十二，龍虎山：在信州貴溪縣，仙人張巨君主之。
第三十三，靈山：在信州上饒縣北，墨真人治之。
第三十四，泉源：在羅浮山中，仙人華子期治之。
第三十五，金精山：在虔州虔化縣，仇季子治之。
第三十六，閣皂山：在吉州新淦縣，郭真人所治處。
第三十七，始豐山：在洪州豐城縣，尹真人所治之地。
第三十八，逍遙山：在洪州南昌縣，徐真人治之地。
第三十九，東白源：在洪州新吳縣東，劉仙人所治之地。
第四十，缽池山：在楚州，王喬得道之處。
第四十一，論山：在潤州丹徒縣，是終真人治之。
第四十二，毛公壇：在蘇州長洲縣，屬莊仙人修道之所。
第四十三，雞籠山：在和州歷陽縣，屬郭真人治之。
第四十四，桐柏山：在唐州桐柏縣，屬李仙君所治之處。
第四十五，平都山：在重慶市豐都縣，是陰真君上升之處。

第四十六，綠蘿山：在朗州武陵縣，接桃源界，是五柳先生隱處。

第四十七，虎溪山：在江州南彭澤縣，是五柳先生隱處。

第四十八，彰龍山：在潭州澧陵縣北，屬臧先生治之。

第四十九，抱福山：在連州連山縣，屬範真人所治處。

第五十，大面山：在益州成都縣，屬仙人柏成子治之。

第五十一，元晨山：在江州都昌縣，孫真人、安期生治之。

第五十二，馬蹄山：在饒州鄱陽縣，真人子州所治之處。

第五十三，德山：在朗州武陵縣，仙人張巨君治之。

第五十四，高溪藍水山：在雍州藍田縣，並太上所遊處。

第五十五，藍水：在西都藍田縣，屬地仙張兆其所治之處。

第五十六，玉峰：在西都京兆縣，屬仙人柏戶治之。

第五十七，天柱山：在杭州於潛縣，屬地仙王柏元治之。

第五十八，商谷山：在商州，是四皓仙人隱處。

第五十九，張公洞：在無錫宜興縣，真人康桑治之。

第六十，司馬梅山：在台州天台山北，李明仙人所治處。

第六十一，長在山：在齊州長山縣，毛真人治之。

第六十二，中條山：在河中府虞鄉縣，趙仙人治處。

第六十三，湖魚澄洞：在西古姚州，始皇先生曾隱居此處。

第六十四，綿竹山：在漢州綿竹縣，瓊華夫人治之。
第六十五，瀘水：在西梁州，仙人安公治之。
第六十六，甘山：在黔南，寧真人治處。
第六十七，漢山：在漢州，赤須先生治。
第六十八，金城山：在古限戍，又稱石戍，是石真人所治之處。
第六十九，稱山：在邵州武剛縣，屬仙人盧生治之。
第七十，北邙山：在東都洛陽縣，屬魏真人治之。
第七十一，廬山：在福州連江縣，屬謝真人治之。
第七十二，東海山：在海州東二十五里，屬王真人治之。

崑崙仙境

崑崙仙境之說源於中國遠古神話，以崑崙為中心。崑崙，即崑崙山，又稱崑崙虛、崑崙丘或玉山。地理觀念上的崑崙山，指西起帕米爾高原東部，橫貫新疆、西藏間，伸延至青海境內，全長約兩千五百公里。古代神話的西方崑崙，是漢以前地理上的崑崙一名與傳說中崑崙的結合。

傳說中的崑崙，既高且大，為中央之極，也是連接天地的天柱，仙人萬一還想上天，這是絕妙的歇腳之處。崑崙又是黃河之源，黃河是母親河，古人出於這種崇拜心理，將崑崙由神山轉化為仙山便順理成章。

據《淮南子．地形訓》記載：崑崙有增城九重，即一層比一層高的城池。上有木禾，其修五尋。珠玉樹、璇樹、不死樹在其西，沙棠琅玕好在其東，絳樹在其南，碧樹、瑤樹在其北。旁有四百四十座門。門間四里，裡間九純，純丈五尺。旁有九井，玉橫維其西北之隅。北門開以納不周之風。傾宮、旋室、縣圃、涼風、樊桐，在崑崙閶閬之中。疏圃之池，浸浸黃水，黃水三週復其原，是為丹水，飲之不死。仙界所需之物，這裡應有盡有，有不死樹、不死藥、不死水等。裝飾以玉為基本材料，屬於理想的仙境。

據說，早期仙人，不必修煉，只要吃些以上的不死之物便可達到長生不死的目的。傳說黃帝吃的是一種沸沸湯湯的玉膏，從神話英雄變成了仙界首領。崑崙已非昔日可比，儼然是仙人的老家。

蓬萊仙境

蓬萊仙境是三島之一，戰國時期燕、齊、吳、越等濱海地區海上交通漸開，產生了海上「三神山」的神仙世界之說。

《史記．封禪書》稱：「自威、宣、燕昭使人入海求蓬萊、方丈、瀛洲。此三神山者，其傅在勃海中，去人不遠；患且至，則船風引而去。蓋嘗有至者，諸仙人及不死之藥皆在焉。其物禽獸盡白，而黃金銀為宮闕。未至，望之如稱；及到，三神山反居水下。臨之，風輒引去，終莫能至稱。世主莫不甘心焉。」

於是，尋找三神山及不死之藥者，從齊威王、秦始皇到漢武帝，延續了兩百餘年。

秦時有一方士徐福，齊人，曾向秦始皇上書，入海求仙。在秦始皇二十八年，帶了數千童男童女，花了很多錢，沒有結果，後乾脆一去不返，傳為到達蓬萊，得道升仙。

東方仙境興起之後，逐漸取代了西方崑崙，成為長盛不衰的仙人家鄉。民間一提仙境，多知蓬萊，鮮提崑崙。漢代帝王中的仙迷武帝，專門在皇宮的甘泉宮造了一座人工的太液池，上面便有傳聞的蓬萊等仙山，耗資甚巨。

三、道教名山

「山不在高，有仙則名。」道教的名山，自然與人文、宗教與哲思有機交融。從名滿天下的五嶽到奇峰突兀的武夷山，從正一道祖庭龍虎山到天下第一道山武當山。觀其形，自然造化，鬼斧神工；體其神，人文聚結，意蘊無窮。

泰山

泰山又名岱宗、岱山，為五嶽之首，東嶽。位於山東的中部，橫亙濟南、長清、歷城、泰安等縣市，方圓四百多平方公里。道教譽其為「群山之祖，五嶽之宗」。

泰山岳神原稱泰山府君，後稱封為「東嶽天齊大生仁聖帝」，簡稱「東嶽大帝」。歷史上泰山曾建有眾多的道觀廟宇，保存至今的主要是兩大建築群，即岱廟和碧霞祠。

岱廟座落在泰安城內西北角，總面積九點六萬平方公尺，歷代帝王的封禪大典和對東嶽大帝的祭祀均在此舉行。岱廟的整個建築布局以南北為中軸，北高南低，北倚泰山，南向平原，山廟一體，氣勢恢宏，紅牆黃瓦，莊嚴至尊。四周圍築城垣，長約一千五百公尺，高十公尺。

碧霞祠位於岱頂天街和大觀峰之間，西有觀星台，東通仙人橋，南為獅子峰，上達玉皇頂。碧霞祠興建於宋真宗大中祥符二年，始稱昭真祠，金代稱昭真觀，明弘治年間改名碧霞靈應宮，清乾隆三十五年，重修後改稱碧霞祠，沿用至今。

泰山還一位著名的鎮妖闢邪之神棗石敢當。據說石敢當是一位姓石的勇士，因生前英勇無畏，所當無敌，死後成神。舊時人們往往在大門前、街衢巷口、橋梁通道、要沖等地，立一自然石或石碑、石柱，銘刻或書寫「石敢當」或「泰山石敢當」字樣，用以鎮妖避邪。

道教稱泰山為第二小洞天，古代帝王多以泰山封禪為大典。有黃伯陽洞、碧霞洞、斗姥宮、酆都廟等道教勝蹟。山麓有岱廟，內有《泰山神啟蹕回鑾圖》。有長春觀，是丘處機女弟子訾守慎修真之處。

衡山

衡山，位於湖南省衡山縣境內，為五嶽之一，南嶽。相傳南嶽為盤古帝的左臂變成，又因位在二十八宿之中的軫星之翼，能「度應璣衡」「銓德鈞物」，故名衡山。

衡山主峰祝融峰海拔一千兩百九十公尺，有大小峰巒七十二座，回雁為首，岳麓為足，其中以祝融、天柱、芙蓉、紫蓋、石廩五峰為最著，其間古木參天，四季翠綠，奇花異草，飄香謐彩，風景秀美，氣候宜人。自古為道教名山。

道教稱其岳神為司天王，尊稱南嶽大帝；《雲笈七籤》卷二十七《洞天福地》稱其為道教三十六小洞天之中的「第三洞天」名「朱陵洞天」。

魏晉時，魏華存曾於山修煉，得《黃庭內景經》，悟道升仙。山間道觀星羅棋布，其中道教的著名建築有南嶽廟、黃庭觀、玄都觀、銓德觀等；南嶽廟內主奉南嶽大帝司天王，黃庭觀供奉晉代女冠魏華存，為歷代坤道修煉之所。

上清宮乃晉道士徐靈期修行處。降真觀，舊名白稱庵，乃唐司馬承禎修道處。九真觀西有白稱先生，即司馬承禎藥岩。五代道士聶師道也修道於此。

華山

華山，在陝西華陰縣南，為五嶽之一，西嶽，道教三十六洞天中的第四洞天，稱其岳神為金天王。華山主峰為落雁、朝陽、蓮華，主峰海拔達一千九百九十七公尺，在五嶽中高度僅次於北嶽恆山，而其山勢險峻，則雄冠五嶽之首，被譽為「奇險天下第一山」。

華山自古是一座道教名山，它的開闢和興盛，與道教文化的發展有著密切的關係。至今留存著大量與道教有關的文物古蹟。可以說，自然景觀的奇險，與道教人文景觀的源遠流長，是華山最大、最顯著的兩個特徵。

相傳道教的道祖老子曾到過華山。華山北峰有一段險途叫「老君犁溝」，傳說是老子用犁開劈的。在華山南峰上，至今還保留有老子當年的煉丹爐。據說，老子就是從華山到了陝西周至縣的樓觀台，向尹喜講授《道德經》五千言。

歷代都有不少道士隱居於華山，而最著名的當推五代宋初的陳摶。據傳陳摶與宋太祖對弈，言明以華為質，一決勝負。初局和，二局趙先占優勢，心中暗喜，誰知「大意失荊州」，陳竟連殺數子，轉敗為勝。第三局陳又勝了，趙乃寫契，把華山輸給陳摶。《華岳志》稱陳摶隱於稱台觀，歿於張超谷石

室，葬於玉泉院。有避詔崖、希夷祠、希夷睡洞和睡像等遺蹟。

華山現存的道教廟宇主要有山下的西嶽廟、玉泉院和山上的東道院、鎮岳宮、玉女祠、翠稱宮等。有四仙庵，傳為譚紫霄、馬丹陽、劉海蟾、丘處機修煉處。其中玉泉院、東道院、鎮岳宮被列為中國重點宮觀。

恆山

恆山，原在河北曲陽縣西北，五嶽之一，北嶽。漢與宋時因避諱曾改稱常山，又名大茂山。明代定山西渾源縣之玄岳，即渾源東南的玄武峰為恆山。清帶開始改祀北嶽於渾源。此後原曲陽之恆山通稱大茂山。道教稱第五小洞天，名其岳神為安天王。

恆山山脈祖於內蒙陰山，西銜雁門、東跨河北、南屏三晉、北臨燕稱，奔騰起伏，綿延兩百五十公里，號稱「一百〇八峰」。主峰天峰嶺座落於渾源城南，海拔兩千〇十七公尺，疊嶂拔峙、氣勢雄偉，自古以來被譽為「人天北柱」、「絕塞名山」。同西面的翠屏峰兩山對峙，渾水從中奔騰而瀉，幽峽深谷，藍天一線，形成一道絕塞天險。

恆山漢代建廟，到清初僅恆山主峰周邊就建有各種寺廟六十餘處，有三寺四祠七亭閣，七宮八洞十五廟之說，形成蔚為壯觀龐大的古建築群和濃郁的道教文化氛圍，顯示出北嶽恆山無窮的魅力。

據傳，太上老君曾在北嶽恆山千佛嶺結爐煉丹，燃燈道人演兵鬥法；西漢初昌蓉往來於恆山；西漢景帝、宣帝年間三茅真君在恆山修煉神仙之術，留下了千年不解的三茅窟；北魏被太武帝尊為天師的寇謙之在北嶽宣揚道教新法；唐朝時八仙之一的張果老在恆山修煉，名道人管革結爐悟道，致使恆山道教道場香火名揚天下。

恆山道教主流屬全真教龍門派，也有正一教分支和太乙派，丹道、符籙，性、命雙修一應俱全。

嵩山

嵩山，在河南登封縣西北，五嶽之一中嶽。《白虎通》稱「岳居四方之中而高，故說嵩高山」。道教稱第六小洞天，名其岳神為中天王。嵩山有七十二峰，山頂名為峻極峰。它東西橫臥，雄峙中原，海拔最低為三百五十公尺，最高處為一千五百十二公尺，主峰峻極峰一千四百九十二公尺。

嵩山是道教名山，唐宋時期，道教十分興盛，中嶽大帝作為道教的崇拜神之一，在帝王的奉祀下正式定型。唐武后垂拱四年，武則天祭祀嵩山，改為神岳，封其神為天中王，封天中王之妻為天靈妃。萬歲通天元年，又尊天中王為帝，天靈為天中皇后。

道經稱，中嶽神君服黃袍，戴黃玉太乙冠，佩神宗陽和印，乘黃龍，領仙官玉女三萬人，主治山川陵谷、山林樹木之屬。

相傳西晉道士鮑靚於元康二年曾登此山入石室得古《三皇文》。北魏寇謙之早年曾從成公興入此山修道。唐道士潘師正居此山之逍遙谷，高宗詔建崇唐觀，又別立精思院於嶺上，修道二十餘年。唐道教學者李筌曾隱於此山之少室，研究道教經典，傳於虎口岩得《陰符經》。

據《嵩山志》記載：北魏寇謙之，唐朝李道合，宋朝董道坤，金代丘長春均在嵩山「崇福宮」主持過道場。另外，魏成公興，晉鮑靚，唐司馬承幀、吳筠、李筌等都曾在嵩山修道，

茅山

茅山，在江蘇西南部。原名地胏山，又名岡山、句曲山。道教稱第八洞天、第一福地和第三十二小洞天。相傳西漢景帝時茅盈及弟固、衷於此修道成仙，號三茅真君，因改名三茅山，簡稱茅山。為茅山派發源地。

茅山自然風光獨特秀美，境內山巒起伏，峰巒疊翠，靈泉勝池星羅棋布，峰洞泉池交織縱橫。春遊茅山但見淡煙薄霧輕如紗，身臨其境自是飄飄欲仙，其樂無窮；夏日登山，可朝觀日出，暮賞彩稱，雨後初晴，但見流稱在深谷幽林間繚繞，峰巒時隱時現，若山在虛無飄渺間；秋季茅山則山瘦林薄，紅葉含笑；冬雪茅山銀素裹，分外窈窕，大有花飛佛地三千里，人在瑤池十二層之感。

茅山是中國著名的道教歷史名山，上清派發祥地。早在夏、周、春秋時期，茅山已為歷代帝王巡遊和採集藥草之名山。茅山重要的歷史地位，曾先後為茅山贏得了「秦漢神仙府，梁唐宰相家」的美譽。

隋唐時期，茅山已被列為道家「第一福地，第八洞天」。茅山道教全盛時期，前山後嶺，峰巔峪澗間，宮、觀、殿、宇等各種大小道教建築多達三百餘座，五千餘間，道士數千人次。

《茅山志》記載：漢三茅君乘鶴來治此山，以鶴集處分為大中小三茅山，即大中小三茅峰。東晉楊羲、許謐、葛洪、梁陶弘景、唐吳筠、宋劉混康等道士均曾修煉於此。

楊、許等人曾在此撰作上清經書，陶弘景在此編《真誥》。大茅峰北的抱樸峰，傳為葛洪修道處。中茅峰玉晨觀、乾元觀等處，傳為陶弘景隱修處。

嶗山

嶗山，在山東青島市東。古代又曾稱牢山、勞山、牢盛山、鰲山等。南瀕黃海，東臨嶗山灣。它是山東半島的主要山脈，嶗山的主峰名為「巨峰」，又稱「嶗頂」，海拔一千一百三十二點七公尺，是中國海岸線第一高峰，有著海上「第一名山」之稱。它聳立在黃海之濱，高大雄偉。當地有一句古語說：「泰山雖稱高，不如東海嶗。」

山海相連，山光海色，正是嶗山風景的特色。在中國的名山中，唯有嶗山是在海邊拔地崛起的。嶗山的海岸線長達八十七公里，沿海大小島嶼十八個，構成了嶗山的海上奇觀。

當你漫步在嶗山的青石板小路上，一邊是碧海連天，驚濤拍岸；另一邊是青松怪石，鬱鬱蔥蔥，你會感到心胸開闊，氣舒神爽。因此，古時有人稱嶗山「神仙之宅，靈異之府。」

嶗山是中國著名的道教名山，《嶗山紀聞》稱：唐道士李遐周於唐天寶七載由京師至此煉丹修道，玄宗嘉之，因改稱輔唐山。後唐道士劉若拙由蜀稱遊至此潛修，於北宋建隆二年被封為華蓋真人。

相傳太清宮、上清宮、太平宮皆為華蓋真人作為道場而建。長春洞，傳為丘處機修煉處，邱所刻「訪道山」、「遊仙倉」等字跡猶存，並有遺詩十首刻於太清宮三清殿巨石上。海岸塔底有洞，名說「仙窟」，傳為張三豐隱修處。紫陽洞傳為明代道士孫紫陽靜修處。

過去最盛時，有「九宮八觀七十二庵」，全山有上千名道士。著名的道教人物丘長春、張三豐都曾在此修道。原有道觀大多毀壞。保存下來的以太清宮的規模為最大，歷史也最悠久。

千山

千山，位於遼寧鞍山市東南十七公里處，總面積四十四平方公里，素有「東北明珠」之稱，他南臨渤海，北接長白，群峰拔地，萬笏朝天，以峰秀、石峭、谷幽、廟古、佛高、松奇、花盛而著稱，具有景點密集、步移景異、玲瓏剔透的特色。

千山為長白山支脈，主峰高七百〇八點三公尺，總面積七十二平方公里。山峰總數為九百九十九座，其數近千，故名「千山」，又名積翠山、千華山、千頂山、千朵蓮花山，千山「無峰不奇，無石不峭，無廟不古，無處不幽」。古往今來，一直是吸引眾多遊人的人間勝境。

千山，以奇峰、岩松、古廟、梨花組成四大景觀。按自然地形劃分為北部、中部、南部、西部四個景區。包括二十個小景區和兩百餘處風景點，分布在幾條溝谷內。

景色秀麗，四季各異，是集寺廟、園林於一山的風景旅遊勝地。盛夏時節，這裡氣候極為涼爽，空氣特別清新，到千山避暑渡假絕對是您的明智選擇。

千山為中國道教名山，明清以來，道教進入鼎盛時期，有九宮、八觀、十二茅庵。全景區有寺廟三十多座，僧道數百人。千山第一峰仙人台在千山東南，峰上有八仙石像和石製棋盤。

相傳有仙人乘鶴飛來，在台上對弈、以次得名。無量觀位於北溝，是千山廟宇中最大的一個，其建築之精美也居千山之首。

巍山

巍山，也名巍寶山，在稱南大理白族自治州巍山白族回族自治縣東南約十公里處，總面積十九點四平方公里，山頂海拔兩千五百〇九公尺，山勢雄偉，氣勢磅礴，自東北向西南走向。開闢於漢代，唐代為南詔國的發詳地。

巍山主峰南北兩側有宮觀二十餘座，其中以清徽觀、斗姥閣、培鶴樓、長春洞規模最大，主祀老君、斗姥、呂洞賓、張三豐等。宮觀群中有一大廟名巡山殿，主祀細奴羅。

相傳南詔開國君主細奴羅及所傳十三代，皆被老君封為土主神。此廟所祀即第一代土主神，與其他道教名山有別。

武當山

武當山，道教四大名山之一，座落於湖北十堰市丹江口境內，又名太和山，古時稱「玄岳」、「太岳」。

面積三百一十二平方公里，主峰天柱峰，海拔一千六百一十二公尺，四周有七十二峰聳立，二十四水環流，危岩奇洞深藏，白稱綠樹交映，蔚為壯觀。明成祖朱棣賜名「大岳太和山」，一度位列五嶽之上。也成為道教第一名山。

武當山是唐代以來中國道教的發祥地，敬奉「玄天真武上帝」，道書稱真武於此修煉四十二年，功成飛昇；據說武當山就是由「非真武不足以當之」而名。

武當有規模宏大的道教古建築群，規模超過五嶽。始建於唐貞觀年間，宋元擴建，明朝達到修建的鼎盛時期。明朝永樂皇帝親自主持修建，動用數十萬民工，歷時十二年，建成了九宮、九觀、三十六庵堂、七十二岩廟的大規模道教建築群。

武當山古建築群規模之大、規制之高、構造之嚴謹、裝飾之精美，在中國宗教建築中是絕無僅有的，在世界上也屬罕見。

現存的有太和宮、南岩宮、紫霄宮、遇真宮四座宮殿和玉虛宮、玉龍宮遺址以及大量庵堂、祠堂、岩廟等，共有古建築兩百餘棟，面積約五萬平方公里。武當山還以明代張三豐創建的武當派拳術聞名天下。

武當山為道教七十二福地之一。相傳東漢陰長生、晉謝允、唐呂洞賓、五代宋初陳摶、明張三豐等，均曾修煉於此。《南雍州記》載：「來武當學道者常數百，相繼不絕。」

龍虎山

龍虎山，道教四大名山之一，位於江西鷹潭市，由仙水岩、龍虎山、上清宮、洪五湖、馬祖岩和應天山等六大景區組成。

據說東漢中葉時張天師在此煉丹，「丹成而龍虎現，山因得名」，龍虎山也成為中國道教發祥地，道教正一派「祖庭」。

道教聖地、碧水丹山與古崖墓群被譽為龍虎山「三絕」。現保存了供歷代天師起居、呈八卦形布局、氣勢恢宏的天師府古建築群；在數十平方公里範圍內分布著春秋戰國時期至明清的古崖墓群。

龍虎山具有典型的丹霞地貌特徵，明淨秀美的瀘溪河從山中流過，如一條玉帶由南向北把上清宮、龍虎山、仙水岩等旅遊景點串連在一線上，從上清古鎮乘竹筏順瀘溪河而下的二十公里山水景色宛若仙境，令人流連忘返。

張道陵第四代傳人張盛，由鶴鳴山轉至龍虎山，至民國末年已承襲六十三代，歷一千九百年，為道教「第三十二福地」和張天師子孫世居之地。

貴溪縣上清鎮東面的上清宮，是歷代天師祀奉太上老君和朝會之處，也是中國最古老、最大的道宮之一。

現存福地門、鐘樓、玉門殿、東隱院、九曲巷、下馬亭及明代石刻等古蹟。上清宮附近的天師府，占地四百公頃，房屋一百餘間，是歷代天師的住處，也是中國規模最大的道教建築之一，是現今保存較完好的封建時代大府第之一。

又有正一觀，也名演法觀，建於南唐保大年間。真應觀建於南宋嘉熙年間。乾元觀、崇禧觀、玉清觀、沖玄觀、先天觀、佑聖觀、繁禧觀等均建於元代。山有壁魯洞，號說駐仙岩，傳為張道陵得異書處。

青城山

青城山，道教四大名山之一，位於四川成都的都江堰市，緊鄰「鎮川之寶」都江堰。主峰老霄頂海拔一千兩百六十公尺，山內古木參天，群峰環抱，四季如春，周圍青山四合，儼然如城，故名青城。

丹梯千級，曲徑通幽，以幽潔取勝，自古就有「青城天下幽」的美譽。與劍門之險，峨眉之秀，夔門之雄齊名。素有「拜水都江堰，問道青城山」之說。

青城山上中國著名的道教名山，中國道教的發源地之一，自東漢以來歷經兩千多年。東漢順帝漢安二年，張道陵來到青城山，選中青城山的深幽涵碧，結茅傳道，青城山遂成為道教的發祥地，成為天師

道的祖山，道教稱此山為「第五洞天」。全國各地歷代天師均來青城山朝拜祖庭。

全山的道教宮觀以天師洞為核心，包括建福宮、上清宮、祖師殿、圓明宮、老君閣、玉清宮、朝陽洞等至今完好地保存有數十座道教宮觀。上清宮始建於晉代，上有「天下第五名山」、「青城第一峰」等摩崖石刻。

山麓長生觀，傳為晉范長生得道處；隋嘉州太守趙昱及兄冕，隱修於大面山，因又名之說趙公山。白稱溪為杜光庭隱修處。又有張天師「降魔」的擲筆槽、試劍石、天師池、天師手植的銀杏樹、唐玄宗手詔碑、唐雕三皇石像、唐鑄飛龍鐵鼎、杜光庭讀書台、唐薛昌丹井、五代天師像等古蹟。

齊稱山

齊稱山，道教四大名山之一，又名白岳，位於安徽黃山腳下休寧縣，距安徽屯溪市三十三公里，在休寧縣城西十五公里處，海拔一千多公尺，面積六十多平方公里，因最高峰齊稱岩得名，「一石插天，直入稱端，與碧稱齊」，以幽深奇險著稱。有三十六奇峰、七十二怪岩、二十四澗及其他許多洞泉飛瀑。

齊稱山不僅緊鄰黃山，而且歷史上就是一座與黃山並稱「姊妹峰」的名山，以「黃白」並稱，與黃山、九華山合稱「皖南三秀」，素有「天下無雙勝境，江南第一名山」之譽。

齊稱山是國內唯一集典型峰叢式丹霞地貌、三位一體恐龍遺蹟、摩崖石刻、道教文化於一體的山脈。崖洞石壁全是如錦似霞的紫紅和棕紅，在綠色波濤般樹林的掩映下，整座齊稱山紫衣赭裳，顯得生動而鮮明，燦爛而大氣。

齊稱山是道教名山，唐代道教即傳入齊稱山。宋代寶慶二年建佑聖真武祠，成為道教中心。明代嘉靖和萬曆年間，江西龍虎山正一派駐留齊稱山，香火日盛。齊稱山從這個時期開始，成為江南道教活動中心，躋身全國道教名山之列，被稱為「江南小武當」。

嘉靖皇帝敕建殿，御賜山額，以後道教繁盛，建有三清殿、玉虛殿、無量壽宮、文昌閣等著名道觀。以後遊人日盛，文人墨客多有題詠，至今尚存碑碣及摩崖石刻一千四百餘處。

鶴鳴山

鶴鳴山，又稱「鵠鳴山」，位於四川成都西部大邑縣城西北十二公里的鶴鳴鄉三豐村，屬岷山山脈。海拔一千多公尺，北依青城山，南鄰峨眉山，西接霧中山，足抵川西平原。因山形似鶴、山藏石鶴、山棲仙鶴而得名，為中國道教發源地，屬道教名山。

鶴鳴山山勢雄偉、林木繁茂，雙澗環抱，形如展翅欲飛的立鶴；景區內松柏成林，蒼翠欲滴，山澗溪流，泠然有聲，是著名風景旅遊區和避暑勝地。

據有關史書記載：東漢順帝漢安元年時，張道陵於大邑縣境鶴鳴山倡導正一盟威之道，鶴鳴山是舉世公認的中國道教發源地、世界道教的朝聖地，被稱為「道國仙都」、「道教祖庭」。

據說先秦的廣成子和西漢的周義山都在鶴鳴山跨鶴飛昇。歷代的許多著名道士曾在此修煉過。如唐末五代的杜光庭、北宋的陳摶、明代著名道士張三豐等都在此修道。

一些皇帝也曾到鶴鳴山祭祖，如明代嘉靖皇帝御定鶴鳴山為舉行全國性祈天永命大醮的五大醮壇之

一，明成祖朱棣曾親手書寫御旨交給龍虎山道士吳伯理讓他到鶴鳴山迎請仙道張三豐，後來吳伯理在鶴鳴山的山麓處修建了迎仙閣。

崆峒山

崆峒山，位於甘肅平涼市城西十二公里處，東瞰西安，西接蘭州，南鄰寶雞，北抵銀川，是古絲綢之路西出關中之要塞。

景區面積八十四平方公里，主峰海拔兩千一百二十三公尺，集奇險靈秀的自然景觀和古樸精湛的人文景觀於一身，具有極高的觀賞、文化和科考價值。自古就有「西來第一山」、「西鎮奇觀」、「崆峒山色天下秀」之美譽。

崆峒山是著名道教名山，傳說崆峒山是仙人廣成子修煉得道之所，人文始祖軒轅黃帝曾親臨問道廣成子於此山。黃帝問道這一千古盛事在《莊子．在宥》和《史記》等典籍中均有記載；秦皇、漢武因「慕黃帝事」、「好神仙」而傚法黃帝西登崆峒。

崆峒山因黃帝與此求道而被道教尊為「天下道教第一山」。據說崆峒之名就是取道教空空洞洞，清靜自然之意。盛時有「九宮八台十二院」之說。

閣皂山

閣皂山，也稱葛嶺，位於樟樹市東南隅，是武夷山西延的支脈，逶迤綿延一百公里，峰迴巒復，古竹蒼松，霞蒸稱蔚，引絮含煙，號稱「清江碧嶂」。

閣皂山是一座寓道教文化和中藥史文化為一體的名山。東漢建安七年，著名的道家葛玄在此悟道修真。葛玄既是靈寶道派的始祖，又是樟樹醫藥業的莫基人，閣皂山也因此成為樟樹藥幫的「祖山」。葛玄之後，他的弟子繼續在閣皂山布道煉丹，種藥行醫，其中以葛洪貢獻最大，在中國的道教史上將兩葛並稱「葛家道」，閣皂山也因兩葛而成為道徒的「聖地」。

唐高宗儀鳳年間，賜閣皂山為天下第三十三福地。閣皂山在宋代進入鼎盛時期，與金陵茅山、廣信龍虎山並稱天下三大名山，盛況空前。

據史料記載，當時這裡曾有宮觀殿堂一千五百餘間，道士五百餘人，良田三千畝，道家稱之為「神仙之館」。清末，閣皂山屢遭危厄，延續一千六百多年的宮觀香火趨於衰落。

羅浮山

羅浮山，又名東樵山，位於廣東惠州博羅縣的西北部，橫跨博羅縣、龍門縣、增城市三地，總面積兩百六十多平方公里，和位於廣東佛山市境內的西樵山是姐妹山。

羅浮山的主峰是飛稱頂，海拔一千兩百八十一公尺。其山勢雄渾，風光秀麗，四季氣候宜人，被譽為「嶺南第一山。」

羅浮山是中國十大道教名山之一，為道教十大洞天之第七洞天，七十二福地之第三十四福地，嶺南第一山，以藥市而文名於世。漢朝史學家司馬遷曾把羅浮山比作為「粵岳」，擁有九觀，十八寺，三十二庵。

葛洪晚年挈子侄及妻鮑姑於此山煉丹、著述。白鶴觀傳為葛洪東庵。黃龍洞乃其西庵，有七星壇，

為葛洪憩息之所。酥醪觀故址，為其北庵。觀源洞乃葛洪洗藥處。沖虛觀為葛洪之南庵，內有葛洪祠和丹灶；有蘇軾的題字：「葛洪丹灶」。朱明洞，又稱朱明耀真之天。洞北遺衣壇，傳為藏葛洪遺衣處。後人稱蝴蝶洞之彩蝶，乃葛洪遺衣所化。

據《羅浮山志》記載，秦漢時神仙家安期生曾至山修煉，宋代著名道士白玉蟾也曾在此修道傳教，黃大仙、鮑姑、呂洞賓、何仙姑、鐵拐李等神仙都曾留過勝蹟。

羅浮山中至今名勝古蹟眾多，自然風景秀麗，其中道教的主要有沖虛觀、黃龍觀、九天觀、酥醪觀、葛洪煉丹灶、仙人洗藥池、沖虛道觀、飛來石、遺履軒、會仙橋、蝴蝶洞、朱明洞、飛稱頂、華守岩、升仙岩、劉仙岩等，尤以沖虛觀最為著名，現為中國道教重點開放宮觀。

終南山

終南山，又名太乙山、地肺山、中南山、周南山，簡稱南山，是秦嶺山脈的一段，西起陝西咸陽武功縣，東至陝西藍田，千峰疊翠，景色幽美，素有「仙都」「洞天之冠」和「天下第一福地」的美稱。主峰海拔兩千六百〇四公尺。對聯：「福如東海長流水，壽比南山不老松」中的南山指的就是此山。

終南山為道教發祥地之一。據傳楚康王時，天文星象學家尹喜為函谷關關令，於終南山中結草為樓，西遊入秦。尹喜忙把老子請到樓觀，執弟子禮，請其講經著書，授《道德經》五千言，然後飄然而去。傳說今天樓觀台的說經台就是當年老子講經之處。

終南山有南山、金華洞、玉泉洞、日月岩等勝蹟。相傳全真道開創者王重陽和北五祖中之鍾離權、呂洞賓、劉海蟾等均修道於此。

武夷山

武夷山，位於福建的西北部，江西東部，福建與江西的交界處。總面積九百九十九點七五平方公里，主峰黃崗山海拔兩千一百五十八公尺，是中國東南最高峰，號稱「華東大陸屋脊」。武夷山四面溪谷環繞，不與外山相連。有「奇秀甲於東南」之譽。

武夷山是道教名山，關於山名之由來，道教中有二說：張宇初《武夷山志．序》稱：「昔有神人受帝命統錄地仙，嘗降於山巔，自稱武夷君，山因以名。」白玉蟾《武夷重建止止庵記》則稱：古仙籛鏗居此山，「有子二人，其一說鏗武，其次說鏗夷，因此遂名武夷山。」道教將其列入三十六小洞天之第十六洞天。

唐代，武夷山建有一所道觀，初名天寶殿、武夷觀，後稱沖佑觀，俗稱武夷宮。五代時閩王審知增飾之，稱武夷觀，這是武夷山建立最早的一所宮觀。宋代是武夷山道教的興盛期。《武夷山志》卷十八載有宋道士多人。稱窩道院、橘隱堂、棘隱庵，皆創於宋代。

至元代，武夷山道教續有發展，著名道士金志揚曾在此修煉。武夷山除沖佑觀經增修，於泰定五年改觀為宮，稱沖佑萬年宮外，又新建有一批道觀：天遊道院、升真觀、靈峰觀等。

明清時期，武夷山道教漸趨衰微。前代所建宮觀，有的在明代雖得修葺，但至清代幾乎全廢。其主觀沖佑萬年宮，明初改名沖玄觀，後又遭兵燹，雖屢有修葺，皆未復其初。現僅存道院一座，龍井兩口。

冠豸山

冠豸山，舊稱「東田山」、「蓮峰山」。位於福建連城縣城東郊一千公尺。山體於縣戚之東一點五公里處，以其主峰形似古代獬豸冠而得名，寓含剛正廉明之意。

景區方圓一百二十三平方公里，集山、水、岩、洞、泉、寺、園諸神秀於一身，雄奇、清麗、幽深，與武夷同屬丹霞地貌，被譽為：「北夷南豸，丹霞雙絕。」

冠豸山風景區屬丹霞地貌，蒼玉峽逶迤而入，一石若懸，流泉從石間穿過，潺潺不斷，逾半山處，巨石之上立一松風亭。半稱亭築在山間突出部，仰崖上古樹，鬱鬱蒼蒼，如在半天。

至滴珠岩，高壁峭立，獨留一面，明代名儒黃公甫題刻「冠豸」兩字，字徑數尺，蒼勁雄健。旁有乾隆翰林朱陽鐫刻的「上游第一觀」五字，是為閩江、九龍江、汀江發源地之一的佐證。

冠豸山是道教名山，靈芝峰下為靈芝庵，折北行至小半山，相傳唐歐陽仙曾在此煉丹。後人建有大量道觀，著名的有定光道場、三君子堂、三元殿等。

王屋山

王屋山，位於河南西北部的濟源市，東依太行，西接中條，北連太岳，南臨黃河。王屋山主峰海拔一千七百一十五點七公尺，主峰之巔有石壇。

據說為軒轅黃帝祭天之所，「黃帝於此告天，遂感九天玄女、西王母降授《九鼎神丹經》、《陰符籙》，遂乃克伏蚩尤之黨，自此天壇之始也」，故又稱天壇山。

王屋山的名字來歷有兩種說法，一稱「山中有洞，深不可入，洞中如王者之宮，故名說王屋也」；

一稱「山有三重，其狀如屋，故名」，它是是中國九大古代名山，也是道教十大洞天之首。

道教何時傳入王屋山，已難稽考。南北朝以前，僅見若干道士居此山服丹成仙的傳說。唐代是王屋山道教的興盛時期，有一大批道士居此修道。

開元十二年，司馬承禎奉召入京師，旋命於王屋山置陽台觀以居之，曾於此處著《修真祕旨》十二篇行於世。至開元二十三年卒，享年八十九歲，葬於王屋山西北之松台。

宋代，王屋山道教續有發展，除原有宮觀外，宋代又新建紫微宮。金元是王屋山道教又一興盛期。先後有大批全真道士居此修道。相繼重修了天壇、三清殿、上方紫微宮和清虛宮。

明清時期，王屋山住山道士不見記載。此後，經歷道教衰落期，大部宮觀廢圮。至今僅存陽台宮、奉仙觀若干建築。陽台宮內有玉皇閣、三清殿等。奉仙觀內有山門、玉皇殿、三清大殿等。

天台山

天台山，浙江東部名山，西南連仙霞嶺，東北遙接舟山群島。為曹娥江與甬江的分水嶺。主峰華頂山在天台縣東北，海拔一千〇九十八公尺，由花崗岩構成。

多懸岩、峭壁、瀑布，以石梁瀑布最有名。盛產杉木、柑橘、藥材。因「山有八重，四面如一，頂對三辰，當牛女之分，上應台宿，故名天台。」

天台山是道教名山，唐朝道士司馬承禎最喜愛天台山，也是他居住最久的地方。司馬承禎初到天台山的時間已不可考。聖歷二年，武則天召天台道士司馬承禎入京，這時他應已在天台山修煉了一段時間了。

除司馬承禎奉玄宗之旨到王屋山為止，他一生中的大部分時間，都在天台山隱修。天台山也是道教南宗祖庭。

仙都山

仙都山，位於浙江縉稱縣境內，是一處以峰岩奇絕、山水神秀為特色，境內九曲練溪、十里畫廊、山水飄逸、稱霧繚繞，有一百六十座奇峰，二十七個異洞。

整個風景區由仙都、黃龍、岩門、大洋四個景區，鼎湖峰、倪翁洞、姑婦岩、小赤壁、芙蓉峽，仙水洞、淩虛洞等三百多個景點組成總面積一百六十六點二平方公里。

仙都山是道教名山，被道教列為三十六小洞天之第二十九洞天，仙都山洞，名說仙都祈仙天。

大滌山

大滌山是餘杭的兩大名山之一，位於餘杭鎮西南中橋鄉境內，是一塊山靈水秀之地。宋潛說友《咸淳臨安志》卷二十四《大滌山洞天》稱「此山清幽，大可洗滌塵心，故名。」

大滌山不僅山水秀美，同時又是一座歷史悠久的道教勝地，道教將其列入三十六洞天之第三十四洞天，名大滌玄蓋洞天。

據記載，從晉代起，已有道士居大滌山修道。至唐代，大滌山道教開始興盛。除張整、葉法善、司馬承禎等遊歷此山外，住山道士也多著名者。

兩宋時，除洞霄宮不斷修葺擴建外，又新建若干宮觀。洞晨觀，南宋道士貝大欽建，景定三年，賜額。沖天觀，初名上清道院，後經擴建，咸淳九年，賜此額。

九宮山

九宮山，位於湖北咸寧市通山縣城東南。綿亙百里，因南朝「晉安王兄弟九人建九宮殿於此山，遂以為名。」此後，多朝皇帝封山賜匾，歷代文人作賦題詞。

主峰海拔一千五百八十三公尺，境內千峰爭翠，萬壑竟幽，峰、嶺、岩、台、洞、泉、池等奇麗景物引人入勝。

九宮山是道教名山，南宋名道士張道清赴九宮山開闢道場，香火遠播，九宮山從此成為中國五大道場之一，來自各地的香客長年絡繹不絕，九宮山是成天香火繚繞，給這座名山塗上了神幻的色彩。

三清山

三清山，位於江西上饒市東部門戶玉山、德興兩縣交界處，東距浙江衢州九十公里，南距福建武夷山市一百一十五公里，西距上饒市七十八公里，北距安徽黃山市兩百六十三公里，古為饒、信、衢三州之會。

三清山主峰玉京峰海拔一千八百一十九點九公尺，因山有三峰，名為玉京、玉華、玉虛，如三清列坐其巔，故名。三清山南北狹長，景區總面積兩百二十九平方公里，中心景區七十一平方公里，由於長期地質地貌變化，形成了三清山別具一格的奇峰怪石、急流飛瀑、峽谷幽稱等雄偉景觀。

三清山是道教名山，它的興衰沉浮，始終與道教的興衰有密切的關係。

三清山道教文化開始於晉代葛洪，葛洪在三清山結廬煉丹，著書立說，至今山上還留有葛洪所掘的丹井和煉丹爐的遺蹟。

尤其是那口丹井，歷時一千餘載，依然終年不涸，其水汪洌味甘，被後人稱之為「仙井」。於是葛洪便成了三清山的「開山始祖」，三清山道教的第一位傳播者。

唐朝，在葛洪結廬煉丹之處營建了三清山上第一座道教建築老子宮觀，進一步鞏固了三清山在道教史上的重要地位。宋代、元代三清山得到了進一步的發展。

明朝為三清山道教活動的鼎盛時期，山上的道教建築也如雨後春筍般大量出現。至景泰年間，山上已經建起龍虎殿、方士羽化壇、玉零觀、糾察府、演教殿、九天應元府、潘公殿、方壕上、天門石坊、飛仙台、流霞橋、石階「眾妙千步門」、「沖虛百步門」等建築，並重建三清觀，改建三清宮。

四、各地宮觀

道教許多宮觀建築超凡脫俗，出神入化，既保留了自然山林的宏偉秀麗，又體現出風水寶地的絕好氣韻，可稱地設天成。

這些道觀與本派歷史傳承緊密相連，曾經幾度焚燬，也曾幾代興隆，至今天，這些記載歷史的道觀已經不僅僅只是一座道教宮觀，更是中國道教文化的具體展現。

樓觀

樓觀，中國道教宮觀，位於陝西周至終南山麓。相傳是周代函谷關令尹喜的故宅。尹喜在此結草為樓，以觀天象，因名草樓觀，道廟稱「觀」，據說即源於此。

道教稱，尹喜仰觀天象，見紫氣東來，知有聖哲臨關，時老子由楚入秦，經函谷，尹喜乃請老子著書以傳後世，老子為說《道德經》，其地則稱老子說經台。

有史可考的道教樓觀派，興起於魏晉，興盛於北朝、隋唐。唐高祖敕令擴建樓觀廟宇，改名宗聖觀。北宋太宗時，復賜額順天興國觀。金末毀於戰亂。元代全真道士尹志平居樓觀十年，在舊址上修復殿堂，樓觀從此成為全真道宮觀。

明清時樓觀遭山洪水災、兵燹之禍，至清末已只存殘跡，有部分碑碣石刻，宗聖觀主體建築則蕩然無存。此後說經台即成為樓觀派主要活動場所，統而言之說樓觀台。全真道派和正一道派都尊稱樓觀為「終南祖庭」。

白雲觀

白雲觀，道教全真第一叢林，位於北京西便門外，其前身是唐代的天長觀。據載，唐玄宗為「齋心敬道」，奉祀老子，而建此觀。

觀內至今還有一座漢白玉石雕的老子坐像，據說就是唐代的遺物。金正隆五年，天長觀遭火災焚燒殆盡。金大定七年，敕命重修，金世宗賜名說「十方天長觀」，後復遭火災，重修後更名太極宮。

元初，丘處機自西域大雪山覲見成吉思汗，東歸燕京，賜居於太極宮。當時宮觀一片淒涼，遍地瓦礫，長春真人遂命弟子王志謹主領興建，歷時三年，殿宇樓台又煥然一新。元太祖二十二年五月，成吉思汗敕改太極宮為「長春觀」。

元末，連年爭戰，長春觀原有殿宇日漸衰圮。明初，以處順堂為中心重建宮觀，並易名為白雲觀。清初，在王常月方丈主持下對白雲觀又進行了一次大規模的重修，基本奠定了今日白雲觀之規模。

白雲觀的建築分中、東、西三路及後院，規模宏大，布局緊湊。中路以山門外的照壁為起點，依次有照壁、牌樓、華表、山門、窩風橋、靈官殿、鐘鼓樓、三官殿、財神殿、玉皇殿、救苦殿、藥王殿、老律堂、邱祖殿和三清四御殿。

玄妙觀

玄妙觀，位於江蘇蘇州市中心的觀前街，創建於西晉咸寧二年。《吳郡圖經續記》稱「唐置，為開元宮」，明盧熊《蘇州府志》稱「晉時號真慶道院」，宋稱天慶觀，元至正元年，始名玄妙觀，明代稱正一叢林，清代為避康熙帝玄燁之諱，一度改「玄」為「元」或「圓」，稱「圓妙觀」，後歷遭毀壞，歷經整修，民國元年，恢復「玄妙觀」舊稱。

玄妙觀極盛時有殿宇三十餘座，是當時中國最大的道觀，正中及西廂有大小殿宇二十六座，連綿不絕。現有山門、主殿、副殿及二十一座配殿。

山門雄偉高聳，上懸康熙帝御筆賜額「圓妙觀」。南宋淳熙六年，重建的主殿三清殿面闊九間，進深六間，高約三十公尺，建築面積一千一百二十五平方公尺，重檐歇山，巍峨壯麗，是江南一帶現存最大的宋代木構建築。

殿中須彌座上供高十七公尺泥塑貼金的三尊神像，正中是元始天尊，兩旁是靈寶天尊和道德天尊，俗稱三清。神像高大莊嚴，是宋代道教塑像中的上品。

道德天尊像座有老君像石刻，為唐吳道子繪像，唐玄宗題贊，顏真卿書，由宋代刻石高手張允迪摹刻，可稱「四絕」碑，是目前國內僅存的兩通老子像碑之一。

三清殿西山牆有六十根大青石六面柱，每面刻有一天尊像，共刻三百六十天尊像，合週年數。玄妙觀前一條街名觀前街，為蘇州的主要商業街之一。

沖虛觀

沖虛觀，位於廣東惠州市博羅縣羅浮山北麓朱明洞南。原址為葛洪所建四庵之一的南庵，初名都虛庵。葛洪升仙後，改建為葛洪祠，以示紀念。

唐玄宗天寶年間擴建，易名為葛仙祠。宋哲宗元祐二年，又賜名為「沖虛觀」，以後歷代均有修葺，現為廣東省重點文物保護單位和全國道教重點開放宮觀。

沖虛古觀內有殿宇五重，分別為靈官殿、三清殿、黃大仙殿、呂祖殿和葛仙殿。沖虛觀內如今還有葛洪的許多遺蹟。其中葛仙殿後有葛洪建造的丹灶。丹灶旁原有蘇東坡書「葛洪丹灶」四字，已泯滅。現在所刻的「稚川丹灶」四字乃是清乾隆年間廣東提學吳鴻重題。

觀內還有一個八角形的水池，是葛洪的「洗藥池」。據載，葛洪時常為民採藥，這池便是他洗藥草的地方。

最神奇的是觀內的「長生井」，據說是葛洪煉丹時取水所用。這口井長年不枯，井水能治病，昔日名說「神仙水」，據說經常飲用此水，可保長生，因此留下了一斗米換一斗水的傳說。這是沖虛觀「三奇」之一。

另外二奇分別是：沖虛觀主殿三清殿周圍大樹環繞，屋頂卻無落葉；觀內無蜘蛛結網。此「三奇」至今仍吸引著不少人去探究謎底。

稱台觀

稱台觀又名佑聖觀，位於三台縣城南四十公里，距郪江古鎮二公里的巴蜀地區的第二大道教勝地。南宋開禧二年，道人趙肖庵入山，嘉定三年，建大殿三間，嘉定七年，取名佑聖觀。從宋歷元到明，因兵燹毀廢。

從明永樂十一年，奉敕大建宮殿造成萬曆十九年，全觀重建殿堂十三重。清代又多次擴建和培修，到光緒十五年，稱台觀已成為四川第二道教名山，蜀中名觀。

現存有三皇觀、回龍閣、長廊亭、券洞門十殿、城隍廟、天王殿、九間房、靈宮殿、振辰樓、鐘鼓樓、正殿等建築，綿延一千公尺，結構嚴謹，工藝精湛，殿內長年不結蜘蛛。

現內存有明代萬曆十七年的銅鐘、銅鼎、匾對、稱台勝境墨稿，明代萬曆四十二年的《聖諭》和樂笏、尚方寶劍等。稱台觀風景秀美，有奇洞、泉眼、池塘、古墓等。小橋流水，古柏參天，百年以上老樹比比皆是。觀內香煙繚繞，稱「巍巍勝境類蓬萊」、「茅屋稱台天下無」。是僅次於青城山的四川第二大道教名觀。

常道觀

常道觀在青城山腰，又稱天師洞。因東漢天師張道陵曾於此傳道，故名。洞在山腰混元頂下峭壁間，祀天師塑像，沿壁有廊可通。觀重建於隋大業年間，唐改稱常道觀，宋時名說昭慶觀，後又沿用常道觀至今。

現存殿宇重建於清末，主殿為三皇殿。重檐迴廊，雄踞高台，氣勢宏偉。殿內供伏羲、神農、軒轅三皇石刻造像各一尊，像高九十公分，為唐開元十一年刻石。

觀內歷代石木碑刻甚多，著名的有唐玄宗詔書碑、飛龍鼎、明代木刻花瓶等。觀前右方有古銀杏一株，高數十公尺，枝葉扶疏，傳為張道陵所植。

觀東不遠處有三島石，危岩三島，傳為天師降魔時所劈，今石上有「降魔」兩字。島旁泉水環流，濃蔭蔽日。

無量觀

無量觀，道教著名宮觀。在遼寧鞍山市東南十公里的千山北溝，也名無梁觀，傳因初建時無梁而得名。清代康熙六年，道教全真龍門派第八代弟子劉太琳創建，後屢有修繕。

觀內外主要建築有老君殿、三官殿、慈航殿、南天門、八仙塔、祖師塔、葛公塔等；老君殿創建於清代康熙初年，嘉慶、道光及同治年間均有修葺，殿內供奉太上老君塑像；三官殿是清代道光二十六年創建，因祀三官大帝而名；慈航殿，原名慈航閣，中供慈航道人聖像。

觀前山腰間有一石台，台上置石桌石墩，四周環以短石垣欄柱及石板，相傳昔日常有仙人羽客棲集於此，故人稱「聚仙台」；台東有八仙、祖師、葛公三塔。

沿山門拾級而上至西峰，峰頂石台，名振衣崗，崗北山峰，古稱拜斗台，昔為觀內道士朝拜北之處。觀之周圍峰巒疊嶂，松海環繞，有南天門、鐘樓、萬年松、正直松、石龕松等眾多名勝古蹟。

無量觀整個建築依山隨景而築，殿宇房舍成階梯狀，層層而上，氣勢壯觀，布局自然，結構巧妙，是東北著名的道教宮觀。

中嶽廟

中嶽廟，即指嵩山中嶽廟，位於河南嵩山南麓的太室山腳下，距河南省登封市城東四千公尺。它背倚黃蓋峰，北依黃蓋峰，面對玉案山，西有望朝嶺，東有牧子崗，規模宏偉，金碧輝煌，總面積十一萬平方公尺，為中州祠宇之冠。

中嶽廟的前身為太室祠，始建於秦，為祭祀太室山神的場所。北魏時，祠址經過了三次遷移後，定名為中嶽廟，從此由道教管理。唐代中嶽廟得到了進一步發展。

武則天於萬歲通天元年登嵩山封中嶽時，加封中嶽神，改嵩陽縣為登封縣。武氏對中嶽廟的「情」有獨鍾，使它的聲望日益興盛，八方傳播。唐開元年間，唐玄宗李隆對中嶽廟大加整飾，擴建殿宇，是中嶽廟的鼎盛時期，為之奠定了堅固的基礎。

宋太祖金妝神像，岳神的冠戴衣著沿襲至今。以後又繪飾壁畫，遍植松柏，不斷為之增添光彩。元末由於戰亂廟宇倒塌嚴重。明清兩朝對中嶽廟又多次整修，特別是乾隆時按照北京清故宮的建造方法，對中嶽廟作了一次大規模的全面整修。又設宜道會司，以掌管全縣的道教事務。

從此，中嶽廟飛甍映日，傑閣聯稱，梁畫棟，金碧輝煌，整個廟宇的布局制式都與故宮相似。廟內主要建築，從南向北，由低至高，順次為中華門、遙參亭、天中閣，配天作鎮坊、崇聖門、化三門、峻極門、峻極坊、大殿、寢殿、御書樓。

最北以黃蓋亭為終端，站在亭內可俯瞰中嶽廟全景，遠眺蒼翠群山。中軸線兩側建有太尉宮、火神宮、祖師宮、神州宮、小樓宮等。殿宇、樓閣、廊廡等共四百餘間，氣勢恢宏。廟內古柏參天，碑碣林立，珍存著許多文物瑰寶。

永樂宮

永樂宮，位於芮城縣城北約三千公尺處的龍泉村東，建在原西周的古魏國都城遺址上。這是一處在國內外得有影響的古建築，它以壁畫藝術聞名天下。這裡的壁畫，是中國現存壁畫藝術的瑰寶，可與敦煌壁畫媲美。

永樂宮原來是一處道觀，是為奉祀中國古代道教「八洞神仙」之一的呂洞賓而建，原名「大純陽萬壽宮」，因原建在芮城鎮永樂鎮，出被稱為永樂宮。

永樂宮是元代定宗貴由二年動工興建，包括彩繪壁畫在內，元代至正十八年竣工，施工期長達一百一十多年。

永樂宮的壁畫滿布在四座大殿內。這些繪製精美的壁畫總面積達九百六十平方公尺，題材豐富，畫技高超，它繼承了唐、宋以來優秀的繪畫技法，又融匯了元代的繪畫特點，形成了永樂宮壁畫的可貴風格，成為元代寺觀壁畫中最為引人的一章。

永樂宮內，宮宇規模宏偉，布局疏朗。除山門外，中軸線上還排列著龍虎殿、三清殿、純陽殿、重陽殿等四座高大的元代殿宇。

這些元代建築，是中國古建築中的優秀遺產。在建築總體布局上風格獨特，東西兩面不設配殿等附屬建築物，在建築結構上，吸收了宋代「營造法式」和遼、金時期的「減柱法」，形成了自己特有的風格。

朝天宮

朝天宮，在江蘇南京市水西門內。相傳該處原為吳王夫差所築之冶城，晉建冶城寺，唐改太清宮，五代吳王楊溥於其地建紫極宮。宋大中祥符間，改名祥符宮，續改天慶觀，元朝元貞年間，改額玄妙觀，尋升大元興永壽宮。

南京朝天宮是江南現存規模最大、保存最為完好的一組古建築群，面積約三萬平方公尺，加上江寧府學現存面積約為四萬五千平方公尺。

位於南京市中心的西南面。古代稱冶山，因春秋時期吳王夫差在此冶鐵鑄劍，後歷代帝王多在此建寺廟宮殿。

明洪武年間，明太祖朱元璋下詔賜名為「朝天宮」，取「朝拜上天」、「朝見天子」之意。清末，朝天宮改為江寧府學和文廟，朝天宮現為南京市博物館所在地。

明代的朝天宮是當時南京最大、最著名的道觀，占地面積三百畝，有各種殿堂房廡數百間，立體建築有神君殿、三清正殿、大通明寶殿、萬歲正殿等。

大山門為東向，據記載，大山門內有左右碑亭各一。其南碑為「奉敕重建朝天宮碑「，保存完整，現存朝天宮大成殿丹墀前，其北碑碑身已毀，僅存碑座。

紫霄宮

紫霄宮座落在湖北武當山的主峰天柱峰東北的展旗峰下。始建於明永樂十一年，是武當山上保存較為完整的宮殿古建築群之一。

自東天門入龍虎殿、循碑亭、十方堂、紫霄殿至父母殿，層層殿堂，依山疊砌，其餘的殿堂樓閣，鱗次櫛比，兩側為東宮、西宮，自成院落，幽靜雅緻，再加上四周松柏挺秀，竹林茂密，名花異草，相互掩映，使這片古建築更顯得高貴富麗。

紫霄殿面闊五間，重檐九脊，綠瓦紅牆，光彩奪目，其額枋、斗拱、天花，遍施彩繪，藻井浮雕有二龍戲珠，形態生動，宛若真物，由於彩繪，也使得全殿顯得光彩奪目，富麗堂皇。

殿前的平台十分寬闊，雕欄重繞，雄偉壯觀。殿內供有玉皇、真武、靈官諸神像，形象生動，栩栩如生，雕刻手法細膩、逼真。殿後的父母殿，崇樓高舉，秀雅俏麗，與紫宵殿相映成輝，體現了中國古代建築的高超藝術。

紫霄宮背依展旗峰；面對照壁、三台、五老、蠟燭、落帽、香爐諸峰；右為雷神洞；左有禹跡池、寶喜馬拉雅山。周圍崗巒天然形成一把二龍戲珠的寶椅，明永樂皇帝封之為「紫霄福地」。

進入龍虎殿、青龍、白虎泥塑神像侍立兩旁，形成威嚴。沿數百級台階循碑亭穿過十方堂，有一座寬敞的方石鋪面的大院落，院上三層飾欄崇台，捧拱主殿紫霄殿。

紫霄殿進深五間，重檐九脊，翠瓦丹牆。殿中石雕須彌座上的神龕內供奉真武神老年、中年、青年塑像和文武座像，兩旁侍立金童玉女，君將等，銅鑄重彩，神態各異，是中國明代藝術珍品。

殿左放著一根數丈長的杉木，傳說從遠方飛來，故名「飛來杉」；又因在一端輕輕扣擊，另一端可聽到清脆的響聲，而稱為「響靈杉」，相傳也是明代遺物。大殿四周神龕內，陳列著數以百計的元、明、清代鑄造的各種神像和供器，堪稱中國銅鑄藝術的寶庫。

洞霄宮

洞霄宮，道教宮觀。在浙江杭州市餘杭區餘杭鎮西南的大滌山中峰下大滌洞旁。創建於漢武帝時，唐代弘道元年，奉敕建天柱觀；乾寧二年，錢鏐改建後稱天柱宮；宋大中祥符五年，奉敕改名洞霄宮；宋南渡後，常以去位之宰執大臣提舉洞霄宮；元代世祖至元年間，屢經擴建，規模日益壯觀。

洞霄宮極盛時占地面積達八十畝，並以該宮總攝江、淮、荊、襄諸路道教，是元代全國著名的道教宮觀之一，元鄧牧撰有《洞霄圖志》六卷，記當地宮觀、洞府、古蹟、人物、碑記等頗詳。

洞霄宮至正年間毀於兵火，明代洪武初年重建，因林壑深秀，名勝古蹟甚多，道教列為三十六小洞天、七十二福地之一，稱「大滌洞天「。清代乾隆年間再次焚燬，後唯存方丈室、斗姆及道舍數間，今尚留遺址。

元符宮

元符宮，道教著名宮觀。在江蘇句容與金壇兩縣之間的茅山積金峰南坡。全稱元符萬寧宮，簡稱印宮。

據《茅山志》記載，唐至德時建有火浣宮，北宋天聖三年，為延真庵，天聖五年，為天聖觀；宋哲宗時因茅山上清二十五代宗師劉混康治好皇后心痛之疾，紹聖四年，哲宗敕江寧府於此營建元符觀，歷時九載，於崇寧五年落成，徽宗御題額說元符萬寧宮。

其時宮內主要建築有宮門、玉華門、天寧萬福殿、玉冊殿、九錫殿、景福萬年殿、飛天法輪殿、鐘樓、藏經閣、大有堂、東庫堂、西稱堂、寶策殿、眾妙堂、三素堂、九真堂、北極閣、震靈堂、潛神庵及十三房道院等，規模宏大，氣勢磅礴。南宋建炎四年，毀於盜火。

紹興二十八年，高宗賜金重建，並御書宮額；宋理宗時，敕令茅山上清第三十八代宗師蔣宗瑛繕修上清宗壇，工峻御書其壇及聖德、景福、萬年三殿額。

元、明、清初屢有修復重建，清末絕大部分建築毀於兵火，至民國時僅存靈官、太元、三清三殿和東秀、西齋、勉齋、聚仙四房道院。現有山門、靈官殿、萬壽台、太元寶殿及二房道院，均為近年所建。宮外名勝古蹟有蓬壺洞、玉柱洞、華陽洞、楚王洞、常遇春影壁等。

青羊宮

青羊宮，川西第一道觀，座落在成都西南郊，南面百花潭、武侯祠，西望杜甫草堂，東鄰二仙庵。相傳宮觀始於周，初名「青羊肆」。

據考證，三國時期取名「青羊觀」。到了唐代改名「玄中觀」，在唐僖宗時又改「觀」為「宮」。現在青羊宮的宏大格局，就是在那時形成的。

唐樂朋龜《西川青羊宮碑記》說：「岡阜崔嵬，樓台顯敞，齊東溟圓嶠之殿；抗西極化人之宮，牽劍閣之靈威，盡歸行在；簇峨眉之秀氣，半入都城。煙黏碧壇，風行清磬。」這樣一來，青羊宮便成為唐末四川最大、最有影響的宮觀了。

到了明代，唐代所建殿宇不幸毀於天災兵焚，破壞慘重，已不復唐宋盛況。今所見者，均為清康熙六至康熙十年陸續重建恢復的，在以後的同治和光緒年間，又多次培修，解放後又多次修葺，即形成現

在的建築規模。

宮內保藏有清代光緒三十二年所刻《道藏輯要》經版，共一萬三千餘塊，皆以梨木雕成，每塊雙面雕刻，版面清楚，字跡工整，為當今中國道教典籍保存最完整的存板，是極為珍貴的道教歷史文物。

每年農曆二月十五日既是青羊宮傳統的廟會日，又是青羊宮歷史悠久的「花會」日，屆時宮內香菸繚繞，磬聲悠悠，人如潮湧，宮外各種名花異卉爭奇鬥妍，流香溢彩，人來人往，車水馬龍，熱鬧非凡。

重陽宮

重陽宮，中國著名道教宮觀，全真道祖庭，又稱為重陽萬壽宮、祖庵，位於古都西安市區西南四十公里處，是全真道祖師王重陽早年修道和葬骨之地。

王重陽卒後，弟子護送其遺骨葬於舊居。馬鈺襲掌全真教，於其地建立道觀，手書「祖庭」兩字為額。嗣後，王重陽弟子王處一上奏，請於其址建靈虛觀，丘處機又請改名重陽宮。元世祖時乃更名重陽萬壽宮。

重陽宮在元代的北方道教中影響很大，居全真道三大祖庭之首。元世祖時，重陽宮奉敕更名為「敕賜大重陽萬壽宮」。享有「天下祖庭」「全真聖地」之尊稱，懸掛在山門上方的元代皇帝御賜金匾仍清晰可辯。

元代時，重陽宮殿堂建築共計約五千〇四十八間，東至東甘河，西達西甘河，南抵終南山，北近渭河，全真道徒往往稱集於此，最盛時近萬人。

明清以後，屢遭破壞，宮院逐步縮小。明代重陽宮開始衰落，規模逐漸縮小。現存的靈官殿、七真殿均為清同治十三年重建，建制和規模遠非元代可比。

作為元代盛極一時的大重陽萬壽宮所存除碑石、石棺之外的實物，僅有閒置在院中的幾塊碩大的築基石和一件殘存的屋脊，可以讓想見當年宮殿的宏大氣勢。

天后宮

天后宮是為供奉天后娘娘所搭建的，位於福建泉州市區南門天后路一號，始建來慶元二年，地處城南晉江之濱，「蕃舶客航聚集之地」。

該宮是中國東南沿海現存最早、規模最大的一座媽祖廟，有溫陵天后祖廟之稱，臺灣和東南亞的許多媽祖廟都是從這裡分靈的。

泉州天后官初建即以來微宗賜額「順濟」為廟名，即「濟以順風」之意。宗元時代，泉州成為世界貿易港之一，元代朝廷為了發展海上貿易，於至元十五年，下詔「制封泉州神女護國明著靈惠協正善慶顯濟天妃。」

明永樂五年，出使西洋太監鄭和，奏令福建鎮守官重新建廟。此後朝廷節遣內宦及給事中行人等官，出使琉球、爪哇、滿剌加等國，率以到廟祭告祈禱為常，永樂十三年，少監張謙出使渤泥，從泉州浯江啟航，「實仗神庥」，歸奏於朝鼎新之，改宮號為「天妃宮」。

清康熙十九年施琅征海，師次於此，「神湧潮濟師」、「有助順功」。敕封「護國庇民妙靈昭應宏仁普濟天后「，後易宮名為「天后宮」。

康熙二十四年，欽差禮部郎中雅虎來宮致祭。雍正元年，御書匾額「神昭海表」，今懸掛於殿中，乾隆後歷代有重修。現在建築群還保存宋代構件和明清時代木構建築，是海內外同類建築中規模最大規格最高、年代最早、而著稱於世的古蹟。

萬壽八仙宮

萬壽八仙宮，位於西安東門外，始建於宋代，後代歷經重修。據八仙宮石碑記載，原先這裡有座雷神廟，八仙流浪來這裡，他們手捉飛來蟑螂食之，去後留下遍地栗殼，被視為遊戲人間，遂建八仙宮廟祭祀。

八仙宮廟址屬唐朝興慶宮長樂坊地段，山門外石碑上刻有「長安酒肆，呂純陽先生遇漢鐘離先生成道處」，因此八仙宮被視為道教仙跡勝地。

八仙宮在長樂坊大街，南沿建有大照壁，北沿建有磚砌大牌樓，以此向北有第二個牌樓、山門、靈宮殿、雷祖殿、斗姆殿。兩廊廂房東院為呂祖殿院、廚房院、道眾宿舍院；西院為邱祖殿院、監察院。

清光緒二十六年，八國聯軍入侵北京，慈禧太后和光緒皇帝來西安避難時曾住八仙魔，贈銀整修，並頒賜廟額「敕建萬壽八仙宮」，八仙宮因此得名。

八仙宮現占地一百一十畝，由山門至後殿，分為三進。山門外，有清光緒二十年磚砌大牌坊兩座，門外的影壁上刻有「萬古長青」四個大字。山門兩端，鐘、鼓樓分立左右。第一進殿五間。第二進分前、後二殿。第三進正殿門楣上懸有清慈禧太后親筆題寫的「洞天稱籍」四字匾額，大殿兩側，是東西跨院。東院有呂祖殿和藥王殿。

每逢農曆四月十四、十五、十六，八仙宮都要舉行一年一度的廟會。四方香客稱集於此，盛況空前。

妙濟萬壽宮

妙濟萬壽宮，又名鐵柱宮，在江西南昌市翠花街西。始建於晉，祀淨明道所尊祖師許遜。宮左有井，與江水相消長。中有鐵柱，傳為許遜所鑄以鎮蛟螭之害者。唐咸通中，賜名鐵柱觀。北宋真宗大中祥符二年，改額景德觀，政和八年，改名延真觀。南宋嘉定間，改名鐵柱延真宮。元大德七年，遭火災，後重修，泰定三年又遭火災，再度重建。明正德間，賜金修葺。嘉靖中，再遭火焚，兩賜帑金助修。嘉靖二十六年，賜額妙濟萬壽宮。至清代，皆曾重加修葺。道光二十三年之重修，曾歷時六年，至道光二十八年始告竣。

據說，重修後宮殿「宏壯瑰麗，倍逾於舊」。光緒二年之重修，還於諶母殿後添造逍遙別館一所。其後，則年久失修，至今只存一殿二院，餘皆廢圮。

玉隆萬壽宮

玉隆萬壽宮，座落在江西南昌市新建縣的西山上，為淨明道之祖庭。淨明道奉晉代的許遜為祖師。相傳許遜飛昇後，裡人於其故居建許仙祠祀之。南北朝時，據說空中常有紅錦帷飛來旋繞，故改名遊帷觀。隋時廢圮，唐代重建。

宋真宗大中祥符三年，升觀為宮，改稱玉隆宮。宋徽宗政和二年，遣內使於玉隆宮建道場七晝夜。

政和六年，徽宗稱他在五月一日辰時，夢見許遜為他降妖治病，於是詔令在「玉隆宮」前加「萬壽」兩字，並以當時西京豪華的崇福宮為藍本，進行擴建。

興建了正殿、三清殿、老祖殿、諶母殿、藍公殿、玄宗殿和玉皇、紫微、三官、敕書、玉冊五閣，以及十二小殿、七樓、三廊、七門、三十六堂，規模之大，「埒於王者之居」，成為中國最大的道教聖地之一。

此後，南宋寶慶元年重加修葺，元代延祐三年重修大殿。元末，宮觀毀於兵火。明朝武宗正德十五年，皇帝題額「妙濟萬壽宮」，對宮內建築又作了重大修葺。明萬曆十年重修部分殿堂。

玉隆萬壽宮在總體布局、環境景觀、建築式樣、門窗裝飾、三雕技藝等方面，處處凝聚著特定歷史時期的藝術匠心，融合了民間優秀傳統工藝，這使之不失特色、永具魅力。

整修後的玉隆萬壽宮雄偉壯觀，基本恢復了原有的光彩。雕龍畫鳳，栩栩如生，層樓飛檐，莊重古樸，不愧為臨川文化古建築的代表之作。也使得這一臨川古文化、古建築的瑰寶得以保存。

崇禧萬壽宮

崇禧萬壽宮，在江蘇茅山。是茅山宮觀建築群中最早創建者。初建於南朝梁，名曲林館，後為陶弘景之華陽下館。

《茅山志》卷十七記載：「崇禧萬壽宮在丁公山前。隱居華陽下館。唐貞觀九年，太宗為王法主建，號太平觀。天寶七載，玄宗敕李玄靜取側近百姓一百戶，並免租稅科徭，長充修葺灑掃。中和間，盜火所焚。天祐間，鄧啟遐重建。」

宋祥符元年，因祈禱改名崇禧觀。至哲宗時，「歲月因循，屋顛而不持，榱故而不革，圮廢而不興，垣頹而不作」。

何君表倡議重新之。重修後的崇禧觀南面建三門，先玉皇殿，次三清殿，次北極殿，左本命殿，規模龐大，成為茅山一處興盛的道觀。

元仁宗時，因玄教大宗師張留孫之請，於延祐六年詔升觀為宮，據有關記載，該宮盛時，有殿十二座，其名為：復古、威儀、四聖、葆真、三茅、天師、南極、玄壇、東華、三清、七真、三官等。

順帝至元二年遭火災，明正統十四年重建。至清末，此宮尚存。一九三八年九月，被日本侵略軍焚燬。

上清正一萬壽宮

上清正一萬壽宮，道教著名宮觀，正一道的祖庭。在江西鷹潭市南貴溪縣境內的龍虎山中上清鎮東首。初為天師張道陵的草堂，第四代天師張盛在此置傳籙壇，逢三元日昇壇傳籙。

唐代會昌年間，始於此處建真仙觀，宋大中祥符五年，改名上清觀，仁宗天聖年間，二十五代天師張乾曜曾觀於龍虎山南。哲宗元祐元年，二十八代天師張敦復又重建，但均已不可考。宋徽宗崇寧四年於上清鎮東再建，政和三年升觀為「上清正一宮」。

南宋高宗建炎年間，寧宗於慶元、嘉定年間均有修建；理宗於端平二年賜內帑，並派太乙宮高士易如剛再次進行較大規模的擴建，興建二閣、三館、六殿及東西道院數百楹，不久又創建門樓，增建紫微閣。

元代曾有三建二毀，武宗時敕改上清正一宮為「大上清正一萬壽宮」。明代先後有六次重建與修復及增建。

雍正十年，除將原有殿宇葺修一新外，又新建了碑亭、斗姆宮、後堂、庫房、廂房、齋堂、廚房、虛靖祠及二十四道院等，整個宮宇規模宏大，氣勢磅礴，名振江南；後因年久失修與屢遭災毀，現僅存有一口元代所鑄大鐘及部分碑刻藏於天師府內。

第七章　科儀方術

科儀方術指的是道教的儀式和方術，他們是道教文化的重要組成部分。對於道教徒來說，方術和儀式都是神聖的，是他們追尋大道的一種重要表現。透過方術，他們能夠與鬼神溝通，能夠上達天聽，藉以期待有朝一日能夠得道飛昇，羽化成仙。而儀式則是道教發展過程中逐漸完善和豐富的一種特殊文化，他們是道教禮儀的具體表現，也是道教宮觀和道士經濟收入的重要來源。

了解和認識道教儀式，對於全面認識道教，有著重要的作用。

一、道教齋醮

齋醮是道教對其崇拜儀式的傳統稱呼，俗稱「道場」，齋醮不但是道教文化的重要組成部分，也是中國傳統文化的重要構成。

齋醮具體形象的表達了道教教義，齋醮中的文學和音樂都是我們研究古代文學和音樂的重要途徑。齋醮中的養生知識更是我們今天所研究的重點。

齋醮

齋醮是道教對其崇拜儀式的傳統稱呼，俗稱「道場」。《無上黃籙大齋立成儀》稱，「燒香行道，懺罪謝愆，則稱之齋；延真降聖，乞恩請福，則稱之醮。齋醮儀軌不得而同」。齋醮是道士修道行道的重要內容。

一、道教齋醮

齋，《說文》稱「戒潔也，從示」，是齋戒、潔淨之意，指的是在祭祀前，必須沐浴更衣、不飯酒茹葷、不行房事，以示祭祀人的誠敬。

《禮記》說到將祭時，「防其邪物，訖其嗜欲，耳不聽樂。故記說：齊者不樂，言不敢散其志也。心不苟慮，必依於道。手足不苟動，必依於禮。是故君子之齊也，專致其精明之德也」。

醮，《說文》中有兩個意義，一稱作冠娶之禮解，一稱作祭儀解，而「祭，從示，以手持肉」，意思是獻肉以祭。宋玉《高唐賦》稱：「有方之士，羨門高溪，上成鬱林，公樂巨穀，進純牲，禱旋宮，醮諸神，禮太一」。醮神意即祭神。

中國古代宗教有眾多的齋戒儀禮以及等級森嚴的祭儀規定。《禮記·曲禮下》稱「天子祭天地，祭四方，祭山川，祭五祀，歲遍。諸侯方祀，祭山川，祭五祀，歲遍。大夫祭五祀，歲遍。士祭其先。」只有王有祭天地的權利，而大夫以下的庶人只有祭祀其祖先的權利。對於祭獻之物，不同等級也有明確的區別規定。

道教產生於東漢末年封建統治腐敗、社會動亂之際，一開始它就以與統治階級相對抗的姿態出現，因此，它構造了自己的天地神靈系統，並且創造了自己的祭祀「天、地、水」三官的儀式。但是道教儀式仍然同古代祭祀儀式有密切關係。

道教齋醮儀式是古代宗教祭祀儀的改易。早期道教多用「齋」名。道教創立齋醮儀範，其目的：一是為修道；二是為通神；三是為供養。道教齋醮儀式具有複雜的結構。它由各種獨立的科儀組成，每個科儀又都具有特定的神學意義和作用。

科儀

科儀，指道教道場法事。科，科可解做動作。《說文》科有程、條、本、品等意義。《說文》「程」有法則意義，荀卿說：「程者物之準也」。《玉律》科也作程解，故科即程序。俗話說「照本宣科」，即是本著一定程序敷演如儀。

儀，儀為典章制度的禮節程序、法式、禮式、儀式登，如常說的「行禮如儀」。

道教徒做道場法事的規矩程序，依不同法事定的不同形式，按一定法事形式準則做道場叫「依科闡事」。俗話說的「照本宣科」，就是這一同義語。

道教徒把這種「底本」叫做「科儀本」，把做某種法事的「底本」叫做「某某科儀」。如開壇法事的「底本」叫「開壇科儀」，蕩穢叫「蕩穢科儀」，簡稱叫：開壇科，蕩穢科。

內外齋

內外齋，是道教齋法的不同功能和使用範圍的一種分類名稱。

內齋，指道士內修的齋法，由個人進行，注重內心無思無慾，外觀無言無行，主靜；外齋，指道士為他人他事舉行的齋法，大多由集體進行，唱念做齊全，主動。

《金籙大齋啟盟儀》稱：「齋法之說，有內有外，請備論之。內齋者，恬淡寂寞，與道翱翔，昔孔子以心齋之法告顏淵，蓋此類也。外齋者，登壇步虛，燒香懺謝，即古人禱祠祭祀之餘意也。」

齋是戒潔，心齋就是保持精神虛靜，不接外物的狀態。內齋之法，本無程序。早期道教的守一之法，也是內齋一類，《太平經》只是要求守一之人「安臥無為，反求腹中」，「百日為小靜，兩百日為中靜，三百日為大靜」等。

南北朝時，道教儀式漸趨繁複。陸修靜以禮拜、誦經等動行為來約束人的三關，使人心靜，就將內外齋結合了起來。

上清之齋，雖然與金籙、黃籙等齋法並列為九齋十二法，但據其內容當屬內齋。大約成書於明代的《靈寶無量度人上經大法》則稱，「內齋者有四，一則心齋，二則常齋，三則清淨齋，四則長齋」。

心齋，指「謹守天戒，心意同符，內外同儀，無思無慾，無慮無恐，翛然坐忘，德同真人，道合仙格」。

常齋，指「絕辛去厭，斷葷戒欲」。

清淨齋，指「斷五穀，絕人事，居山林，飲元氣，持戒律，忘塵根，散胞胎，杜交友」。

長齋，指「並持以上三齋之法，或一月、兩月，一歲、兩歲，十年、二十年是也，以至終於飛昇，始於立意是也」，前三種是內齋之法，各有特點，後一種是內齋的時間要求。

五供

五供也稱五獻，在拜表、煉度、施食等儀式中都有五供一節。其法乃是將五種獻祭品，即香、花、燈、水、果獻於神壇之上。道士稱：五獻皆圓滿，奉上眾真前，志在求懺悔，亡者早生天。道教對這五種供品，各有專門的解釋：

◇ **香**：《要修科儀戒律鈔》稱：「香者，天真用茲以通感，地祇緣斯以達言，是以祈念存注，必燒之於左右，特以此煙能照玄達意。」意思是香可上達於三境十天，下徹於九幽五道。香菸上透稱

霄，有參侍玉皇的功效。據《道門通教必用集》，奉獻於諸天的名香有返魂香、返風香、逆風香、七色香、天寶香等。

◇**花**：《道門通教必用集》稱，奉獻諸天異境奇花有「九靈太妙真花，五靈小妙奇花，碧蕊黃金豔花，黃蕊紫金耀花，閬苑青瓊瑤花，瓊林流光寶花」。稱花能舞動陽氣，熏沐金容，花光燦爛，照映十方。

◇**燈**：《要修科儀戒律鈔》稱「真人攝日暉以通照，役月精以朗幽」。燈的功用就是「諸天悉開耀，地獄皆朗明。我身也光徹，五臟生華榮」，而灼透幽冥，照開泉路。

◇**水**：《道門通教必用集》稱奉獻諸天七種寶漿為「日精寶漿、月華寶漿、星光寶漿、甘露寶漿、金液寶漿、靈光寶漿、玉匱寶漿」，稱「倘飲三杯，必通大道」，能滌煉陰魂，恢復真形。

◇**果**：《道門通教必用集》稱奉獻諸天的瓊林珍果為「空洞靈瓜，萬歲仙桃，金紫交梨，元光素，赤靈火棗，飛丹紫榴」等，稱「香氣布濃，食之無盡」，可結果而收，早登仙界。

醮壇

建醮必先設壇，稱為「醮壇」，又稱「法壇」。「壇」則指在平坦的土地上，用土築的高台，用以祭祀天神和祖先。

據《道書授神契》記載：「古者祭皆有壇，後世州郡有社稷壇。壇而不屋，古醮壇在野。今於屋下，從簡也。」說明古代醮壇，原為露天，後改在殿內。

不同形式的齋醮，往往建有不同規模的壇。大型齋醮活動，通常築有若於個壇，其中一個是主壇，叫做「都壇」，其餘的壇，叫做「分壇」。

如一九九三年九月，在北京白雲觀舉行的「羅天大醮」。供奉一千兩百諸神牌位，分設都壇、皇壇、度人壇、三官壇、報恩壇、救苦壇、濟幽壇、青玄壇等，誦經拜懺，日夜供奉香燈。

全真派醮壇，稱為「混元宗壇」，用「道經師寶」印。方丈傳戒的戒壇，稱為「玄都律壇」。正一派醮壇，稱為「萬法宗壇」，用天師之印，為「陽平治都功」印，沿襲至今。

醮壇高功

在齋醮儀式中，各有一定稱稱和職守的道士，統稱為執事，即醮壇執事。據《金籙大齋補職說成儀》，執事主要有：

高功：位居各執事之首。擔任者必須「道德內充，威儀外備，天人歸向，鬼神具瞻」；在儀式中要「躡景飛晨，承顏宣德，惠週三界，禮越眾官」。

監齋：位僅次於高功。其職守，一為「總握憲章，典領科禁，糾正壇職，振肅朝綱」；二為「周密察非，從容授簡，有嚴有翼，毋濫毋墮」。即主管科儀典法，為高功的副手。

都講：與高功、監齋合稱「三法師」。擔任者必須「洞輔該通，法度明練，贊唱儀钜，領袖班聯」；「玄壇步趨，升座講說。昭符人望，默契人心」。即主管唱贊導引，也為高功的副手。

以上三職，正一派稱為「三法師」，全真派僅稱「高功」，無「法師」之稱。但三者在齋醮科儀中各有明確職能，相輔相成，共同發揮對科儀的主導作用。

醮壇執事

道教齋醮，除了三大法師之外，還有其他執事，也各有其職：

◇**侍經**：負責陳列、布置和收藏經卷的道士，為誦經作好定音、調音和儀表的準備工作。

◇**侍香**：負責清潔香爐和香案的道士，在儀式中保持焚香不斷。

◇**侍燈**：負責整理和清潔點燈用具的道士，在儀式中保持燈燭輝照不致中斷。

◇**知磬和知鐘**：負責擊磬和擊鐘的道士。磬鐘之聲直接規定了誦唱經文和儀式進行的節奏。

此外，據《太清玉冊》卷四，醮壇執事還有：

◇**煉師**：「其職也，內外貞白，心若太虛；德體好生，誠推惻隱。致坎離之妙用，合造化之元功；煉質升真，超凡人聖。」

◇**攝科**：「其職也，嚴格威儀，宣揚玄範，端臨幾度，密邇道前。音傳金玉之聲，問答琳瑯之韻，必敬必戒，以謝以祈。」

◇**正儀**：「其職也，通貫科儀，整肅玄綱，務在老誠之士，方嚴中正之規。」

◇**監壇**：「其職也，激濁揚清，攝邪輔正，升壇隸事，先須嚴潔之功；通真達靈，必假監臨之力。事須處恪，好令差遲。」

◇**清道**：「其職也，肅清稱路，蕩滌塵氛。」

◇**知爐**：「其職也，玄教威儀，仙班領袖。」

◇**詞懺**：「其職也，吟詠洞章，歌揚玄範。」

◇**表白**：「其職也，奏陳虔格，注念精專。」

醮壇威儀

道教醮壇之上，講究一定規矩，稱之威儀。因齋醮人神交接，怠慢不得，故立下清規，目的是「戒其惰慢，檢其愆違，察其行藏，觀其誠志，若有過失，隨事糾舉。」

「威儀」包括醮壇中的一切陳設和舉止行動。要求全部符合齋法典式，叫做「如儀」。

《天皇至道太清玉冊》載有《醮壇清規》，所列凡三十五條，可見醮壇之上，紀律嚴明。

醮壇用品

醮壇上有必要的設置和用品，主要有：

◇**供器**：香爐、燭台、花瓶、香筒等。

◇**供養**：如香、花、燈、水、果五種供奉。

◇**法器**：道教通用的法器有兩類：一類為仰啟神仙、朝觀祖師以及為了驅惡鎮邪的器物，如朝簡、如意、玉冊、玉印、寶劍、令旗、令箭、令牌、天蓬尺、鎮壇木等；一類為各種打擊樂器，如鐃、鐺、鑔、鈴、鼓、鐘、螺、磬等。

◇**幢幡**：幢之制其上有寶蓋，並有執桿，以為手持。幡則無蓋，多為懸掛之用。

◇**符簡**：即黃表紙符。

◇**章表**：即表文。

◇**法水**：淨壇用水。

◇**手爐**：即有柄之香爐，以為手執。

道教法壇

◇**道教法壇**：即道教舉行宗教活動的宗壇。基本上可以分為醮壇、籙壇和戒壇三類。

◇**醮壇**：即道教舉行齋醮科儀的法壇。醮壇之上參加科儀的道士，稱為「醮壇執事」，主要有高功、經師、提科、表白等，其他還有侍經、侍香、侍燈等。

◇**籙壇**：是正一派道士授受經籙的法壇。稱為「萬法宗壇」。籙壇設有三師：

◇**傳度師**：舉行授籙科儀的主持者。

◇**監度師**：一般由正一派世襲的張天師擔任。

◇**保舉師**：負責保送正一道士參加受籙。

◇**戒壇**：是全真派道士授受戒律的法壇。稱為「玄都律壇」。授戒由傳戒律師和八位大師共同完成。

◇**傳戒律師**：又稱「傳戒本師」、「律師」。由傳戒叢林的方丈擔任，負責為戒子講說戒律、傳授戒法。律師的選拔非常嚴格，必須受滿三壇大戒，接過「方丈法」，戒行精嚴、德高望重的方丈始可榮膺此職。

傳戒八大師為：

◇**證盟大師**：負責為戒子解說教義經典、經懺威儀等。監戒大師：負責監察戒子言行，不許違規犯戒，對不法者有權責罰。以上傳戒律師、證盟大師和監戒大師，又稱戒壇「三師」，是戒壇最主要的三位。

◇**保舉大師**：一般由傳戒叢林的監院擔任，負責保舉戒子參加受戒。

◇**演禮大師**：負責傳授戒子登規演禮及戒壇威儀等。

◇**糾儀大師**：負責為戒子糾正禮儀規範。

◇**提科大師**：負責戒壇誦經拜懺諸事。

◇**登籙大師**：負責為戒子取道號，填寫「登真籙」。

◇**引請大師**：又稱「迎請大師」。負責主持戒壇齋醮科儀，擔任高功。

羅天大醮

羅天大醮是民間常見的醮祭中，格局、含意、祭期最大的醮典。《雲笈七籤》稱：「八方世界，上有羅天重重，別置五星二十八宿。」顯見羅天大醮乃指天地萬物。羅天大醮則是極為隆重的祭天法儀，以祈協正星位、祈福保民、邦國安泰。

盛極隆厚的羅天大醮，需搭設九壇奉祀天地諸神，上三壇稱普天，由皇帝主祀，祀三千六百神為，中三壇各周天，主公卿貴族祀之，設二千四百神為，下三層為羅天，由人民供祀一千兩百神為，醮期則長達七七四十九天，並分七次舉行七朝醮典，醮科包括福醮、祈安醮、王醮、水醮、火醮、九皇禮斗醮以及三元醮等。

羅天大醮不僅祭儀隆重，醮期長，普渡區內更要用五色布遮天，無論內壇或外場都顯得極隆重莊嚴，所耗費的人力、物力也超出一般醮典十倍以上，加上普天又須皇帝主祭，封建社會時代，民間少有能力建此大醮。

經典文檢

經典文檢指道教齋醮儀式使用的書文，包括科儀經典和文檢兩部分。科儀經典是道士演習儀式的文字腳本，文字固定，世代傳承，大致由三個部分組成，即散文體和駢文體的經文，韻文體的讚頌或吟偈以及提示道士禮拜儀節的規定。

散文或駢文體的經文，大多用於啟請、召請天神、申奏舉齋目的，或者代神宣教民眾。韻文體的讚頌或吟偈，大多是五言或七言詩體，多用於步虛、繞壇或法師行術時的誦唱或伴唱，它們多作為大段經文念白之間的過渡。至於一些禮拜儀節的規定大多是簡單的散文，類似於劇本中的表演提示。

現存的科儀經典都經過歷代儀式實踐的反覆磨練，因而在表達教義思想和儀式組織安排等方面都比較完整併且錯落有致。儀式要素的組織安排也富於變化，使欣賞儀式的信徒不感到單調乏味。

道士學習科儀經典，代代都以抄寫經文作為入門的第一步。抄寫經典不僅促使道士熟悉經典和研習經典，也促使道士代代相承，不斷努力使齋醮儀式能夠適應不斷變化的社會生活和信徒要求。

文檢是道士演習儀式時根據當時當地信徒的要求而書寫的儀式文書的總稱，其格式大致固定而部分文字卻因時因地有所變化。南宋以後的科儀典籍中已經普遍使用。文檢在齋醮儀式中有重要作用，認為文檢在齋醮儀式中是祈福度亡的最大利益所在。

齋醮與教義

道教透過齋醮科儀內容和形式的結合來體現它的教義思想和教徒的信仰行為，主要表現在道、神、濟貧救苦等諸方面。

道是道教的理論基礎，他不僅是道教的宇宙觀，而且是道教的根本信仰。因為道最終被人格化，成為「太上老君」，出現了「一炁三清」之說。加上人和鬼，便出現了人神、人鬼關係。

在金籙大齋、玉籙大齋中，各種科儀大多反映人同神的關係，而黃籙齋中，各種科儀大多反映人同鬼的關係，因而要透過請聖、慶賀、祝壽等科儀為人、神祈福謝恩；透過破獄、煉度、施食等科儀為人、鬼濟幽度亡，例如燈。

儀表明了道教徒追求光明的教義思想內容。總之，所有的一切均表現了道教的教義思想。

齋醮與文學

齋醮儀式中運用了許多讚頌詞章，即步虛和青詞，屬於兩種文學體裁。

步虛，是諛神之辭，建醮時，道士必須旋繞香爐或燭燈，邊巡行邊按一定的曲調口誦詞章。一般為詩體，或五言、七言，或八句、十句、二十二句不等。早在寇謙之、陸修靜時，即有《華夏頌》、《步虛詞》出現。現存陸修靜《太上洞玄靈寶授度儀》、杜光庭《太上黃籙齋儀》中皆有許多步虛詞。

青詞，又稱青辭，也名綠章，為道教齋醮時送給天神的奏章祝文。一般多用駢體，以四六文句構成，對仗工整，文辭華麗。

也有駢散並用的，開頭敘明祝禱者姓名，祈禱神祇尊號，所奏事由，末節用「以聞」「謹詞」之類的表示謙卑祈請的文辭。唐宋時期，許多文人官吏頻頻出入於道場，且奉皇命，親作青辭。

此外，帝王也有為齋醮作讚頌辭章的。宋太宗、宋真宗和宋徽宗等分別撰寫了《步虛詞》、《散花詞》、《白鶴贊》、《玉清樂》、《太清樂》各數十首。

由於齋醮的廣泛影響，古代文學作品中也不乏描寫。如《紅樓夢》、《水滸傳》、《三國演義》等小說中，均有熱烈的齋醮場面的描寫。

齋醮與音樂

齋醮音樂，又稱科儀音樂、法事音樂和道場音樂，包括步虛、偈、贊、頌、誥等韻曲，和獨唱、合唱、吟唱、道白等聲樂，以及器樂、打擊樂等多種音樂形式。

齋醮音樂在發展過程中，與中國傳統的巫教音樂、宮廷音樂和民間音樂相融合，逐漸形成了自身的風格和體系，成為中國傳統音樂藝術的重要組成部分。

齋醮音樂發展到北宋末期，才出現了一部曲體範本《玉音法事》，此為現存所見到的道教樂體中最早的聲樂體集。該體集收入於明《正統道藏》，記載了唐代至宋代的道曲五十首。因記體方法非常奇特，至今難以破譯。

及至明代，又出現了一部《大明御製玄教樂章》體集卷，急載有道曲十四首，工尺體曲調。清代《重刊道藏輯要．全真正韻》中收有全真道常用的曲目五十六首，用「鐺鑔板」。這些都是道教音樂的重要文獻。

全真道注重修持，醮壇音樂較為含蓄；正一道面向社會，醮壇音樂便十分活潑。

齋醮與養生

道教在齋醮時，往往與煉養並行。例如在建醮前，必須齋戒沐浴，即清潔身、口、心，不讓汙穢介入。

在建醮過程中，要運用存想，以聚精會神，排除雜念，達到真心清靜的境界；此外還有叩齒、呼吸等，都是齋醮中有利於健康的因素。

齋醮科儀組成

舉行一項齋醮科儀，往往要透過建壇、設置用品、湧經拜懺、步罡踏斗、掐訣唸咒等來共同完成。這其中人是最積極、最活躍的因素，因為所有的這些都是由他們來完成的，這一切就構成了一個完整的齋醮科儀。

齋醮發展過程

東漢時，道教誕生，太平道已有向天祈禱和稱謝等儀式；五斗米道也有「塗炭齋」、「指教齋」等齋儀，祈禱者「黃土塗面，反縛懸頭」，儀式簡單。

另外，五斗米道還有為病人請祈的「三官手書」，此種科儀雖然十分簡樸，但已具備了齋醮科儀中表章的雛形。

東晉、南北朝時，齋醮科儀經上清派、靈寶派道士推演，逐漸形成整套的儀範和程序。東晉哀帝興寧二年，魏夫人的弟子楊羲、許謐在茅山創建「上清法壇」，用「九老仙都君」印。

東晉安帝隆安年間，葛洪族孫葛巢甫撰著《靈寶經》三十餘卷，至南朝陸修靜再加增修，大行於世，在閤皂山建立「靈寶玄壇」，用「元始宗壇」印和「元始萬神」銅印。

北魏時期，道士寇謙之率先改革北方天師道，提倡禮度，改誦經「直誦」為「音誦」，從此齋醮誦經有了音樂的內容。寇謙之著《稱中音誦新科之誡》和《籙圖．真經》，使科儀得到了進一步的發展和完善。

繼寇謙之後，南朝劉宋靈寶派道士陸修靜也改革南方天師道，他在撰寫三洞經典的基礎上，修整了齋醮科儀。他曾撰著齋醮科儀百餘卷，有關靈寶六齋、九齋、十二齋等不同齋儀及《升玄步虛章》等齋醮樂章多種。

經寇謙之和陸修靜整編修訂以後，齋醮科儀逐漸定型並走向完善。至隋朝時，基本上停滯不前，但仍受重視。齋醮科儀歷經唐、宋、元各代，隨著道教的發展而盛行。

唐玄宗於開元年間，詔兩京及諸州各置玄元皇帝廟一所，每年依道法齋醮。唐武宗即位，帝幸三殿，於九天壇親受法籙。唐末五代道士杜光庭是道教齋醮科儀的集大成看，他蒐集、整理、編撰、刪定了南北朝以來的各種科儀。

在此基礎上又新修了《太上正一閱籙儀》、《洞神三皇七十二君齋方懺儀》、《道門科範大全集》等科醮書多種，影響十分深遠。

北宋太宗、真宗、神宗、哲宗、徽宗各朝，宮中設醮，史不絕書。真宗於大中祥符二年，令太常禮院詳定天慶道場醮儀，頒諸州。徽宗於大觀二年，頒金籙靈寶道場儀範於天下，令道士依法奉行。

金元之際，京中宮觀、大邑名山均有設醮者。不僅正一派道士，而且全真派丘處機、王處一，太一道蕭志沖、蕭居壽等，也皆先後承金、元皇帝之旨而主醮事，齋醮遂為各派所習。

明代以後，道教轉衰，但齋醮科儀仍流傳於民間。此階段出租了許多民間宗教，流傳十分廣泛，許多齋醮科儀被民間宗教所吸收。

同時有許多大型的齋醮科儀因無力承辦而失傳，小型的齋醮科儀因進一步簡化而更適合一般群眾的需要，故一直流傳至今。

清代龍虎山上清官提點婁近垣，整編齋醮科儀十二卷，輯集成《黃籙科儀》，成為近現代科儀的典範。

現行道教齋醮

現行道教齋醮活動，主要有以下三種情況：

◇ **全真派道觀**：如北京白雲觀、青島嶗山太清宮、武漢長春觀等。全真派齋醮活動包括課誦、接駕、祝壽、祈福、延生、消災、供天、攝召、散花、施食等科儀。

◇ **正一派道觀**：如上海白雲觀、蘇州玄妙觀、龍虎山天師府等。正一派齋醮活動包括奏職、祝聖、完願、慶誕、進表、供天、煉度、發遞、亡斗、開啟、請聖、火司朝、迎鑾接駕、延生告斗等科儀。經懺包括早晚功課、玉皇懺、雷祖懺、真武懺、三宮懺、斗經斗懺、朝天懺、青玄懺、九幽懺等。正一派道觀十分注重齋醮科儀，因為這是他們的主要經濟來源，故正一派齋醮活動非常精彩，內容也十分豐富。

◇ **散居道士**：指分散於民間不居廟的道教徒，多是正一派。他們的特點是不居廟觀，或以家庭為單位，世代相傳；或以個人為單位，廣收門徒；一有機會便到群眾家裡舉行齋醮活動。散居道士多承龍虎山之法統，世家傳承，歷代夥居。故所誦之經懺也正一道觀常用之經懺，主要是：三官北經、靈官經、王皇心印妙經、玉皇懺、太上三元大懺、灶王懺等。

二、道教科儀

在醮壇科儀中，有其獨特運作，形式，主要有外在的咒訣罡步，香贊禮表等方法和內在的存想運諱、叩齒集神等修功。

宮觀道眾每逢朔月、望日，重要節日，祖師聖誕，都要舉行祝壽、慶賀等典禮，這些常行的儀規統屬齋醮科儀。

齋醮科儀

齋醮科儀，指醮禱活動所依據的法規。宮觀道眾每逢朔月、望日，重要節日，祖師聖誕，都要舉行祝壽、慶賀等典禮，這些常行的儀規統屬齋醮科儀。

在醮壇科儀中，有其獨特運作，形式，主要有外在的咒訣罡步，香贊禮表等方法和內在的存想運諱、叩齒集神等修功。

早晚壇功課

道教住觀道士每日早晚例行的科儀。約起於南北朝以後。據《早晚功課經．序》說：「功課者，課功也。課自己之功也，修自身之道者，賴先聖之典也。誦上聖之金書玉誥，明自己本性真心，非科教不能弘大道，非課湧無以保養元和。是人道之門牆，修性之徑路。」

在觀道士每日卯、酉之時上殿做功課，早誦香贊、開經偈、淨心咒、淨口咒、淨身咒以及《清靜經》、《玉皇心印妙經》等；晚誦步虛、開經偈、玄蘊咒、《太上洞玄靈寶救苦拔罪妙經》、《元始天尊說生天得道真經》等。

唱贊禮拜，諷誦仙經，一是修真養性；二是祈禱吉祥；三是堅定道心；四是超度亡靈；五是體現宮觀道風管理。

祝將科儀

常用於道教早壇功課出壇中的一種科儀。祝為恭請之意，將即神真；祝將是恭迎神真登臨壇場。早壇功課化天地疏文後，透過高功表白，舉威顯化天尊、禮拜、上香、宣表、唸咒，顯示祖師赫赫威靈，降臨壇場，以護經護道護壇庭，達到道門常清靜。

祭孤科儀

常用於道教晚壇功課出壇中的一種科儀。祭為祭祀、超度之意；孤為孤魂；祭孤即祭祀孤魂，為亡靈超度。

晚壇功課出壇，各執事如法如儀後，透過高功表白、舉太乙救苦天尊、禮拜、上香、灑淨水、表白宣表、高功步罡撒食，以期甘露灑開地獄門，孤魂亡靈升仙都。

祝壽科儀

道教用於祖師聖誕之時的科儀。祝為慶賀之意，壽為壽辰，祝壽即慶賀祖師壽辰。如正月初九、正月十五、正月十九，分別為玉皇、天官、邱祖的聖誕，於當天晚上零時例行此儀，以賀祖師誕辰。

其程序為：各執事如威如儀，高功、表白，齊舉玄教萬壽天尊，上香禮讚，舉道經師寶天尊，詠「三寶香」韻，舉香稱達信天尊，宣表念祖師寶浩，即某祖師聖誕即念某祖師誥、焚表、退班。

慶賀科儀

慶賀科儀也為道教用於祖師聖誕之日的科儀。慶為慶祝之意，慶賀即慶祝祖師誕辰。一般在祖師聖誕日白天舉行。

其程序為：各執事如列如儀，上香禮讚；舉三清應化天尊，舉道經師寶天尊，舉香稱達信天尊，上祝香咒，上威靈咒，宣表、表白、念誥、焚表、退班。

透過此儀，恭對醮壇，以賀祖師聖誕。

接駕科儀

道教專用於玉皇巡天之晨的科儀。接為迎接之意；駕為聖駕，指玉皇大帝；接駕科儀指迎接玉皇大帝時所行的朝科。宮觀於農曆臘月二十五子時舉行迎接王帝聖駕大典，簡稱迎鑾接駕。

其程序是《早課》唸完《太上靈寶天尊說禳災度厄真經》，高功跪起啟請韻、起「小贊韻」，監院拈香、剎板，高功說文，提科起步虛韻，高功舉大羅三寶天尊，高功起吊掛，高功提綱、表白，高功說文、起天尊板，眾念鶴駕采臨天尊，眾出殿至天壇，退班。

透過此儀恭對瑤壇，延請玉帝降臨人間，賜福禳災，延齡益壽。

大回向科儀

常用於道場圓滿時的一種科儀，是為道場圓滿做的總懺悔。其程序為：高功拈香說文，提科起步文，高功舉大羅：寶天尊，高功起吊掛、提科提「恭對道前」，表白接「回向如法，高功朗念回向文，眾念《彌羅寶誥》及《洞玄靈寶高上玉皇本行集經》，高功起送花贊、退班。

透過此儀，仗道威力，願罪消除，常，轉法輪，普度群品。

進表科儀

進表也稱「化表」、「焚疏」，是道教齋醮中一種非常重要的科儀，廣泛應用於各種大型的齋醮活動中。例如金籙、玉籙、黃籙，或者大型醮會，均要舉行此儀。

進表，源於中國古代的祈禱儀式，經兩漢南北朝、隋唐諸代的發展，逐漸由簡趨繁，直至宋元以後才日趨統一和完善。

但由於道法師承的系統不同以及傳播地域的經濟文化，乃至語言、風俗習慣的差異，各地在演習中有了很大的不同。

上海道教現行「進表」科儀，大體分三個步驟舉行。

第一步為啟壇：法師和眾道士人壇敬香，跪奏祝告，醮壇被幻化成瑤壇仙境，以分燈法點燃全壇之燈，擊金玉之聲，然後漱水。淨灑壇場。

第二步為請聖：奉安五方神聖、請聖、降聖。

第三步為拜表：法師和眾道士奉請三師相助，降臨壇場，高功默念「薰香咒」，行祭禮於司表仙官，以勞動仙官遞送表文於天庭，然後封表，法師虛畫符文於表上，以示封緘。行送表禮，焚表化行：高功步罡踏斗，以示元神飛昇天庭，默念表文，稟告上蒼，高功在踏表後，收斂元神：眾法師和執事致謝眾神，獻供，上表結束，退堂。此為進表科儀的核心內容。

透過此儀，道士將書寫信眾祈願的表文呈達天庭，祭告上蒼。眾聖降臨壇場，賜福延齡，先靈受度。

水火煉度儀

道教齋醮中常用的一種科儀。水火即真水真火，水火煉度即指用真水真火，交煉亡靈，拔度幽魂。包括九煉生屍、靈寶煉度和南昌煉度。

在舉行該儀時，壇場上要設置水池和火沼，水池盛真水，火沼置真火。其中真水是在拂曉時，「於東井中，人未汲者」，經焚請水符後，在燭光下，汲水入水池內；真火是在日午時，「面日，截竹取火，下用印香引之」，火著後，焚請火符，引火燒沼內炭。

其程序為：祝香，啟聞上帝，焚降真詔靈符；高功就座召將吏，存將吏降臨，次念五帝真諱；收召亡魂，水火交煉；焚符九章，使亡魂之臟腑生神；說戒；舉道經師寶；鬼神十戒；九真妙戒；舉奉戒頌；讀符告簡牒；高功下座，送魂度橋；焚燎，舉三清樂；退班。其核心是收召亡魂，水火交煉。

透過此儀，水火交煉，超陰度亡。

燈儀

道教齋醮中常用的一種科儀。指以燈為豐要法器的一種儀式，多在日落後舉行。包括：九幽燈儀、北燈儀、本命燈儀、血湖燈儀等。

燈儀源於中國古代的祭禱儀式，至南北朝時，醮壇執事中已有「侍燈」一職，至唐末五代，道教齋醮中就有了完整的禮燈儀。元朝時期，燈儀被廣泛地運用於金籙、玉籙類道場中。後經過發展，大體分為金籙、黃籙兩大類。

金籙類燈儀的程序是：入壇、啟白、皈命和讚頌、諷經、宣疏、回向。黃籙類燈儀的程序是：入壇、啟白、舉天尊之號和讚頌、諷經、宣疏、回向。可見刁；同燈儀在舉天尊之號和讚頌部分有所區別，這與破獄度亡有關。燈儀中的火種的來源是，從正午陽光取得火源，然後再在分燈儀中點燃壇場各燈。

透過此儀，照耀諸天，續明破暗，下通九幽地獄，上映無福極堂。

分燈科儀

分燈是齋醮中燃點壇場燈燭的常用儀式元，起初是獨立的儀式體，後來則被包含在別的儀式體中，作為某種齋儀的一項內容。道教認為壇場燈燭之火非同凡火，必須取得日月星三光之「慧火」才能使燈燭具有上照天庭、下徹地獄、拔度亡靈的功用。

宋金時期，分燈儀式的程序是：取火，分點和念頌。

◇**取火**：在正齋日午時，面南，對太陽焚香，口奏，吸氣，吹筆，以黃紙九寸朱書慧光符一十二道，玉清訣，東方氣，以蠟封作炬子，用於應發燈光。在太陽正南時，以陽燧，即凸透鏡聚焦於炬子上，念「太陽輝神咒」，意為取太陽正氣，點燃燭炬。然後，由法師點燃一燈於壇正中元始天尊神位前。

◇**分點**：高功法師出班，至元始天尊神位前，上香三禮，默誦「明燈頌」。侍燈立左，侍香立右，高功執符炬於元始天尊神位前，請降寶光，存思元始允奏，想像金光透徹寶籙之上，百色光明混合於一身，結化為大日圓輪。然後，高功以符炬於中燈光內點。侍燈三禮，受燈於師前點。侍香也三禮，受符炬。遍十方點，分班點畢。三師回，各三禮，納余炬並為一。高功三禮焚於元始前爐中，又存思寶光上徹九天、下輝九州九地。

◇**念頌**：法師默誦滅燈頌，稱「太上散十方，華燈通精誠。諸天悉開耀，地獄皆朗明。我身也光徹，五臟生榮華。炎景照太無，遐想通玉京。」

由於從陽燧取火受到陰雨天氣的條件限制，後世對取火的方法作了許多因地制宜的改變。南宋道士金允中在《上清靈寶大法》中曾經指出：「浙東有數郡卻也先點一燈在高功手中，長跪致詞，道眾卻受之以進入三清天尊前，逐位宣白文，點之方行分光。」

咒訣科儀

咒訣科儀是齋醮儀式組成中常用的儀式元。

◇**咒**：指通於神靈的用語。古代「咒」通「祝」，一般以「急急如律令」結尾。持咒可以請神、驅邪、保命、護身等。

◇**訣**：手指按一定的方法盤結揑掐而成的形狀叫做訣，其過程叫做掐訣。掐訣可以通真制邪，役將治事。不同的神明有不同的訣法，如靈官訣、斗姆訣等。

步罡踏斗

步罡踏斗是齋醮儀式組成中常用的儀式元。罡，原指北星的斗柄。後以天罡泛指北星。斗，指北。步罡踏斗，就是高功法師假十尺見方的土地，鋪設畫有二十八宿星象的罡單，作為九重之天，然後在罡單之上，腳登稱靴，隨著道曲，沉思九天，按斗宿之象，默唸咒訣，徐步踏之，以召請神將、伏魔降邪或者神飛九天、奏達表章。

道士行步罡踏斗時的踏斗，稱為禹步。據《洞神八帝元變經．禹步致靈》稱：「禹步者，蓋是夏禹所為術，禹遂模寫其行，令之入術。自茲以還，術無不驗。因禹製作，故說禹步。」

道教創立以前，方士們就已行步罡之術，道教將其吸收為道術之一種並作為一種儀式元。唐宋以後，道教科儀典籍中的罡法更是五花八門，有以功能來命名的，如回屍起死罡、伏御地祇罡、普掃不祥罡等。

有以召請對象來命名的，如：召煉度司官吏罡、召靈寶官吏罡、召黃籙院官吏罡、召三鬼魔王罡、召十方飛天神王罡法等。

也有以步法圖形來命名的，如交泰罡、二十八宿罡、五行超脫罡、旋斗歷箕罡等。

禮拜科儀

禮拜是齋醮中最普遍最常見的一種儀式元。一個信仰道教的人，進入宮觀對神像叩頭作揖，這就是禮拜。道教徒初習儀式首先就要學會禮拜。禮拜是入道的根本和首要之事。

早期道教繼承了古代中國的拜禮用之於儀式中。隨著道教禮儀逐漸完備，道教的禮拜之儀也漸趨完整。據宋代道士朱法滿編撰的《要修科儀戒律鈔》稱，道士禮拜之儀有四：「一稽首，二作禮，三遵科，四心禮」。

◇ **稽首**：指的是「開兩手，將頭首稽留至地，故稱稽首。經言五體投地者，四支並頭為五體也」。

◇ **作禮**：即拜禮。「其拜之時，或一，或三」「一拜則表大道無二，三拜明三寶圓成」。

◇ **遵科**：指的是遵守禮拜的科條。這些科條有對禮拜行儀的種種規定和違反科條的處罰。

◇ **心禮**：意即禮拜不必形之於體，只要「隨方想禮，心念口言」，就可以感動神靈。

誦經科儀

誦經就是誦唸經文，是道教齋醮中最普遍最常見的一種儀式元。一個道教徒在入道後初習儀式時就要學習誦經。透過誦唸經文，幫助「行持」，修習道學。

誦唸方法同一般詩文的朗讀不同。詩文朗讀一般按文意抑揚頓挫，節奏變化，但誦唸經文大多呆板平穩，與意無涉，其節奏往往由某種打擊樂器控制。

誦唸時，有一人獨誦，也有眾人合誦；有一經誦一遍，也有一經誦多遍。其方式也有多種，主要有心誦、形誦、神誦、心祝、密祝、微祝等。

道教認為，透過誦經萬遍，道士可以達到修道成仙、與神溝通的目的。在天地運終，星宿錯度，日月失昏，四時失度，陰陽不調，國主有災，兵革四興，疫毒流行，兆民死傷，師友命過等事發生時，都要誦經，「上消天災，保鎮帝王；下禳毒害，以度兆民」。

歷代道教科儀文獻，對於誦唸經文的選擇、時間安排、同眾術之關係等，多有所闡述。經文的選擇。道教一直重視《道德經》的誦唸。時間的安排。道教認為不同時間誦唸有不同功能。誦經作為道教齋醮儀式中的一種，往往同道教的一些方術相連繫，在《無上祕要》中引用的《洞真金房度命經》和《洞真素奏丹靈六甲符經》，都談到誦經要同服符相結合。在誦唸《金真金房度命經》十遍後，就要服金房保命符，連續誦唸一百遍，即服十次。

步虛科儀

步虛是道士在醮壇上諷誦詞章採用的曲調行腔，傳說其旋律宛如眾仙飄緲步行虛空，故得名「步虛聲」。據南朝宋劉敬叔《異苑》稱：陳思王曹植遊山，忽聞空裡誦經聲，清遠遒亮，解音者則而寫之，為神仙聲。

道士效之，作步虛聲。但其時之「步虛聲」腔，現已不得而知。現存各道地教儀式中的步虛音樂大多舒緩悠揚，平穩優美，適於道士在繞壇、穿花等行進中的誦唱。

根據步虛音樂填寫的字詞，稱為「步虛詞」。《樂府詩集》卷七十八引《樂府解題》稱：「步虛詞，道家曲也，備言眾仙縹緲輕舉之美。」步虛聲吟唱起來樂章優美，有深刻的藝術內涵，大詩人杜甫贊說：「此曲本應天上有，人間能得幾度聞。」

後步虛詞成為詩體之一種，或五言，或七言，八句、十句、二十二句不等。其中有帝王之作，也有文人和道士之作。

大約成書於南朝梁陳時的《洞玄靈寶玉京山步虛經》收有《洞玄步虛吟》十首，當是道教儀式中最早使用的步虛詞，詞作五言，句數不一。隋唐以後，「步虛詞」成為一種獨立的詩體。

宋代張商英編有《金籙齋三洞讚詠儀》，內錄有宋太宗御製《步虛詞》十首，宋真宗御製《步虛詞》十首和宋徽宗御製《步虛詞》十首，都是道士舉行金籙齋儀時誦唱的步虛詞。

叩齒科儀

叩齒，即上齒與下齒相叩，以集神驅邪。

一般分為鳴天鼓、擊天磬、鳴法鼓。左叩以擊幼天門而應神羔，右叩凡制伏驅降用之，鳴法鼓以通真格上帝，凡朝奏用之。

煉度科儀

煉度是超度亡靈的黃籙類科儀的一種。煉，指以真水和真火交煉亡者靈魂；度，就是修齋行道，拔度幽魂。煉度科儀是靈寶齋法的一種，煉度醮壇上要設置水池和火沼，亡魂被召來後透過水池和火沼中的交煉，以滌除穢垢，內外瑩徹，百骸流光，嬰成升仙。

煉度源流明永樂四年，第四十三代天師張宇初稱煉度是重要的靈寶齋法，祭煉是煉度的一種，簡便可行，它是由葛仙公創立，他也因此而得道升仙。宋明之間道教文獻大多認定煉度儀是由葛玄傳法於後的。

據《杭俗遺風》載：「道士超度道場，法師於寒林台前，畫符掐訣。由一道士以竹梢掛紙旛一首，持向法師。法師於寒林台前，列水火盆各一，以竹梢紙旛燒去，然後一抖，則更出一首，再燒再抖，左右向水火盆作四五度後，隨後抖出數十丈長白紙一條，供於正薦桌上，名說水火煉度。」

這一記載顯示該儀的特色是設有「水火盆各一」。水盆，即水池。火盆，即火沼。其中的真水，取自拂曉時「東井中，人未汲者」，經焚請水符後，在燭光下，汲水入淨器內，即是真水。真火是在正午時，「面日，截竹取火，下用印香引之」，火著後，焚請火符，引火燒炭，即是真火。

各種煉度儀不同的地方，主要是儀式召請的神將有所不同，對於亡魂再生形質的構想有所不同，並因此使之具有不同特點。

三光煉度的三光指日月星。請召的神靈有太陽日君、太陰月君和南昌朱宮的煉度官將等。各種煉度儀的不同，多與師承系統和流傳地區的不同有關。但是大多數儀式的核心部分卻是相同的，顯示了道教教義思想和道教儀式的穩定性。

施食科儀

施食是道教科儀的一項重要的內容。道教認為，在科儀中經過「咒施法食」，陽世的食物已變為醍醐甘露，蘭饈珍饌，玉液瓊漿，使幽魂深味無為，永出輪迴，證無上道。施食可以作為一種儀式體，如《靈寶施食法》。

也可以是組成其他儀式體的一項儀式元，如《先天斛食濟煉幽科儀》就是由施食和濟幽、煉度等儀式元共同組合而成的。

在唐代，道教的施食儀已經有了相當的規模和影響。儘管玄都大獻玉京山，場面浩大，道士眾多，但是其儀只是「日夜講誦是經」，比較簡單。南宋道士王契真和金允中分別編集的二種《上清靈寶大法》以及林靈真編的《靈寶領教濟度金書》，都有施食科儀的名目和內容。

據王契真的《上清靈寶大法》稱，施食科儀的程序是：傳戒，施食請降，開通鬼路，召孤魂，焚追眾魂符，升座，宣天皇寶誥，召六道，焚天道符，焚神道符，焚人道符，焚道地、鬼道、畜道符，普攝三惡道赴筵朝上帝咒，召亡魂、焚召亡魂符，咒獻，灌化，五廚經，圓成。

南宋時期三種施食科儀都包含開通鬼路、召六道孤魂赴筵、變化法食、開通咽喉、施食眾魂、宣戒亡靈、皈依三寶的內容，這是它們的共同點。

不同之處則是有的在壇場布置上除置孤魂香案外，還要立茭廓有的召孤魂僅召六道，而有的卻要分別召請二十二類孤魂有的奉請神靈赴壇僅指主神，有的除主神外還要奉請三十九名真靈降壇有的除施食外，還要加上水火煉度、全形成形的內容。各種施食儀的孤魂香案上，均置有斛食。

另外，施食儀中的孤魂香案都置於壇場外的空地上，施食儀的斛食，既是陽世飯食，在施給眾魂食用時，就要「變化」為法食。在施食儀中，受食的除了有黃籙齋供的亡主以外，還有四生六道中的一切孤魂。因此，各種施食儀都包含召四生六道和各類孤魂的內容。

散花科儀

散花是齋醮儀式組成中常用的儀式元。散花原是想像中神仙鑾駕行儀的一部分。

道教儀式常把醮壇幻化為神仙居處的瑤壇，存想自身為神仙臨壇弘道，因此，遂以散花作為頌讚神仙和幻化醮壇的儀式內容之一。

中國古代祭儀中並無散花的形式。道教的散花源於佛教，但又有自身的特點。道教的散花，並不實地拋撒鮮花，只是誦唱。在道教科儀中，散花多與瑤壇、稱輿、五獻等內容相連繫，多為行進中的誦唱，間也有立定唸誦的。其詞有五言、七言與詞曲類三種，和步虛詞相似。

現存較著的散花詞有宋真宗作五言散花詞十首、七言散花詞十首和宋徽宗作五言散花詞十首等，均收於明《道藏》的《金籙齋三洞讚詠儀》中。

其詞多為讚詠仙都美景和瑤台奇葩，例如：宋真宗的「天上春常在，花開不計時。瑤壇沾瑞露，芳氣更著滋。」宋徽宗的「絳節徘徊引，天花散漫飛。高真無染著，片片不沾衣」等。

也有祈願天神賜福、降臨醮壇的，例如：宋真宗的「玉宇千門啟，金爐百和然。芬芳盈法座，祇慄待群仙」宋徽宗的「聖境三千歲，仙花始一開。如何金籙會，並奉列真來。幾席延飆馭，香燈建寶壇。丹心無何獻，碎錦灑稱端」等。

解冤釋結

解冤釋結在科儀中占有重要的地位。所稱冤結，主要指世間種種人際冤懟，引起了陰訟牽連、人鬼牽連，陰鬼受難，陽世受報等，認為必須用科儀和符文，解冤釋結，以求陰鬼升仙，陽世平安。

在道教科儀中有獨立的解冤釋結齋儀，也有將解冤釋結的內容包含在某些科儀中，前者如《太上道君說解冤拔度妙經》、《太上三生解冤妙經》和《元始天尊說東嶽化身濟冤保命玄範誥咒妙經》等，後者如煉度儀和施食儀。不論是獨立的齋儀或是被包含在某些科儀中，解冤釋結都屬於黃籙類的內容。

唐末五代杜光庭編撰的《無上黃籙立成儀》和《道門科範大全集》等收有大量道教科儀經文範本，雖無獨立的解冤釋結科儀，但在科儀中多包含解冤釋結的內容。如《懺謝疾病儀》的《清旦行道》祈請眾聖「為弟子某削除死籍，注上生名，解厄祛災，和冤釋對，宿瑕清蕩，積過銷平，星辰回臨照之文，年運息刑沖之咎。」所有這些解冤釋結的經文，都是以道士表白祈奏，請求神靈寬恕，解除冤對的形式表現出來的。在北宋末年形成而在南宋時期起廣泛流傳的煉度、祭煉、施食儀中一般都有解冤釋結的內容。北宋末年和南宋時期，階級矛盾和民族矛盾相互交織，「累世仇讎，歷推遷而不釋」的人際關係，便成為科儀經文中有關「冤結」的主要內容。至於解除冤結的方法，除了祈請神靈寬恕以外，還採用符、咒、訣等方術化解冤結。

近代上海道教有獨立的解冤結科儀，形式是兩名道士坐於靈位前，邊念白邊唱贊，旁有樂隊伴奏，類似說唱。

化壇捲簾

化壇捲簾是科儀中相續的兩個程序。化壇指道士將舉行齋醮的壇場幻化為瑤壇仙境、神仙世界；捲簾指啟請仙真降臨壇場時，如同人世君王臨朝聽政，捲簾聽取高功面陳奏疏。

化壇捲簾可以作為一種儀式元被包含在其他儀式體之中，也可以作為一種獨立的科儀。據現存資料推斷，將齋醮壇場幻化為神仙世界的化壇，約始於兩宋時期。在南宋時編撰的各種科儀總集中，已有關於「化壇」的記述。經過元明清時期的發展，化壇似乎一直沒有成為一種獨立的科儀。

在上海道教的進表和蘇州道教的全表科儀中，化壇都是以焚符和誦讚的形式進行並完成的儀式元。

道士幻覺壇場已是百靈眾真交會的所在，只是這樣的幻化僅僅是依靠高功的祈願啟白。而南宋時期的科儀就要求高功法師作大量存思幻化。

捲簾科儀在兩宋時期已逐漸形成和流行。王契真《上清靈寶大法》卷五十五稱捲簾是「九清上帝乃虛無百千、萬重道氣之上，凡升御座不可以目瞻仰，稱如陽間，帝王登殿以扇八柄遮之，升御座畢，方開扇引班，故先垂簾。行持想上帝升殿，次宣文儀，方許捲簾」。

金鐘玉磬

同捲簾相連接的是「金鐘玉磬」儀式。其形成時代大約同捲簾相當。鐘磬是中國古代的打擊樂器。《皇圖要紀》說：「帝嚳造鐘磬。」鐘磬一開始就是帝王使用的禮儀樂器，是權勢和地位的象徵。

道教科儀的鳴鐘擊磬，一方面是為了渲染群神降壇，感動群靈。金允中《上清靈寶大法》卷稱：「壇場將肅，鐘磬交鳴。韻奏均天，彷彿神遊於帝所；音高梵唱，依稀境類於玄都。」

叩擊鐘磬的次數多少，其意義也不相同。「先鳴三下，髮長芽之音，應陽數，生於一成於九。次引九下，震瓊瑤之響，三下者上聞清微、禹余、大赤之三天，又三下中應欲、色、無色之三界，又三下警地獄、餓鬼、畜生之三途界也。長斂二十七下，九下通九天之道君，九下覺九宮之真帝，又九下招九幽之苦爽，合四九三十六下，上聞三十六天帝，中應三十六部尊經，下徹三十六獄」。

啟師謝師

啟師謝師，即禮三師，是科儀中的一個重要內容。所稱三師即度師、籍師和經師，有天上和人間兩種。

「天上三師者，太上老君為度師，虛皇大道君為籍師，元始天尊為經師也」。人間三師者，「所為師者說度師，度師之師說籍師，籍師之師說經師」。

在科儀中，道士要先存念人間三師，次存念天上三師，故唐代道士張萬福在《洞玄靈寶三師名諱形狀居觀方所文》中稱：「先存三師，然後行道。凡厥讀經、講誦、行道、燒香、入室、登壇，皆先禮師存念次當起願，開度九祖，及以己身。此法不遵，真靈靡降。」即將「禮三師」置於行儀之先的地位。

三師之說，大約形成於南北朝時期。至唐代，三師之說已廣泛流行。同時，將三師確定為「經師南嶽上清大洞田君諱虛應」、「籍師天台山桐柏觀上清大洞三征君馮君諱唯良」、「度師天台山道元院上清大洞道元先生賜紫應君諱夷節」。

在道教儀式中，安排禮三師的內容，是在南北朝至唐代時期出現並形成規制的。據唐五代道士杜光庭《太上黃籙齋儀》，各種黃籙儀式均在上香後有「禮師存念如法」的內容。

在南宋道士編撰的一些科儀總集中，禮三師仍是科儀的重要內容，只是靈寶三師已經進入神仙體系，並已列入神位。在道教的傳度類科儀中，另有三師，指傳度師、監度師和保舉師。經過三師引舉，才能成為道士。

凡大型道場，皆設有祖師壇。開壇之初，高功恭對師壇，啟奏三師，請賜保佑，稱之啟師。下壇時，必要禮謝三師，以志不忘師恩，稱之謝師。

三、道教禮儀

禮儀，就是禮節和儀式，是一種在長期的歷史發展過程中約定俗成的行為規範。道教禮儀，就是道教徒信道、學道、修道、行道和日常生活的禮節和儀式。

道教禮儀內容非常豐富，但總是可分為兩類。一類是維持道教內部人際關係的禮儀，可稱為日常生活禮儀；另一類是體現道教徒信仰生活的禮儀，可稱為宗教信仰禮儀。

初人道儀

凡初欲學道，男七歲號錄生弟子，女十歲號南生弟子，始授訓成夫婦者，男稱清真弟子，女稱清信弟子，常依科齋戒，兼行黃赤交接之道，能便斷得即為佳。

其童男女秉持至十五歲，方與詣師請求出家，稟承戒律稍精，方求入道誓戒三師，稱智慧十戒弟子，戴二儀冠，黃綬衣，七條，素裾，七幅，及鞋而已。

次遷經法於十部大乘之內，精一帙業成後，授初真八十一戒，授競，及保舉戒師七人，稱太上初真弟子，號白簡道士，冠七真冠，披黃褐文左九右十白裳，黃裾九幅，檀香木簡，玄履，鋪黃坐壇，始入靖誦經，思神行道。

次後不選年代，經業轉精，明煉法式，方參洞經。初詣三師，請授正一盟威籙二十四品。授正一籙後，方可以為人章醮，為帝王封署山岳，辟召妖毒，朝拜星辰，以銓律候，稱太上正一盟威弟子，是天師某治某氣祭酒赤天三五步綱元命真人臣某，凡道士未受經法，通稱小兆可。

冠玄冠，朱帔二十四條黃裳蒼裙，佩炎光火玉珮，佩斬邪威神劍，佩黃神越章印綬木雕，鋪八卦壇，所授經業：正一法文經一百二十卷，大章三百六十通，小章一千兩百通，朝天醮經儀三百座，修真要十卷，玉經三卷，指要三卷，太靈陰陽推遷歷六十卷，禁咒文五卷。按摩通精文三卷，修元命真文一千字，禹步星綱一卷。以前正一所行，皆在三界內，所言十部大乘者，多述罪福冤對，說有說空，修正一道成，告白真官，遷齋上室。

拜師禮儀

入道，就是皈依道教之意。入道禮儀，是道教信徒正式成為道教徒的禮儀。俗話說：「師父引進門，修行靠個人」，入道要有引進的師父，所以要拜師。

行拜師禮，一般要在宮觀殿堂內，或設立壇場。在殿堂或壇場中，首先由師父邀請來的道侶行祝願禮，接著師父上香，向祖師行三禮九叩大禮，然後端坐於殿堂或壇場一側事先設好的座位上。接著準備拜師上香，向祖師行三禮九叩大禮，然後轉身面對師父，向師父行三拜禮。師父賜起以後，根據本派的字輩賜道名於弟子。

然後，在眾道侶祝願禮儀中，師父再率領弟子向神位行三禮九叩大禮。拜師儀式結束。另外，如果是出家的，一般在向師父三拜之前，要向祖先、父母和親友行禮拜辭。

拜師禮儀比較隆重的，還要上表，奏告祖師，吸納弟子成為該派傳人，例如龍門派上表邱祖、天師派上表祖天師之後，就成為一個「玄門弟子」或者「玄裔」、「法嗣」。

弟子行拜師禮之後，就有了師承關係。一個學道的人，剛進道門拜的師父就是本師。如果再需向別人學道，還可拜師，稱為拜先生，又稱學師。

本師只能一個，先生可以多個。無論是本師，還是先生，都要稱呼師父。因此，一個道士，可能有好幾個師父。

冠巾禮儀

冠巾是全真派出家弟子正式成為道人的儀式。弟子拜師出家者，無論老幼都稱為道童，在道觀裡學習、工作、生活一段時間之後，經師父考察滿意並蓄滿頭髮後，由師父邀請道侶為弟子行冠巾禮儀。

行冠巾禮，要由師父事先邀請品德高尚修行有素的道友當任三師和高功，舉行《全真冠巾科儀》。三師是指：度師即恩師，一般由弟子本師當任；梳髮挽智者稱攏髮師；引導行禮的稱引進師或引禮師。高功為冠巾師，為冠巾科儀的主法。

一般情況下，冠巾禮儀都在弟子的出家宮觀由本師主持。如果本師已經羽化，可以傍設本師牌位，由學師當任度師。如果出家弟子的宮觀無力舉行《全真冠巾科儀》的，可以由本師請求其他宮觀的道友為弟子冠巾。但無論如何，本師賜給的道名不可更改，否則視為背棄師門。

傳度禮儀

傳度意為傳授度世之道法，是正一派弟子正式成為道人的儀式。弟子拜師之後，跟師你學道，經師父考察滿意後，由師父邀請道侶為弟子行傳度禮儀，也可以舉薦往大宮觀參加傳度。

傳度儀式也有三師和高功，一為傳度師，二為鑑度師，也稱證盟師，三為保舉師，也稱引度師。擔任傳度「三師」和高功的道士，必須經過授錄。

弟子傳度之後，稱為「白檢」道士，即沒有授錄，沒有盟證道位，沒有領受法職的新道士。

傳戒禮儀

傳戒，就是道教全真十方叢林宮觀中德高望重的一代宗師、律師、著名方丈，向已受「冠巾」的正式道人傳授「三壇大戒」。

戒律，是以歷代祖師承神靈的降授而規定的不可違背的道士言行、修持的準則，戒律對於修行人，就如同載人的舟楫，能幫助修道者超脫生死，達到性善的境界。修道不受戒，就不能得到道法要訣的真傳，且名不得入「登真錄」，因此出家道士要受戒並持戒。

叩拜禮儀

叩拜是道教傳統禮儀，是比較隆重的禮拜儀式。《周禮》太祝辨九拜，一說，稽首。稽首為敬之極，故為首至地。一說行跪拜禮時，兩手拱至地，頭至手、不觸及地。

道士叩拜儀式為：雙足雙手著地，頭磕下去要頭著手。但為了方便起見，一般頭磕下去不必定著於手。

道士叩拜，要足站八字，雙膝與手同時著地，左手按在右手上，手心皆向下，成十字形，頭與脊背同時向下伏，形似青蛙臥狀，切忌臀高於背。

如臀高於背，則成後高前低，不但不雅相，也為止失儀。道教認為：道士磕頭是對太上老君八十一化的形象表示，足站八字，手按十字。

道士對信眾的見面禮節為「抱拳拱手」禮，或有所請問，則要躬身作揖，稱稱「稽首」。不論乾道坤道，抱拳皆是左手抱住右手，左手稱為善手故。

另外有一種抱拳手式，以左手大指插於右手虎口內，按住右手子紋；右手大指趨於左手大指下，按住午紋，外呈「太極圖」形，內握子午訣。這種抱拳形式多用於打坐時，常行稽首作揖，只自然抱拳而已。

作揖躬身時，兩足成八字自然站立，兩膝切忌前屈，頭、腰成自然彎曲狀，如月牙；兩手自然下垂於丹田處抱拳，邊直身邊行走，手上至口齊為度。抱拳拱手禮，是中華民族特有的傳統文明禮儀，是於今日流行的握手、擁抱等完全不同的文明禮儀形式。

三禮三叩

道門中人常說「朝上三禮」，就是指行三禮三叩禮，此禮多用於平日朝神。關於三禮三叩的具體拜法：

首先，站在跪墊或者拜墊前，雙腳站成「八」字形，兩腳跟相距二至三寸；一面躬身，一面雙手於腹前合抱，自下而上與口相齊；左手離開右手捂心，心意散亂為道教之大忌，捂心表示以專一沉寂之心向神致敬，同時從容俯身，右手按跪墊，兩膝下跪，緊接著，左手離開心口，按右手背上，形成「十」字狀。

接著俯伏叩首，頭磕在雙手背上，頭與脊要同時下伏，切忌臀部高於背。此時，心中存想神容並誠心祈禱。然後抬頭，左手收回捂心，右手用勁，慢慢起身，右手隨之收回，雙手抱拳高拱，準備第二次叩拜。

如上重複兩次，是為三禮三叩。頭磕完後，起身，雙手合抱放於上腹處，道教稱「懷抱太極」。接著，再一次向神行稱作揖禮，待雙手自上而下至上腹處並立身站定後，方可離開跪墊。

三禮九叩

關於三禮九叩，其拜法是重複「一禮三叩禮」兩次，合為三禮九叩。重複前，要先敲三下大磬，表示再一次向神行禮。禮畢，同樣作揖而退。

三禮九叩是道教最高的禮拜儀式，只有逢初一、十五、祖師聖誕及各種齋醮道場時，方行此禮。有老道長說，道教叩拜禮是對道祖太上老君八十一化的形象表示，蓋足站「八」字，手按「十」字，頭為「一」也。

總而言之，向神行禮是為了表達對「道」的信仰和對神的尊敬。

朝拜禮儀

一是澄心存神，敬對祖師。全身放鬆，兩目平視，雙臂自然下垂，中指與褲縫對齊，兩足平行分開，與肩同寬。

二是兩手結太極陰陽印，男左女右，即女子右手在上，男子左手在上，舉至眉際，一般高以不超過眉際為度。

三是左手放於心窩，同時右手下行，腰徐徐下蹲；右掌向下按於拜墊中央。

四是左掌向下，覆蓋於拜墊中央右手之上，與右手交叉成十字。兩手按於拜墊中央後，兩膝隨即跪下；同時整個身體拜下，額頭平貼於地面。注意跪拜時勿抬臀，而是全身俯伏如靈龜狀。

五是左手拾起，依前放於心窩處，同時右手按住拜墊將身撐起，頭與兩膝離墊起身。

六是兩手仍結太極陰陽印，同前舉起額前。此為一禮。

七是如是三次，是為三禮，如遇重大場合，則為九禮，名說「大禮」。

三禮完畢，結印彎腰，垂至膝前，同時退後一步，兩手結印再次舉至額前，此為「謝祖師」。如是禮畢。

敬香禮儀

神一般都要燒香，稱之敬香。敬香是「以香達信」，即人的誠心透過香菸達於神前，所稱「一柱真香通信去，上聖高真降福來」。

香之為用，在於傳誠達悃。殿主燒香，正爐以三炷為宜。三炷香要插平，插直，間隔不過一寸寬，這必須氣靜心平始能做到。

燒檀香比較講究。燒檀香或降香、沉香，皆必須有專備的香爐，香要劈做一分粗細，一寸長短，還要另備一些香面。香面通常以線香碾成粉末即可。

燒時，先用香匕在檀香爐中間把香灰挖一小坑，填入香面，用運板運平，使香面上微蓋一層香灰，燃一點點線香插進香面，香面在香灰的掩蓋下自然燃燒。

這時拈香者的初柱香插入時，就會有一縷青煙，從爐中直騰起來。這種香，在宮觀中只有廟中主持或道場中高功拈這種香，殿主或香客進香皆是燒線香而不燒檀香，或有香客燒檀香，也只是把帶的檀香燒於爐內即可，不用這樣講究的。

道士拈香，按規矩要默念《祝香咒》為：「道由心學，心假香傳，香焚玉爐，心存帝前，真靈下盼，仙旆臨軒，令臣關告，逕達九天」。

持戒威儀

凡學人未習戒本不得習經法。入戒壇習初真戒未熟不得躐等受中極戒。閱戒本必須焚香禮拜，不得草率展閱。不得容人看戒本。不得盜聽真師說法。禮誦功課宣敬謹三時勿簡。已入缽堂修煉身心者及行持中極戒歷三年者方受天仙戒。

不得矯飾威儀求人恭敬。不得廣談因果希布施。不得非時禮拜，欲禮拜當在人靜時。不得占殿中央禮拜，中央是常住位。主殿上香燈供具宜細行，不得粗率。焚香時微咒說：常焚心香得大清淨。上燈燭微咒說：破除重暗洞照十方。

不得專揀應赴經典學習。或遇貧難不堪，當安命自慰，不得怨天恨地。不得見士俗便說當施作福。不得對外教談道法。不得強化施主財物，也不得囑託豪貴親知募化。不得貨殖營利。不得假托緣事募財為私用。

吃住威儀

在過去，道教的叢林宮觀對吃住有嚴格的儀範。道士吃飯要依儀範進齋堂吃飯，名「過堂」。常住在齋堂吃飯的有三種規矩：一是便堂，不講禮儀，隨便用齋，但必須食素，且不能說狂語；二是過堂；三是過大堂。過堂吃飯叫「過齋堂」，要衣冠整齊，在齋堂門外排班，進齋堂用齋。

常住九月十五起至三月十五止都是「過堂」吃飯。臘月二十五「接駕」後至正月初五午齋畢均要「過大堂」。

過大堂八大執事在客堂搭衣整班，客、寮帶班到監院寮門口，兩兩相對肅立，監院出寮兩使者隨出，站立監院兩邊。同打一躬，客、寮引班到齋堂門口，分班續立在兩排道眾後邊。

道眾聽到打梆號，衣冠整齊到齋堂門口外排班，執事排班請監院，堂頭衣冠整齊去請供，兩名經師，一名護供，一名站在班內。堂頭請供，一小盂飯，一小盂清水，一雙筷子，燃香三炷，一炷燒在司命爐內，兩柱放在供盤上，舉供齊眉，入堂，供於靈祖像前。按道教儀式擊梆。

吃飯時，叫「讓齋」。不「過大堂」，平時過堂，由堂頭「讓齋」。讓齋完畢，侍者歸座，合堂用齋，切忌「響堂」。大眾用齋，行堂左右巡視，隨時給添飯、添菜。

齋堂用的碗筷擺法也有法規。每人面前兩只碗，左飯右菜，橫筷子兩碗前近身處。若欲添飯，以目注視行堂，用筷指左碗；欲添菜指右碗。行堂持飯、菜桶至前，要多少，以筷在碗內劃圈，行堂根據所劃添飯、菜。

吃好時，將筷直置於兩碗中間，以示齋畢。堂頭看大眾全用齋畢，目視侍者，侍者下座，喊：「大眾結齋」。

食畢，方丈、監院、道眾，同打一躬，依次退出。道眾吃飯時必須先供奉祖師。臘月二十八客堂備席，請果茶執事團年，道眾吃「混元菜」。

年三十下午於山門外設香案，供本宮前羽化後各派靈位牌，監院、高功、經事去大廚房「接灶」，做祝壽科儀，接著便是接喜神，搶喜錢。初一至初五中午皆吃「混元菜」現在一般宮觀，吃飯另行「過小堂」儀。很少舉行「過大堂」禮儀。

出入威儀

不得無故入他宮觀及僧院；不得無故至俗家。或有事至俗家，事畢即返，不得久留；不得與親俗小兒等笑談雜語；不得以衣物寄頓俗家；遠近出入不得失儀；同事或失儀不得非笑。

起立威儀

立不得偏任一足及倚桌靠壁。侍師不得對面立，不得高處立，不得遠立，立師後不得倚師座。除誦經時、做務時、病時，見師長起立，見賓客起立。

坐臥威儀

看閱經典，不得箕踞，當焚香正襟危坐。不得當聖像坐。坐功依師傳受，按時靜坐，不得失次。對師長不得坐功。對賓客不得坐功。夜中宜多坐少臥。不得同婦人坐。不得與女冠同坐。如女冠來問道，開示畢，即遣歸，不得久留坐。靜坐約一時，或經行，或臥。與人並坐，不得橫肱坐。

不得豎膝坐交臂膝上。臥宜側體屈足醒則舒，不得偃仰臥。不得與師同房臥，或同房不得同榻臥。

師未臥不得先臥。已臥不得言語。不得脫小衣臥。不得於非處臥。

臨臥攜火入房必須與同房者知稱：火入，欲熄燈也與知稱：更用燈否。大暑不得伏地臥。不得露外。不得晝臥。不得飽飯便臥。不得置火枕邊。不得攜穢器從法堂前過。晨起先左足下床。臨臥時咒說：當願眾生，以迷入覺，一旦豁然。下床時咒說：化惡反善，上書三光，使我長生，乘景駕稱。

沐浴威儀

浴宜朔提，不得當風。不得帶濕縈髻不得抿髮不避人前，沐不得數。不得與俗並日。如沐堂脫衣著衣當安詳自在。水沐先洗僻處。不得浴堂小遺。不得粗糙致湯水濺鄰人。入浴不得與人語。不得恣意久浴妨礙後人。有瘡癬當後浴，不得先入。湯冷熱依例擊梆，不得高聲大喚。

沐浴宜五香湯：白芷、桃皮、柏皮、零香、青木香。沐穢，辟除不祥，雙童守護，七靈安房，稱津煉濯，萬氣混康，內外利益。

書稱：「不矜細行，終累大德，約而言之，事事不過一敬，推而廣之，洋洋奚止三千，現前眾等，若能隨事體察，觸類旁通，始感勉強，終歸自然也，勇猛力行，無怠無忽，不唯具大福報，決定仙都記名，復有護戒神王，營護戒體，證無上道。」

視聽威儀

閱經典當端坐體認。不得輒指日月虹霓。不得久視日月稱漢。不得視外教書。不得視小說傳奇閒雜書。侍坐師側及對賓客，宜正視，不得上視，不得下視，不得斜視。不得注視亂色嘆羨奇豔。隨師登高眺遠，視師所視處，不得他視。

隨師出入，不得左右顧盼，當低頭隨後。入城市遇一切戲幻聚眾事，不得注目視。歸不得侈談城市風景奢華。傳達師友書信，不得私拆窺視。

入師友房，不得亂將經籍翻視。入城市不得顧視女人，不得睨視女人。不得聽唱歌曲。不得隔垣傾聽人語。師誦經講道，當起敬諦聽，不得雜聽。

飲食威儀

凡齋會先致供奉聖真，大眾端莊齊立，誦靈書中篇畢，誦偈稱：汝等鬼神眾，我今施汝供，此飯遍十方，飯不過七粒，麵不過一寸，饅首不過指甲許。

食時微咒說：五星之氣，六甲之精，三真天倉，清稱常盈，黃父赤子，守中無傾。

飲食微咒說：神水入腹五臟清明。飲食時不得笑語。不得含食語。不得呵食好惡。不得搔首。不得刺齒，欲刺齒以袖掩口。不得嚙飯有聲。不得作口容，不得有聲。飯中有穀當去皮食之，不得棄地。

飯食中有蟲蟻宜密去之，不得令眾知。食竟不得更離座食。放碗箸不得有聲。不得偏眾食。不得見美味生貪心恣食。凡同眾食，不得太遲，不得太速，舉箸放箸，不在師長前行食未至，不得生煩惱，不得大聲呼喚。時常飲食，不得失儀。有失儀者不得非笑。

言語威儀

入法堂及侍師席，不得高聲言語，也不得大聲咳嗽。不得多言。不得疾言。不得效市語隱謎。師不問不得言。師語未了不得言。不得言人過失。不得言士俗家務。不得言朝廷官府事。不得言閨閫事。不得言為媒為保事。不得非時言道法，不得與婦人低聲密語。不得與少年子弟談笑戲語。

飲食寢息時不得言語。有親友來訪，不得在法堂久坐交談，當在林下水邊方可傾心坐論。質疑詢道當禮拜致敬。師有問家常事，不必禮拜，當據實對。對士俗不得言爐火黃白朮。不得言彼家術。不得言符咒幻術。不得訶風罵雨。不得言一切旁門小術。不得言教外優劣。

聽法威儀

凡聽法已，精思理致，身體力行，不得徒資口耳。年少初真，戒行未堅，道心未篤，宜專持本戒，不得蚤受中極戒。

不得與年少道士俗姓子弟結友。不得與女冠結拜姊妹書疏往來。

穿戴禮儀

服飾是道教宗教形態上的一個突出代表，人們可以從服飾上清楚地辨認出道教徒。道士在廟都必須頭上戴巾，身穿道服、白襪、履鞋。

道人服飾，古有「羽服」、「羽衣」之稱。道教服飾最早的統一定制是從南朝劉宋時的陸修靜開始的。現代道人穿的服裝，大小上衣皆為「大領」，是明代以前漢民族的服裝樣式。

黃色黑邊，受戒時用；法衣，指做道場「高功」穿的法服和行宗教大典時「方丈」穿的法服；花衣，是經師上殿唸經、做道場穿的法服，也有素淨不繡花的，通稱「班衣」。

大褂、道袍一般多用藍色，以像天色和東方青陽之氣；法衣則多紅、黃色，也有藍色、綠色；方丈穿的法衣多為紫色；班衣以紅、黃居多。

道教把道教徒戴的帽子稱為「巾」，巾有九種。分別為：混元巾、莊子巾、純陽巾、九梁巾、浩然巾、逍遙巾、三教巾、一字巾、太陽巾。

道士的合格服飾，不僅是衣帽整齊，而且要衣冠整齊。所稱的「冠」不僅是指帽子，而且指特製的禮飾。最通用的有黃冠、五嶽冠、五老冠等，這些是做法事時用的，專場專用，不能隨便戴上。

道人的鞋、襪也有規矩，鞋以青布雙臉鞋為最合格，一般穿青布圓口鞋或青白相間的「十方鞋」，多耳麻鞋也可。襪則統用白布高筒襪。

道人褲管必須裝入襪筒內，不得敞開褲管。不穿高筒白襪，必須把褲管齊膝下綁紮。不扎褲腳上殿，殿主不讓進殿，進了殿要受罰。道人不得頂冠入廁，戴冠入廁者要受罰。巡寮執行任務處罰人時，必須衣冠整齊，莊嚴從事。

宮觀禮儀

道教宮觀的道士必須住廟，正一派要求宮觀內保持良好道儀風範，不得混同於俗。道士與道士之間一般稱道友、道長等，對年老道長一般稱某爺。道人宿舍中必須清潔素雅，不得華飾，但要整齊，道人不得裸身而臥，不得在臥室內葷灑、神侃。

道眾宿捨不得把俗人隨便帶入，更不能留宿。乾道、坤道不得在同院中居住，相互之間應保持距離，清心寡慾，不起邪念。乾道、坤道之間不得隨意串門。

早上開靜後，需立即起身洗漱，到各殿朝拜祖師，上早課，誦經聆聽，持心修煉。到其他廟內掛單，要遵守其廟中規範，不經允許，不得常住。

供養禮儀

敬禮神像儀式，如：神像開光、神殿裝飾、獻神供品、敬香等，都屬於供養的範疇。

神像塑造禮儀

神像有木雕、泥塑、夾苧脫空、石雕等多種。在雕塑神像時，要進行敬神儀禮。其儀式主要有二。一是擇吉日良辰，舉行開工儀式。首先上供、焚香、誦經禮拜。如是木雕，造像工匠要用斧子在木料上方輕砍三下或七下，以示三請或表示賦予其三魂七魄。

二是在神像雕塑過程中，還必須有「裝臟」儀式，其用意是使神靈能貫注到神像中，讓神像真正成為神靈依附的分靈身。如是木雕，在神像背後開一方穴達到胸前，然後擇吉日良辰裝臟。

裝臟的內容通常有：經典，它代表神靈和智慧；銅鏡，象徵神明能洞照人世善惡；曆書、五穀，象徵神明能保佑風調雨順、五穀豐登；沉香、硃砂、雄黃，表示可以避邪；紅、黃、青、白、黑五色線，以應五行俱全；金銀珠寶，表示神明能佑人富貴吉祥；靈符、香灰，表示神通。

神像開光禮儀

神像塑好後，擇吉日舉行「開光點眼」儀式。事先準備好硃砂、白芨、金雞、鏡子、面巾、新毛筆等物，屆時上供、焚香、誦經、唸咒、焚表、誦唸聖誥。

由高功將神像上的紅布取下，用新面巾為神像揩面，然後用新毛筆蘸硃砂、白芨和金雞血的混合液點神像眼睛，也可順便點口、鼻、耳，表示開竅。

與此同時，在殿外由一道士用鏡子將陽光反射到神像的眼睛中，以喻太陽的神光使神像能洞察人間。

舉行「開光點眼」儀式，旨在誠心祈禱神的分靈降臨人間附之神像之上，使其成為具有通神啟靈的分靈身。因此，其儀禮時分隆重。道教有——套專行開光科儀。

神殿裝飾禮儀

神殿，也稱神堂或殿堂。為了增加神的威嚴與肅穆眺氣氛，令人進入神殿後受感辣而頓生虔誠敬仰之心，還要在神殿內布置多種裝飾。主要有華蓋、幔帳、幡、幢、吊燈等。

華蓋，原為天子寶座上所用以蓋覆頭頂的傘蓋裝飾，《古今注》記載：「華蓋黃帝所作也」。後世道教沿用，懸掛在神像頭頂上瑞，象徵神的尊貴與威嚴。

幔帳，懸掛於神像前，上面繡有白稱、仙鶴等圖案。

幡，懸掛神像前之幔帳兩側。《太清玉冊》卷五記載：「道家所用之幡，以表示天地人之像」。

在神像前，還要掛吊燈等，象徵神光普照。

獻神供品禮儀

所供奉的神像就是神的分靈身，當時予以供養。供，享獻；養，以飲食供奉。其供品，平日為香、花、燈、水、果，此為常設供品。

做道場時則在前面五供的基礎上，增設茶、食、寶、珠、衣五供，合為十供。供有一堂供、三堂供、五堂供、七堂供、九堂供幾等。每五盤供品為一堂。

現今道觀所獻供品一般有茶果、飯食、麵食、菜。神的供品，也要依禮擺設。其排列順序是從內至外：一茶、二果、三飯、四菜、五饅頭。獻供時，先雙手高舉供品，與額相齊，躬身致禮，然後輕放供桌上。供獻訖，還要敬香、叩拜。

鳴鐘擊鼓禮儀

以銅製成的樂器。鳴鐘可以振聵、擂鼓可以升舞，所以道教常以鐘聲警醒世人。許多宮廟正殿中仍置有鐘及鼓，若有善信請神謁祖或返駕時，以敲鐘擊鼓作為迎接或歡送之意。

初一、十五及聖壽時鳴鐘擊鼓則以上午先鐘後鼓，下午先鼓後鐘鳴擊。以上午為例，先鳴鐘三聲表三清，繼擊緊十三聲，每一聲默念一字「太乙救苦大天尊青玄九陽上帝」，後繼續擊慢十四聲，接緊十三聲，慢十四聲，再接緊十三聲、慢十四聲共計三遍八十一響為數之尊。

最後落四擊表四御，才接鼓聲六聲每一聲默念一字「雷聲普化天尊」，後擊輕重長短風稱「雷雨之象」三遍，再擊六聲「雷聲普化天尊」後止。如此擂鼓四遍二十四響，表二十四節氣，此乃偶數、陰數。

道教崇尚自然，在教義上與儀式做嚴密的結合，常以陰陽數作為行事的依據，例如清微天玉清境有九聖，禹余天上清境有九真，大赤天太清境有九仙，所以在祭祀時有二十七響鐘聲。

又因晨鐘屬陽，故以奇數，其位屬木，所以以青玄九陽上帝為鐘文。暮鼓屬陰數，以天一生水，地六成之，故用陰六之數，而鼓聲若雷。

傳統道教神位配置，三清以下，左太乙，右普化，故用雷聲普化天尊為鼓文。並配合風、稱、雷、雨的自然變化，其擊法：

雷：全重擊，徐疾相間，如雷聲；雨：全輕擊，徐疾適宜，如絲絲細雨；風：由重轉輕，由徐轉疾，如風由近漸遠吹拂；稱：由輕漸重，由急轉緩，如稱變幻莫測。所以擊鼓以徐疾輕重急緩，擊出風稱雷雨表示風調雨順。

道觀參觀禮儀

道教宮觀是道士生活、修道和舉行各種道教活動的重要場所，無論道內道外，都要保持道觀的清靜、整潔和莊嚴，切忌有任何不合禁戒的言行。

進入道觀，應當衣冠整齊，注重儀表，不可光身赤腳，也不可高聲喧譁等。

和道士招呼的禮儀：可稱道長、仙長、師父、師傅、大師、爺、師兄。因道士不改姓氏，也可帶姓稱呼，如某道長、某爺。另外有職務可稱會長、方丈、監院、知客等。

見面一般用傳統禮節，抱拳拱手，稱「拱手」禮。打招呼時，一面拱手，一面口稱「慈悲」或天尊聖號。拱手就是兩手抱拳，這是道教對別人極為尊貴的打招呼方式。

與道士言談的禮儀：見了道士不問壽，即不詢問道士的年齡。中國有句俗話說：「僧不言名，道不言壽」。道人修煉是為了長生久視，所以最好不要問道人的年齡。

道士入道門的原因很多，有的是宗教信仰，有的是要尋求生命解脫，有的是要學習傳統文化，也有的是想練就一身好武功等。所以，如果沒有深交，請不要貿然問其身世。事實上，道人也是普通人，有著常人的情感，只要相互尊重、理解，是很容易與之交往的。

道觀上香的禮儀：各道地觀習俗不同。有的地區，可以在神壇前燃燭燒香和焚化紙制「元寶」等。

三、道教禮儀

有的地區，只能在道觀指定的蠟台、香爐和焚爐中燃燭、燒香、焚紙。有的地區，則只允許燒香祀神，而沒有燃燭等其他習俗。

叩首禮拜的禮儀：重大的道教醮儀，主祭道士都用中國傳統的三跪九叩儀。如果入宮觀不會禮拜，可以在神壇前行鞠躬禮。道教主張為人要「慈悲為懷」、「以禮相待」，忌「輕忽言笑」、「舉止不雅」、「為人輕慢」、「斗戲詼諧」、「衣著不整」等不禮行為。

沿襲至今的禮節有：叩首、頓首、稽首、鞠躬、曙躬、作揖等。祀神、拜祖、拜師，行叩頭、頓首、稽首禮，要求三跪九拜；對長者作叩頭禮；對同輩和知已以作揖表示禮貌。

飲食用齋禮儀：在飲食方面，道教養生之道的一個很重要的內容就是飲食禁忌。道教特別強調對於酒、肉及五辛之菜等的禁絕。

現今道教兩派之中，全真恪守古訓，苦心厲志，不立家室，以素食為主；而正一則允許成家，除齋醮活動期間，一般不禁絕葷辛飲酒，但求心淨而已。全真道士茹素吃齋，入全真道觀絕不能夾帶葷菜。正一道士平日可以吃葷，唯逢齋醮必須吃素，因此，在齋期內入正一道觀，也不能攜帶葷菜。

待客用膳有兩種：全真道宮觀以清食待之，有啥吃啥，不擺葷酒，以盛情為滿意；正一道宮觀待客可擺葷酒。另全真十方叢林裡有實行「過堂齋」的，無論道俗過堂時，均應按照叢林規矩，吃飯時不弄出聲音，不隨便走動、說笑起鬨等，講究「食不語，寢不言」。依照齋堂負責人的指揮，作到威儀隨眾就可以了。

道士的自身修行稱為道術，道教的道術有很多，而我們最熟悉的莫過於變化之術，《西遊記》中二郎真君擁有七十二般變化之術，憑此才將孫悟空擒拿。

此外，道教法術還有雷法、符籙、咒術、禁術等，各有不同的作用。

四、道教法術

道術簡述

道士的自身修行稱為道術，包括內丹，外丹，服食，房中等內容。道術一詞，源出《莊子．天下篇》，與「方術」、「方技」是一個意思，道教中人也有稱為「仙術」的。

道教所從事的道術很多，如占卜、符籙、祈禳、禁咒、內丹、外丹、爐火黃白、辟穀、房中、仙藥、服氣等。

宋馬端臨《文獻通考》曾對道術扼要介紹，說：「蓋清靜一說也；煉養一說；服食又一說也；符籙又一說也；經典科教又一說也。」他說黃老列莊之書，所講是清淨無為，而略及煉養；赤松子、魏伯陽只言煉養而不言清淨；盧生、桃少君、欒大言服食而不言煉養；張道陵、寇謙之言符籙而不言煉養、服食；杜光庭以下只講經典科教。

道士的自身修行成為道術，包括內丹，外丹，服食，房中等內容。外丹是指燒煉丹砂鉛汞等礦物以及藥物，製作能夠使人長生不老的丹丸。

現代科學認為這些丹藥大多有毒，古人也有很多服食致死的。道教徒也贊同這種觀點，但是認為這是由於服食的方法不對。外丹也被認為是現代化學的先驅。

道術分類

道教之術繁多，共分五大類，道教五術大概解釋如下：

◇**山**：所稱「山」，就是透過食餌、築基、玄典、拳法、符咒等方法來修煉「肉體」與「精神」，以達充滿身心的一種學問。

・食餌：是利用補藥、酒及日常飲食以加強體力，治療疾病的一種方法。

・築基：是利用禪、靜坐法以控制精、氣、神，進而增進體力的一種方法。

・玄典：是以老子、莊子思想為基礎，進而達到修心養性的一種方式。

・拳法：是以習練各種武術以增強體魄的方法。

・符咒：是一種通靈、修煉的法術，其主要作用是避邪鎮煞、趨吉避凶等的一種方術。

總而言之，山就是利用打坐、修煉、武學、食療等各種方法以培養完滿人格的一種學問。

◇**醫**：所稱「醫」，是利用方劑、針灸、靈治等方法，以達保持健康、治療疾病的一種方法。

・方劑：是利用各種藥物製成散劑、丸劑來治療疾病和修煉的一種方術。

・針灸：針法和灸法和合稱，是利用人的脈絡、氣血循環的原理，刺激患部，來治療疾病的方術。

・靈治：利用掌握人的心靈，進而以治療人疾病的一種方術。也就是現所稱稱的「心理治療」。

總之，「醫」就是利用方劑、針灸、靈治等方式，以治療人的疾病的一種方法。

◇命：所稱「命」，就是透過推理命運的方式來了解人生，以穹達自然法則，進而改善人命的一種學問。推命所用的主要著作有「紫微斗數」、「子平推命」、「星平會海」等。其方式就是以人出生的時間和陰陽五行為理論基礎。

總之，「命」是以推定人的命運，進而達到趨吉避凶的學問，從而改善人類發展的需要。

◇相：所稱「相」，一般包括「印相、名相、人相、家相、墓相」等，以觀察存在於現象界形相的一種方術。

・印相：就是觀看人的印章，以取定命運的方法。印以前是權力的憑證。

・名相：是以人的姓名或店鋪的名稱，透過五格剖相，同時運用命理等結合來推斷吉凶發展的一種方法。

・人相：又分為面相與手相兩大類，透過觀察面、手部的紋線與氣色而了知人吉凶、病理的一種方法。

・家相：也就是陽宅的風水，以觀察其格局，進行分析來推斷對人類所居住的吉凶的一種方術。

・墓相：也就是陰宅，以透過選地安葬祖先，而達到對後代子孫蔭庇的一種方術。

總之，「相」是對眼睛所看到的物體作觀察，以達趨吉避凶的一種方法。

◇卜：所稱「卜」，它包括占卜、選吉、測局三種，其目的在於預測及處理事情，其中占卜的種類又可分為「易斷」及「六壬神課」。

・占卜：所稱占卜，是以《易經》為理論依據，結合天、人、地三界所相互制約而推斷吉凶的方法。

·選吉：主要著作以《奇門遁甲》為代表，透過布局、布斗、符咒等結合，處理事物發展不吉的因素，其主要運用於古代軍事。

·測局：主要著作以《太乙神數》為代表，透過十二運卦象之術，是推算國家政治命運、氣數、歷史變化規律的術數學。

雷法

道教聲稱可以呼召風雷，伏魔降妖，祈晴雨、止澇旱的一種方術。起於北宋，興盛於南宋、金、元。創始者為神霄派之王文卿、林靈素等，為神霄、清微及道教南宋等派所傳習，東華、天心、正一派也兼習之。

其法主要載於《道法會元》、《清微丹訣》、《法海遺珠》等書中。該法將內丹與符籙咒術融為一體，既講存思、存神、內丹修煉，又講祈禳齋醮、符籙咒法，是道教諸方術的融合體。但強調以內丹修煉為本，以符籙咒法為用。

道教雷法思想基礎是天人感應論，認為人身是小天地，人體各部分皆與大天地相符相應，其頭像天，足像地，四肢像四季，五臟像五行，其精氣神無不與天地相通相感。

但此相通相感是建立在先天元氣基礎上的，人一降世，即入後天，其精氣神便逐漸染著種種情慾滓質，不能與天地相感，必須透過修煉，去除其滓質，回覆到先天純淨的狀態中去，即達到內丹修煉的最高境界，才能起感應作用，即以我之氣合天地之氣，以我之神合天地之神。如此，呼召風雷，求雨得雨，求晴得晴，無往不可。

雷法道士根據天人感應的思想，不僅設想出人的精神可以感通天地，影響自然，而且還進一步設想可以主宰天地、創造自然。

《道法會元》認為只要行法者有很深的內煉功夫，就可隨心所欲地要風得風，要雨得雨，並可以自己的先天元氣變現出雷神將吏來。雷法道士所作的一切法術，無論是求雨、祈晴、召神降妖等，無不是在上述思想指導下進行。

符籙

符籙是符和籙的合稱。符指書寫於黃色紙、帛上的筆畫屈曲、似字非字、似圖非圖的符號、圖形；籙指記錄於諸符間的天神名諱祕文，一般也書寫於黃色紙、帛上。道教聲稱，符籙是天神的文字，是傳達天神意旨的符信，用它可以召神劾鬼，降妖鎮魔，治病除災。

符籙術導源於巫覡，始見於東漢。早期道教承襲此術，五斗米道和太平道，就是以撰作符書和以符水為人治病來吸引信徒創建組織的。

此後符籙術一直是天師道、正一道的主要修習方術。東晉中期出現的上清派雖主存思，也兼符籙；靈寶派更以符籙術為主。唐末宋初，天師道和上清、靈寶派分別以龍虎山、茅山、閣皂山為活動中心，形成著名的「三山符籙」。

南宋金元之際，更在「三山符籙」基礎上，分衍出神霄、清微等眾多符籙派。宋元以前，符籙道法是道教的主流。金元之際，全真道內丹興起，但擅長符籙之正一道仍在南方與之鼎足而立。直至明清，重符籙的正一道和主內丹的全真道一直分統著道教。符籙術之發展史實與道教的歷史相始終。

道教在長期傳習符籙術的過程中，創造了紛繁的符籙道法，撰作了眾多的符書，歷代《道藏》皆在「三洞」部中分出「神符」一類加以收載，其他道法書也兼載很多符籙。歸納起來主要有：

◇**覆文**：多數由兩個以上小字組合而成，少數由多道橫豎曲扭的筆劃組合成形。

◇**稱籙**：據說是天神顯現的天書，實即模仿天空稱氣變幻形狀或古籙籀體而撰作的符籙。

◇**靈符**、**寶符**：由更為繁複的圈點線條構成的圖形。這是數量最多、使用最廣的一種符籙。

◇**符圖**：由天神形象與符文結為一體的符籙。這類符籙也很多，在古墓葬發掘中，也曾發現過這類符籙。

道教符籙使用十分廣泛。有用於為人治病者：或丹書符籙於紙，燒化後溶於水中，讓病人飲下，或將符籙緘封，令病人佩帶。有用於驅鬼鎮邪者：或佩帶身上，或貼於寢門上。有用於救災止害者，或將符籙投河堤潰決處以止水患等。

符籙材料類型

符籙的材料類型包括金色、銀色、紫色、藍色、黃色類，金色符籙威力最大，同時要求施法者的道行也最高，消耗的功力也最大，銀色次之，紫色、藍色又次之，威力最低的是黃色，這也是最普通的符籙。

大部分道士由於悟性一般，終其一生都只能停留在使用黃色符籙的道行上，如若強行施展高級的符籙，大部分情況下由於法力不足而無法施展，若是機緣巧合施展成功也會遭到符籙法力的瘋狂反噬，輕者經脈錯亂、半身不遂，重者七竅流血、當場斃命。

當然若是道士身家富有，也可出高價購買昂貴的寶石，藉以增加自身的法力，不過大部分的道士終其一生，由於醉心道術，窮困潦倒、家徒四壁，那來的錢財購買昂貴的寶石和高級的符紙，是以只能使用些黃色符籙。

符籙法術類型

符籙的法術類型與施法者掌握的法術大部分是一致的，因為施法者施法時必須配合相應的符籙才可以施展。

當然也有些不需要符籙的法術或者不需要道行的符籙，不需要道行的符籙普通大眾都可以使用，屬於普及型符籙。

畫符禁忌

畫符時有諸多的禁忌，畫符唸咒，並非一般道士所能為，它一定要出自受過正規訓練的高道之手，才被認為是有靈驗的符籙，未受過職，沒有扶將，更無役使萬靈之權，不能畫符。

同時要求道士在畫符時，一定要嚴格遵守畫符的程序，按各種各樣的畫法和要求去畫才有作用。總的說來有十戒八忌，這是對畫符人的道德要求，必須遵守，否則畫符無效。此十戒是：

一戒貪財無厭。畫符人，為別人消災解難，略收些財物無可非議，但不能藉此斂財，貪得無厭，除衣食所需，多餘部門應奉獻宮觀。

二戒遲疑不決。畫符時應速斷速決，「一點靈光」一氣呵成。

三戒魯莽從事，操之過急。應心情淡泊，中庸行事。
四戒假公濟私。戒用宮觀器具物品，為個人發財。
五戒褻瀆神明。
六戒無幫殺生。
七戒好色酗酒。
八戒鋪張揚厲。
九戒朋比為奸。
十戒濫收學徒，傳非其人，泄露天機。
除十戒外，道教還對畫符人規定了八忌，就是避開忌諱事物，如犯了八忌，畫符失效，永無靈驗。此八忌是：
一避婦女經；二忌見色動心，以作符為名，行稱雨之事；三忌神志錯沉，遇生病或醉後畫符；四避新婚蜜月期間畫符；五避忌藉術起家致富，而遷神怒；六避忌見死不救；七忌為菲盜歹人畫符，要婉言謝絕；八忌抬高身價，求得名譽、地位。

畫符程序

符籙的種類很多，各種符有各自的畫符程序和方法，例如「百解消災符」，畫符的程序是：
一、必須齋戒浴身、淨口，具虔誠之心，備辦果、酒、香、焚香祝告，禮拜，放置畫符用具，如水、紙、墨等。

二、清水咒語：「此水非凡水，一點在硯中，稱雨須臾至。病者吞之。百病消除，邪鬼粉碎，急急如律令」。

三、清紙咒語：「北帝敕吾紙，書符打邪鬼，敢有不服者，押赴都城急急如律令」。

四、清筆咒語：「居收五雷神將，電灼光華納，一則保身命，再則縛鬼伏邪，一切死活天道我長生，急急如律令。」

五、然後握筆在手，做好畫符準備，密咒：「天圜地方，律令九章，吾今下筆，萬鬼伏藏，急急如律令」，接著叩齒三通，合淨水一口，向東噴之，聚精凝神，一筆畫下，邊畫符，邊唸咒：「赫郝陰陽，日出東方，敕收此符，掃盡不祥，口吐三昧之水，眼放如日這光，捉怪使天蓬力士，破病用鎮煞金剛，降伏妖怪，化為吉祥，急急如律令敕」，咒完符成。

符成之後，還必須結煞。俗語：「刀無鋼不快，符無煞不靈」、「畫符容易結煞難」。據天師府的老道士說：「結煞要用三種煞，而常用的是天罡煞和湧泉煞。什麼符，結什麼煞，念什麼咒。自古以來均是師傳口授，不形成文字，故《道藏》無記載，史籍無考究，口授時還要起誓為盟，不得泄露天機。最後老道長說了天罡煞歌決：「月月常加，時時見破軍，破軍前一位，誓不願傳人。」

咒術

咒術是道教應用咒語祈請神明、詛咒鬼蜮的一種方術。被認為可以感通天帝，役使鬼神，達到除邪消災、逢凶化吉的目的。

咒語導源於巫覡，其書面形式，最初發現於東漢墓葬中，與符籙連為一紙，表明在東漢時符籙與咒語已經合併使用。故道教在承襲符籙術時，同時也承襲咒術。此後道士作法時，符咒並用一直成為定制。

道教在長期傳習過程中，對咒語作了很大的發展，創製了各式各樣用於各種場合的咒語。它們散見於眾多的符籙、道法書中，又有一些咒語專書加以結集。如《太上三洞神咒》，即收有長短咒語七百三十六首，數量是很多的。

道教咒語與符籙一樣，使用十分廣泛。有用於治病者，加《咒棗治病咒》、《咒水治咽喉咒》、《治寒病咒》等。有用於內丹修煉者，如《淨口咒》、《淨身咒》、《坐煉咒》等。有用於驅逐邪祟者，如《六合咒》、《役遣咒》、等。有用於雷法者，如《起風咒》、《起稱咒》等。

就其語言內容而言，有向天神或大神祈求者，大多為陳述心願、頌揚威德之詞；有向一般神靈進行呼召役遣者，大多為命令之語；有向鬼蜮進行詛咒、呵責者，大多為斥責，威嚇之詞。

其語言形式，大多為三言、四言、五言、七言組成的韻語，以四言為最多，少數為長短不齊的無韻語，還有一些夾有梵文譯音或純為梵文譯音的咒語，如「唎吽囉吒」等。咒語的文末，一般都以「急急如律令」作結。

禁術

禁術又稱禁法。「禁」有禁止、禁錮、遏制之意。道教認為用此可遏制鬼物、毒蟲猛獸和驅治疾疫。

禁術由早期氣術、符法派生而來，始見於東漢末。《後漢書．方術傳》記載：「徐登、趙炳善越方，徐登以氣『禁溪水，水為不流；炳複次禁枯樹，樹即生荑』，以及其他禁火、禁虎諸異事。」

葛洪《抱朴子內篇．至理》篇也記其事，唯趙炳作趙明，稱左慈、趙明等能以氣禁水、禁火、禁沸湯、吹拔入木之釘等。

魏晉時，禁術十分流行。禁術可大別為「氣禁」、「咒禁」兩類。《抱朴子內篇．至理》記載氣禁說：「吳越有禁咒之法，甚有明驗，多氣耳。知之者可以入大疫之中，與病人同床而己不染，又能續骨連筋。以氣禁白刃，則可蹈之不傷，刺之不入。若人為蛇虺所中，以氣禁之則立愈。」《抱朴子內篇．登涉》在記述氣禁之外，還記載咒禁。稱「入山宜知六甲祕祝。祝說：『臨兵鬥者，皆陣列前行』，凡九字，常當密祝之，無所不辟。」《葛仙翁肘後備急方》還有治病之禁咒。如《治寒熱諸藥方》、《治目赤痛暗昧刺諸病方》、《治為熊虎爪牙所毒病方》等，皆用咒語治病，其法與咒術無異。

掐訣

掐訣又稱握訣、捻訣、捏訣、法訣、手訣、神訣，有時稱斗訣，簡稱為訣，它是道法的基本方法之一。

指在手掌、手指上掐某些部位或者手指間結成某個固定的姿勢，造成感召鬼神、摧伏邪精的作用。它和步罡一起，是道法和行持時的基本的形體動作。

道士誦經、唸咒、步罡、結壇、召將、氣禁、收邪、治病、祈禳等的各個環節都要掐相應的訣。掐訣是從古代的氣禁之術中繼承下來的。道教在發展中依據自己的神體和法術理論，作了增益、改進，形成龐大的手訣系統。

手訣的基本成分是訣文：訣文指在掌指上的某一固定部位象徵北星、十二辰文、九宮八卦、二十八宿等。

如在第二、三四指的九個關節紋上，以三指中紋為九宮中文，其餘八個關節紋為八卦文；二至五指上布子、丑、寅、卯、辰、巳、午、未、申、酉、戌、亥十二辰文。每掐該文，即象徵把握八卦、十二辰、二十八宿等。

由於古人常用八卦、北、二十八宿等象徵宇宙中天象的運行、造化的奧祕、空間的位置和時間的變換，故透過訣文，在手上形成了一個濃縮的宇宙圖景，如《陰符經》所說的那樣，「宇宙在乎手，萬化生乎身」。

由訣文加上其其餘指掌聯結方式構成訣目，通常說的掐某訣即指某訣目。簡單的訣目只掐一個訣文，複雜的訣目則要同時或依次掐多個訣文，比如飛捻北時，便須迅速捻過七星本文共七個點。

有時尚要加上各指和指掌間的交結，甚至雙手並用。訣目的構成主要依據於道教的神體和要對付的對象，所稱掐訣，是指掐某訣目。

訣目是由訣文構成，簡單的訣目只掐一個訣文，在這個意義上它與訣文可以通用。訣目的數量大，每一道派常繪成訣體，在本門內授受和運用。訣目的設計，大抵一是依據著神仙體；一是依據所要對付的對象。

依據神仙體系的訣目，相當典型地表現了道教的特點，表現了它的法術與散漫於民間的巫術的區別。道教的神體極為龐大，而且不同的道派尚有某些不同。但就行法而言，經常要涉及到的有尊神、祖師和神將三大類。每一類都有相應的訣目。

與尊神相關的訣，比較常見的有玉清訣、太清訣、上清訣、北帝訣等。玉清訣，又稱上帝訣、玉帝訣，訣文在中指中節；上章表、統領天仙兵馬、指揮行瘟使者時掐；上清訣，訣文在中指上節，召請上清兵馬時用；又一法掐中指指甲下，問病時用。太清訣，在中指下節。

與尊神相關的訣，有時不直接稱尊神名諱，而用其坐騎、法器等來代表。比如煉度儀中請太乙天尊臨壇，法師掐獅子訣，因為太乙天尊坐騎是九頭獅子。祖師訣中最重要的是天師訣和本師訣，代表本派祖師或者天師降臨。

相術

相法是以人的面貌、五官、骨骼、氣色、體態、手紋等推測吉凶禍福、貴賤夭壽的相面之術。《麻衣相法》全稱《麻衣相法全編》，傳說是宋初大相術家陳摶的師傅麻衣道者所作。宋以後的相書很多，如《柳莊相法》、《相法全編》、《水鏡集》、《相理衡真》等，不計其數，但影響最大的還是《麻衣相法》。

占星術

占星術也稱占星學、星占學、星占術，是根據天象來預卜人間事務的一種方術。

在原始社會文化發展的早期階段，由於當時人們的知識水準和生產力都很低，對自然現象中的一些規律沒有掌握，於是把人們生活中的吉、凶、禍、福與某些自然現象連繫起來。

早期的占星術多是利用星象觀察來占卜較為重大的事件，如戰爭的勝負，國家或民族的興亡，以及國王或大臣的命運等，後來逐漸擴展至個人命運以及日常生活中的瑣事。隨著日月五星運行規律的逐漸被揭示，占星術出現了各種體系和複雜的推算方法，愈加顯示其神祕性。

中國古代占星術以三垣四像二十八宿為核心，三垣是指北天極周圍的三個區域，即紫微垣、太微垣、天市垣。四像是指分布與黃道附近，環天一週的四個區域，即東方蒼龍之相，西方白虎之相，南方朱雀之相，北方玄武之相。每象各分為七段，共計二十八宿。

在占星術中，將二十八個星座按照東南西北四方和日月水火土金木七曜進行分類，並用它們的運行預知未來。中國占星術由於歷代戰亂紛紜，測候失傳，行星的觀測欠準，因此連推運也仰賴二十八宿的度，再摻雜一些神煞的迷信成分，如今幾近失傳。

風水術

風水術又稱為堪輿學、相地術、地理、相宅術、青烏、青囊術、形法等。其實就是論述和指導人們選擇和處理住宅與墳地的位置、朝向、布局、營建、擇日等一是列的主張和學說，是選擇居住環境的一種術數。

◇ **堪輿**：堪為天道，輿為道地。風水一開始就與天文曆法、地理結下了不解之緣，仰觀天文，俯察地理，這是風水術的兩大特徵。

◇ **相地**：是指觀察地理形勢。

◇ **青烏**：得名於漢代相地家青烏子，又稱青烏先生。

◇ **青囊**：得名於東晉郭璞所得《青囊》九卷而著的相地術經典《青囊經》。

在中國民間，多稱為「風水」，而把操此職業者稱為「風水先生」，由於風水先生要利用陰陽學說來解釋，並且人們認為他們是與陰陽界打交道的人，所以又稱這種人為「陰陽先生」。

風水一詞始見於東晉郭璞所著的《葬書》：「葬者，乘生氣也。經說：氣乘風則散，界水則止，聚之使不散，行之使有止，故稱之風水。」

故後人尊郭璞為風水鼻祖，而有傳承的風水派是內卻都尊九天玄女為陰陽院的宗師，因為傳說九天玄女為幫助黃帝戰勝蚩尤，解救百姓困苦而傳授於他玄學術數，其中就包括風水術。

陰陽術

◇ **結界**：密宗的用語，就是利用法器或高能量物品，如水晶、天鐵等，和觀想的力量，在某人、某物、或某些處所的周圍，圍繞結成一個完備的防護網之意，以防止來自靈界的干擾。現在，這個已成為一個非常普遍的觀念了，大家都知道在打坐前、出外住旅館的床及自己住家周圍，都要常常結界，以確保安全。

◇ **式神**：被人類操控的超自然生物。式神的種類相當多，等級也很繁雜。某些靈力高深的式神是代代相傳的，比如父親去世之後，他的兒子或者弟子便會自動得到操作式神的權利和能力。

◇ **逆風**：指法術失控，反噬其主。靈力比較低的術士使用高深的咒文則很容易產生這種現象。輕者受傷，重者死亡。

◇ **騷靈**：靈能者在承受壓力，或者焦慮的時候，能力會不自覺的洩漏，導致身邊發生異常事件，稱為騷靈。

◇**犬神**：靈力高強的神物以犬的姿態出現，便被稱為犬神。一般用於保護主人，不受妖魔侵害。某種特殊情況下，也可以將其殺死，血祭靈咒，已達到彌補術力不足，提高法術威力之用。

◇**犬鬼**：妖力高強的魔物以犬的姿態出現，便被稱為犬鬼。用處與犬神基本相同，但危險性卻更大於犬神。萬一主人本身的靈力無法壓制它，便有可能被它吃掉。由於是魔物的關係，血祭的威力會比犬神高，但發生逆風的可能也大得多。

◇**五芒星咒術**：雖然是咒術的基本，但很有威力。普通的五角星是其施術符號，咒文是「臨兵者鬥皆列陣在前」，可以用於加強封印的力量，也可以用於攻擊和召喚式神。尤其對付低級靈絕對有效。

變化之術

道法的內容繁多，變化之術是其中比較基礎的類型。道教變化之術，指各種用人工控制的隱遁易形、變化萬物的法術。它的由來甚古，在漢代已經有不少著名的善於變化之術的方士，東漢時它已成了道法的重要組成部分。

變化之術的富是道教的一大特點。甚至於有的理論家將之看成是一切道法的本質，認為「法就是造成各種變化的玄妙方法。」

因此道教理論家不僅對變化的方法視為至寶，也重視對其哲理的探討。有的將變化之術作了初步分類，認為有天變、物變、神變，而有道的人都能夠隨意控制、掌握其奧祕。

五代的譚峭總結了道教變化觀，寫下了著名的哲學著作《化書》。他認為，各種變化的根本在於精、神、氣，以自身神所氣為變化之本的思想，將內氣、內丹的理論與方術結合在一起，開啟了宋代內

丹外法的先河。

宋代以後道教中普遍將本身修道有得和元氣元神充盈看作造成一切變化的根本。他們所理解和主張的得道，就是內丹有成。所以宋人常說的內道外法，實際上就是內丹外法。

從內容上看，變化之術可以分為變化自身和變化外物兩大類：前者主要為變形易貌、化凡為仙及隱顯隨心的各種法術；後者有興稱布雨，使萬物有無、異類互變等法術。

大多數變化之術都以步罡、掐訣、符咒等手段，加以本身煉氣、存想等構成，也有相當一部分使用了某些藥物，造就某些化學或者物理變化。

變化自身的法術，有飛行虛空、存神馭氣、隱淪、分形及一般地變形易貌等：此類法術種類也很繁多，其要義在於使自己神通自在，打破一切時間空間和通常的自然規律的束縛。

這類變化自身的法術，大抵也用符咒訣步為主，而且常要配合以內氣的運轉和存思，有時也要用藥物，如移形易貌便要用藥。不過，藥料的配方都祕而不宣。

道教陣法

陣法包括金罡陣、八卦兩儀陣、七星八卦陣、九宮八卦陣、五行八卦陣、六合陣、北斗七星陣、奇門八卦陣、四象陣、七煞鎖魂陣等。

蛇術來源

蛇術起源於上古的巫術。因蛇的威力，先民把它當作神物，膜拜祭祀，《山海經》中很多神就是

「人首蛇身」，中華民族的象徵「龍」也是由蛇演化而來。在崇拜的同時，也極力探索制蛇之法。

東晉葛洪《抱朴子・內篇・登涉》記載：「黃帝將登焉，廣成子教之佩雄黃，而眾蛇皆去。」說明先民在很早時候就發明了雄黃制蛇之法，巫覡們將制蛇之法和巫術結合就形成了道教的蛇術。

蛇術的最早記載是東晉葛洪的《抱朴子・內篇・登涉》：「今為道士人入山，徒知大方，而不曉辟之之道，也非小事也，以炁吹之，雖踐蛇，蛇不敢動，也略不逢見蛇也，若他人為蛇所中，左取三口炁以吹之，即愈不復痛。」

蛇術發展至後來，經過了全真教的改造和完備，基本定型，王重陽也被尊奉為蛇術的祖師真武祖師，在民間廣為流傳。

蛇術傳承

蛇術的傳承也像其他的法術傳承一樣，有一套複雜的儀式，且歷來「傳子不傳女」、「傳內不傳外」，子嗣絕代，蛇術也絕傳。

拜師是學蛇術的第一步，即使親如父子，也要行正式的拜師儀式。拜師前要沐浴淨身更衣，設香案，供祭品，恭請歷代祖師神位。

師傅先向歷代祖師禱祝，焚香跪拜，申明開壇授徒。繼而徒弟也向歷代祖師跪拜上香，並向師傅行三跪九叩之禮，獻茶。禮成後，才正式登門入室。

傳授蛇術前，先要養一隻小的公雞，準備好雄黃酒。在每年農曆五月初五端午節時開壇傳授蛇術，儀式與拜師儀式相同。殺了公雞，將血滴在雄黃酒中，徒弟將雄黃血酒喝完，就可正式傳授蛇術了。

正式拜師後，要遵從入門後的禁忌：不吃龜、鱉、蟮魚和蛇；不亂吐口水，即使吐也不吐在不乾淨的地方；每次行法時均要默想師傅傳授時的情景，好像師傅就在身邊；不能為了娛樂和不正當目的而使用蛇術；每年農曆五月初五端午節時均要喝雄黃酒；每隔五年左右要喝雄黃血酒，並祭祀歷代祖師，以使自己的蛇術永遠靈驗。

茅山法術分類

茅山法術有數百多種法術，其中攻擊性法術五雷咒、天雷破、玄冰咒、火稱咒、紫幽咒、青冥咒、蒼靈咒、焚天咒、滅神咒、大水咒、巨木咒、三昧真火、流星火雨、煉獄真火、雷動九天、風雪冰天、玄冰毒雨、泰山壓頂。

輔助性法術靜心咒、聖靈咒、金剛咒、降魔咒、鎮妖咒、御風咒、飛翔咒、破邪咒、緊箍咒、勾魂咒、定身咒、護心咒、八卦咒、集神咒、收魂咒、九鳳咒、三台咒、安神咒、天罡咒、湧泉咒、肘後咒、護身咒、縛神咒、擎天咒、天罡戰氣。

超度亡魂的清音咒、度魂咒，拘魂用的亡魂咒，做法事用的焚香咒、焚符咒、衛靈咒、淨壇咒等，度魂用升天咒等，拘魂用移魂咒等，驅除瘟疫用驅瘟咒、祛邪咒、破穢咒等，乞福用乞福咒、平安咒、安泰咒等，恢復用三華聚頂、五氣朝元等，畫符用清水咒、清紙咒、清筆咒等，降蠱用滅蠱咒、天蠶噬蠱。

以及其他用途的開山咒、遷患咒、發奏咒、傳遞咒、拜表咒、拜斗咒、總召咒、鎮宅咒、解厄咒、和合咒、淨衣咒、破獄咒、梵氣燈咒、求財咒、惡意火咒、報應咒、催生保產咒、啟師咒、召功曹咒、天將咒、總如咒、王靈官咒、馬元帥咒、趙元帥咒、朱元帥咒、康元帥咒、溫元帥咒、殷元帥咒、高元帥咒、五雷掌法、解五雷掌法、肚痛法、解肚痛法、羅漢仙法、解邪術法、止血仙法、跌打梅山法、緊箍咒、隔山止血法、勾魂法、收神魄法、華佗仙師法、觀音仙法、黑扎法、止痛消腫法、千斤定、咽喉骨鯁法、止痛華佗仙法等法術。

法術威力是根據施法者道行、法術類型、符籙的類型、施法的環境等決定的，因此即使一個非常簡單的法術在道行高深的大師手中，其威力足以撼山動地。

茅山法術傳承

茅山法術在一般人的心中已經不陌生了，一提起茅山法術，立即就有一種神祕而尊重卻又敬而遠之的強烈感覺，這也許是茅山法術的威名在外吧。

茅山道士似乎個個都有高深的驅鬼、下符、扭轉乾坤的法術，所以對他們是既愛又怕。特別是茅山法術的懲惡揚善聞名天下。

道家法術中比較重視符咒法傳，在元代以前有四派法壇，就是龍虎山的張天師派正一玄壇、茅山的三茅真君派上清法壇、閣皂山葛仙翁派靈寶玄壇、山西許強陽派淨明法壇，這四派法壇在當時最大，信徒最多。

其他的還有神霄，園通，混元，盤古等派別流於世。另外，還有各省少數民族的巫術等。

茅山派在四大派中最強盛，在民間流傳最廣，由於歷史原因至今還沒發現有把茅山派文化比較系統完整地繼承下來的，都在民間各自為政，祕密地發展。茅山九龍道法是從茅山派流傳下來的一個較完整分支。

自茅山派創立教派以來，以嚴謹的教規、嚴格的教導，尤其是對每一位門徒人格的心術考察，經過三千多年來時間的削刻與洗禮，茅山派歷久不衰，以在各地發揚廣大，聞名於天下。

五、修持養生

道教修持，古代有許多名稱，如修道、修真、修為、修養、養生、衛生、長生術的話等不一而足。現在一般稱為修煉、修持或養生。修持的含義，就是修性煉命。性指精神，命指肉體，修煉就是透過一定的方式和方法，對精神和肉體進行自我控制，達到「我命由我不由天」的崇高目的。

守一

守一是道教早期修煉方術之一。其主旨為守持人之精、氣、神，使之不內耗，不外逸，長期充盈體內，與形體相抱而為一。以為修習此術，可以延年益壽，乃至長生久視。

守一術源於老莊。《道德經》第十章稱：「載營魄抱一，能無離乎？」許多注家皆釋營魄為魂魄，營魄抱一即魂魄合一，形神合一。

道教因襲老莊思想創造守一術。早期許多道教經書皆強調修習它的重要意義。《太平經》稱：「欲解承負之責，莫如守一。」儘管各派皆重視守一術，但由於各自對「一」之解釋不同，因而所守之內容或側重點即不盡相同。歸納之，主要有：

◇ **守神**：道家認為形體不能沒有精神，所以要遏制過多的欲求，保持精神的清靜，使形神合一而長生。與此同時，道教又將此「精神」人格化，認為它們居於人體內和天地間，名身內身外諸神，以為存守和存思它們，人可長生不死，此名存神、思神。

◇**守氣**：一些道書又將「一」釋為「氣」，故守一即為守氣。

◇**守精氣神**：一些道書又認為精氣神為人體生命不可或缺的三個要素，是由一所生且合而為一者，故守一即守精氣神三者，又稱守三一。

◇**守三丹田**：一些道書又稱三一為三丹田，故守一，守三一即為守三丹田。

所稱守真一、玄一，或許是守一時所存守的某個真人、仙境之狀貌或顯現的某種幻覺。守一屬道教修煉術之靜功，其側重點不在煉形而是煉神，目的是透過它排除心中雜念，保持心神清靜，使神經獲得良好的休息條件，達到提高人體免疫能力及強身健體。

它所累積的經驗，為後世內丹術所吸收，成為內丹修煉的一個環節而繼續被充實和發展。

內視

內視又稱內觀。為道教早期方術之一。《洞玄靈寶定觀經》說：「內觀心起，若覺一念起，須除滅，務令安靜。」注稱：「慧心內照，名說內觀。」即不以目視而以「心視」，以滅動心。此術早見於《太平經》。

《太平經鈔壬部》稱：「上古第一神人、第二真人、第三仙人、第四道人，皆像天得真道意。眩目內視，以心內理，陰明反洞於太陽，內獨得道要。猶火令明照內，不照外也，使長存而不亂。今學度世者，像古而來內視，此之稱也。」這一內見形容法又往往和存思五臟神聯合運用，以收治病之效。

內視術在魏晉南北朝至隋唐有進一步發展。葛洪《抱朴子內篇．地真》稱：「吾聞之於師稱，道術諸經，所思存唸作，可以卻惡防身者，乃有數千法，思見身中諸神，而內視令見之法，不可勝計，也可有效也。」

唐孫思邈《千金要方》卷八十一引《軒轅黃帝內視法》稱：「存想思念，令見五臟如懸磬，五色分明。」可見內視和存思一樣，要求所觀之對象比較形象地反映在心中，透過具體形象的感覺達到收心入靜。

內視又有不動心，即心不為外物所擾的意思。《莊子．列禦寇》稱：「賊莫大乎德有心而心有睫，及其有睫也而內視，內視而敗矣。」

道教的內觀修心已引進了佛教義理，頗具理論色彩，由此「內觀形容」的內視術即演變為「靜神定心」的修心術，當是此術的高層境界。內視作為淨心止念的方術，不失為氣功入靜的有效方法。唐末以後被內丹術所吸收，成為其重要成分之一而被繼續運用。

存神

存神也名思神，意稱存思人體之中、天地之間各種「神靈」。存神一詞，首見於《太平經》說：「萬神皆隨人盛衰。」

道教除認為「神生於內」，似人，有長短、形色、居處、名號之外，還相信天地精神可進入人體，聚為身神，而身神也可出遊於外。

人用意念可以內觀身神鎮守某一部位，同時也能感降外神入鎮體內，開生門，塞死戶。其效次則安魂制魄，調節機體，消災治病，延長壽命；上則致天仙前來接引，飛遊虛宸，或白日昇天，成仙不死。

存神種類甚多，僅上清一派即多達數十種，比較重要的有存思《大洞真經》三十九真法、帝一混合三五立成法、存五方氣五神法、存三部八景二十四神法、解胎十二結法等。此外，還有存思日月法、七童臥斗法、奔辰飛登五星法、存二十四星法、大存圖法等。

存神方法，一般要求了解神真的諱字、形長、服色、光氣、文彩、變形。將神真的名字、形長和服色記錄在符籙上，吞符唸咒，服氣咽液，被認為有助於神真的出現。

整個過程大都有選擇時日沐浴入室，選擇方向燒香朝拜，叩齒若干通，呼神名若干次，然後存神、叩齒、咽液、微祝等程序。注意力完全集中於冥想神真。

身神觀念，即認為人體各部位均有神真護衛，乃是存神的重要思想依據之一。就目前的資料來看，最早的身神觀念可能是所稱「五神」。

存神法起於漢代，而盛於東晉南北朝時期。東晉時形成的上清派多注重個人修持成仙，故而力倡存神，並系統地繼承和發展了存神法。存神遂成為上清派的主要特徵。

行氣

行氣也稱煉氣、食氣、服氣。道教早期修煉方術之一。是指一種以呼吸吐納為主，而往往輔以導引、按摩的養生內修方法。一般又分外息法和內息法兩大類。其重點在以我之心，使我之氣，養我之體，攻我之疾，從而延年益壽。

道教十分重視氣對人體的作用，並且形成了一整套的行氣法。這套行氣法也是對古代方士行氣的繼

承和發展。早在戰國時代，就有這一派講究氣功的養生家。

蒙文通先生在《晚周仙道分三派考》中認為：古之仙道，大別為三，即行氣、藥餌、寶精其中以王喬、赤松為代表的行氣派「於古為最顯」。道教行氣即承此派而來。

至晉代，道教對行氣的論述愈益增多。《抱朴子內篇．至理》論行氣的功用時說：「服藥雖為長生之本，若能兼行氣者，其益甚速，若不能得藥，但行氣而盡其理者，也得數百歲。」《釋滯》篇還講了行氣的具體方法、行氣的時間以及注意事項。

魏晉至隋唐，是道教行氣術最盛行的時期，出了許多著名氣功家，創造了許多行氣法。僅《雲笈七籤》即用了七卷的篇幅收載宋以前諸家氣法，加上《道藏》的其他氣法書，數量甚多。現擇數種略述於後，以見一斑。

其中主要有陶弘景六字訣、龜鱉行氣法、服元氣和墨子閉氣行氣法。道教行氣法即今日之所稱氣功，其內容十分豐富。實踐證明，經初步整理後，推廣於社會確有治病健身的效果。

胎息

胎息是行氣法中的一種。意稱煉氣至深入程度，可以不用鼻口呼吸，全靠腹中內氣在體內氤氳潛行，如嬰兒在母胎中不用鼻口呼吸一樣。

《太清調氣經》說：「胎息者，如嬰兒在母腹中十個月，不食而能長養成就，骨細筋柔，握固守一」者。

道教從逆返先天的理論出發，認為煉氣至無鼻息出入、返還到嬰兒在母胎中之狀態時，就能返本歸元，長生不死，故視胎息功為修仙之至要與最高之鵠的。胎息是行氣術發展到一定階段後的產物，其出現時間當晚於行氣術。

現在所知實行此術之最早者為東漢末之王真、郝孟節。其後，三國吳道士葛玄也善胎息術，葛洪《抱朴子內篇・釋滯》稱：「予從祖仙公，每大醉及夏天甚熱，輒入深淵之底，一日許乃出者，正以能閉氣胎息故耳。」

從此以後，胎息術漸普及於道教內，胎息著作也不斷問世。《抱朴子內篇・遐覽》著錄《胎息經》，《宋史・藝文志》著錄《養生胎息祕訣》、《太上老君服氣胎息訣》、《少玄胎息歌》、《胎息訣》、《胎息根旨要訣》。

現存於《正統道藏》者有：《太上養生胎息氣經》、《諸真聖胎神用訣》、《胎息精微論》、《高上玉皇胎息經》、《胎息經注》、《胎息祕要歌訣》各一卷，《攝生撰錄・胎食胎息法》、《延陵先生集新舊服氣經》之《胎息口訣》、《胎息精微論》、《胎息雜訣》、《祕要口洪》，《雲笈七籤》卷五十八《胎息根旨要訣》、卷六十《中山玉櫃服氣經・胎息羽化功》等。

修習胎息的方法各家不同，常見的有：

◇ **閉息法**：《抱朴子內篇・釋滯》稱：「初學行氣，鼻中引氣而閉之，陰以心數至一百二十，乃以口微吐之，常令入多出少，以鴻毛著鼻口之上，吐氣而鴻毛不動為候也。漸習漸增其心數，久久可以至千。」

◇ **多納少出法**：梁丘子《黃庭內景經注》所述其法為：「納五六息而吐氣，至十吐氣，稍作頻伸，從頭吐納，久久行之，漸至不吐不納之胎息。」

◇ **咽內元氣法**：《胎息精微論》記述：「從夜半後服內氣七咽，每一咽即調氣六七息，即更咽之。」

◇ **存思服氣法**：《雲笈七籤》卷五十八《胎息口訣》所述其法為：端坐寬衣，兩手握固，調息、嘸氣、閉息，存想三丹田神人，次存五臟各出青赤白黃黑五色氣，與三丹田所出素稱合而為一，想自身在氣中，想氣海中胎氣出入。

導引

導引是修煉者以自力引動肢體所作的俯仰屈伸運動，以鍛鍊形體的一種養生術，與現代的柔軟體操相近似，屬氣功中之動功。

道教根據古人所稱「流水不腐，戶樞不蠹」的道理，認為人體也應適當運動，透過運動，可以幫助消化，通利關節，促進血液循環，達到祛病延年的目的。

導引術起源很早。《呂氏春秋．古樂》稱：「昔陶唐氏之始，陰多滯伏而湛積，水道壅塞，不行其源，民氣鬱閼而滯著，筋骨瑟縮不達，故為舞以宣導之。」

古人為通利筋骨所制之舞蹈，實為導引之雛形。此後，至遲在戰國時期，醫學家和神仙家分別從治病和養生目的出發，相繼將它發展為導引術，使之流傳於世。

《莊子．刻意》稱：「吹呴呼吸，吐故納新，熊經鳥申，為壽而已矣，此道引之士，養形之人，彭祖壽考者之所好也。」表明神仙家將它和行氣術相結合進行養生，且出現了像彭祖那樣長壽的人物。

一九七三年長沙馬王堆漢墓出土的帛畫《導引圖》，繪有四十四個演練導引動作的人物圖像，圖中人物多著庶民衣冠，男女老少均有，表明導引術在漢初已普及於社會。

早期道教承襲方仙道納入此術，為各派共同修習的方術之一。此後各派中多有以此術名世者。直至宋代，導引和行氣等術一起，一直為道教各派所共習。此後，內丹術興起，一些內丹家排斥行氣、導引，稱之為外道、邪術，方在道教內漸趨衰落，但社會其他各界人士仍繼續傳習並得發展。

現存《正統道藏》中收有不少記載導引術的著作。葛洪《抱朴子．雜應》篇記錄過「龍導」、「虎引」、「熊經」、「龜咽」、「燕飛」、「蛇屈」、「鳥伸」、「虎據」、「兔驚」等九種導引術勢名稱，但未記錄具體作法。

五禽戲

在眾多導引術中，有不少曾對當時社會產生過很大影響，有的還廣泛流衍於近現代。其中最早的要數被陶弘景《養性延命錄》所記的華佗「五禽戲」，它模仿虎、熊、鹿、猿、鳥等鳥獸活動形態，編製出一套導引程序，用以健身，確有很好效果。

《正統道藏》所收《太上老君養生訣》也錄此「五禽戲」，署華佗授廣陵吳普。這套導引術一直流傳下來，明人周履靖在所著《赤鳳髓》和《萬壽仙書》中，將它加以改進，減少動作難度，並與行氣相結合，除了文字說明外，還繪製出程序圖體。

清人更於五種術勢之外，加入向後顧望的「鶚顧勢」和搖頭擺尾的「獅舞勢」，稱作「七禽戲」。可見「五禽戲」對後世影響之大。

按摩

按摩又名按蹺、按蹻、扶形、推拿，是用手捏摩皮膚肌肉，促進血液循環，調整神經功能和人體機制的卻病延年術。

按摩術源於戰國巫醫。最早記載此術的是《軒轅黃帝內經．素問》。其《血氣形志》篇有「治之以按摩、醪酒」，《異法方宜論》有「導引按蹻」，《調經論》有「按摩無釋」等語。

按摩術在先秦時已為醫家所採用。《漢書．藝文志》著錄《軒轅黃帝岐伯按摩》十卷，是漢前按摩術專著，現已失傳。

一九七三年長沙馬王堆三號漢墓出土的帛書《五十二病方》中有《按摩醫癃病方》，為現存最早的按摩醫方。其後，漢代名醫張仲景在救縊死者時，曾用按摩術。華佗為人醫頭眩病，將病人倒懸，以刀決脈，去其五色血後，「乃下，以膏摩被覆」。也兼用按摩術。可見按摩術已被漢代醫家廣泛採用。

道教引進此術，和導引、咽津、行氣、存思等相輔行，意欲用此達到卻病延年以至長生的目的。葛洪《抱朴子．遐覽》著錄《按摩經》一卷，已佚。

陶弘景《真誥》曾引《太素丹景經》、《消魔上靈經》等記有許多按摩法，其《養性延命錄．導引按摩》篇又記有多種按摩法，為現存最早的道教按摩術的具體記錄。其後，歷唐宋至元明，道書中不斷有按摩術的記載。

諸書所記按摩法歸納起來，不外以手按摩兩目內眥、熨眼，按摩天庭、華庭、山源、顴骨，以手提耳或摩耳輪，以手指梳髮或總提髮，摩腹，擦腎俞，摩足心湧泉穴，摩揩全身等。

行以上按摩時，常結合行導引，有的道書署名「導引法」，實多為按摩法，有的道書署名「按摩法」，又多為導引法，可見兩者連繫之密切。

又行按摩時，常與咽津、行氣、存思等相結合，已見上述。按摩與導引等術的作用一樣，雖不如道書所稱能致長生，但確有祛病延年的效果。

辟穀

辟穀又稱卻穀、斷穀、絕穀、休糧、絕粒，即不食五穀雜糧。道教從為，人食五穀雜糧，要在腸中積結成糞，產生穢氣，阻礙成仙的道路。

同時，人體中有三蟲，專靠得此穀氣而生存，有了它的存在，使人產生邪慾而無法成仙。因此，為了清除腸中穢氣積除掉三屍蟲，必須辟穀。

辟穀術起於先秦，大約與行氣術同時。道教創立後，承襲辟穀術，修習辟穀者，代不乏人。史籍、道書所載，不勝枚舉。可知從漢至宋，辟穀術在道教內一直十分流行。

曹操招致的方士群中，甘始、左慈、封君達、魯女生等皆行辟穀術。《魏書．釋老志》記載，北魏道士寇謙之託言太上老君授以導引辟穀口訣，弟子十餘人皆得其術。又稱東萊道士王道翼隱居韓信山，斷穀四十餘年等。

道士在傳習辟穀術過程中，曾寫有辟穀術專著，論述與闡發辟穀諸法。《抱朴子內篇．遐覽》著錄《休糧經》三卷。《通志．藝文略》著錄《太清斷穀法》、《無上道絕粒訣》、《休糧諸方》、《太清經斷穀諸要法》、《斷穀諸要法》、《停廚圓方》各一卷。《正統道藏》收載尤多。但諸書所載，歸納起

來，不外「服氣辟穀」與「服藥辟穀」兩大類。

服氣辟穀：即以服氣與辟穀相配合，並以服氣為基礎，透過服氣達到辟穀的目的。具體說法不一，有的主張服氣之初，即行辟穀，饑時飲一兩盞胡麻湯或酥湯，或一兩杯酒，渴時唯飲清水。有的主張服氣之初漸減食物，每日減食一口，遞減至十日而全斷。有的主張不強行辟穀，待服氣功深，至三年後，便會自然斷穀。具體方法多見於諸家氣法書中。

服藥辟穀：即用服食藥物以代替穀食。藥方甚多，有取高營養而消化慢的豆、棗、胡麻、栗、酥、及茯苓、黃精、天門冬、術、人蔘、蜂蜜等配伍，製成丸膏，於斷穀後口服一二丸，以代穀食。有取高營養而難消化之物配方，一頓飽餐後即絕穀，可辟穀很長時間。又有作為美食飽餐一頓，再服藥以養所食之物，據說可辟穀三年。

還有用草木藥熬煮特定的石子，以石當飯者。具體藥方見《太清經斷穀法》及《雲笈七籤．方藥部》。

服食

服食又名服餌，指服食藥物以養生。道教認為，世間和非世間有某些藥物，人食之可以祛病延年，乃至長生不死。葛洪引《神農四經》說：「上藥令人身安命延，升為天神，中藥養性，下藥除病。」

道士在這種信念的驅動下，在實踐中逐漸累積起一套採集、製作和服食長生藥的方術，即為服食術。

服食術起源於戰國神仙家，為晚周仙道三流派之一。方士從事爐火燒煉，企圖用人工煉製出不死藥，這就促成了煉丹術的產生。從此，「不死藥」即包括人跡罕到之處的奇藥，又包括金石藥和用金石煉成的丹藥。

道教承襲此術，不少道士皆修服食。入唐以後，道士除服草木藥和金石單味藥外，又多服金石燒煉而成的丹藥。此風還普及於上層社會，但多數丹藥皆有毒，很多服食者中毒而死，因此引起很多人的反對，唐以後，外丹術和服食外丹之風逐漸衰落，而服食草木藥和單味金石藥則繼續流傳。

與上述服食術發展情況相適應，服食書在歷代不斷出現。《抱朴子內篇·遐覽》著錄有《木芝圖》、《菌芝圖》、《肉芝圖》、《石芝圖》、《大魄雜芝圖》各一卷。《隋書·經籍志》醫方類著錄《神仙服食經》、《神仙服食方》、《論服餌》等二十餘種。《正統道藏》收載《神仙服食靈草菖蒲丸方》、《種芝草法》、《神仙服餌丹石行藥法》、《太上肘後玉經方》各一卷，《雲笈七籤》卷七十四至七十八專列《方藥部》。

用作服食的草木藥，據《抱朴子·仙藥》篇記述，有五芝、茯苓、地黃、麥門冬、木巨勝、重樓、黃連、石韋、楮實、枸杞、天門冬、黃精、甘菊、松柏脂、松實、術、菖蒲、桂、胡麻、檸木實、槐子、遠志、澤瀉、五味子等。其他書中還有人蔘、甘草、大棗、杏仁、桃仁、竹實、菘蓉、乾薑、覆盆子等。

唐人盧遵元《太上肘後玉經方》也為草木藥複方配方，它按乾、坤、艮、巽、離、兌、坎、震等八卦次序，列出八個服食方，絕大多數為草木藥之複方配方，藥性大都平和，極少或沒有副作用。

用於服食的金石藥，常見的有丹砂、雄黃、雌黃、石硫黃、曾青、礬石、稱母、慈石、戎鹽、石英、鐘乳石、赤石脂、太乙禹餘糧等。

房中術

房中術又稱黃赤之道，混氣之法，男女合氣之術，為道教倡導在男女性生活方面的養生術。道教認為，精、氣、神為人生「三寶」，精足則氣充，氣充則神旺。

如人能時常保持精足、氣充、神旺的狀態，必然健康長壽，乃至長生；反之，不斷耗損三寶，必得病夭亡。為此以「愛氣、尊神、重精」為宗旨，講求重精、寶精的修煉之術。

房中術源於戰國神仙家，晚周仙道分行氣、服餌、房中三派，以羨門、安期生為中堅房中起於秦中，以容成、務成子為代表。

戰國至秦漢間，房中術是十分盛行。一九七三年，長沙馬王堆三號漢墓出土了大批帛書和部分竹、木簡，經整理，發現醫學著作十五種，其中有五種為房中術著作，被定名為：《十問》、《合陰陽》、《天下至道談》、《養生方》、《雜療方》，這是中國現存最早的房中術著作。

早期道教在全面繼承方仙道術時，即將房中術納入其道術是列中。漢魏兩晉時，房中術也很盛行。最早創立的五斗米道，即引進此術，以之和行氣、符咒術等配合修習。

魏晉期間，方士道士多習此術。葛洪《抱朴子．遐覽》著錄房中書多種，計有《玄女經》、《素女經》、《彭祖經》、《子都經》、《天門子經》、《容成經》等。

東晉以後，一些道派和道士相率反對房中術，如東晉中期出現的上清派，崇尚存思、行氣，貶斥黃赤。北魏寇謙之改革北天師道時，稱房中術為「三張偽法」，要男女道官籙生「斷改黃赤」。但是歷晉至南北朝，不論道教內外，房中術並未斷絕。

南北朝至隋代，房中術照樣盛行不衰。至唐代，著名道教醫學家孫思邈在其名著《千金要方》中又辟專節闡述「房中補益」，王燾在醫書《外合祕要方》中又引錄《素女方》。

直至宋代，由於理學的興起，在理學家「存天理、滅人欲」的倡言下，房中術成為首先被衝擊的對象，加上當時有人專事張揚房中術之糟粕，使其淪為玩弄婦女的淫穢之術。

在此情況下，房中術遭到社會的擯棄，很多人不敢或不屑於修習和研究，《宋史．藝文志》等再無房中新書的著錄，唐前古書也大多亡佚，房中術漸趨湮沒。

尸解

道教認為道士得道後可遺棄肉體而仙去，或不留遺體，只假托一物遺世而升天，稱之尸解。《洞真藏景靈形神經》稱：「尸解之法，有死而更生者；有頭斷已死，乃從旁出者；有死畢未殮而失骸者；有人形猶存而無復骨者；有衣在形去者；有發既脫而失形者。」可知失去骸骨或僅留骨或衣者，皆稱尸解。

尸解之說在漢代十分流行，南北朝至隋唐也流行尸解之說。南北朝道教經籍多論尸解術，道教並由此發展出許多所稱「尸解之方」。據《無上祕要》卷和《稱笈七籤》卷所載，即有尸解法十種以上，較著者有：

◇ **火解**：《無上祕要尸解品》稱：「以藥塗火炭，則他人見形而燒死，稱之火解。」

◇ **水解**：《道跡靈仙記》說：「段季正，隱士也，晚從司馬季主學道，渡秦川溺水而死，蓋水解也。」

◇**兵解**：《無上祕要》卷稱：「以一丸和水而飲之，抱草而臥，則他人見已傷死於空室中，稱之兵解。」

◇**杖解**：《稱笈七籤》卷引《赤書玉訣》稱：「當取靈山陽向之竹，令長七尺有節，作神杖，使上下通直，甘竹乃佳。書黑帝符著下第一節中，白帝符第三節中，次黃帝符第四節中，次赤帝符第五節中，次青帝符第六節中。空上一節以通天，空下一節以立地，行此道九年，精謹不慢，神真見形，杖則載人空行。若欲屍解，杖則代形，倏欻之間，已成真人。」此即所稱「屍解神杖法」。

◇**劍解**：《稱笈七籤》卷中《屍解次第事跡法度》講「修劍屍解之道」，即「以曲晨飛精書劍左右面。先逆自託疾，然後當抱劍而臥。又以津和飛精作丸如大豆，於是吞之，顧見所抱劍已變成我之死屍在彼中也。」

另外尚有太清屍解法、太一守屍法、太極化遁法、鮑靚屍解法、太陰煉形、水火蕩煉屍形、陰陽六甲煉形質法等，名目繁多。

屍解術是早期道教信奉的成仙術，多遭世人非議，隋唐道士已視之為成仙之下品，金元全真道更在基本否定肉體成仙的基礎上，加以徹底擯棄。

第八章　生活常識

在絕大多數人的心目中，道士就是身穿青布道袍，頭上玉簪髮髻，獨身隱居，與青山綠水為伍，同香燈木魚為伴，過著清苦而神祕的生活。他們或住在清幽深山之中，或端坐三清塑像之前，與我們的生活相去甚遠。

而現代社會的道士至今還遵循著、實踐著，嚴格的道士生活規定，並且以此作為對自己堅定信仰的磨練，作為對道門優良傳統的繼承。

但是，他們越是遠離世俗，我們就不禁越是好奇，道士的日常生活到底是什麼樣子的呢？成為道士就一定都要出家嗎？現在道教有正規學院嗎？

一、學道修行

道士的生活是最讓人好奇的，他們為什麼要穿道袍呢？是道士就一定要蓄髮修行嗎？道士可以結婚生子嗎？怎麼樣報考道教學院呢？

道士稱稱

道士之名源於戰國。秦漢時的方士，即有方術之士。道教創立之後，道士則專指從道修行的道教神職教徒。隋唐前後道士，習慣上男稱道士、黃冠；女稱女冠、女真。

較晚至今，則分別稱男、女道士為乾道和坤道。南北朝時代奉道之士增多，對在家修持的人，稱為火居道士，以區別出家道士。

一、學道修行

在歷史上，隨著各朝代文化的影響，道士修行程度和教理造詣，以及擔任的教職，配以相關的稱稱，擇要簡述如下：

◇ **天師**：指張道陵或其嗣號之後裔。但後世也有個別道士稱「天師」，如寇謙之，隋焦子順，唐胡惠超等。

◇ **法師**：精通經戒、主持齋儀，度人入道，堪為眾範的道士，叫法師。精通道法，能養生教化，為人師表者叫法師。

◇ **煉師**：起初多指修習上清法者，後泛稱修煉丹法達到很高深境界的道士。

◇ **祖師宗師**：各道派的創始人說祖師，各派傳道的首領稱之為宗師。

◇ **真人**：通常尊稱那些體道大法，道行高深，羽化登仙的道士。

◇ **黃冠**：早期道教徒崇尚黃色，故世人根據道士衣冠顏色，稱道士為黃冠。

◇ **羽客**：也稱羽士、羽人。以鳥羽比喻仙人可飛昇上天，引申為神仙方士，進而專指道士。後世道士多取以自號。

◇ **先生**：道士的尊稱或謚號、賜號。居士：信奉道教的俗家信眾。

◇ **方丈**：對道教十方叢林最高領導者稱稱，也可稱住持。方丈是受過三壇大戒，接過律師傳「法」，戒行精嚴，德高望重，受全體道眾擁戴而選的道士。

◇ **監院**：也稱當家、住持。由常住道眾公選，為道教叢林中總管內外一切事務者。當監院大任者，必須才全智足，通道明德，仁義謙恭，寬宏大量，弱己衛眾，柔和善良，明罪福因果，功行俱備。

◇**知客**：負責接待參訪及迎送賓客，《三乘集要》記載：「知客應答高明言語，接待十方賓朋，必須以深知事務，通達人情，乃可任也。」

◇**高功**：指那些德高望重，精於齋醮科儀，善於步罡踏斗，溝通神人，代神宣教，祈福消災，拔度幽魂，主持齋醮法會的道士，是經師的首領。

◇**道人**：最初與方士同義，最早出現於《漢書．京房傳》。道教創立後，道人一詞曾專指道士。南北朝時代，則以道人專指沙門，而區別於道士。唐朝以後，又以道人泛指有道術之人，或指道士。道長：是當今教外人士對出家道士的尊稱，而不是職稱。

道士服飾

自劉宋陸修靜始，道教服飾有了規定。現在道裝有：

◇大褂，袖寬近半公尺，袖長隨身。

◇道袍或稱「得羅」，袖寬六公分，袖長隨身：大褂為日常服。

◇戒衣，袖寬近一公尺，袖長隨身，黃色黑邊，受戒時穿；

◇法衣，花衣，或稱班衣、經衣，為無袖氅衣形狀。法衣是作法事或宗教大典時高功和方丈穿的法服，花衣是經師上殿、唸經做法事時穿的繡花衣。

道士道冠

道士的道冠有黃冠、五嶽冠、星冠、蓮花冠、伏魔冠、沖天冠、五老冠等。

道士九巾

道士戴的帽子，稱「巾」，約有九種。「九巾」是：混元巾、莊子巾、純陽巾、九梁巾、浩然巾、逍遙巾、三教巾、一字巾、太陽巾。

穿袍蓄髮

道裝，又稱為唐裝或漢裝。道士是中國傳統文化的忠實繼承者，道服寬鬆、大方，具有鮮明的民族特色。道士穿著道裝，以顯示其從事職業的傳統性和民族性。

道士蓄髮留須，一是作為從道的代表；二是為了順應自然規律；三是為了表示盡孝之意，胡鬚鬢髮為父母所授，不得輕易毀損；四是為了養生保健，人蓄頭髮，必須要經常梳理，經常梳理頭髮有助於大腦血液循環。大腦為人身之主，大腦健康，人也少病，因此，道士常蓄鬚髮。

道士分類

北魏寇謙之改革天師道，規定道徒可在家立壇，朝夕禮拜，不必出家修道。金代時王重陽創立全真道，規定道士不許婚娶、茹葷，必須出家住叢林。這樣，道士遂分為出家的全真道道士和在家的正一道道士兩類。

臺灣的道士一般是分為「烏頭道士」和「紅頭道士」兩大類。

道士拜師

體悟大道，憑藉經。經文蘊藏大道的玄理，常人難以自悟，須借師之引導而進入道之門牆，故而拜師極為謹慎而嚴肅。憑藉自身之緣分，尋找與自己有緣的度師，由度師誦經諷咒，懺除自己前世今生之罪愆，授予三皈五戒之儀。俗家皈依者，拜師之後，必須研習道經，行善積德，做個道門的合格弟子。

道士修道

神仙崇拜是道教信仰的一大特徵，神仙是：在肉體上，擺脫生老病死、寒暑困擾、衣食所憂等諸多苦惱；在精神上，道德修養超越常人，極為高尚，人格完美，擺脫名利牽纏、恩愛之累，六根靜定的修行者。憑藉道以契合神仙之境界，故而修道。

早晚功課

玄門早晚功課，是道教徒早晚必誦的兩部經典，是修道者的基本法則。功課者，課自己之功，修自身之道。修道之士要認真習誦，理解經意，深悟玄理，腳踏實地按經旨行持。

道教講結三緣，《早課》誦清靜經，即分輕清之意，為祈求國泰民安，懺悔罪業，可結仙緣。《晚課》誦救苦經，超度鬼魂，可結鬼緣。《午課》誦三官經，可賜福、消災、解厄、赦罪，可結人緣。

開期傳戒

全真派之正式道士，必須經過受戒儀式，受戒即表示接法，為正式之法嗣。出家初入道觀為道童，拜師學經，蓄髮結辮。在此期間要誦習《早晚功課經》、《三官經》、《玉皇經》、《玉皇寶懺》、《斗科經》以及作道場之經咒。等到有十方叢林開壇傳戒時，小廟的師父便保薦其赴叢林受戒。

戒期為舞十天至一百天，住在十方叢林裡過十分嚴格的宗教生活，聽傳戒律師宣講戒律，求戒者要誦讀初真戒、中極戒、天仙戒等三堂大戒的條文。傳戒的高道大都是十方叢林的方丈，這時稱為「傳戒律師」。

律師之下，還有證盟師、監戒師、保舉師、演禮師、糾儀師、提科師、登籙師、引請師、糾察師、道值師等共同主持授戒。道童受戒後便名入《登真籙》，取得戒衣、戒牒，便成了正式的道士。以後或住叢林，或住小廟，或稱遊參訪，行動自由。

許願還願

許願是求神護佑自己，使自己的心願得以實現。還願是自己的心願得以實現，對神許下的諾言予以對現。許願、還願不需擇吉日，隨時隨地都可以許願、還願。

許願之前最好能沐浴其身，齋戒淨口。在神前敬三炷香，然後在神前伏拜虔誠祈禱，默許所求心願，祈求神靈護佑實現其心願。

許願可大可小，不拘形勢，有許做多少善事的，有許誦經、做道場、獻神供品、重塑金身、助印善書贈送、捐資修廟等。

求神護佑實現心願後，求神護佑之時許下的什麼諾言都必須兌現。

道士掛單

臨時下榻道觀居住稱「掛單」，掛單後由負責接待道觀提供食宿。古時候掛單要求很嚴格，參訪必須準備棕蒲團、便鏟、緣瓢、引磬。

這是因為出門在外，路途遙遠，有時候兩天三天，有時甚自己煮飯至半月或一年都到不了目的地，道士必須隨時準備自己動手煮飯解饑，或者化緣。

衣、巾、布襪、布鞋缺一不可。衣服必須內外圓領，藍色，兩袖下垂與手長相等，袖寬近半公尺。戴一字巾或者混元巾。布襪要高腰的，鞋子要青布雙眼的。不穿襪子，不戴道巾的，道觀可以拒絕掛單。

道觀會對請求掛單的道人進行盤問。一般會問在何廟、從何處來、名姓、法派、輩分、師父名諱、是否來過這裡等，然後是背經書。背完經，由號房填單，寫明住幾天。

掛單者拿了單，才可以轉身取自己的行李。進了廟門還要接受廟規教育，要與堂主、殿主見面，因為掛單的人要參加觀裡的功課。掛單的程序看起來複雜，但試想如果掛單太容易了，廟裡的飯豈不是要被懶漢吃光？

如果掛單者犯了規矩，也應有擔保人出面協調。既背不出經文，又找不到擔保的，只能在離大廟不遠的小廟裡給他找個臨時居住的地方，以便複習經文。這叫「借單」。這一措施體現了全真道的寬容和以人為本的思想，客觀上為求道與傳道創造了條件。

道士掛單時，必須隨身攜帶蒲團、緣瓢、引磬及衣、巾、布襪、布鞋等隨身衣物，還要隨時準備自己動手做飯。

道士出家

出家制度起源很早，不過原來的符籙各派並沒有很嚴格的一律的規定，只有全真道提倡出家，並且要求其專職道士必須出家。所稱出家，就是放棄家庭生活，專門從事修真向道的宗教活動。原先沒有建立家庭的，不得再建；已經建立家庭的，則要求離棄家庭。

初期道教中有影響的教派都沒有必須出家的規定，正一派的祖師張道陵和他的兒子張衡、孫子張魯都有妻室，人稱「三師三夫人」。

以後正一派天師代代相傳，天師道在魏晉以後也形成了若干世家，所以總的來說，正一派中容有出家道士，但是沒有必須出家的強制性規定。

創立於金代的全真教，提倡三教合一，可能是由於受到佛教的影響，王重陽一開始就提倡出家。以後雖然也出現了全真居士，但一般說來，全真道的職業道士都是出家的。

道士之所以選擇出家，是因為以家庭為牢，認為在家會影響修道成正果，也有人是為了顯示自己信仰的虔誠與徹底，願意用一生的時間和所有的精力來修道求仙。

歷代道士中都有人選擇出家修行的，近代以來，市場經濟的發展，改變著人們的生活和觀念，全真道徒對出家制度雖然仍然強調，但一部分道士實際上已放棄了出家的方式，雖然住廟，但也另有家室。這在市場經濟已經普遍化或者相當發展的嶺南、香港地區尤其明顯。

道士婚姻

全真派道士按最初規定皆為出家道士，有四點基本要求：第一，不結婚；第二，不食葷；第三，平

時也必須著道裝；第四，束髮面鬚。基本上都住在宮觀裡。

正一派道士按傳統皆為不出家道士，可以結婚生兒育女，過家庭生活；可以食葷；除上殿誦經、做經懺法事之外，平時可以穿俗裝，不留鬍鬚，髮式隨俗。俗稱「散居道士」。

實修實煉

實修實煉，即是從經典中明智。經典中有很多是先賢已經走過的經驗總結，可以為我們這些後世的實踐者提供指導。從行為上實踐，將經典中提及到的理論付諸實踐。

這種實踐囊括的面是很廣的。包括持誦經文、克服己心、修養自身、以善心待人，舉善行、言善語等。其實也就是說，從理論中實踐後，再反過來理解理論的方式。

修行方法

對於一般信眾提倡的修行方式是：行善積德、濟物利人，存善念、舉善行，學習教儀、詠誦經典等。如奉行「修德十益」：一與人為善、二愛敬存心、三成人之美、四勸人為善、五救人危急、六興建大利、七舍財作福、八護持正法、九敬重師長、十愛惜物命。煉氣之類的修行方式都需要有正統師承，一般人自己練容易出偏，因此不提倡。

為何敬神

道教提倡敬仰神明是為了讓我們記住神明修行濟世的風範事跡。關鍵崇尚的是那些為國為民的事跡和濟世利人的精神，而不是具體的神明。

也可以說，道教裡面有很多的先天神明都只是教理教義的化身。具象化表現是為了更好地讓當時文化低下的社會底層信眾所理解和接受。

如何加入道教

加入道教有兩種形式：一是成為正式的道士；二是成為道教居士。成為正式的道士，也有兩種情況，一是成為全真派道士；二是成為正一派道士。兩者均須履行拜師手續，但前者必須到道教宮觀出家，後者則不需出家。

要成為道教居士，只要到道教宮觀辦理皈依手續，取得皈依證即可。

如何進入正宗道門

道教的信徒大致上可以劃分為：信士、居士、道士、法師四大範圍。也有分為：道士、隱士、居士、學士、信士五類的，法師可歸類到道士裡。

信士是指信奉道教，但還沒經過宗教認定儀式的人。居士是指經過道教皈依儀式，拜過度師，並且對道經師三寶表示信奉皈依，受持五戒或九戒的正式道教信徒，當代以持道教皈依證作依據。

道士是指在經受皈依儀式以後，再經受傳度或者冠巾儀式，發放度牒的道教神職人員，民間許多從事符法、預測或者風水堪輿的人士，未曾經受道教皈依，不懂道教經典，也不會道教科儀，卻自稱道士者也很多。這類人只能算是對某學業專攻的術士，和道士是不沾邊的。

法師是指需要經受皈依、傳度成為道士以後修持了一段時間，再拜高級別法師習學科儀奧祕，在法事中擔當主要領導角色的道士。

如果一般人確立信仰後，到道觀或道壇進行拜師和皈依，就可以成為正式的道教信徒，即居士，之後可以稱為三寶弟子或三清弟子。一般各地地方道協或者大型的道觀都會為信徒定期或不定期舉行皈依儀式的，可以向道觀的「知客」諮詢。

道教與民間宗教

道教在一直發展的過程中，一部分的東西被漢傳佛教所吸收借用，一部分東西被民間巫道和民間宗教所借用。尤其是興盛於清末的那些出於政治目的而產生的混淆三教的白蓮教、八卦教、一貫道之類的民間宗教，更使人們對宗教界限產生極大的模糊。

現在很多人對道教的誤解，都是源於這些「外道」與道教相混淆！

近代道教組織

一九一二年，在北京白雲觀成立以全真派為主的「中央道教會」，發起人為白雲觀方丈陳毓坤。同年，上海成立以正一派為主的「中華民國道教總會」，由第六十二代天師張元旭任主持。

二、節日禁忌

道家有很多的節日，他們或為各種神仙的誕辰，或為各派宗師的生日，而這些節日之中總要舉辦各種慶典，成為道教豐富多彩文化的一部分。

道教也有許多禁忌，如戊不朝真、道不言壽以及各種朝聖禁忌、進香禁忌和服飾禁忌等。

道曆

道曆為道教專用之曆法也。是以中國夏曆及六十甲子紀年的一種曆法。推算之法，由黃帝紀元，即西元前二六九八年開始，迄今為止道曆為四千七百多年。

唐朝曾因老子為其始祖，乃以老子降生年，即西元前一千三百年為道曆之開始，但至宋以後，則仍以黃帝紀元為用也。而道教齋醮道場，所用表奏文牒等，則皆書以天運甲子之歲，因對神明故不用道曆紀年。

道教節日

道教以神、仙之誕辰為節日，到時要舉行隆重齋醮，包括祭星與設道壇誦經。有的節日還有廟會集市。道教各派都有所崇奉之本宗祖師，但對道教共同尊崇之神的誕生節日，都是很重視的，如：

◇三**清節**：即冬至日為元始天尊聖誕，夏至日是靈寶天尊聖誕，農曆二月十五是道德天尊聖誕。

◇**三元節**：即正月十五上元天官節，農曆七月十五中元地官節，農曆十月十五下元水官節。正月初九：玉皇上帝聖誕。農曆三月初三：真武聖誕、王母娘娘聖誕，俗稱「蟠桃會」。

◇**農曆四月十四**：呂純陽祖師聖誕。農曆五月十八：張天師聖誕。農曆五月十一：太乙救苦天尊聖誕。農曆十二月二十二：王重陽祖師聖誕。農曆六月初一至初六為南斗下降日、農曆九月初一至初九為北斗下降日。

◇**五臘節**：正月初一天臘，農曆五月初五地臘，農曆七月初七道德臘，農曆十月初一民歲臘，農曆十二月初八王侯臘。總之，每逢節日，宮觀都要設壇誦經慶賀。

朔望晦霅

陰曆每月初一為朔、十五為望、三十為晦、十四為霅。

接駕日期

因為陰曆臘月二十五日為玉皇大帝巡天之辰，故道教宮觀都舉行「接駕」儀式，在臘月二十四半夜子時舉行。

十二黃道日歌

子午臨申地，丑未戌上尋，寅申居子位，卯酉卻在寅，辰戌龍位上，巳亥午中行。一青龍黃，二明堂黃，三天刑黑，四朱雀黑，五金匱黃，六天德黃，七白虎黑，八玉堂黃，九天牢黑，十玄武黑，十一司命黃，十二勾陳黑。

此也即：「道遠幾時通達路遙何日還鄉」黃道法。

戊不朝真

道教凡遇六戊不朝真，不燒香、不誦經、不朝拜，不建齋設醮。六戊，即：戊子、戊寅、戊辰、戊午、戊申、戊戌日，這叫「明戊」。

《抱朴子》稱：「天地逢戊則遷，出軍逢戊則傷，蛇逢戊不進，燕逢戊不啣泥」。《女青天律》稱：「若法官道士焚香誦經，不禁六戊，鐘鼓齊鳴，進表上章關奏天曹者罪加一倍；禁戊不犯者功德無量」。

念皇經和拜靜斗的老修行，也忌「暗戊」，口訣為：「正羊二犬三在辰，四月期間不犯寅，五午六子七雞位，八月周流又到申，九蛇十豬十一兔，十二牛頭重千斤」。

道不言壽

修道之士，忌諱人們詢問其年齡，這是因為「道不言壽」的緣故。因為道教的思想基礎是悅生惡死，追求長生成仙，所以「道不言壽」。

齋醮禁忌

道教的宗教活動，又稱為「齋醮」，是道教信仰的表現形式。道教進行宗教活動的醮壇，是神靈降至之所，既神聖又莊嚴。因此，醮壇的法器和活動等，自然也十分聖潔，並由此產生了諸多禁忌。

壇場禁忌，總的精神就是：諸多穢不可入壇。也就是說，道教在舉行迎真祈福道場時，切不可有弔喪、問病、畜產等不潔之物進入道場。

親臨醮壇之人，主要是道士，也不能不有諸多禁忌。據《醮三洞真文五法正一盟威成儀．醮後諸忌第十三》，齋醮諸忌略有七條，即勿飲酒；勿食五辛；勿與別人同坐；勿視死看生；勿嗔怒；勿悲哀；勿見血。此外，醮壇中人尤應忌食牛肉等葷腥之物。

道教在舉行宗教活動時，不僅要有清靜的醮壇，而且道士本身也應保持清淨之身。在行儀式之前，道士通常要齋戒沐浴，潔淨身心。道士沐浴時忌俗人見浴。所以沐浴須在密室中進行，而且忌用不潔之水。

供品禁忌

道教祀神時常用香、花、燈、水、果五種供品奉獻於神壇之上，稱為齋供。對於齋供中的五種供品，各有規定和禁忌。

香是道士及信徒通感神靈之物。道士要上香，信眾求神也要上香，上香時，持香者要手指乾淨，切忌「信手拈香，觸以腥穢」。

現代供神之花，常以梅、蘭、菊、竹四時鮮花為上品，次為水仙、牡丹、蓮花。敬神所用鮮花，首重清香芬芳。香味強烈、色澤過於濃豔、帶刺的鮮花忌用於敬神；醮壇所用之燈，須用植物油燃點，忌用六畜脂膏之油，否則會觸穢神靈。道門稱奉獻齋壇之水為七寶漿。此水忌用生水及不潔之水。

道教所用的供果必須是「時新果實，切宜精潔」，且「寧供樹上吊的，不供地上種的」。常見的是供奉「四乾四水」即四種乾果，如棗子、桂圓、松子、核桃等、四種水果，如蘋果、梨等。

忌用石榴、甘蔗之類及汙穢之物。除此之外，食過之物、冬瓜、李子、石榴都不能用於供神。

另道教中還有「十供養」，是「香、花、燈、水、果，茶、食、寶、珠、衣。」主要用於大型法會中供養上聖高真。

敬香禁忌

燒香敬神是道教的一種信仰行為。所稱敬香者不可不誠，其禁當然就不可不忌。道教燒香禁忌主要有：忌戊日燒香；忌雙香祀神，道教敬神以三支香為準；忌用右手捻香，須左手持香，右手護香；忌以口嚙香，也就是不能用嘴叼香；燒香忌回顧，要心神專一；忌用灶中火燃香。

服飾禁忌

道門內部具有濃郁的神聖氛圍和宗教色彩，衣有衣的要求，食有食的講究，都不能夠隨心所欲，我行我素。

道教服飾禁忌內容很多，主要包括：忌穢褻法服；忌法服不潔、形儀慢黷；忌衣服雜色；忌衣飾華美、與俗無別；忌法服借人；忌著法服入廁、產房等汙穢場所等。

飲食禁忌

修道者忌食葷辛、腥、香、辣之物。因其不利於「淨心止念、屏絕嗜欲」故。

葷辛，是氣味劇烈之蔬菜的統稱。通常說五辛或五葷，即蔥、蒜、韮、薤、芫荽五種。此五辛何以稱葷？因其氣上沖於腦可令頭暈，故稱為葷。

《康熙字典》解釋為：葷，臭菜也，道家所禁，稱氣不潔也。五葷有刺激性氣味，對煉氣不利。唸經時，這種汙穢之氣容易沖神。呼出的氣味難聞，讓人反感。誘發欲念，容易陽動。

◇**腥**：食腥讓人迷失本性，造諸殺業，製造惡因，墮落輪迴。修道者體上天好生之德，培自己慈悲之心，不殺害生命，免於冤孽牽纏，故而不食葷腥。

◇**香**：讓人貪圖享受，沉迷物慾，意志昏沉，不思進取。

◇**辣**：刺激上火，長棘生毒。攪擾清虛，不利修行。

朝聖禁忌

信士朝聖敬香為祀神大事，必須虔誠祀事，遵守一定的宗教禁忌。

語言禁忌：即進香者要心意虔誠，進入宮觀要靜默清心，不能因朝聖勞累而生懊惱怨悔之心，叫苦叫累；也不能在進香沿途說汙穢不淨、褻瀆神明或不吉利的話。無論您是香客，還是遊人，在特定的道教文化環境內，都要有所尊重，這叫「入鄉隨俗」。

行為禁忌：進香者行走坐立必須端莊規矩，不得採摘宮觀內的樹木花卉；不得觸摸褻瀆神像；不得偷盜損壞供器、法器。進入宮觀不要指點神像，無論造型多麼讓你驚嘆，因為用手指點神像無論如何都是不禮貌的事。

另外，也最好不要背對著神像。進入殿堂時不要腳踏在門檻上，也不要高聲喧譁、亂發議論。道觀院中有許多花草盆景，請勿採摘。宮觀內有許多道房，有些是道人居住的地方，沒得到允許請勿進入。總之，常人生活中的基本文明準則，在道觀裡都是適用的。

飲食禁忌：進香者忌食雁、鰻、龜、鱉、黑鯉、蛇、黃鱔、牛、犬、豬肉及生蔥、韭、蒜、荽等葷腥刺激食物，不得飲酒。

供品禁忌：如果您想帶些供品敬神，時果類冬避石榴，夏忌李子，忌諱紅豔花、動物肉、雞、犬等不潔之物。

二、節日禁忌

道教起源與傳承：

道門宗師、神仙體系、思想典籍、生活常識，就算對道教一知半解，這本書也能讓你完全理解！

作　　者：王毅
發 行 人：黃振庭
出 版 者：崧燁文化事業有限公司
發 行 者：崧燁文化事業有限公司

E-mail：sonbookservice@gmail.com
粉 絲 頁：https://www.facebook.com/sonbookss/
網　　址：https://sonbook.net/
地　　址：台北市中正區重慶南路一段六十一號八樓 815 室
Rm. 815, 8F., No.61, Sec. 1, Chongqing S. Rd., Zhongzheng Dist., Taipei City 100, Taiwan
電　　話：(02)2370-3310
傳　　真：(02)2388-1990

印　　刷：京峯彩色印刷有限公司（京峰數位）
律師顧問：廣華律師事務所 張珮琦律師

定　　價：680 元
發行日期：2023 年 02 月第一版
◎本書以 POD 印製

國家圖書館出版品預行編目資料

道教起源與傳承：道門宗師、神仙體系、思想典籍、生活常識，就算對道教一知半解，這本書也能讓你完全理解！ / 王毅著 . -- 第一版 . -- 臺北市：崧燁文化事業有限公司，2023.02
面；　公分
POD 版
ISBN 978-626-357-085-6(平裝)
1.CST: 道教
230　　111022414

電子書購買

臉書